黑龙江大学文化哲学研究丛书

现代性与
全球化问题研究

RESEARCH ON MODERNITY AND GLOBALIZATION

主　编　丁立群
副主编　周来顺

社会科学文献出版社
SOCIAL SCIENCES ACADEMIC PRESS (CHINA)

本丛书获国家社会科学基金重大项目"中国优秀传统文化的创造性转化与创新性发展研究"（项目编号：2015MZD014）、马克思主义理论研究和建设工程重大项目"中国优秀传统文化的创造性转化与创新性发展研究"（项目编号：2015MZD014）、黑龙江省文化发展战略研究中心（黑龙江省首批重点培育智库）、新时代中国特色社会主义文化理论与实践省级培育协同创新中心资助。

黑龙江大学文化哲学研究丛书编辑部

主　　编：丁立群
副 主 编：周来顺
编写人员：张奎良　李楠明　康渝生　柴文华
　　　　　魏义霞　关健英　王国有　王晓东
　　　　　隽鸿飞　李金辉　胡长栓　姜　华
　　　　　刘振怡　孙庆斌　罗跃军　赵海峰
　　　　　蒋红雨　李宝文　张　彤　高来源
　　　　　王　秋　付洪泉　贺　苗　孙建茵
　　　　　杜红艳　杜宇鹏　王　萍　杨振宇
　　　　　丁海丽

目录

全球化问题

全球化的文化选择　　　　　　　　　　　003
文化全球化：价值断裂与融合　　　　　　013
文化进步主义：全球化时代的哲学理念　　023
全球化：超越民族国家，还是超越民族文化？　029
全球性金融危机时代仍然在场的马克思主义
　　——关于《马克思为什么是对的》的思考　　039

中国化问题

马克思主义时代化的基本路径　　　　　　053
马克思主义中国化的前提性反思　　　　　068
中国道路的普遍性维度
　　——一种文化哲学的思考　　　　　　080
普遍性：中国道路的重要维度
　　——一种文化哲学的思考　　　　　　085
马克思科学共产主义理论的生成和现实意义　096
科学发展观视阈中的以人为本　　　　　　118
人的本质：马克思对哲学最高问题的回应　130
马克思世界历史思想的深远意义　　　　　153
马克思主义哲学与中国特色社会主义　　　165
"人类命运共同体"：马克思"真正的共同体"
　　思想在当代中国的实践　　　　　　　175
论中国特色社会主义的世界历史使命　　　186
国际金融危机与我国文化软实力的机遇　　197
意识形态领导权和文化认同：关于马克思主义
　　中国化的思考　　　　　　　　　　　209
大众文化对青年大学生价值观的影响及应对　221

现代性问题

表达生存焦虑的怀疑论
　　——反思现代性科学中的后现代主义　　229
现代性危机与人道社会主义诉求
　　——科西克《现代性的危机》初探　　240
论反确定性的生成逻辑
　　——在现代性批判的视域内　　253
拒斥形而上学：后现代文化的发生　　264
后现代语境中的现代性批判与重建
　　——布达佩斯学派现代性批判理论探析　　275
现代性模式的反思与重建
　　——以俄罗斯白银时代宗教哲学为研究视域　　283
文化危机与双重救赎
　　——齐美尔视域中的现代性危机理论研究　　296
历史："如实直书"抑或"主观创造"？
　　——沙夫对实证主义和现代主义的批判　　315
现代性研究的方法论选择
　　——从哈贝马斯的现代性理论出发　　327
为"他者"与主体的责任
　　——勒维纳斯"他者"理论的伦理诉求　　337

海外译文

"雅各宾主义"　　351
为什么今天的中国需要研究欧洲中世纪哲学？　　374

全球化问题

全球化的文化选择[*]

丁立群[**]

在全球化过程中，每一个国家都不可避免地卷入不同文化相互冲突的旋涡。中国作为发展中国家也面临着同样的难题，于是，中西文化之争的困境又重新摆在我们面前。但是，全球化作为一种全球政治、经济、文化的结构性转换和重建，将形成一种全新的价值依托、文化经验和生存方式，这就使理解问题的范式比以往有了转变，中西文化之争也有可能在一个更高的平台上重新理解。

一 两种对立的文化逻辑

全球化总体上可理解为发展中国家与发达国家的相互作用，其本质是同质化和异质化的矛盾。西方发达国家借全球化之机，力图把自己的文化模式和价值观念普遍化，这是一种文化同质化倾向；与此相反，第三世界各民族文化在全球化浪潮中，纷纷强调本民族文化的个性，以其个性价值与强势文化的普遍化相抗衡，具有一种异质化倾向。

在同质化和异质化的矛盾冲突中，发展中国家和发达国家分别采取了不

---

[*] 本文发表于《哲学研究》2008年第11期，收入本书时部分内容有改动。
[**] 丁立群，黑龙江大学哲学学院教授，主要从事西方实践哲学与文化哲学、马克思主义实践哲学与文化理论研究。

同的文化逻辑作为自己行为的根据。发达国家为了强调自身文化（西方文化）的普适性往往求助文化进化论，以文化进化论作为自己在全球化过程中进行文化殖民的逻辑根据。

文化进化论是生物进化论在文化领域的表现。古典文化进化论产生于19世纪中期。它认为，人类心智的不断完善和提高是人类文化进化的动力，人类心智的同一决定了人类文化的统一；各地区民族文化都是由低级到高级、由简单到复杂、独立平行地发展而来，只是不同民族文化发展的速度不同；欧洲民族文化发展最快，处于进化的最高阶段；进化是必然的、不可逆的，其进化诸阶段是不可超越的。

古典进化论是一种"单线进化论"，由于其明显的弊端，19世纪末到20世纪初，西方文化人类学界掀起了一股反进化论的浪潮，相继出现了传播学派、相对论学派、历史学派等；在他们的挑战和批评下，古典文化进化论逐渐式微。20世纪30年代，进化论思潮又重新兴起，这一时期的进化论者吸取了传播学派、相对论学派的思想，试图克服古典进化论的弊端。40年代，进化论开始成为文化人类学中的主流思潮。

新进化论学派把文化进化区分为"特殊进化"和"一般进化"。特殊进化是指一种文化形态对特定环境的适应，即朝着特定化的方向发展；一般进化则是一种文化对多种环境的普适过程，即一种文化形态的内部组织日益复杂，对环境的综合能力随之提高，由此形成对各种环境的普适性。越是进化程度高的文化，越具有适应各种环境的能力，越具有对在各种环境内特化的本土文化征服和取代的趋势，这是一种文化优势。这种优势的根源就在于它比较低文化能更有效地开发更大范围的能量资源，更不受特定环境的控制。因此，在两种进化中，新文化进化论者特别重视的是一般进化。新文化进化论者更加突出了古典进化论的"西方中心论"倾向，他们把西方文化置于进化的最高状态，认为具有进化优势文化的现实形态就是西方文化；他们公开提出了西方文化的普适性观念，使文化进化论与西方的殖民主义理论直接对接，成为后者的理论根据。

欧美发达国家为了给自己的文化殖民主义做论证，往往直接求助文化进化论。约翰·汤林森（John Tomlinson）曾要求人们在理解西方殖民主义侵略问题时要转换思维向度：由地理范畴（本土与外国）转换为历史范畴（传统与现代）。这种转换就意味着把第三世界各民族文化与西方文化的关系变成传统与现代的关系：现代化就是用西方文化（现代）取代第三世界各民族文化（传统）。正是这种理解使他们把西方文化理解为一种"元文化"：在全球化过程中，西方文化是一切文化的理想和整合基准。于是，伴随着现代化的全球化就成为各种不同文化逐步同质化即西方化的过程。

广大第三世界国家和民族面对西方强势文化的侵略，则求助相对主义的文化逻辑以自保。文化相对主义是西方世界的思想产品，是直接作为西方中心论的对立面而产生的。18世纪初，法国的一些人类学家就已经提出，不应以欧洲人的道德标准去看待土著文化的思想。20世纪初，历史哲学家斯宾格勒明确提出，不存在全人类的历史，只有各种文化的历史。他把"西方中心论"看作文化领域的"托勒密体系"，并从文化相对论立场出发认为，西方文化并不比印度文化、巴比伦文化、中国文化等非西方文化优越，他把这种立场的转换称作"哥白尼革命"。[①] 作为思辨历史哲学的代表人物，斯宾格勒的相对论思想还不彻底。

文化相对主义在美国人类学家F.博阿斯、M.赫斯科维茨的思想中得到了经典表述。他们明确主张，所谓"蒙昧时代"、"野蛮时代"和"文明时代"的历史划分，是西方人"种族中心论"的观点。这些人奉自己的生活方式为榜样，并把这种生活方式作为衡量其他生活的价值准则。但实际上，每一种文化都有自己长期形成的独特历史，有着与环境相匹配的独特价值。对于一种文化现象只能以存在于其文化形态内部的价值准则来评价，不存在超越一切文化形态的普遍的、绝对的"元标准"。因此，不同文化形态在价值上是平等的、多元的、相对的，从而是不可比较的，它们之间不存在先进和落后、高级和低级之分。

文化相对主义虽然肇始于西方世界内部，但是由于其价值取向是非西方

[①] 〔德〕斯宾格勒：《西方的没落》，齐世荣译，商务印书馆，1963，第34页。

中心的，反映了第三世界国家和民族的利益，所以自然地与后者产生了亲和力，并成为后者保护自身文化、应对全球化的文化策略和基本的文化逻辑。

第三世界国家和民族在全球化过程中，对待西方文化殖民主义的策略有一个演变过程。起初，它往往借用宗主国的文化逻辑来充实自己的意识形态，如第三世界各种民族主义、本土文化中心论的兴起，就是西方超级民族主义侵略扩张在第三世界意识形态上引起的反应。但是，这种文化策略由于与殖民主义者的理论接受了同样的价值准则，有了可比较性和可公度性，因而注定了其失败的命运。继之，第三世界国家和民族普遍发生了一种意识形态转换，由初期的本土文化中心论转换为本土文化特殊论，用文化相对主义消解以文化进化论为基础的西方中心论。这种由"本土中心"到"本土特殊"的转变，应当理解成一种文化防御的退缩。特别是在全球化过程的初期，这种文化相对主义已成为第三世界国家和民族抵抗西方文化霸权的最有力的武器。在他们看来，每一种非西方文化都有着不可抹杀的个性和特殊性；在全球化过程中，这些个性和特殊性应当得到足够的地位和权利，它们足以与西方文化相抗衡。所以，第三世界的知识界坚决反对约翰·汤林森把东方文化与西方文化的关系看作传统与现代的关系；相反，他们认为，这种关系本原上就是一个地理范畴，即本土与外国的关系，本着相对主义逻辑，他们否认存在传统与现代的关系。

发达国家所持的进化论和第三世界国家和民族所持的相对主义这两种文化逻辑，都具有一定的片面性。文化进化论是一种普遍主义，但不是一般普遍主义，而是以进化规律的科学面目出现的，所以更增强了普遍主义的强制性和欺骗性。文化进化论坚持了文化的时代性和统一性，却因此否定了不同文化的差异性和特殊性即文化的民族性，为各种殖民主义提供了理论辩护。但是，以文化进化论为基础的普遍主义对于发展中国家来说，毕竟属于一种外部压力，它只能激起发展中国家的文化"逆反"心理。而文化相对主义由于已逐步内化为发展中国家和民族对抗全球化的本能反应，其现实的文化价值则更应当引起人们的注意。

文化相对主义产生于西方，却在非西方社会得到了广泛响应，在这种情况下，一般地谈论文化相对主义之现实的文化价值是抽象的，这种评价应与不同的文化语境联系起来。在西方发达社会，文化相对主义具有限制西方中心论、消解西方的话语霸权、解放思想的积极意义；但是对于非西方民族和发展中国家来说，它的意义要复杂得多。一方面，文化相对主义作为非西方民族和发展中国家应对全球化的文化策略和文化逻辑，对发展中国家保护本民族文化起到了积极作用；另一方面，这一理论由于过分强调文化价值的相对性，否认不同文化形态的可比较性，从而否定了文化的整体性和时代性，对非西方民族和发展中国家的现代化进程和改革开放具有一种阻抑作用，在全球化过程中具有文化保守主义性质。这是我对文化相对主义的基本分析。

二　文化进步主义的基本内涵

全球化在文化哲学层面上意味着全球文化在新的理念下的整合。但是文化进化论（普遍论）和文化相对主义以及由此产生的同质化和异质化的矛盾却处在消极的对立之中。在这种无法调和的消极对立中，两者都无法形成全球化运动的统一价值核心，无法建立具有建设性的、积极的全球文化互动规范，从而也无法建立起全球文化的新秩序。所以，应当以一种新的文化观念超越这种消极的对立，为全球化确立一个理性的价值核心。我将这一新的文化观念称为"文化进步主义"。

"进步"和"进化"在西方思想史上曾具有相同的含义。在古希腊，它是指趋向于终极的"善"的过程。"善"在古希腊是一个超验实体，它既具有形而上学意义，又具有伦理学、美学和功利意义。达尔文进化论提出后，进化过程便从关于世界超验的一般进步过程中分离出来，具备了独立内涵。达尔文认为进化是生物对环境的适应；文化进化论的创始人斯宾塞则进一步把它引入社会文化领域，这就赋予"进化"概念以一种经验意义，使经验的进化过程与超验的进步过程从概念内涵上区别开来。无论文化进化论如何演变，总是无法抹杀其生物进化论的经验主义痕迹。

关于文化进步主义,我们至少可以从以下几个方面确定其内涵。

第一,文化进步主义来自古希腊的哲学传统,这种传统认为人类历史的进步是一个在理性支配下趋向"善"的过程,这个"善"是一个超验实体,它包含功利目的而又超越功利目的,具有一定的伦理学和美学意义。所以,在文化进步主义看来,人类的进步应具有一定的人道主义、道德判断和审美意义。同时,"善"在西方哲学史上的演变也揭示了文化进步主义的理论内涵。在西方哲学史上,"善"由一种抽象的、绝对的普遍性,在其演变过程中,逐渐涵纳了差异性和个性。在理性进步主义的集大成者黑格尔的思想里,"绝对精神"是在世界历史的发展中实现的,"绝对精神"的一个基本规定就是"具体的共项"即包含特殊的普遍。尽管由于其泛逻辑主义和绝对理性主义倾向,"绝对精神"的这一原则并没有贯彻到底,但是,这一被湮没的原则在马克思的理论中以现实的语言得到了新的表述。值得一提的是,马克思一直被文化进化论错误地引为先驱,实际上马克思是一个地道的文化进步主义者。可见,文化进步主义是哲学史古老传统在当代的复生,当然这一复生是在时代的问题域和思想平台上的复生。

第二,文化进步主义在文化的衡量标准上,既不同于文化进化论,也不同于文化相对主义。文化进化论来自生物进化论,其基本性质是经验主义和功利主义的。这体现在进化的标准上,文化进化论强调进化是特定文化对环境能量交换的增大、综合能力的提高,是对多种环境的普遍适应和占有。这种标准是物质主义和功利主义的。文化进步主义则强调进步之超验的、超功利的人道主义和道德判断性质。文化进步主义也不同于文化相对主义。文化相对主义强调文化的多元性,否认文化的可比性和时代性,进而否定文化的先进和落后。换言之,文化相对主义否认文化统一性,主张文化价值即价值标准的多元论。而文化进步主义则认为随着文化自觉程度的提高及文化之间交往的扩展和加深,不同文化能够相互理解和融合。在这种理解和融合中,一种涵盖不同民族特殊价值和共同需求的真正的普遍价值将会逐渐生成。这种涵盖特殊的普遍价值才是黑格尔活生生的"绝对精神"及其现实形态。

第三，从全球化的问题域来思考，文化进步主义的理想是"世界文化"的形成。发达国家同质化的文化逻辑认为，全球化即意味着世界各民族文化逐渐纳入以西方文化为中心的"国际社会"，采纳西方文化的价值标准。这种逻辑在世界各文化形态中把一种文化形态普遍化、绝对化，谓之"全球化"，而把其余的文化形态排除在"全球化"之外，视一切非西方文化为一种逆全球化的因素，这是一种片面的全球化观念。实际上，文化的差异性和多元性恰恰是"全球化景观"的重要内涵——把这一内涵排除在全球化之外，是人为地缩小了"全球化"概念。文化多元化在某种意义上恰恰是全球化的促进因素：正是在多元化与普遍主义的对立中，才可能产生一种超越这一对立的新的全球化观念。可见，站在文化进步主义立场上看，同质化与异质化的冲突是全球化运动初期的标志。随着全球化运动的展开，同质化和异质化的对立和冲突应当为一种完全不同的理念所替代，这种理念既不是文化相对主义的异质状态，也不是文化普遍主义的同质状态，而是各种文化形态的辩证的统一，它最终将形成一种超文化类型——世界文化。"世界文化"原来不过是一个空洞的界域性词，但是在全球化过程中，它将真正成为富有内容的概念，成为标志人类历史上第一个统一文化的概念。当然，这种统一文化并不是同质文化，正像联合国教科文组织专家小组的报告《多种文化的星球》中所区分的那样，"统一性完全不同于一致性，它不是基于消除各种差别性，而是基于使这些差别在一个和谐的整体中整合"。世界文化是文化多向性与趋同性的统一。

第四，文化进步主义主张文化的开放性，主张世界各民族文化的积极交流、互动和融合。文化的相互交流、互动和融合是一个自然过程，文化史上不乏实例。然而，全球化初期的普遍主义与相对主义的极端对立和尖锐冲突，却导致各民族文化的封闭意识。普遍主义以西方文化为内容，是一种强势文化。但正是这种文化的强势地位使它难以容纳非西方文化的内容，成为一种极具扩张性的"超级民族中心主义"，在这种意义上，它同样具有一定的保守性；第三世界各民族文化在防御本能的支配下，则普遍采取了文化保守主义策略，以抵御西方文化的侵袭，保守民族文化之根。可见，这种保守性和封闭性阻碍了文化的交流和融合。文化进步主义主张积极的文化互动和交流，这种交流的存在论前提是文化的可分析性。在它看来，任何特定文化形态都是由内部的诸多文化要素构成的，它们保持着一种结构上和功能上的匹配关系，从而共同构成该文化形态的整体特征。但是，文化形态的有机整体性并不必然排斥其可分析性。没有文化的可分析性，也就没有文化新种的产生。文化人类学的"涵化"概念说明由不同文化群体持久地相互接触、适应、借用，结果使一方或双方原有的文化模式发生变化。涵化现象的产生即是以文化的可分析性为前提的。文化进步主义认为，在全球化过程中，各民族文化应当是一种开放的网络系统。这个系统在同其他系统的对话中互相改变并产生新的文化系统，因此，各种文化的交流、互动和融合应是深层的，这使它成为文化新种产生的前提；同时，通过交流、互动和融合，世界各民族文化将形成以人类共同利益为基础的新的价值核心，进而形成全球文化新秩序。这些都将成为一种新的涵盖特殊性的超文化类型——世界文化产生的基础。

文化进步主义是我们应对全球化运动根本的文化策略和基本的文化逻辑。

三 中国语境下的文化相对主义批判

中国自近代以来，对待西方文化采取了与一般发展中国家同样的逻辑。它先是经历了"本土文化中心论"及其转换形式"中体西用论"等阶段，而"本土文化中心论"与"中体西用论"本质上都是一种民族中心主义。此后，思想界逐渐产生了强调中西文化各有千秋的文化相对论的思想，陈独秀曾尖锐地指出，这是以国情特殊来对抗时代潮流。所以，这是我们对西方坚船利炮的进攻所采取的一个退却策略。但是，此时的文化相对论声音尚显微弱。

新中国成立后，我们经历了一段漫长的闭关锁国时期。改革开放后，我们积极实行对外开放，学习国外的先进经验，用于中国特色社会主义建设，取得了举世瞩目的成绩。但是，改革开放必然面临着外来文化主要是西方文化的冲击，尤其是在全球化这种新形势下，文化冲突更加剧烈。在这种情况下，我国如同一切发展中国家一样，为了抵制外来文化的侵入，产生了一种更加明确的文化相对论思潮，这种思潮集中体现在对中国"特色"的理解上。

"建设有中国特色的社会主义"是改革开放的总设计师邓小平同志提出的重要理论，它是改革开放的总纲领，具有划时代意义。但是，在对中国"特色"的理解上却存在着分歧。

其一，认为"特色"指的是中国传统文化的特色，具体来说就是儒家思想的特色。持这种理解的人就到先秦的儒家典籍中寻找所谓"特色"。按照这种理解，中国特色不是有待建设的，而是已经具备的，只要去发现就可以得到了。这种理解实际上是以旧有传统的特色抗拒外来文化。其二，认为中国特色有待建设，是在中国文化与世界各民族文化（包括西方文化）的交流、激荡和融合中逐渐形成的；是在充分汲取世界各民族文化优秀因素的基础上，对传统文化改造和重建而形成的。

我认为，第一种理解在全球化过程中持的是一种文化相对主义立场。按照这种逻辑，中国特色是已经完成了的，不需要吸收其他文化的优秀因素，即使吸收也是这些因素被同化于旧有传统。因此，这种特色论也是一种拒绝现代化的文化保守主义。而第二种理解在全球化过程中则是积极的、建设性的、开放的、创新的。

我国是发展中国家，作为迅速崛起的发展中国家，对待全球化不应当采取文化进化论的逻辑，走全盘西化的道路。西方文化作为一种特定的文化形态，按照文化进化论的逻辑，有其自身的文化优势，但这种优势同时又是其自身的痼疾。西方以功利主义、物质主义为动机的现代化运动导致的种种社会危机，不能否认在西方文化中有着深刻的根源，马尔库塞等西方学者在这方面对西方文化所做的批判不无道理。所以，西方文化并不是一种值得效法的理想文化，它也应当汲取其他文化的优点以完善自己。同样，我们也不应以一种片面的文化相对主义逻辑退缩以求自保。实际上，文化相对主义在中国语境下就是以儒家文化对抗全球化中的文化交流和融合，以相对主义实现保守主义目的，这就在实质上否定了中国文化现代化的必要。因此，我认为，目前文化相对主义思潮是建设中国特色社会主义的主要障碍。

站在文化进步主义的立场上理解全球化运动，我们有理由期待中国文化与世界各文化形态的深层交流和融合。对于文化交流和融合，人们总是在肤浅的意义上理解，认为这种交流和融合只停留在"麦当劳""流行音乐""网络文化"等表层文化现象上，无法进入文化的深层。这种观点重复了斯宾格勒等人的文化相对论思想。实际上，各民族文化在交流过程中是在不断变化的，这种变化不仅是表层的，而且也发生在其文化底层；特别是在这种文化交流和融合过程中，在人类面临的共同问题的推动下，基于人类共同利益和共同需要的统一价值核心逐渐形成。以此为基础，将形成一种"超文化"类型——世界文化。世界文化是一种崭新的文化境界、文化经验，在这种崭新的文化境界、文化经验中，人们原来那种对旧有传统的固执和对文化创新的拒绝就显得非常狭隘了，中西文化之争也就可以在一个新的境界中被重新理解。所以，面对全球化这一不可抗拒的浪潮，正确的立场应当是：积极与其他文化交流，积极地参与全球化运动，在形成全球化的价值核心、构造全球化的互动规范过程中发挥积极的作用；同时，在这种交流和参与中，使中国传统文化现代化——这正是文化进步主义的立场。

文化全球化：价值断裂与融合*

丁立群**

当代西方政治学家、现代化理论家塞缪尔·亨廷顿认为，世界政治在冷战局势结束后即进入了"后冷战"的新阶段。在这一阶段中，政治、意识形态的冲突已不如过去重要，取而代之的主要冲突形式是不同文明的冲突。这一断言无疑有以偏概全之嫌，然而，从文明和文化冲突的特定角度去研究和审视全球化，却可以得出关于全球化总体性质的一些普遍性结论。

科学地界定文化全球化在全球文化演进过程中的阶段属性和基本内涵，是正确理解文化全球化，并在此基础上制定正确的文化发展战略的根本前提。关于文化全球化，学术界一般认为，文化的全球化过程始于资本主义产生，这一过程自始至今，其实质是资本主义文化的殖民化过程。出于这种理解，人们便导出关于文化全球化的两种截然相反的态度：保守主义者主张全面拒斥文化全球化，拒斥资本主义文化的殖民性侵略；激进主义者则对文化全球化持欢迎态度，认为这是彻底"改造"传统文化，融入"世界潮流"，全盘西化的大好时机。我认为，这都是对文化全球化的错误理解。文化的全球化既是全球文化自近代以来逐步演进的结果，又以其独特的性质和特殊的内容与前一阶段相区别。在我看来，全球文化自近代以来的演进，粗略地

---

* 本文发表于《哲学研究》2000年第12期，收入本书时部分内容有改动。
** 丁立群，黑龙江大学哲学学院教授，主要从事西方实践哲学与文化哲学、马克思主义实践哲学与文化理论研究。

说，经历了文化殖民主义 - 文化帝国主义、文化全球化两个在性质上截然不同的阶段。

一

文化殖民主义是与资本主义一起产生的，是资本主义的侵略性和扩张性在文化上的表现，这一过程持续的时间较长，直到 20 世纪 60 年代前后。由文化殖民主义到文化帝国主义经历了一个过程。20 世纪后，"西方"的权力发展到了顶峰状态，在政治、经济和军事等方面具有无可抗衡的力量，文化殖民的进程大大加速。到了 60 年代，"西方"借助各种现代化的文化传媒，在文化上的霸权地位更加巩固，文化研究的语汇中便出现了"文化帝国主义"（Cultural Imperialism）一词。文化殖民主义和文化帝国主义实际上是近代文化演进的两个阶段，文化帝国主义是文化殖民主义的进一步发展，也可以说是其巅峰状态。然而，从我们的立脚点上考虑，文化殖民主义和文化帝国主义之间的共性居多，所以把它们做统一的思考。文化帝国主义既是资本主义文化扩张的顶峰，又是资本主义文化霸权终结的前夜。伴随着文化帝国主义的出现，对"西方"霸权的反抗风起云涌，广大第三世界国家普遍兴起了后殖民主义（Postcolonialism）思潮，开展了对文化殖民主义、文化帝国主义的批判；与此同时，西方国家自身的现代化道路和发展模式在实践中出现了障碍，引起了多方面的社会危机，并导致了西方知识分子的深刻反思和激烈批判，现代化和发展道路出现了多元化的趋势；而西方文化中盛行的后现代主义思潮，又从根本观念上消解了西方思想和文化传统中根深蒂固的一元化、中心化"情结"。90 年代"冷战"结束后，全球文化格局开始酝酿并逐渐出现了结构性变化，西方文化的霸权统治开始大幅度松动。西方文化的力量与其他文明相比较出现了下降甚至逆转的趋势。人类文化逐步进入全球化时期。文化全球化是在全球文化发展过程中，与文化殖民主义 - 文化帝国主义相区别的一个特殊阶段。它具有与前一阶段完全不同的特征。

第一，文化殖民主义-文化帝国主义造成了一种具有主控的非均衡二元文化结构；文化全球化相对于前一阶段则是一种结构性转换，它消解了文化殖民主义-文化帝国主义时期的二元文化结构，在世界范围内突出了不同文明和文化的异质性。配合资本主义的军事征服和经济控制，资本主义文化也极富侵略性，这就在世界范围内形成了宗主国与殖民地、第一世界与第三世界、西方与东方的二元文化对立。但是，这无疑是一种相当奇特的二元对立。由于这种对立是由宗主国的文化侵略与殖民地文化的被动反应和应战结成的，于是在对立的双方中，殖民地文化往往采取与宗主国文化相同的逻辑来反抗宗主国，如第三世界民族主义的兴起，就是第一世界国家以超级民族主义扩张自己民族文化的结果。正因为如此，这种对立是以第一世界、宗主国文化为主控的。特别是20世纪60年代后，西方的文化霸权更为突出地表现为一种无限扩张的趋势，它力图通过文化整合同化其他文化，使各种文化都变成西方文化的翻版。这一霸权行为在20世纪末期，遭到了非西方文化的全面抵制。随着实力的逐渐增强，许多非西方国家已由现代化初期面对西方挑战所采取的与西方相同的文化逻辑的应战模式，转向对自身文明本源认同和回归的文化本土化的应战模式，并开始抵制和限制西方文化的扩张。单一的西方文化与非单一的非西方文化之间的对立，经过长期的此消彼长，终于有了平等对话的可能性。西方文化不再具有无限的普适性，而成为"有限的西方"，成为世界众多文化之一种，非西方不同文明的异质性凸显出来。这一切都在逐渐瓦解以往用于表述全球关系的基本概念和范畴，尤其是用"宗主国-殖民地""第一世界-第三世界""西方-东方"等二元对立概念所表示的原有的文化结构关系。

第二，文化殖民主义-文化帝国主义是西方中心主义的，具有现代主义文化特征；文化全球化则是一幅总体上无方向感、缺乏评判标准、充满不确定性、不甚明晰的文化图景，它在总体格局上具有后现代文化特征。在文化殖民主义-文化帝国主义时期，资本主义文化凭借着西方国家的军事征服、政治渗透、经济控制及强大的科学技术优势不断自我扩张，成为一种强势文化，从而成为世界文化格局的中心，使非西方文化边缘化，形成了中心与边缘的文化张力。同时，从民族中心主义的心理态势出发，西方文化主体以自己的文化话语作为解释一切非西方文化的基础和核心话语，使西方文化成为一种元叙事和基础性话语结构。特别是在人类学研究中，它甚至成为研究和解释非西方民族原始文化的元逻辑话语。文化殖民主义和文化帝国主义具有现代主义文化之基础主义、中心主义和整体主义特征——它总是把西方文化看作一切文化之基础、理想、中心和整合基准。文化全球化既是对文化殖民主义和文化帝国主义造成的西方文化中心性的消解，同时又是对各种不同文明异质性的凸显。前者导致文化之传统的主导方向和元评判标准的丧失，使文化交往由于缺乏普适性前提而出现种种障碍，后者则导致文化个性化的泛滥，使全球文化总体上充满了不确定性、差异性和矛盾冲突。文化全球化在总体格局上，体现了后现代文化瓦解整体性、主导性、中心性，提倡差异性、多元性、非主导性的基本精神。在某种意义上，现代性为后现代性所取代，文化帝国主义为文化全球化所取代，具有同等意义。文化全球化及其造成的"后中心性文化"，至少在目前情况下，还只具有破除旧的文化体系的作用，其建设性意义还有待于不同文化主体的共同努力。

第三，文化殖民主义-文化帝国主义与资本主义的政治、经济扩张基本上是相匹配的；文化全球化的现实图景与跨国经济体系的发展模式之间则已发生了领域性的价值断裂。关于全球化与民族国家的关系存在着两种对立观点。一种观点认为，全球化超越民族国家，是对民族国家权力的逐步消解；另一种观点则认为，在全球化的背景下，民族国家的观念和意识仍将强有力地支配人们的行为模式，全球化与民族国家将长期并存。我认为这两种观点都具有真理性，只是提出问题的角度不同。前者是从民族国家的国家权力角度提出问题的；后者是从民族国家的文化传统方面着眼。两种观点之间的矛盾，反映的恰恰是文化全球化的现实图景与跨国经济体系的发展模式之间的价值断裂：一方面，经济全球化造成的跨国经济体系将进一步形成一套同质性运行规则——它将削弱甚至彻底取消民族国家曾经具有的某些职能，还将逐步影响人们的思维方式和价值取向，并形成所谓的"现代企业精神"；另一方面，文化全球化却将导致不同文化个性的凸显，并进一步形成不同民族经济活动之各异的文化底蕴乃至各异的现实关怀和民族化的"企业精神"。两者之间的协调无疑是全球化研究的一个十分重要的课题。这一矛盾的出现表明文化全球化与文化殖民主义-文化帝国主义阶段的又一根本区别：在文化殖民主义和文化帝国主义阶段，非西方文化的地位和个性尚未显示出来，且处于边缘状况，全球文化的主流与资本主义的政治、经济的扩张在时间和空间上基本上是相匹配的。

第四，文化殖民主义-文化帝国主义依据的文化观念是文化进化论；文化全球化运动所依据的文化观念是文化相对主义。文化进化论是生物进化论在文化领域的引申，所以在很大程度上带有生物进化论的痕迹。与生物进化论关于生物进化的"自然选择、适者生存"的进化标准相一致，文化进化论强调文化进化的标准，即一种文化与周围环境的能量转换水平和适应能力。据此，文化进化论区分了文化进化的两个方向，即向适应特定环境发展的"特殊进化"和向适应多种环境发展的"一般进化"，前者是一种保守型文化，后者是一种开放型文化。文化进化论者更重视的是一般进化。他们认为，西方文化具有多种环境的普适性，具备一般进化的基本能力，是一般进化的典型形式。文化进化论者试图按照他们的进化标准制定各种文化进化程度的"文化谱系"，用"高级""低级"划分不同文化。某些文化帝国主义研究者，如英国学者约翰·汤林森（John Tomlinson）就要求人们，把理解文化帝国主义的思维方式由地理范畴（本土与外国）转换为历史范畴（传统与现代）。可见，文化进化论正是西方殖民主义和西方中心论的文化哲学基础。与文化进化论相反，文化相对主义则主张任何一种文化都有其自身的独特价值，这种价值是与其存在的特殊环境相匹配的，不同种类的文化形态之间在价值上是相对的、平等的，从而是不可比的。它们之间无所谓先进和落后、高级和低级。考察广大非西方国家发展过程中的文化策略可以发现，在非西方国家现代化运动中，一般都存在着这样一个过程：最初是一种向西方国家"追赶"式的学习过程，继之则以一种与西方中心论逻辑相同的本土文化中心论抵制西方文化的侵略；

再继之则放弃这种本土文化中心论逻辑，以一种本土文化特殊论的文化相对主义逻辑消解西方中心论。特别是在全球化运动中，每一种区域文化和民族文化都力图以其不可比较的个性自立于世界文化之林。所以，当约翰·汤林森要求人们对不同文化的理解要由地理范畴转换为历史范畴时，非西方国家的知识界则相反，要求人们在理解不同文化时把历史范畴（传统与现代）转换为地理范畴（本土与外国）。文化相对主义是一种文化价值多元论，它在反对帝国主义殖民政策和文化侵略、消解西方的中心地位方面起到了一定的积极作用。但是，由于它否定文化在前进向度上的可比较性，从而否定了文化的整体发展，具有与现代化内涵中固有的文化时代性内容格格不入的文化保守主义性质。

二

通过上述关于文化殖民主义-文化帝国主义与文化全球化的比较以及对文化全球化自身特征的分析，我认为，文化全球化是文化殖民主义-文化帝国主义由鼎盛而消逝的结果，它不同于文化殖民主义-文化帝国主义，它是对西方文化霸权的消解；文化全球化是全球文化结构的转换和重建，它给予我们的是一种全新的文化经验和价值依托，并将深刻地作用于人们，形成一种新的文化心理。但是，文化全球化仍然是一个正在生成而尚未完成的文化形态，它缺乏一套完整成熟的文化理念，缺乏一套具有建设性的、积极的全球文化互动规范；同时，文化全球化由于还不成熟，尚未与经济全球化完全匹配，全球化尚不是一个总体性过程。因此，我们应当打消对文化全球化的种种疑虑，制定正确的文化发展战略，积极参与文化全球化过程。应当认识到，任何历史过程都不是一个纯然客观的过程，而是有主体意志的参与。所以，我们要与世界不同文化主体一起，积极建立全球文化新体系，重建全球文化的理念和元价值，推进文化的全球化过程。

建立全球文化新体系，重建全球文化的理念和元价值，关键在于确立文化进步主义的新的文化哲学观念。

进化与进步在历史上曾经具有相同的含义。在古希腊，它们表现为一种超验的世界目的论。柏拉图、亚里士多德等古希腊哲学家认为，世界的终极目的是"至善"，世界的运动即是向着"至善"的发展过程。这一理想主义的超验哲学几乎影响了整个西方哲学史。直到达尔文生物进化论提出后，进化过程才从关于世界的形而上学的一般进步过程中分离出来，"进化"概念具备了自己独立的内涵。达尔文否定了以往人们赋予世界发展的理想主义和超验形而上学性质，把进化确定为经验意义上的生物对环境的适应。文化进化论的创始人斯宾塞进一步把它明确为"物竞天择，适者生存"，并将其引入文化领域。现代文化进化论无论怎样改进，总是无法抹杀其生物进化论的痕迹。D.卡普兰强调文化进化的环境适应标准，在他看来，进化即体现为对自然环境和社会环境不断增强适应能力的过程，是对环境资源不断提高利用水平的过程。① 由此可以看出，"进化"作为一个文化学范畴已经具备了与"进步"范畴相区别的独特内涵。与此同时，进步主义的某些合理内容则为一些对人类怀有极大的伦理热情和道德关切的思想家所发扬，如马克思、马尔库塞等。可见，文化进步主义乃是人类源远流长的文化信念。

第一，文化进步主义是文化进化论和文化相对主义的综合。从一种更为完整的文化哲学立场来看，文化进化论和文化相对主义各自都具有片面的真理性。文化进化论是文化殖民主义和文化帝国主义的文化观念，它强调全球文化的整体性、有序性和可比较性，但导致了西方中心论思想的泛滥，成为西方殖民主义文化侵略的理论基础。文化相对主义是文化全球化过程中，广大非西方国家反对西方文化的殖民主义侵略、消解西方文化霸权的哲学武器，它强调世界不同民族文化各自的特色和独特价值，主张文化价值的丰富性和多元化，反对单一化，这无疑是具有积极意义的。但是，文化相对主义只是破坏的武器而非建设的武器：它在反对西方文化的殖民主义侵略、消解西方文化霸权的同时，否定了不同文化及其价值比较的可能性，从而具有一种为落后文化

---

① 〔美〕D.卡普兰：《文化优势法则》，韩建军、商戈令译，浙江人民出版社，1987。

辩护的文化保守主义性质。换言之，文化相对主义无法从其自身生发出全球文化发展的建设性的新理念。文化进步主义赞同文化进化论对全球文化之整体性和有序性的强调，但反对把文化的发展看作一个泛西方化的过程，反对西方文化的殖民主义侵略，主张不同民族文化交流的平等性；同时，文化进步主义赞同文化相对主义对西方霸权的消解，对不同文化个性的强调，却反对其对抗文化融合、拒斥世界进步潮流的文化保守主义，主张文化的开放性。文化进步主义力图在克服文化进化论和文化相对主义各自片面性的同时，将二者综合起来。

第二，文化进步主义强调文化同质性和异质性的统一。当代研究文化全球化的学者阿尔君·阿帕杜莱（Arjunappadurai）在其《全球文化经济中的断裂与差异》一文中指出："今天，全球互动的中心问题是文化同质化与文化异质性之间的紧张关系。"① 确实，文化同质化与异质性之间的关系是当今文化全球化过程中牵一发而动全身的问题。关于这一问题，"冲突论"强调文化相互间的差异、矛盾、分歧和不可通约性，"融合论"强调的是文化的相容性和共性，两者都是片面的。文化进步主义既承认文化之空间的地域性、民族性和个性，又要赋予文化以时间序列上的历史性、时代性和普遍性。没有前者，将使文化与传统和历史相脱节，否定文化的内在活力和丰富性；没有后者，则将从根本上取消文化的发展。因此，文化全球化从理念上说，既不是抹杀不同民族文化的个性，形成一种单一文化，也不是要造成各民族文化彼此隔绝、无法沟通的文化"单子化"局面，而是在不同文化的交往、对话和交融中，在彼此面临的共同问题的作用下，逐渐形成人类的共同利益、普遍价值乃至终极关怀，并以此为核心涵纳不同文化的异质性和个性，创造一种普遍性和特殊性辩证统一的、富有活力的、丰富多彩的新型文化。

第三，文化进步主义强调文化发展的创造性。文化进化论和文化相对主义虽然是相互对立的，但是，却有着共同的预设前提——文化的绝对整体主义。文化进化论所说的进化并不含有文化发展之创造性意义，特别是文化的

---

① 转引自汪晖、陈燕谷《文化与公共性》，生活·读书·新知三联书店，1998，第527页。

创造性意义。它虽然强调文化的进化,但却是以不破坏和改变进化型文化之完整性和根本性质为前提的,西方国家的文化侵略(普适多种环境的"一般进化")要求的是东方国家文化上的全盘西化而非部分地借入。同样,文化相对主义作为一种应战性文化观念,其产生之初,便在其持有者思想中有一种"图存保种"的动机,这种初始动机实际上已成为文化相对主义的根本价值取向:通过把一切相对化,论证非西方诸文化之不可替代的独特价值和不可分析的原子性。如我国近代的"中体西用"论虽主张部分地吸取西方文化,但却强调传统文化本体的绝对整体性,认为任何外来文化因素的借鉴汲取都只能被纳入传统文化的本体结构中,且以不引起结构的整体变化为条件。可见,从文化融合和创新的立场上看,文化进化论和文化相对主义之共同的绝对整体主义前提,使双方都通过否认文化新种的产生而具有文化保守主义性质。文化进化主义认为,任何一个特定的文化形态都是由其内部的器物层面、制度层面和精神层面等诸要素构成的有机整体,其中文化各层面之间保持着一种结构和功能上的相互匹配关系,共同构成特定文化形态的整体特征。但是这种文化内在的有机整体性并不排斥它的可分析性。文化人类学十分重视文化的"涵化"(acculturation)现象,认为具有不同传统的文化相互接触必然导致传统的改变并融合成文化新种。文化人类学提供了很多由于文化传播和融合而产生新的文化类型的实例。而这种现象的产生,当然是以特定文化形态的可分析性为前提的。从这一文化进步主义立场出发来理解邓小平的"中国特色"理论,则不应把"中国特色"等同于传统文化的固有特色——这就将从根本上否定传统文化现代化的必要性。实际上,"特色"概念在内涵上体现着一种创造和超越精神,它要求我们在与非本土文化特别是西方文化的交流中,改造和创新传统文化,创造出新的文化特色,推进传统文化的现代化。特色不是固有的,而是不断创造出来的。

第四,文化进步主义强调文化发展的全面性、总体性。文化进步主义强调文化发展的全面性有两个含义——文化进步主义正是以此与文化进化论相区别的。首先,文化进步主义是形而上和形而下的统一。"进化"是一个经验概念——它所说的文化适应标准是经验主义、物质主义的，而"进步"则不是一个纯然的经验过程，它不可避免地带有超验的人道主义和道德判断性质。进步的现实化则是经验与超验的统一，即理念见诸现实的过程。因此，文化进步主义的形而上学维度使之能够通过对文化深层意义的思考和文化现实状况的考察，凸显人类之普遍的、永恒的价值，从而承担起为文化全球化构造文化发展理念的任务。其次，文化进步主义坚持社会进步的一体化。文化进化论衡量社会发展的标准是狭隘功利主义的，如对环境的适应程度、资源的利用水平等，这种狭隘的功利主义已经导致了种种人与自然和人与人关系的危机；文化进步主义则坚持一种社会发展的全面的衡量尺度——它既是物质的、功利的，又是伦理的、审美的。在这样一种总体性的发展观里，我们才能从普遍性与特殊性的辩证思维出发，解决文化全球化与跨国经济体系之间的领域性价值冲突。

第五，文化进步主义的理想是构建一种超文化类型——"世界文化"。"世界文化"是在"亚文化""文化"基础上的一种超文化类型，是通过世界各民族文化的涵化、融合和重组而形成的，是全球不同民族文化"视界融合"的结果。它形成的深层根据是人类的共同利益、普遍价值和终极关怀——它们是在长期的文化互动过程中凸显出来的。在世界文化中，没有哪一种特殊文化可以成为一切文化的榜样、基础，并为全球各地域和各民族文化提供一套元规范和元标准；在那里，需要服从的只有人类的共同利益、普遍价值和人类的终极关怀。世界文化作为文化全球化的发展理想，不同于文化全球化初期表现出来的混乱状态，它已经形成了一套建设性的、积极的全球文化互动规范，是全球文化的有序状态；同时，世界文化并不抹杀各地域、各民族文化的个性，但是要求每一种文化对其他文化保持一种开放态度。世界文化是文化多样性和趋同性的统一。很多文化学家和人类学家都曾呼吁建立一种超越民族中心主义的真正的文化学和人类学——双边文化学和人类学。我认为，这种双边文化学和人类学即应以推动世界文化的产生为其宗旨。世界文化即是文化全球化运动所应指向的文化理念。

文化进步主义：全球化时代的哲学理念[*]

丁立群[**]

文化全球化作为一种不可阻挡的浪潮，冲击着人类的各个方面，对人类精神领域的冲击尤为明显。全球化作为一种全球政治、经济、文化的结构性转换和重建，无疑将形成一种全新的价值依托和全新的文化经验。于是，全球化时代应当确立什么样的哲学理念便成为对全球化问题进行哲学思考的聚焦点。

从意识形态的角度看待全球化，可以把全球化看作宗主国与殖民地、第一世界和第三世界、西方与东方的互动过程，其主要矛盾是同质化和异质化两种趋向之间的矛盾，正如研究全球化的学者阿尔君·阿帕杜莱（Arjunappadurai）所说："全球互动的中心问题是文化同质化与文化异质性之间的紧张关系。"在这种相互作用过程中，宗主国与殖民地、第一世界与第三世界、西方与东方曾采用了文化进化论和文化相对主义不同的文化哲学观念，来为自己在这种文化互动过程中采取的态度与行动提供根据。

文化进化论是由生物进化论发展而来。生物进化论的信奉者斯宾塞直接把达尔文生物进化论引入文化领域，同时，泰勒·摩尔根的人类学著作也深受达尔文生物进化论的影响，从而共同形成了文化进化论。20世纪50~60年

---

[*] 本文发表于《求是学刊》2001年第5期，收入本书时部分内容有改动。
[**] 丁立群，黑龙江大学哲学学院教授，主要从事西方实践哲学与文化哲学、马克思主义实践哲学与文化理论研究。

代，文化进化论由莱斯利·怀特等人发展为新文化进化论。文化进化论认为，人类社会存在着系统性的、连续的变迁，这种变迁可根据某种一般性的进步或发展的标准来划分；与生物进化论关于生物进化的"自然选择、适者生存"的进化标准相一致，文化进化论强调文化进化的标准，即一种文化与周围环境的能量转换水平和适应能力。据此，文化进化论认为任何文化都处于整个文化进化过程的某一阶段，因此，不同文化之间是可比较的，有先进和落后、高级和低级之分。新文化进化论区分了文化进化的两个方向，即向适应特定环境发展的"特殊进化"和向适应多种环境发展的"一般进化"，前者是一种保守型文化，后者是一种开放型文化。文化进化论者实际上更重视的是一般进化。他们认为，一般进化体现了一种文化的普适性。

与此相反，以斯宾格勒和本尼迪克特为代表的文化相对主义者则认为，每一种文化都有其存在的理由，都曾在或者正在对人类历史的发展做出自己的贡献。因此，每一种文化都有其独特的价值，这种价值是与其特殊的环境相匹配的。与此相应，每一种文化都有着自己的价值准则，评价一种文化现象的价值，只能以其存在于其中的文化系统的价值准则来评价，不存在一种超越一切文化形态的普遍的、绝对的价值准则。不同种类的文化形态在价值上是平等的、多元的、相对的，从而是不可比的，它们之间无所谓先进和落后、高级和低级之分。所以，不能以一种文化形态的价值准则评价另一种文化形态中的行为。

考察宗主国与殖民地、第一世界与第三世界、西方与东方的相互作用过程，可以发现这样一种文化逻辑。

一般来说，宗主国（由西方国家、第一世界国家构成）为了给自己的经济、政治和文化上的殖民侵略寻找根据，往往求助文化进化论。他们坚持文化的整体性、有序性、可比性和时代性，否定文化的差异性和民族性。在他们看来，西方文化是一种普适性文化，能适应多种环境，具备一般进化的基本能力，是一般进化的典型形式。在整个文化的进化过程中，西方文化是一切文化的理想、整合基准和中心，为不同文化之间的比较提供了元评价标准。

英国学者约翰·汤林森（John Tomlinson）曾经要求人们，把理解西方国家的殖民主义侵略的思维方式由地理范畴（本土与外国）转换为历史范畴（传统与现代），这就是说，这种侵略不是外国对本土的关系，而是现代对传统的关系，是现代取代传统，这是一种典型的西方中心主义。显然，这种西方中心主义背后的根据即是文化进化论。

与此相反，广大的殖民地、第三世界、东方国家则持一种相反的文化策略。在与西方国家的对立中，殖民地、第三世界、东方国家对待西方国家的策略在文化逻辑上有一个变化过程。

起初，广大殖民地国家往往采取与宗主国相同的文化逻辑来反抗宗主国，即以民族中心主义来反抗西方中心主义。对于西方的侵略，广大殖民地国家的反应和应战是被动的，特别表现在思想上。因此，它们往往借用宗主国的文化逻辑来充实自己的意识形态，以此对抗宗主国。第三世界民族主义、本土文化中心论的兴起，就是西方国家以超级民族主义扩张自己民族文化的结果。例如，进化论在西方国家起到的是双重效应：民族间的竞争和一种个人主义，而在殖民地国家则剔除了其个人主义内涵，进化论是一种"图存保种"的理论，变成民族主义的辩护工具。然而，这样一种理论，由于与宗主国的理论走到了同一个逻辑上，接受了同样的价值准则，从而有了可比较性，这也就注定了其失败的命运。

继之，第三世界国家在意识形态上发生了转换，放弃了本土文化中心论，由初期的采取与西方国家相同的文化逻辑反抗西方国家，转换为以一种本土文化特殊论的文化相对主义逻辑消解西方中心论。特别是在全球化运动的初期，这种文化相对主义已成为消解西方霸权的最有力的武器——每一区域文化和民族文化都力图以其不可比较的特殊性和个性与西方文化相抗衡，争取自己应有的地位和权利。所以当约翰·汤林森把理解西方殖民主义文化侵略的思维方式由地理范畴转换为历史范畴时，第三世界国家的知识界则相反，要求人们在理解不同文化时，应采取地理范畴（本土与外国）的思维方式——他们坚决反对把西方文化与东方文化的关系看作现代文化与传统文化的关系。

可见，全球化的主要矛盾即同质化和异质化之间的紧张关系，从文化哲学的立场上看，在全球化的初期即表现为文化相对主义与文化进化论之间的对立。文化进化论坚持了文化的时代性和统一性，反对阻碍文化发展的相对主义，但由此否定了不同文化之间的差异性和特殊性，否定不同文化的民族性，最终堕入了西方中心主义——为各种殖民主义提供了理论辩护。文化相对主义是一种文化价值多元论，它在反对帝国主义殖民政策和文化战略，消解西方的中心地位方面起到了一定的积极作用。特别是在全球化运动中，在构造一种"后中心性文化"过程中，文化相对主义起到了十分重要的作用。但是，由于它否定文化在前进向度上的可比较性，从而否定了文化的整体发展，在全球化运动中，它往往发展成为以文化的民族性反对文化的时代性的文化民族主义，具有与现代化内涵中固有的文化时代性内容格格不入的文化保守主义性质。而且，文化相对主义只有积极的批判意义而无积极的建设意义：在全球化运动中，它缺乏积极的建设性理念，无法建立起一套具有建设性的、积极的全球文化互动规范。所以，必须建立一种新的文化观念和哲学理念，从哲学的高度综合文化进化论与文化相对主义，同时又扬弃和超越它们。我认为这一新的文化观念和哲学理念就是文化进步主义。

关于进步与进化的关系，学者们持有不同的看法。有的学者认为"进化"与"变化"完全是同义词，所以，它的定义不包含进步概念；另一些学者则认为进步应当是进化的实质。我认为前一个观点是正确的，但是肤浅的，它没有揭示进步与进化的本质区别。

在历史上，进步与进化最初曾具有相同的含义。在古希腊，它们蕴含于一种形而上学传统中，表现为一种超验的世界目的论。柏拉图、亚里士多德等古希腊哲学家认为世界的终极目的是"善"，整个世界的运动便是向着"善"的发展过程。这一超验主义传统几乎影响了整个西方哲学史。在近代德国哲学家黑格尔的思想中，这一过程被具体规定为"绝对精神"的实现过程。然而，自文艺复兴运动开始，人们对中世纪"上帝"的消解，导致了一股世俗化、功利化趋向——它广泛影响了整个世界的现代化运动。达尔文生物进化论提出后，进化过程便从关于整个世界的形而上学的一般进步过程中分离出来，"进化"概念具备了自己独立的内涵。达尔文否定了以往人们赋予世界发展的理想主义和形而上学性质，把进化确定为经验意义上的生物对环境的适应。文化进化论的创始人斯宾塞进一步把它明确为"物竞天择，适者生存"，并把它引入文化领域。由此便可看出"进化"作为一个哲学范畴之区别于"进步"范畴的独特内涵。与此同时，进步主义的某些合理内容则为一些对人类怀有极大的伦理热情和道德关切的思想家所发扬，如马克思、H.马尔库塞、E.弗洛姆、L.T.霍布豪斯等。他们在历史进步的信念支配下，对人类未来的理想社会、人类自由的实现进行了构想，并以此规范人类现实的历史进程。应当指出的是，尽管文化进化论者常把马克思引为先驱，但马克思实际上从来不是一个文化进化论者，而是一个地道的文化进步主义者。

文化进步主义与文化进化主义有着根本的区别。首先，进化是一个经验概念，文化进化论是关于文化的经验说明，缺乏对文化之深层的价值思考；而进步则不可避免地带有超经验的人道主义和道德判断性质，文化进步主义是对文化之深层意义的阐释，属于文化形而上学范域。其次，文化进化论衡量文化发展的标准是狭隘功利主义的，如对环境的适应程度、资源利用水平等；文化进步主义则坚持社会发展的全面性及文化对环境的超越性，坚持一种全面的衡量尺度——它既是物质的、功利的，又是伦理的、审美的。最后，在文化理想上，文化进化论坚持把西方文化设定为理想的核心，把文化的进化看作一个泛西方化过程；而文化进步主义则坚持一种文化世界主义理想，这种理想认为，通过文化的涵化、融合和重组，一种涵盖所有文化的"超文化"类型——"世界文化"的产生是可能的，"世界文化"是包含特殊的普遍，它既容纳了不同的文化类型，同时又以人类普遍的、永恒的价值作为理想的核心统一人类文化。文化进步主义是文化多样性和趋同性的统一。

于是，在文化进步主义的视野内，全球化既不是抹杀不同民族的个性，也不是要造成各民族之间的彼此隔绝、无法沟通的"原子化"局面，它要求每一民族文化在保持个性的同时，对其他文化保持开放，在这里，没有哪一种特殊文化能够成为一切文化的元价值并为全球各地域、各民族文化提供一套超越时空的元规范。主张在不同民族的交往中、对话中，在彼此面临的共同问题的作用下，逐渐形成人类的共同利益、普遍价值乃至终极关怀，并以此为核心涵纳不同民族文化的异质性和个性，创造一种普遍性和特殊性辩证统一、富有活力的、丰富多彩的新型文化——世界文化，这才是黑格尔活生生的绝对精神。

应当说，文化进步主义是古老的哲学传统的延续。它将自文艺复兴以来，在世界现代化运动中被中断的形而上学超验传统重新接续下来，将在几千年人类灌注于哲学发展史中的美好理想重新接续下来，并把它置于现实的历史运动之中，力图成为世界现代化、全球化运动的核心原则、理想和元价值。这样一种文化进步主义才能超越文化相对主义和文化进化论，解决全球化运动中的文化同质化与文化异质化之间的矛盾。

文化进步主义是全球化时代应确立的文化观念和哲学理念。

全球化：超越民族国家，还是超越民族文化？*

隽鸿飞**

当今时代，全球化的趋势已经日益深入人类生活的一切领域之中，并且深刻地改变着世界历史的进程。对于全球化的未来前景，很多学者都认为，随着经济全球化的深入发展，民族国家将逐渐丧失其存在的权利，并最终走向消亡，从而形成超越民族国家的治理——全球化国家。对于这一问题，仅仅从民族国家在全球化进程中的权利范围的变化去探讨是不能真正对其给予说明的。因为从全球化与民族国家的关系来看，民族国家的存在与全球化进程并不矛盾，甚至可以说，世界的全球化进程就是建立在民族国家的基础之上的。因此，要揭示全球化未来的发展趋势，就必须从民族国家性质的分析入手。

一　什么是民族国家？

民族国家并不是人类社会最初的组织形式，它是在人类社会发展的特定历史阶段出现的。所谓民族国家，是指"拥有对一块领土的主权统治为特征的、在调控能力上胜过传统政治形式（如古老的帝国或城市国家）的国

---

* 本文发表于《求是学刊》2002 年第 2 期，收入本书时部分内容有改动。
** 隽鸿飞，黑龙江大学马克思主义学院教授，主要从事马克思社会历史理论研究与国外马克思主义历史理论研究。

家"。① 其典型的特征是确定的领土范围和独立的国家主权。民族国家的出现填补了传统社会解体之后所形成的权力真空，它借助暴力统一和民族文化的认同，实现了分裂社会的重新整合。因此，民族国家具有双重性：它既是一个政治意识形态共同体，又是一个民族文化共同体。政治意识形态共同体只不过是笼罩在民族文化共同体之上的外壳，真正作为民族国家基础的则是隐含在其内部的民族文化共同体。民族国家的这种双重性质，是由其形成过程中所经历的特定社会历史过程造成的。

首先，从民族国家产生的过程来看，这是一个政治过程，即通过武力的征服实现国家的统一，并确立其领土的范围。在传统社会发展的末期，由于阶级分化，社会所特有的分裂的趋势，传统的社会日趋解体。分裂的社会各个碎片之间争夺权力的战争，为社会的行政资源的集中以及财政的重组，提供了最强有力的刺激，从而使统一的中央集权的形成成为可能。正是借助军事力量，传统社会解体过程中所分化出来的各个碎片被整合为统一的民族国家。但这并不是一个孤立的过程，而是在与其他国家的对立与冲突过程中完成的。在这一过程中，一方面，通过相互承认，民族国家的世界秩序得以确立；另一方面，使国家取得了对于社会的优先性。也就是说，国家对领土的统治是社会对内、对外的集体认同感和凝聚力的保证。虽然在与其他国家的对立和冲突的过程中，民族情感的诸要素——语言、族群、宗教、地域、历史和文化——在政治上到底哪一个比较重要，根本无足轻重。但与传统的国家不同，民族国家借助与其他国家的对抗所生成的民族主义，取得了对于社会的合法性，从而使民族国家与社会共同体融为一体。但"民族主义的根本效忠的对象，并非'这个国家的原版'，而是经过某种改写后的版本，亦即意识形态所建构出来的国家"。② 因此，通过武力统一所建立起来的民族国家，是一个政治意识形态的共同体。

---

① 〔德〕乌·贝克、哈贝马斯等：《全球化与政治》，王学东、柴方国等译，中央编译出版社，2000，第 78 页。

② 〔英〕埃里克·霍布斯鲍姆：《民族与民族主义》，李金梅译，上海人民出版社，2000，第109 页。

其次，民族国家虽然是一个政治意识形态共同体，但这种政治意识形态的形成并不仅仅依靠暴力的手段，更是建立在民族文化认同的基础之上的。在民族国家形成中，有一个民族文化认同导向政治意识形态的过程。民族主义的产生源于重新发现不同人群所特有的民俗传统，其实质是一场极富民粹精神的文化复兴运动。在民族主义产生的初期，民族运动尚未发展成为政治运动，也未提出任何具体的政治企图和建国方略。但在民族主义的进一步发展过程中，社会的统治阶级和上层精英发挥了重要的作用。他们通过确立统一的民族文化和民族语言，使这种民俗传统转化为"民族传统"，从而促进了民族文化的认同。而这一过程与民族国家统一的暴力过程相结合，就促进了作为政治意识形态共同体的民族国家的生成。正如霍布斯鲍姆所指出的，"使民族主义走向政治化的关键，在于自视为或被视为同一族人的男男女女，已经深信：他们眼前境况之所以这么令人不满，主要就是因为他们受到不平等待遇，而对他们施与不平待遇者，正是外族或非我族的统治阶级"。① 所以说，民族国家又是一个民族文化的共同体。只是在民族国家进一步发展的过程中，不同民族国家之间的对抗，使建立在民族文化认同基础上所形成的民族主义转变成了政治的意识形态。民族主义的意识形态化，并不意味着民族文化认同作用的丧失，这种文化的认同始终作为社会生存之根，隐含在政治意识形态之中。

最后，从民族国家的发展来看，民族国家的稳定和发展不仅仅取决于其经济和政治的稳定，而且取决于其内部的文化认同。在整个民族国家形成的过程中，政治意识形态共同体与民族文化共同体是相互促动的。因为任何民族国家都不是由单一的民族构成的，构成国家的不同民族之间在文化上的认同，是统一民族国家形成的基础，而作为政治意识形态共同体的民族国家仅仅为各民族文化的整合提供了一种外在的形式。通过与其他国家之间的战争，一方面，民族国家确立了自己独立的领土主权，即将各个不同民族纳入统一的国家组织之中；另一方面，它在使国家统一的过程中亦促成了一种普遍化

---

① 〔英〕埃里克·霍布斯鲍姆：《民族与民族主义》，李金梅译，上海人民出版社，2000，第130页。

的意识,即民族主义。因而可以说"民族主义是对主权的文化感受,是拥有边界的民族——国家行政力量协作的伴随物"。① 同时,这种民族主义又是建立在传统社会的族群文化基础之上的,只是在面临外在的生存压力时,这种民族主义才成为凌驾于民族文化之上的意识形态。因此,这种政治意识形态对于民族国家来说是外在的,一旦这种外在的生存压力消失之后,政治意识形态就丧失了其存在的合法性,作为民族国家基础的民族文化共同体的作用就凸显出来。在这时,只有那些在文化上整合完好的国家才能有一个稳定、良好的发展。随着两极世界的解体,广大东欧国家发生巨大变化。可以说,现今在中欧的民族主义或族群认同只不过"是一种替代品,在一个碎裂的社会里替代原先的凝聚作用。当社会崩倒,民族便起而代之,扮演人民的终极保镖"。②

因此,民族国家就其实质来说,是一个民族文化的共同体。只有把握住这一点,才能真正说明民族国家在全球化进程中的未来发展趋势。

二 全球化进程中的民族国家

全球化时代的主要变化在于,世界市场的开辟和劳动分工的国际化,使商品的生产和消费都具有了全球的性质。特别是借助大工业的发展建立起来的世界性的交通运输和通信系统,跨国资本、跨国公司得到了急剧的发展,从而使世界经济日益成为一个联系紧密的统一整体。"经济发展在 90 年代已不再是少数几个国家的事情,它实际上已经成为全球性的事业。……世界市场不再是一个欧洲共同体的市场,也不再是一个经济合作与发展组织的市场,而是一个几乎包括整个世界的市场。"③ 在这一全球化进程中,一方面,经济的

---

① 〔英〕安东尼·吉登斯:《民族-国家与暴力》,胡宗泽、赵力涛、王铭铭译,生活·读书·新知三联书店,1998,第 264 页。
② 〔英〕埃里克·霍布斯鲍姆:《民族与民族主义》,李金梅译,上海人民出版社,2000,第 206 页。
③ 〔德〕乌·贝克、哈贝马斯等:《全球化与政治》,王学东、柴方国等译,中央编译出版社,2000,第 205 页。

发展日益跨越了国家间的界线，从而使民族国家对经济的控制能力受到了限制。经济全球化建构起来的世界经济体系，在形成各个国家之间的相互依赖趋势的同时，亦使其共同依赖世界经济体系。而在世界经济体系中所遵循的是国际准则。在这种情况之下，每一个民族国家为了自身的发展，就必须让渡一部分权利，以便谋取共同的利益。另一方面，在经济、信息全球化的推动下，特别是对经济全球化带来的全球问题的重视，使高度多元化的国际力量和国际组织的影响日益加强。这两方面都对国家的主权产生了一定程度的冲击，但是，这并不意味着民族国家将随着全球化进程而消失。因为全球化进程与民族国家的存在不但不存在矛盾，而且可以说全球化进程就是建立在民族国家基础之上的。但全球化进程确实改变了民族国家的生存条件，并为民族国家的重塑提供了机遇。

首先，从民族国家产生的历史来看，"民族－国家体系是通过全球信息交换网络、世界资本主义经济以及世界军事秩序的协调而建立起来的"。[1]也就是说，民族国家的形成是以某种程度的全球化为前提的，又现实地推动着世界的全球化进程。

民族国家的形成过程大致可以分为三个阶段。第一阶段，民族国家的形成主要发生在西欧。随着近代资本主义经济在西欧的发展，各民族国家纷纷实现了自身的统一，并确立了民族国家的主权。但民族国家主权的确立并不是孤立进行的，而是以某种形式的全球化——民族国家之间的相互承认——为前提的。因为"任何个别国家恰好不是产生于自己的主权，而是产生于所有其他国家对领土国家的世界秩序的确认以及在此范围内对该国家的承认，也就是说……领土国家原则的全球化是该原则产生效力的前提"。[2]正是在这一原则的基础上，确立了当今西欧世界的格局。

---

[1]〔英〕安东尼·吉登斯：《民族-国家与暴力》，胡宗泽、赵力涛、王铭铭译，生活·读书·新知三联书店，1998，第339页。

[2]〔德〕乌·贝克、哈贝马斯等：《全球化与政治》，王学东、柴方国等译，中央编译出版社，2000，第12页。

第二阶段，这种领土国家的原则由欧洲向世界扩展。在全球化进程的初期，资本主义为了开拓世界市场，在世界范围内进行了大规模的殖民活动。把广大的东方社会强行纳入资本主义体系之中。资本主义"不断扩大销路的需要，驱使资产阶级奔走于全球各地。它必须到处落户，到处开发，到处建立联系……资产阶级由于开拓了世界市场，使一切国家的生产和消费都成为世界性的了。不管反动派怎样惋惜，资产阶级还是挖掉了工业脚下的民族基础"。[①] 在资本主义全球扩张的过程中，东方社会传统国家体系被打破了，而且资本主义国家之间的殖民纷争，也使民族国家体系发展到全世界。在与西方国家对抗的过程中，民族主义在广大的东方社会得以生成，这又现实地促进了东方社会在世界政治经济秩序中地位的确立。

第三阶段，民族国家形成，即在第二次世界大战之后，借助西方社会在大战中力量的削弱，以及西方社会为了与共产主义社会相对抗所倡导的民族主义，广大的殖民地国家纷纷摆脱了帝国主义的殖民统治，取得了民族国家的独立。并在此基础上确立了以民族国家为主体的世界政治经济格局。

特别是两极世界的解体和东西方意识形态对立的消失，民族国家真正成为世界经济和政治格局的主体，在推动世界经济的发展过程中日益发挥着重要的作用。

其次，作为全球化进程根本推动力的经济全球化，是建立在民族国家间政治合作的基础之上的。在国际事务中日益发挥重要作用的国际组织和跨国公司，并没有超越民族国家的权力，恰恰相反，它们作用的发挥是以民族国家的权力为基础的。国际组织只不过是各国追求自己国家利益的工具而已。"国际组织顾名思义就是国家之间的组织，就是说，它们是在充分注意到当代民族国家的利益的前提下在它们之间发挥作用。它们的成员都明确声言它们自己拥有主权，只不过拿这样的组织当作进一步追求它们各自国家利益的讲坛。"[②] 因此，没有民族国家之间在政治和经济方面的合作，这种经济全球化的

---

① 《马克思恩格斯选集》第1卷，人民出版社，1972，第255页。
② 〔美〕E.拉兹洛：《进化——广义综合理论》，闵家胤译，社会科学文献出版社，1988，第140页。

形成是不可思议的。虽然这一过程亦生出一种超越民族国家之上的力量——跨国经济组织,但这种力量必须在民族国家体系的控制之中,才能真正对人类的历史产生推动作用。因为,跨国公司仅仅是一些为了赢得利润的组织机构,它并不代表人类的共同利益。跨国公司仅仅是全球经济流动的创造者和操纵者,它造成了全球性的经济流动的洪流,却不能将它作为人类共同的生存基础。因此,必须把这种全球性的经济洪流纳入民族国家的政治、经济控制范围之中,只有这样才能消除其所蕴含的非理性因素,控制自由市场不断增长的潜力。

因此,全球化进程的实质是民族国家之间由对抗走向合作的过程,超越民族国家之上的国际组织以及非政府之间国际组织的发展,及其在国际事务中独立作用的发挥,只是表明民族国家之间在政治意识形态上的对立日益与世界的发展趋势相背离,政治意识形态共同体的利益日益让位于社会共同体的利益。

最后,全球化的深入发展只是削弱了政治意识形态共同体权力,弱化了民族国家之间在政治意识形态上的对立,从而使民族文化共同体的利益成为民族国家决策的核心,即国家的权力不再限于政治意识形态共同体之中,国家不再拥有对于社会的优先性。"全球化为权力的下放提供了强大的动力和逻辑,但它同时也为权力的向上移交提供了同样的东西。这一双向的运动——一条双向民主化道路——与其说是弱化了民族-国家的权威,倒不如说是重塑了这种权威的条件,因为这一道路可以使国家得以回应各样的冲击,否则这些冲击便会反过来挫败国家本身。"[1] 正是这种民族国家权力构成的变化,确保了民族国家在全球化进程中的主体地位,并为人类共同体的生成提供了可能。也就是说,随着全球化进程的深入发展,民族国家权力的构成发生了巨大的变化,即国家的权力不再仅仅属于政治意识形态共同体,而是属于社会共同体。但这并不意味着人类共同体的来临,因为经济的全球化虽然造成了

---

[1] 〔英〕安东尼·吉登斯:《第三条道路:社会民主主义的复兴》,郑戈译,北京大学出版社,2000,第76~77页。

民族国家之间相互依赖的态势，但在这种相互依赖中，异民族文化的视角却使相互交往日益密切的各民族文化，首先看到本民族文化的独特性，而不是各民族文化的一致性。因而，"进一步合并所面临的困难是，由于在所有这些国家人民的社会化过程中都是以本民族为中心的，所以正在形成过程中的，更大的超民族形态对于他们来说只有'理性'，而没有感情上的意义"。①因此，要想真正实现全球化，就必须超越各民族国家文化上的对立。在各民族国家文化的基础上，促进一种全球文化的生成。

三 全球文化的生成何以可能？

所谓全球文化，并不是指各民族国家在文化上的同质性，而是指在相对独立的各国家、各民族文化基础之上，在全球的世界交往中通过各种不同类型的文化之间的涵化与互动而形成的人类的共同文化。既强调人类共同体价值的一致性，同时又尊重各个不同文化价值的相对独立性，构成全球化时代生成的全球文化的总体特征。因此，这种全球文化的生成表现为世界上各国家、各民族文化在统一的人类价值的引导下的多元互动过程。

首先，全球范围内不断增强的相互依赖性的事实和感觉，对整个世界和人类物种（特别是由于生态退化、核灾难和艾滋病的威胁）的命运不断增加的关切，一方面，提出了各民族文化整合的要求；另一方面，又现实地促进全球意识的生成，而这种全球意识对全球文化的整合又起着重要的推动作用。

人类的交往建立在对彼此行为理解的基础之上，而每一个人的行为都不是独立的、随意的，而是与其所属的文化有着深刻的内在联系。因而，要理解一个人的行为，就必须将其置于其所属的文化之中。但是，在全球化所造成的世界交往中，各民族文化的异质性所造成的相互理解的差异，已经成

---

① 〔德〕诺贝特·埃利亚斯：《文明的进程I》，王佩莉译，生活·读书·新知三联书店，1998，第330页。

为全球化进一步发展的障碍，为此必须实现各民族文化的整合与认同。

所谓全球意识，是指接受（和理解）本人的文化以外的文化，并常常把它作为对世界社会经济问题和生态问题评价的一部分。在全球化时代的社会关系和各种形式的国际关系中，尽管经济问题极其重要，但这个问题在相当大程度上从属于文化问题。因为"不管'赤裸裸的'国家利益卷入国家间互动的程度有多大，仍然存在基本上是文化性质的关键问题，这种性质决定按民族组织的社会之间从对抗到友好的大部分关系结构和形态。不管怎样，多族群性和多文化性已经成为外交政策形成的越来越重要的内外制约因素"。① 也就是说，在全球化时代，一切国际的活动都具有文化的性质，我们处在正在生成的全球文化之中。

其次，社会生产日益增强的全球性，在改变人们传统的生活方式的同时，亦创造着一种人类共同的生活方式，为全球文化的认同提供了现实的基础。因为"新的技术、新生产方式与消费方式这些19世纪工业化带来的变化，使人类产生了一种完全不同于过去的、全新的感性，随之而来的是在世界范围内的一种新的生活方式"。② 正是这种共同的生活方式，加强了各民族文化的同质性，使各民族文化的认同成为可能。但需要指出的是，这种共同的生活方式仅仅是人类生活的一部分，而不是人类生活的全部。因为"人与人相互共同生活，人的意愿和计划所织成的网络，人和人相互间的联系，决不会消灭人的个性，反而会构成个性在其中得以发挥的介质。人与人相互间的联系会对个体有所限制，但同时又为其提供了用武之地。人的社会组织构成了一种培养基，从中产生了个人的目标，个人又总是将其个人的目的编织于其上"。③ 因而在全球化造成人类共同的生活的同时，亦使人类的生活更加趋于

---

① 〔美〕罗兰·罗伯森：《全球化——社会理论和全球文化》，梁光严译，上海人民出版社，2000，第6页。
② 〔美〕J. 希利斯·米勒：《论全球化对文学研究的影响》，郭英剑编译，《当代外国文学》1998年第1期。
③ 〔德〕诺贝特·埃利亚斯：《文明的进程Ⅱ》，袁志英译，生活·读书·新知三联书店，1999，第438页。

多样性。而生活的多样性，则意味着文化的多样性。

最后，全球化对人类文化本质的影响在于，随着人类生存的地域性消失，文化真正成为人类赖以生存之根。在传统社会，人们的文化认同是受其所生存的地域限制的，人们是由于共同的生存地域而形成对共同文化的认同的。人们是由于共同的生存地域而享受共同的文化，随着生存地域的变迁，人们所接受和认同的文化就会不同。而在全球化时代，人类的生存已经不再受地域的限制，人们可以生活于不同的地域，但同样可享受共同的文化。一方面，这表明人类赖以生存的根基并不是其生活的地域，而是在其生存之中建构起来的文化模式；另一方面，也表明文化摆脱了地域的限制，获得了真正的独立性，从而实现了多样化的文化类型在同一空间内的共生。而这种不同文化类型共生的空间就是民族国家之间的相互联系所构成的。"这样的实体（在相对晚近的历史中尤其是指民族社会）在某个时候或同时试图向他们学习并维持某种认同感……也构成创造全球文化的一个重要方面。更具体地说，特定社会的文化在不同程度上是它们与全球体系中其他社会互动的结果。换言之，民族社会文化是在与其他重要文化的互相渗透中分别形成的。由于同样的原因，全球文化本身部分地说也是从民族社会之间的具有互动意义上创造出来的。"① 因此，全球化的实质并不在于超越民族国家的组织形式，而是要超越各民族文化上的对立，并在各民族文化的基础上促进全球文化的生成。

---

① 〔美〕罗兰·罗伯森：《全球化——社会理论和全球文化》，梁光严译，上海人民出版社，2000，第163页。

全球性金融危机时代仍然在场的马克思主义[*]
——关于《马克思为什么是对的》的思考

姜 华[**]

自 2008 年爆发全球性金融危机以来，资本主义制度受到了广泛的质疑，马克思主义在世界上被重新认识和加以反思。伊格尔顿这位西方马克思主义者所撰著的《马克思为什么是对的》是其中最具代表性的思想成果，在全世界产生了广泛的影响，具有重要的理论价值和现实意义。伊格尔顿深刻揭示了资本主义自身存在的无法克服的资本逻辑的限制，有力地批驳了西方社会存在的马克思主义过时论。其思想不仅有利于在全球性金融危机的背景下重新认识马克思主义，也为我们全面理解和把握马克思主义理论提供了新的视角和启示。

一 对马克思主义过时论的批判

伊格尔顿作为一位坚定的西方马克思主义者，在世界处于全球性金融危机这个特殊的时期，本着对马克思主义深入系统的研究，在《马克思为什么是对的》这本书中，鲜明地表达了自己的理论立场，其主旨就是要"展示马克思观点的合理之处"，为马克思主义辩护。伊格尔顿认为，马克思主义不仅已经改变了历史进程，而且在今天依旧具有重要的影响力。伊格尔顿主要

---

[*] 本文发表于《马克思主义与现实》2012 年第 3 期，收入本书时部分内容有改动。
[**] 姜华，黑龙江大学哲学学院教授，主要从事西方马克思主义哲学与文化哲学的教学研究工作。

反驳了现代社会中常见的否定马克思主义的观点和偏见：马克思主义终结了；马克思主义在理论上都是正确的；马克思主义是一种宿命论；马克思主义是乌托邦梦想；马克思主义是经济决定论；马克思是唯物主义者，对人类精神层面毫无兴趣；马克思主义的阶级学说过时了；马克思主义者倡导暴力政治；马克思主义相信国家是万能的。伊格尔顿对上述观点给予了理论上的反驳。

伊格尔顿认为西方社会有关马克思主义过时论的主要依据是：随着全球化时代的来临，战后资本主义制度已经发生了根本的变化，马克思主义作为时代的哲学和思想受到了质疑和挑战。众所周知，20世纪80年代末至90年代初，随着苏联解体、东欧剧变，"冷战"时代结束，加之战后西方发达资本主义国家实施了高福利的社会政策，马克思时代那种以激烈的阶级对立、冲突和暴力斗争为极端表现形式的资本主义统治在一定程度上得到缓解，使西方资产阶级世界出现了一种论调，认为建立一个国际新秩序的时代已经来临，社会主义与资本主义的两极对立行将结束，资本主义的经济体系将一统天下，历史已经终结。西方的一些社会主义者认为"马克思主义失去了未来发展的可能性"，① 普遍的政治无力感令西方大众失去了对马克思主义的信仰，马克思主义理论的力量也相对被削弱。加之战后资本主义制度经过信息科技和全球化的推动，使资本主义社会生产方式"经历了至关重要的变革"，传统的工业制造业已为消费主义的后工业时代所取代。一些人提出，由于社会时代和生产都早已不是马克思当年所描绘的那个样子，因此认为"马克思的时代过去了"。基于这样的社会历史背景，在理论上，有些人提出，曾经是马克思主义核心理论的阶级斗争已经消亡，并由此把关注的焦点转移到了文化、身份、种族和性别等问题上，认为女权主义、环保主义、后殖民主义和民族政治、反全球化以及和平运动都已经超越了马克思主义以阶级斗争为纲的陈旧传统，它们所代表的全新的政治激进主义形式已经将马克思主义远远地甩在了后面。

但是，进入21世纪后，西方发达资本主义在2008年陷入了全面的金融

---

① 〔英〕特里·伊格尔顿：《马克思为什么是对的》，李杨、任文科、郑义译，新星出版社，2011，第10页。

危机,并且愈演愈烈,再一次呈现了资本主义内部自身固有的各种瘤疾,这个由资产阶级"按自己的面貌为自己创造"的世界出现了畸形和扭曲,失去了平衡的发展,使长期掩盖在"现代化""西方"等漂亮假面具下的资本主义制度不再被"当作空气般自然而然的存在",① 使人们真正认识到资本主义制度的本来面目。对此,伊格尔顿说,新的全球经济危机又开始召唤"马克思大夫"的幽灵了。伊格尔顿指出,马克思主义对资本主义制度真知灼见的分析和批判,是有史以来对资本主义制度最全面、最彻底的批判,"只要资本主义制度还存在一天",② 马克思主义就在场,马克思对资本主义不断变化的本质的洞察,使"他的观点仍然适用当今世界的关键之处"。③ 因此,伊格尔顿说:"或许过时的不是马克思主义,也许恰恰就是资本主义本身。"④ 因为,在全球性金融危机的影响下,西方国家的失业人数已经超过百万,并且这个数字仍在稳步增长,"各资本主义国家只是依靠着从同样囊中羞涩的人民那里盗取来的数万亿美元才得以避免经济崩溃的结局"。⑤ 他提出,眼下这个世界已经流为陈俗,而社会主义者必将用一个全新的世界取而代之,在这样生死攸关的紧要关头,一切正如弗雷德里克·詹姆逊所说:"马克思主义必将重现人间。"

二 "资本的逻辑"决定了马克思主义的在场

伊格尔顿认为,尽管战后西方资本主义社会发生了巨大的变化,但并没有改变马克思主义对资本主义批判的真知灼见。虽然资本主义作为人类历史

---

① 〔英〕特里·伊格尔顿:《马克思为什么是对的》,李杨、任文科、郑义译,新星出版社,2011,第3页。
② 〔英〕特里·伊格尔顿:《马克思为什么是对的》,李杨、任文科、郑义译,新星出版社,2011,第7页。
③ 〔英〕特里·伊格尔顿:《马克思为什么是对的》,李杨、任文科、郑义译,新星出版社,2011,第7页。
④ 〔英〕特里·伊格尔顿:《马克思为什么是对的》,李杨、任文科、郑义译,新星出版社,2011,第14页。
⑤ 〔英〕特里·伊格尔顿:《马克思为什么是对的》,李杨、任文科、郑义译,新星出版社,2011,第19页。

上最具活力的体制，全盛时期曾大大推动了人类社会的发展，但存在的问题使当今资本主义世界的不平等程度甚至可以与古老的维多利亚时代相提并论。伊格尔顿认为这种社会现实之所以至今仍然没有改变，源于资本主义自身存在的制约，即资本本身，"因为资本持续不断的复制正是资本主义无法超越的边界"，① 而资本主义没有能力克服自身存在的资本限制。"在资本逻辑中本就包含着资本的自我否定。每一次经济危机或金融危机正是这种自我否定的爆发。"② 而危机"永远只是现有矛盾的暂时的暴力的解决，永远只是使已经破坏的平衡得到瞬间恢复的暴力的爆发"，③ 是"一切矛盾的现实综合和强制平衡"。④ 所以，伊格尔顿强调资本主义犹如巫师的学徒，召唤出了强大的力量，但结果却对其失去了控制。由于资本主义不能克服自身的限制，因而已经成为当今人类社会进步的绊脚石，并且"巨大的财富和权力分配的差距，帝国主义的战争，得寸进尺的剥削，压迫性越来越强的国家"⑤ 等现存的重大问题仍是马克思主义 200 年来致力思考和解决的主要问题。这样，资本主义制度仍按照以前的方式运行，资本主义内在逻辑的稳定性决定了马克思主义对资本主义体制的实质批判，时至今日依然有效。

伊格尔顿明确提出，只要资本的逻辑没有改变，马克思主义理论就不会过时。因为资本追逐利益的本性决定了资本主义制度的逻辑：只要有利可图，即便反社会也在所不惜。而"资本主义的扩张、竞争和剥削的逻辑聚集在民族－国家这个体系中，从长期或短期来看，是不稳定的。资本主义－在现在和可以预见的将来都是世界和平的最大威胁"。⑥ 当代资本主义社会中出现和存在的日益扩大的贫富差距、生态危机、能源危机及金融危机等许多关乎 21

---

① 〔英〕特里·伊格尔顿：《马克思为什么是对的》，李杨、任文科、郑义译，新星出版社，2011，第 14 页。
② 王德峰：《马克思资本学说与当代中国》，《中国社会科学报》2011 年 9 月 28 日。
③ 《马克思恩格斯全集》第 1 版第 2 卷，人民出版社，1995，第 278 页。
④ 《马克思恩格斯全集》第 1 版第 26 卷第 2 册，人民出版社，1995，第 582 页。
⑤ 〔英〕特里·伊格尔顿：《马克思为什么是对的》，李杨、任文科、郑义译，新星出版社，2011，第 13 页。
⑥ 〔美〕艾伦·伍德：《资本主义与人类解放》，《新左翼评论》1988 年第 67 期，第 5 页。

世纪人类生存的问题都是资本逻辑支配的结果。

1. 批驳了阶级理论过时论

针对西方社会对马克思主义阶级理论的否定和"寿终正寝"说,伊格尔顿指出,从全球范围看,随着资本集中度和侵略性的增加,无产阶级的数量实际上也日益扩大,资本主义社会的阶级构成发生了新变化。那些急于宣告工人阶级已经消亡的人常用的一个论据就是：服务、信息和通信业所取得的巨大发展使资本主义社会产业结构和社会组织形式都发生了巨大的变化,从早期商业资本主义、农业资本主义转变为晚期消费主义、金融资本主义、后工业或后现代资本主义；但伊格尔顿认为,这种变化并没有改变资本主义财产关系的基本性质,恰恰相反,这些变化使资本主义社会的资本集中程度更高了,资本主义利用技术手段从工人身上榨取了更多的财富,导致的结果就是"使赤贫和无产者的人数每个小时都在激增"。[1] 而且随着技术和行政管理工作出现了巨大扩张,传统社会的等级结构正让位于以去中心化、网络化、团队化、信息化等为特征的组织形式,使工人阶级和中产阶级之间的界线变得日趋模糊。同时,飞速发展的信息技术也导致许多传统职业消失,经济的稳定性、一成不变的职业结构和工作观念也都发生急剧的转变,工作的流动性日益增强。这就造成越来越多的专业人士被无产阶级化,产业工人阶级的某些分支也被再次无产阶级化。

对于资本主义社会阶级构成出现的这些新状况,伊格尔顿提出,马克思本人并不认为只有体力劳动者才算工人阶级,"工人阶级包括所有被迫向资本出售劳力,在压迫性制度下苦苦挣扎,几乎完全没有能力改变自身劳动条件的人"。[2] 在这个意义上,那些没有熟练技术、工资收入低、工作毫无保障、对劳动过程几乎没有发言权的下层白领工人,也应该归入无产阶级。因此,

---

[1] 〔英〕特里·伊格尔顿：《马克思为什么是对的》,李杨、任文科、郑义译,新星出版社,2011,第166页。

[2] 〔英〕特里·伊格尔顿：《马克思为什么是对的》,李杨、任文科、郑义译,新星出版社,2011,第173页。

他认为工人阶级阵营既应包括体力劳动者，也应包括低层白领工人，包括大量没有任何自主权的技术工、文员和行政人员。由此他得出结论："工人阶级的消亡被大大夸大了。"① 虽然当代资本主义社会阶级的构成一直在改变，但这并不意味着工人阶级，即马克思认为"资本主义为了自身利益而培养起来，却终将取代资产阶级的一股社会力量"② 已经"消失得无影无踪"。③ 阶级斗争从本质上说就是争夺资本利润的斗争，只要人类社会的财富还不足以让全人类共享，这样的斗争就会一直持续下去。

2.批驳了经济决定论

西方反马克思主义者将马克思主义归为经济决定论，认为马克思将世间万物都归结于经济因素的这种观点是一种过度的简化。对此，伊格尔顿指出，在经济上奉行决定论的恰恰是资本主义而不是马克思主义。因为，资本的逻辑决定了资本主义唯利是图，以经济利益衡量一切。

伊格尔顿认为"为生产而生产"是资本主义的信条，但资本主义对生产的理解是片面的和狭隘的。在他看来，马克思对生产概念的理解要比资本主义全面得多，认为马克思将所有事物都归因于经济的观点恰恰误解了马克思主义的生产概念。马克思著作中的生产一词包括任何能达到自我实现的活动，生产是人性的本质，体现的是一种自由的、自我实现的改造世界的活动，是并非建立在强迫基础之上的、通过改变现实而实践人的基本权利的活动。因此，马克思将人类的自我实现看作人类值得努力追寻的目标，而不是为实现其他目的而服务的工具，在这个意义上，大多数不断进行的生产都不是真正意义上的生产。在马克思看来，人们单纯地为了生产而自主进行的生产活动才算是真正的生产。而"这样的愿望只有在共产主

---

① 〔英〕特里·伊格尔顿:《马克思为什么是对的》，李杨、任文科、郑义译，新星出版社，2011，第179页。
② 〔英〕特里·伊格尔顿:《马克思为什么是对的》，李杨、任文科、郑义译，新星出版社，2011，第167页。
③ 〔英〕特里·伊格尔顿:《马克思为什么是对的》，李杨、任文科、郑义译，新星出版社，2011，第165页。

义制度下才能得到百分之百的实现"。① 伊格尔顿指出，只要狭义地"为生产而生产"的论调还在统治社会，人类的自我实现就无从谈起，在这样的体制下，人们不得不将绝大多数的精力用来迫不得已地养家糊口，因而根本无法享受生活。

由于资本主义奉行"为生产而生产"论，这就决定了资本主义创造物质财富的方式，即要在资本逐利本性的驱动下，要求资本不停地积累，通过竞争和不断扩张需要的驱动进行生产。而资本主义如果不能持续扩张就无法生存，这是由资本的逻辑决定的，资本主义的生产只是为了资本而生产，是对资本增殖和利润的绝对追求。这也就意味着资本主义社会虽然创造了大量的财富，消除了物质的匮乏，生产了大量的剩余价值，延长了人类的闲暇时间，但人类依然要进行无休止的被强迫劳动。同时，资本主义制度创造的财富比以往任何时期都多，但却无法让社会大多数人享受财富的成果，社会存在着日益严重的不平等和贫富分化，不平等成为"资本主义的天性"。② 面对资本主义社会日益滋生的贫穷和困苦，伊格尔顿说，我们甚至可以想象"在未来的世界里，超级富豪们居住在守卫森严的私人社区里，而数以十亿计的穷人则蜷缩在散发着恶臭的茅屋里勉强度日"。③ 在我们生活的这个时代，财富分配不均、贫富分化日益严重。根据世界银行的统计，2001年全球有27.4亿人依靠平均每天不到两美元的收入勉强维持生活，而一位墨西哥亿万富翁的收入相当于1700万最穷困的墨西哥人收入的总和。由此，伊格尔顿说："我们甚至可以说，马克思主义理论的正确性与日俱增。"④

---

① 〔英〕特里·伊格尔顿:《马克思为什么是对的》，李杨、任文科、郑义译，新星出版社，2011，第127页。
② 〔英〕特里·伊格尔顿:《马克思为什么是对的》，李杨、任文科、郑义译，新星出版社，2011，第82页。
③ 〔英〕特里·伊格尔顿:《马克思为什么是对的》，李杨、任文科、郑义译，新星出版社，2011，第12页。
④ 〔英〕特里·伊格尔顿:《马克思为什么是对的》，李杨、任文科、郑义译，新星出版社，2011，第119页。

3.批驳了对马克思主义自然观的曲解

针对指责马克思不过是一个理性主义启蒙者，打着人类旗号对自然进行掠夺的说法，伊格尔顿援引一位现代评论家的评论指出，"围绕如何主宰环境这个复杂问题"，马克思的著作代表了"十九世纪社会思想中最深远的眼光，其贡献是之前的著作都无法比拟的"。① 他指出，马克思作为一位生态保护的支持者，强调了经济的发展不应该牺牲我们的后代赖以生存的自然和地球，而应"以一种适当的形式全面发展"。② 相反，因受资本逻辑的限制和驱使，资本主义无法避免生态环境遭到破坏。

首先，伊格尔顿认为，马克思对资本主义的批判是与他对自然的关注紧密相连的。他认为，马克思在写作《德意志意识形态》时就已经在使用地理和气候因素进行社会分析了。③ 而在《资本论》中马克思写道："社会化的人，相互关联的生产者，将合理调节他们和自然之间的物质交换，把自然置于他们的共同控制之下，而不是让自然作为盲目的力量来统治自己。"④ 马克思强调人类应当与自然互相交流，而不是主宰自然，人类应当合理地控制自然，而不是恃强凌弱地掌控自然。⑤ 即便整个社会、整个国家，或者所有现存的社会体加在一起，都不是地球的所有者，他们只是地球的使用者、受益者，必须将改善的地球传给后代。

其次，伊格尔顿认为马克思关注自然的背后是一种哲学意识。在《资本论》中，马克思将自然界看作"人必须与之处于不断的交互作用过程的人的

---

① 〔英〕特里·伊格尔顿:《马克思为什么是对的》，李杨、任文科、郑义译，新星出版社，2011，第224页。
② 〔英〕特里·伊格尔顿:《马克思为什么是对的》，李杨、任文科、郑义译，新星出版社，2011，第231页。
③ 〔英〕特里·伊格尔顿:《马克思为什么是对的》，李杨、任文科、郑义译，新星出版社，2011，第223页。
④ 〔英〕特里·伊格尔顿:《马克思为什么是对的》，李杨、任文科、郑义译，新星出版社，2011，第224页。
⑤ 〔英〕特里·伊格尔顿:《马克思为什么是对的》，李杨、任文科、郑义译，新星出版社，2011，第225页。

身体",将生产工具看作"人体器官的延伸",①强调身体与世界、主体与客体都应当保持微妙的平衡。当自我与自然界的互惠关系被瓦解后,人类就只剩下资本主义那毫无意义的世界,在这种状况下,自然不过是可以随人类的意愿而任意改变形状的东西,人类成了自然的绝对主宰。与此同时,自然不再是人类的身体,人与自然决裂。因此,马克思认为,在资本主义制度下,人类的身体感觉已经"商品化",身体已经转变为近乎抽象的生产工具,身体与自然的平衡关系被彻底打破了;资本主义制度下的自然界已经成为纯粹的使用对象,人们不再认为它是一种"自有的力量"。②

最后,伊格尔顿认为,马克思清楚地认识到资本主义对自然资源的短期掠夺与长期持续生产之间的冲突。他说,马克思作为一位生态保护的支持者,认为"资本主义'浪费土壤的肥力'并且故意损害'合理'的农业",③资本主义农业"只有靠竭泽而渔——靠耗尽所有财富的来源——土地和劳动力来发展"。④这样"通过增加浪费、奢侈和毁灭性开发的生产方式来推迟危机的资本主义,与从来都强调人与自然整体关系的马克思主义相比",⑤马克思主义才是生态主义的捍卫者。因此,伊格尔顿指出,当代社会所面临的资源匮乏、能源匮乏及生态环境的破坏等状况在很大程度上就是资本主义的"杰作"。伊格尔顿援引伍德的话指出,由于资本积累这一反社会的天性驱使,资本主义无法避免生态遭到破坏。资本主义体系也许可以忍耐种族和性别平等,但它的本性决定了它绝对不会实现和平,也不会尊重物质世界。"资本主义也许会适当地保护环境,尤其是当环保科技本身就会给其从市场

---

① 〔英〕特里·伊格尔顿:《马克思为什么是对的》,李杨、任文科、郑义译,新星出版社,2011,第226页。
② 〔英〕特里·伊格尔顿:《马克思为什么是对的》,李杨、任文科、郑义译,新星出版社,2011,第227页。
③ 〔英〕特里·伊格尔顿:《马克思为什么是对的》,李杨、任文科、郑义译,新星出版社,2011,第225页。
④ 〔英〕特里·伊格尔顿:《马克思为什么是对的》,李杨、任文科、郑义译,新星出版社,2011,第226页。
⑤ 赵文:《伊格尔顿为什么是对的》,《文艺理论与批评》2011年第6期,第55页。

上带来利润的时候。资本积累使一切从属于资本自我扩张和增长的需要，但资本积累驱动力的不合理性不可避免地对生态平衡抱有敌意。"① 这样，有史以来第一次，占人类社会主导地位的生活方式具有了"将人类从这个星球上彻底抹去的能力"。②

伊格尔顿在书中对马克思主义的理解和阐释，诸如阶级、生产关系、生产方式等，虽然还存在值得商榷的地方，需要我们加以甄别，但不可否认的是，伊格尔顿揭示了当今全球性金融危机爆发所衍生的一系列世界问题和社会问题的根源在于资本主义的资本逻辑这一事实，使我们深刻认识到马克思所批判的资本逻辑在今天非但没有退出历史的舞台，反而以更加隐蔽的形式、多样化的手段，在全球化的进程中行使着自己的统治逻辑，在各种各样的全球性问题和全球化风险中处处隐现着资本逻辑的身影。在发达国家和发展中国家之间的不平等问题、生态问题、资源问题及少数发达国家的霸权问题，尤其是在世界金融体系的金融风险等问题上，在深层次上都隐含着资本支配和资本统治的逻辑，这也正是马克思主义能够在今天全球性金融危机的背景下再一次强烈地展示出自身思想力量的原因。当世界再次面临危机时，伊格尔顿提出，"那句昔日共产主义政党的口号，进入社会主义，还是退回野蛮社会"，③ 直到今天仍然能给我们启示。他援引德国哲学家瓦尔特·本雅明的话说："革命并不是一列失控的火车，相反它是一个紧急制动的装置。每当资本主义失去控制，市场的力量使其堕入无政府状态之时，社会主义就会挺身而出，用集体的力量扼住这头狂暴的野兽，让社会重新归位。"④ 在这样的现状下，马克思主义依然在场，从未退出历史的舞台。

---

① 王雨辰：《生态批判与绿色乌托邦》，人民出版社，2009，第118页。
② 〔英〕特里·伊格尔顿：《马克思为什么是对的》，李杨、任文科、郑义译，新星出版社，2011，第13页。
③ 〔英〕特里·伊格尔顿：《马克思为什么是对的》，李杨、任文科、郑义译，新星出版社，2011，第223页。
④ 〔英〕特里·伊格尔顿：《马克思为什么是对的》，李杨、任文科、郑义译，新星出版社，2011，第187页。

三 结语

伊格尔顿作为当代英国100位最有影响力的公共知识分子之一,[①] 在全球金融危机这个特殊的时期,"本着对马克思主义始终如一的坚持和一个知识分子的学术良知及政治态度的真诚性",[②] 选择了为马克思主义辩护。因而,《马克思为什么是对的》一经出版就在西方社会引起了普遍的关注和争议。瑞士银行资深经济顾问乔治·马格努斯撰文指出,马克思切中了资本主义病根,在金融危机和接下来的经济萧条中,马克思的幽灵已经从坟墓中复活,今天的全球经济在某些方面和他预见的情况有着不可思议的相似性。英国《卫报》的书评则提出,现在是引人入胜地讲述马克思与当今世界关联性的正确时刻。

因此,伊格尔顿的《马克思为什么是对的》这部著作不仅有助于整个世界在全球性金融危机情况下重新认识、反思马克思主义,也有助于我们进一步深入阅读和研究马克思主义的经典理论,为反思当前中国和世界发展状况,认识和理解马克思主义,认识中国特色社会主义与马克思主义的关系,提供新的视角和启示。

---

① 彭伦:《英国知识分子杂志(前景)(Prospect)月刊于2004年7月号为纪念创刊100期的评选结果》,《文汇读书周报》2004年7月12日。
② 方钰:《伊格尔顿的意识形态理论探要》,重庆出版社,2008,第5页。

中国化问题

马克思主义时代化的基本路径*

丁立群**

马克思主义时代化意味着马克思主义具有与时俱进的优秀品格。如此，马克思主义才能成为"时代精神的精华"。马克思主义时代化需要通过创新才能实现，时代化是创新的目标指向。如此，马克思主义创新的可能性何在？马克思主义时代化究竟如何实现？其基本路径是什么？这是在目前的讨论中应当解决的核心问题。

我认为，要实现马克思主义时代化就需要在时代化的可能性、解释框架、问题序列、话语体系、思想品格和创新原则上实现一系列新的理解和理论转换。

一 马克思主义时代化创新的理论可能性

马克思主义时代化即是根据时代的基本变化和具体境遇，创新马克思主义。马克思主义时代化创新会遇到一个潜在的理论"困境"，我把这一困境称作"拉卡托斯困境"。随着马克思主义时代化研究的深入，这一困境逐渐凸显出来。

何谓"拉卡托斯困境"？现代西方科学哲学家I.拉卡托斯[①]在他的科学哲

---

* 本文发表于《哲学动态》2016年第6期，收入本书时部分内容有改动。
** 丁立群，黑龙江大学哲学学院教授，主要从事西方实践哲学与文化哲学、马克思主义实践哲学与文化理论研究。
① I.拉卡托斯（Imre Lakatos, 1922-1974），英国哲学家，西方科学哲学的代表人物。

学理论中，把一个完整的科学理论称作"科学研究纲领"，它由最基本的理论构成其"硬核"，它不允许经验反驳和修改，否则，就意味着放弃了该研究纲领，而信奉了其他研究纲领；在"硬核"的周围由许多辅助性假设构成了"硬核"的"保护带"，"保护带"是可调整、可修改的，它起到保护"硬核"不受反例的冲击作用；同时，"科学研究纲领"还有两条保护和完善"硬核"的方法论原则。我认为，这里的所谓"硬核"相当于一个理论体系中的基本理论，"保护带"相当于具体结论。

按照这个理论，马克思主义时代化就意味着创新，那么，这种创新是对基本理论（硬核）的创新，还是对具体结论的创新？如果是对基本理论的创新，就意味着对马克思主义理论"硬核"的触动。触动"硬核"的创新，按照 I. 拉卡托斯的观点，就是信奉了其他的研究纲领——这一问题的实质在于，创新后的理论还是马克思主义吗？如果不是对基本理论的创新，我们只对具体结论（保护带）进行创新而不触动基本理论，使基本理论僵化、固化，那么，这种时代化创新能成为真正意义的创新吗？我把这一困境称作马克思主义创新的"拉卡托斯困境"。

我认为，仅仅把对马克思主义的时代创新限制在具体结论上，意味着把马克思主义的基本原理看作僵死的、封闭的。时代变化了，马克思主义本身（包括它的基本原理）也要与时俱进。那么，怎样摆脱马克思主义创新所遇到的"拉卡托斯困境"呢？

我认为，科学历史主义的代表人物 L. 劳丹[①] 对 I. 拉卡托斯的批判对我们理解这一问题极具启示意义。L. 劳丹认为，I. 拉卡托斯的理论只能允许研究纲领发生有限的变化，任何反例都不能触动硬核从而修改其基本理论，这种看法是僵化的。[②] L. 劳丹用"研究传统"来代替 I. 拉卡托斯的"科学研究纲领"。"研究传统"不像"科学研究纲领"那样是固定僵化的，而是一个不断的进化过程。这一进化过程通过它所统属的专门理论（与经验接触的具体理论，相当于我们通常所说的"具体结论"部分）直至修改它的基本理论实现。

---

① L. 劳丹（Larry Laudan, 1941~），美国科学哲学家，新历史主义学派代表人物。
② Larry Laudan, *Progress and Its Problems*, London, 1977, pp. 77-78.

他认为，一个科学理论中的基本部分是处在历史变化中的，其基本部分中的不太核心的要素是可以改变的；新传统可能包含了旧传统的某些基本部分，因此，一个传统向另一个传统过渡也是连续的。

这样，L.劳丹就克服了 I.拉卡托斯"科学研究纲领"的僵死性和保守性，把科学理论体系看作不断与经验相互作用而发展的活的生命过程。

如果说，L.劳丹的理论尚局限于自然科学理论，那么，实践哲学家 A.麦金太尔则从人文科学的角度提出了几乎相同的思想。在他看来，每一种学说都是一种传统，该传统有一些"边缘性"和"从属性"理论，也有一些"核心性"理论。在解决问题时，这些问题对传统的冲击是从"边缘问题"到"核心问题"的，在每一种冲击中，传统的代表者都会"思考是否不同的对立的传统有可能提供的资源，以充分地描述和解释自己传统的失误或缺陷……"。由于运用了对立传统的资源，它就能比对方更有利于解决问题。① 传统在这一过程中得到了发展。

实际上，在马克思主义时代化过程中，我们可以把马克思主义理解为 L.劳丹和 A.麦金太尔意义上的"研究传统"。它有其基本理论部分，或者叫"核心要素"，也有基本理论的具体应用或称作"所属理论"。无论是马克思主义的基本理论，还是其具体应用、具体结论，都不是僵化封闭的，而是开放的、创新的，不断完善而生长的：其"所属理论"当然是可以发展创新的，而其基本理论也有深化、发展和创新的空间。马克思主义时代化就是要把不断前行的时代的新元素、新视界融入马克思主义传统中，同时，也把其他"研究传统"中的优秀元素吸收到马克思主义的"研究传统"中来，从而赋予马克思主义以一种不断生长的生命力，使马克思主义不断地前行，永远处于"时代化"过程中。② 正是在这种意义上，马克思主义才能成为"时代精

---

① 〔美〕A.麦金太尔：《谁之正义？何种合理性？》，万俊人等译，当代中国出版社，1996，第 229~230 页。
② "时代化"实际上就是一个不断前行、不断被赋予新内容的概念，在这种意义上，时代化就是未来化。

神的精华"。以往,我们常说,马克思主义的基本理论是不可改变的,其具体结论则是可错的,可以因时而变。这实际上就把马克思主义基本理论变成毫无生命力的僵化的"木乃伊"了——正是由于把马克思主义基本理论变成僵化的"木乃伊",这种理论本身就已经逻辑地蕴含着马克思主义过时的结论。

二 马克思主义时代化需要有时代的理解和阐释框架

无疑,马克思主义的历史唯物主义理论揭示了社会历史存在的基础和发展的普遍规律。但是,在历史唯物主义基础上,不同的时代社会用于整合生活、理解社会的结构框架和基本原则却可能具有不同的形式。在我看来,社会整合框架和原则的转换也就构成了时代变化的主要标志。马克思主义之所以需要时代化就是因为马克思主义在当代遇到了新的问题,这些问题很难用原来的阐释框架来解释,必须与时俱进地转换为一种新的框架和原则——这也是符合马克思主义的发展理论的。

在历史的发展过程中,社会存在的基础与社会生活的整合框架和原则在现实中经历了一个由统一到分离的过程。在这一过程中,社会生活的整合框架和原则本身也随着时代的发展而发生变化。

在自由资本主义时代,马克思提出在生产劳动的基础上,产生了自然的(人与自然)和文化的(人与人)双重关系。这双重关系是相互制约、不可分割的统一的人类整体关系。其中任何一重关系都不能离开另一重关系而孤立地进行研究,它们属于一个关系整体。其中,自然的关系决定文化的关系,而文化的关系对自然的关系又具有反作用,它们是相互影响、相互作用的。然而,在这种相互影响、相互作用的整体关系中,自然的关系对文化的关系具有最终的决定作用。于是,历史唯物主义便确立了一个"决定 - 反作用 - 最终决定"的普适性公式。

这种"决定 - 反作用 - 最终决定"的公式在第二国际的个别思想家那里走向极端,他们过多地关注生产劳动的自然性质,较少关注生产劳动的文化性质以及文化对整个社会的作用，使自然的劳动——这种脱离文化的赤裸裸的"劳动"相当于 H. 阿伦特将工作和行动并列的劳动——成为社会历史演化的最终"实体"。这就在对社会历史的理解上形成了一种实质上的还原关系：上层建筑还原为（决定于）经济基础、经济基础和生产关系还原为（决定于）生产力。这种还原关系就如 M. 萨林斯所说："把历史唯物主义最终归结到工作，把工作最终归结到其物质规定作用，这就剥夺了唯物主义学说的文化属性。"①

这种理解不应看作马克思主义经典作家的主观认识局限，而是对时代状况的真实反映，正如恩格斯所说："我们只能在我们时代的条件下去认识，而且这些条件达到什么程度，我们才能认识到什么程度。"②从而，"每一个时代的理论思维，从而我们时代的理论思维，都是一种历史的产物，它在不同的时代具有完全不同的形式，同时具有完全不同的内容"。③在马克思时代，社会存在的基础与社会的整合框架和基本原则基本是同一的，整个社会的基本逻辑是经济学的和生产的即资本的逻辑。文化对社会历史的形塑作用、对物质力量的社会存在形式的整合作用尚未充分发挥出来。在这种背景下，马克思把文化看作一种为生产力和经济基础所决定的上层建筑、一种从属于前两者的派生物是符合当时的现实状况的。

历史进入 20 世纪，在现实维度上，由于全球化进程的加速，其深层问题即文化的同质化倾向和异质化倾向的冲突问题逐渐显露出来；同时，在认识论上，文化本体问题在人类经验中也日益凸显出来，并作为认识的基本背景发挥着越来越重要的作用，④社会存在的基础与社会的整合框架和基本原则由同一而分离——文化的作用被突出，并逐渐成为社会生活的整合框架和原则。正如塞缪尔·亨廷顿认为，冷战结束后，世界格局由意识形态对抗转为不同文明的对

---

① 〔美〕M. 萨林斯：《文化与实践理性》，赵丙祥译，上海人民出版社，2002，第 174 页。
② 《马克思恩格斯选集》第 4 卷，人民出版社，1995，第 337~338 页。
③ 《马克思恩格斯选集》第 4 卷，人民出版社，1995，第 284 页。
④ 参见丁立群《文化哲学：问题与领域》，《哲学研究》2010 年第 9 期。

抗和冲突——这成为当代全球化时代的主要矛盾。同时，文化结构中的部门分析发展到极端，形成了文化各门类各部门的自我封闭性以及个别文化门类的意识形态化①（如唯科学主义）——这些也显示出文化融合的必要性，使文化本体的经验日益凸显。在双重作用下，虽然历史唯物主义的基本前提仍然存在，但是在这一前提下，社会将生成一种全新的文化经验、思想境界和价值依托，进而形成一种全新的生存方式。在这种生存方式中，文化已成为理解一切社会事务的基本背景，一切事物只有"镶嵌"在文化的背景上才可能被理解。一句话，在当今时代，文化已经成为整合生活意义的基本框架。

所谓马克思主义时代化，就是与时俱进，以一种新的理解框架去解答时代的问题。

三 马克思主义时代化需要有时代的问题系列

马克思主义时代化并不仅仅是纯理论的逻辑使然，没有时代的发展，马克思主义时代化就会是一个经院哲学的问题，一个十足的"伪问题"。所以，时代产生的现实问题无疑是马克思主义时代化的更根本的动力。一个时代的理解和阐释框架相当于 T. 库恩所说的"范式"（paradigm）②，它既产生于时代的现实实践，同时又蕴含着时代的问题，而理解和阐释框架转换后，我们也会发现以前无法发现的时代问题。

一个时代的诸多问题并不是处于零散状态而彼此漠不相关的，它们是一个有着内在联系的总体，这一总体包含由问题之间的关系构成的问题体系和结构。在这个问题体系中，有决定时代走向的基本问题，有由基本问题派生的问题。如果把时代当作一个文本来解读的话，我们可以在不严格意义上借

---

① 一种文化门类超出其应有的范围而人为地普遍化到所有文化门类中，成为各文化门类中的元文化门类，我把这种现象称作"意识形态化"。

② "范式"（paradigm）是当代美国著名哲学家托马斯·库恩（Thomas Kuhn）科学哲学思想的核心范畴，通常指"常规科学"所赖以运作的理论基础和实践方式，是某一科学的研究群体所共同遵循的世界观和行为规范。

用法国结构主义者 L．阿尔都塞的术语"总问题"（problematic）[①]表述决定时代走向的基本问题。

当今时代，决定时代走向的总问题无疑是发展道路问题，这一问题实际上就是现代化问题。现代化运动最初是在西方兴起的，所以，西方的现代化模式对落后国家来说，具有一种"典范"作用，成为落后国家学习的榜样。然而，西方的现代化在发展过程中遭遇到人与自然、人与社会关系以及人类自身的种种危机，受到西方知识分子的激烈批判（如法兰克福学派等）。落后的发展中国家最初走的是模仿西方的"追赶式"的现代化道路。在西方知识分子的批判下以及自身的实践中，这条道路逐渐暴露出弊端。通过反思和批判西方现代化道路，广大的后发展国家走上了各具特色的多元的现代化道路。中国特色社会主义就是我国在探索现代化过程中，走出的一条自己的现代化道路。可见，发展道路问题是当今时代诸多问题中的"总问题"，是当代诸多问题的"母胚"。

现代化和发展问题派生出现代性问题。现代性是现代化的文化表现或文化意识形态。它包括思想意识形态和制度形态两个层面。如同现代化的多元化一样，西方版的现代性也同样因受到批判而多元化了。所以无论是现代化还是现代性都存在着如何与多元的各民族文化的特殊性结合的问题，同时也存在着多元性中的共性问题。换言之，现代化和现代性应当特殊化，与走向现代化各民族的自身文化结合在一起。但是多元化之后，它们还有什么共同性？我们根据什么仍然可以把它们整合为现代化和现代性？更重要的是，普遍性和特殊性如何能够恰当地结合在一起？

全球化是现代性的一种形式，是现代化的必然结果。全球化绝不仅仅是国际关系问题，它在政治、经济、社会和文化等各个方面极大地影响着各个国家和民族的建设和发展道路。但是，其中深层而深远的影响仍然是文化方

[①] "总问题"（problematic）是 L. 阿尔都塞结构主义马克思主义的重要概念，指一种使理论能够以特定方式提出问题和解决问题的潜在建构性结构。任何理论都是一个总问题，都是全部问题的理论的"母胚"。

面的。人们一般认为，至少在当代全球化的初期，其基本矛盾是文化同质化和异质化两种文化逻辑的冲突。无疑，其背后的问题仍然是发展道路的普遍性和特殊性的关系问题。

由发展道路派生的问题还有诸如中国特色社会主义的理论、道路、制度问题，中西文化的关系问题、中国传统文化的创造性转化和创新性发展问题、马克思主义中国化问题等。这些问题与发展道路问题有着内在的逻辑联系，它们的解决同样在于发展道路的普遍性和特殊性的关系问题上。

总问题实际上就是问题框架，它如何解决决定和预设了派生问题的解决路径、方式和题解，所以总问题是纲领性的。马克思主义时代化就是要用时代的阐释框架解决时代的根本问题及其派生的问题。

四　马克思主义时代化需要有时代的话语体系

马克思主义时代化不仅要有时代的问题序列，而且要有时代的话语体系。马克思主义时代化本质上就是马克思主义的创新，创新就意味着一套新的话语的形成，即一套反映时代发展的概念体系的形成。正如恩格斯在评价《资本论》时所说的那样，一门科学提出的每一种新见解都包含这门科学的术语的革命。术语革命有两种途径。

首先，术语革命意味着概念含义的革新和新概念的产生。术语革命的第一种途径是术语和概念含义的革新以及新概念的产生。这种更新带有一定的质变意味。西方科学哲学家 T. 库恩在谈到科学革命时认为，牛顿物理学中的空间、时间、质量等概念在爱因斯坦的新理论中，已经推导不出牛顿物理学的一系列定律了。这说明在科学革命中，一些基本概念已经改变了含义，富有了新的意义。所以，"一种理论的创新，必须改变已经确立且为大家所熟悉的概念的含义，这正是爱因斯坦理论的革命性影响的核心"。[①] 同时，科学革

---

① 〔美〕T. 库恩：《科学革命的结构》，金吾伦、胡新和译，北京大学出版社，2003，第 94 页。

命还会产生一些新概念,以之替代原来的旧概念。17世纪,"燃素"是旧范式用来解释燃烧现象的概念,是旧的化学研究范式的基本概念。18世纪,在科学的发展中,这一概念已经为"氧化""聚合反应"等一系列新概念所替代。这些新概念的产生是化学范式转换的重要环节。

在这种意义上,马克思主义时代化也意味着概念含义的时代化,即概念意义的创新和新概念的产生。比如说,"市场经济"概念由于处于中国特色社会主义理论体系中,理论体系的整体性制约和界定了概念的含义,使这一概念在描述资本主义现实时,"能指"相同而"所指"却发生了一个革命性的变化,具有了内涵的创新。"中国特色社会主义"则完全是一个创新的概念,这是一个由一整套理论凝聚而成的概念,它既根源于马克思所设想的社会主义理想,又与中国的具体现实相结合;既是世界现代化运动的结果,又是现代性的中国书写,是一个富有创造性的全新理论。

其次,术语革命意味着概念网络的更新和新概念网络的形成。话语体系是一套术语概念系统。话语体系的时代化不仅要求基本概念的更新、产生新的基本概念,而且需要整个概念系统的重构。T. 库恩认为,科学革命意味着范式的转换,而范式的转换不仅需要新的概念,而且需要科学家理解世界的整个概念网络的变化,"科学革命就是科学家据以观察世界的概念网络的变更"。①

概念网络的变化建基于其构成要素的变化,即个别概念的更新,这就是T. 库恩所说的科学革命需要"改动他们所描述的宇宙体系的基本构成要素"。②一门科学个别概念的改变是整个概念网络系统改变的基础,这里值得注意的是个别概念而不是全部概念的改变:由于科学知识具有连续性,在范式转换过程中,只是一些足以引起整个概念体系改变的一些重要概念获得了新的内涵或转换为新概念,而不可能是全部概念。当然在范式转换完成后,由于处在一种新的整体关系中并受新的整体关系制约,所有的概念意义都会有所变化。

---

① 〔美〕T. 库恩:《科学革命的结构》,金吾伦、胡新和译,北京大学出版社,2003,第94页。
② 〔美〕T. 库恩:《科学革命的结构》,金吾伦、胡新和译,北京大学出版社,2003,第94页。

概念网络的变化是一种概念之间关系的变化，是诸多概念的创造性新整合。概念网络的变化不仅仅是一些重要概念获得了新的内涵或转换为新概念，而且意味着这些概念的变化将引起原有概念体系中概念之间相互关系的变化。正如 T. 库恩所说，科学革命后，处理的虽然是以往同样的材料，但是"使它们处于一个新的相互关系系统中了"。① 这种新的概念相互关系系统是诸多概念的创造性新的整合和重建。这里既有原来概念系统中的旧概念，也有更新了内涵的概念，还有新产生的概念。这些新旧概念被整合在一个新的系统中，这一新的系统对系统内的概念具有一种整体性的制约关系，这种制约关系使其内含的新旧概念含义都会有所变化。这种创造性整合和重建实际上形成了一个新的概念关系框架，这个框架构成我们理解事物的新范式。②

马克思主义时代化不仅需要新的理论的"关键词"——一些新的基本概念，而且要有一个完整的概念体系，一套新的反映时代变化了的现实的话语体系。其中，中国道路问题是中国特色社会主义建设的总问题，由这一总问题涵盖了一些基本概念，如"初级阶段""解放和发展社会生产力""以人为本""科学发展""市场经济""和谐社会""全面深化改革""社会主义核心价值观""四个全面"以及十八届五中全会新提出的"创新、协调、绿色、开放、共享"的五大发展理念等。这一系列基本概念具有内在联系，构成了一个概念网络。它以凝练的形式表述了中国特色社会主义现代化建设的历史方位、根本任务、价值目标、发展方式、理念、动力机制、平衡机制、调整机制、总体战略布局。它既是蕴含了马克思主义关于社会主义的基本原理，又与中国的社会主义建设的实际以及中国传统文化相结合。同时，它也是中国语境下的现代性"重撰"，体现西方现代性背景元素以及对西方现代性的辩证批判。

这一概念网络就构成了马克思主义时代化的新的一套话语体系：中国特色社会主义理论。

---

① 〔美〕T. 库恩：《科学革命的结构》，金吾伦、胡新和译，北京大学出版社，2003，第78页。
② 〔美〕T. 库恩：《科学革命的结构》，金吾伦、胡新和译，北京大学出版社，2003，第78页。

五 马克思主义时代化需要有时代的思想品格

"马克思主义是时代精神的精华",这句话由于司空见惯而往往被人们等闲视之,或者成为一种口头上的装饰品。实际上,这句话表明了马克思主义一种独有的基本品格即时代性品格,而时代性品格的实质就是开放性。

时代化就意味着事实性和规范性的统一。从事实性来说,时代化就是说具有时代的特征、切合时代的现实、反映时代的问题;从规范性来说,时代化意味着走在时代的前面,规范和引导时代的发展。理论的超越性是与时代的超越性一致的,时代是一个时间和历史维度,每个时代都有其时代性,历史上的时代性贯穿在一起就形成不断超越、不断前行、不断发展的历史之川;同样,马克思主义时代化同时意味着马克思主义的未来化,如此,则马克思主义时代化中的"时代化"概念就成为一个随着时间的推移而不断前行的"生长性"概念。以此而论,马克思主义时代化是一个永远没有完结的生长过程。

马克思主义中国化和马克思主义时代化是一个统一的过程,其同样内含着面向时代、面向未来的生成论向度。实际上,马克思主义中国化并不是一蹴而就的,也不可能在某个时间点上最终完成。因为中国特色的社会主义实践是不断发展的,世界的现代化实践也是不断发展的。概言之,马克思主义中国化面向的现实是不断发展的,中国化的马克思主义和中国特色社会主义理论要随之发展。

因此,马克思主义永远处于生成和构建之中,马克思主义时代化永远是一个未完成的开放过程。如果说,这形成了一个 L. 劳丹和 A. 麦金太尔意义上的研究传统的话,那么,这个传统不是僵死的、固定不变的,而是活的、富有生命力的,是不断创造生成的。只有这样,马克思主义才能成为时代精神的精华。换言之,马克思主义的时代品格就是它的开放性——这是任何一个理论体系所不具备的特征。

马克思主义的开放性在于它的哲学基础不是一个封闭的形而上学和意识哲学体系。形而上学在历史上第一个完备形态是柏拉图的理念论。理念论的主张是典型的"本质先于存在"：理念是世界的本质，它先于万事万物而存在。所以，柏拉图之后的形而上学家致力于构造先验的世界体系。由于关于整个世界的知识体系是不可经验的，只能是思想意识的虚构；形而上学关于整个世界的概念体系只能从人们的意识中寻求根源。于是，形而上学必然走向意识哲学。形而上学是一个关于世界的封闭体系，意识哲学更把思想的指向封闭在意识之内。形而上学和意识哲学是典型封闭性思维的哲学体现。马克思主义的开放性就在于它的哲学基础不是封闭的形而上学和意识哲学，不是一种先验的主观构造，而是指向现实的实践哲学，开放性在于它是实践的。马克思主义产生的初始动机即在于一种强烈的现实关怀，它的创始人马克思从来没有把精力置于那些异常艰难而又与人类无关的（亚里士多德语）形而上学问题，而是通过现实批判，推动社会不断完善。正是这种实践哲学的现实特征，使马克思主义有了因时制宜，改革创新的时代性、开放性品格。

马克思主义的开放性不仅在于它特殊的理论性质，而且也是全球化时代的必然要求。在全球化条件下，任何一个国家、文化和思想体系都不可能完全游离于世界体系之外，都必须从全球化结成的复杂联系中，找到适合自己的独特发展道路，在相互交流中汲取各种优秀元素和思想营养。可以说，当代世界已经形成了一个休戚相关的全球共同体，它以一种不可阻挡的力量冲击着一切封闭的民族文化的"孤岛"，要求任何一个国家、文化和思想体系都应在普遍性与特殊性的辩证关系中，保持一种开放性。只有这样，才能保持自身的旺盛活力。马克思主义作为一种与时俱进的思想体系，全球化的时代要求也必然体现在其中，也必然在与世界其他思想体系的相互作用中，在解决全球化时代新的时代问题的过程中，不断地丰富自己、发展自己。马克思指出："任何真正的哲学都是自己时代精神的精华，所以必然会出现这样的时代：那时哲学不仅从内部即就其内容来说，而且从外部即就其表现来说，都要和自己时代的现实世界接触并相互作用。"[1] 这里所说的相互作用就是开放性。

---

[1]《马克思恩格斯全集》第 1 卷，人民出版社，1956，第 121 页。

六 马克思主义时代化在中国的现实语境中，就是马克思主义和中国文化传统在当代现代化背景下的双重创新

马克思主义时代化并不是构建一种囊括一切的普遍的、封闭的真理体系，在我们的现实语境中，马克思主义时代化与马克思主义中国化是统一的。这种统一即体现为中国特色社会主义及其理论基础——中国特色的马克思主义。

中国特色社会主义有三类思想资源，即马克思主义、中国传统文化以及世界各民族优秀文化。无论是马克思主义还是中国传统文化都不是原封不动地教条式地应用于中国当代的实际：马克思主义必须与中国文化传统和现实结合起来才能解决中国当代的问题；中国传统文化必须经过创造性转化和创新性发展才能成为当代中国社会的文化基础；同时，无论是马克思主义还是中国传统文化都要在当代现代化以及全球化背景下，汲取世界各民族文化的优秀资源，实现创新性转化。

首先，马克思主义必须与中国革命和建设的实际相结合，与中国传统文化相结合才能解决中国的实际问题。任何思想的接受都要有文化和思想做基础，就如同解释学所说的"前理解"一样。但是，切忌把这种带有"前理解"的接受过程变成同化过程，否则就变成了用传统文化去"选择"马克思主义中符合传统文化的因素，这实际上就是用传统文化湮灭了马克思主义。我认为，这种结合应当是马克思主义与中国传统文化与经过创造性转化和创新性发展的中国传统文化相结合，结合过程应当是马克思主义与中国传统文化批判性的相互理解过程，是一个解释学的适应和创新统一的"视域融合"过程。换言之，这种结合是以创新为基本向度的。

其次，中国传统文化应该经过创造性转化和创新性发展才能成为当代中国社会的文化基础。中国传统文化的原生时代是封建社会，是这种社会形态的思想文化基础。现今时代已经由传统社会发展到现代社会甚至后现代社会、从农业文明发展到工业文明和后工业文明，在这一过程中，社会结构和思想

文化发生了深刻变化，一种封建社会的思想文化很难成为人民大众的内在基本经验。所以，所谓传统文化"创造性转化"是指把作为封建社会的思想文化基础转化为中国特色社会主义的思想文化基础。这种转化的基本途径就是"创新性发展"。在这里，首要的是经过马克思主义的批判，只有这样，才能把其中囿于封建时代的东西剔除出去，把超越其时代的精神解放出来。

然而，无论马克思主义还是中国传统思想文化的创新都必须置于时代的背景下，置于当代现代化背景下予以时代化。马克思主义中国化、时代化就是在遍及世界的现代化运动中走出一条既具特色又具普遍性价值的现代化道路，它的现实体现就是中国特色社会主义。中国特色社会主义是现代性的中国书写，它产生的重要理论和实践背景就是西方现代化及其文化意识形态所遭遇的困境：它本质上是对一元的西方现代化道路的批判以及对西方现代性的深入反思和批判。所谓当代现代化是指现代化通过西方现代化理论家、发展理论家以及后发展国家的批判而生成的新现代化观念。如果把传统的现代化看作一种片面的、单维的现代化，那么，这种新的现代化就应当称作完整的现代化或总体现代化。

实现这种双重创新还必须注意到另一个背景即当代全球化。当代全球化是现代化和现代性的发展形式。与以往相比，当代全球化在内容上空前广泛而深刻，已经具有文化全球化的深层含义。文化全球化并非一种文化的普世化，恰恰相反，它形成了全球范围内的、以不同核心价值为奠基的文化冲突，这种文化冲突打破了西方中心主义并形成了东方与西方、发展中国家与发达国家的对立。这是解构西方一元的现代化道路和西方文化霸权的结果。但是，当代全球化毕竟不能停留在这种消极的对立上，随着全球化的继续深入，世界各民族文化通过交流、互动、冲突和融合，将会形成一种共同的普遍价值。普遍价值与"普世价值"虽然在英语中是一个词语（Universal Value），但是在内涵上却完全不同。"普世价值"是西方价值的普遍化，是西方中心论的价值体现。在广大非西方国家的对抗中，"普世价值"不可能是"普世"的。所以，应将它称作"西方价值"（Western Value）。普遍价值则是包含世界各民族文化个性的共同的价值核心，它代表各民族的共同利益、需求和共同的善——这种共同价值核心具有真正的普遍性。正像 S.P. 亨廷顿所说，我们不应当把某种文明的假设的普遍性特征普世化，"在多文明的世界里，建设性的道路是弃绝普世主义，接受多样性和寻求共同性"。① 普遍价值是世界多种文化形态（当然也包括西方文化）的共同价值，是全球化时代真正的、建设性的现代性价值。

马克思主义和中国传统文化的当代现代化转化和创新，就是要使这两者保持一种开放性，以它们同世界各民族文化（包括西方文化）的互相诠释，实现一种"视域融合"，通过"视域融合"，不仅要使马克思主义具备在现时代的"问题框架"里解决当代中国和世界的现实问题的能力，而且要使中国传统文化通过马克思主义的批判和当代文化批判，发生一种当代现代化转型，使传统文化进入当代的文化视域与"问题框架"。所以，我们强调中国特色社会主义应具有中国特色，而不是重蹈西方现代化的覆辙，但是这一特色并不是中国传统文化特色的简单承继，而是中国传统文化与世界各民族文化相互交流、激荡和融合中创造出来的；是在马克思主义指导下，中国文化充分汲取世界各民族文化的优秀元素生成的特色。同时，我们还应当强调中国特色社会主义的普遍价值：它既要打破西方中心主义的一元论的现代化观念，又要避免陷入现代化观念的相对主义，换言之，要反映全球化的时代性和普遍性，同时也要参与和贡献普遍性。这种普遍性的指向就是在全球化过程中形成的普遍价值。

只有通过马克思主义和中国传统文化在当代现代化背景下的双重创新、双重转化，中国特色社会主义才能成为既具特殊性和特色，又具普遍价值的时代化的马克思主义。

---

① 〔美〕S.P. 亨廷顿：《文明的冲突与世界秩序的重建》，周琪等译，新华出版社，1999，第369页。

马克思主义中国化的前提性反思[*]

丁立群　耿菲菲[**]

马克思主义中国化是我国当前发展和创新马克思主义的一个重要主题。这一主题具有重要意义，它既是当前我们发展马克思主义面临的重要的理论论域，也是建设中国特色社会主义的重要的现实问题。关于前者，它关涉中国马克思主义的理论形态问题；关于后者，它涉及中国特色社会主义实践的理论构建问题。

但是，马克思主义中国化实际上包括两方面问题：一是如何"化"的问题，当然也包括"化"的方法问题，这些也可以说是马克思主义中国化的"元"（meta-）问题；二是"化"出来的具体理论形态和体系问题。这里笔者想对前一个问题提供一点思考，这种思考很重要，因为它是马克思主义中国化的前提性思考，没有这种前提性思考，具体理论形态和体系问题就无法顺利解决。

其一，马克思主义中国化是形式的还是实质的？

马克思主义中国化是形式的还是实质的这一问题的提出，并不是无的放矢，而是有所针对的。马克思主义中国化的历史实践是与中国现代史一起开始的，但是，这一问题在学术界的提出，则是基于我国改革开放的社会现实，特别是基于建设中国特色社会主义的现实语境，是这一现实语境在学术界的回

---

[*] 本文发表于《学术交流》2016年第1期，收入本书时部分内容有改动。

[**] 丁立群，黑龙江大学哲学学院教授，主要从事西方实践哲学与文化哲学、马克思主义实践哲学与文化理论研究；耿菲菲，黑龙江大学应用外语学院教授。

应。但是，自从马克思主义中国化问题提出以来，学术界一直有一种从形式上思考马克思主义中国化问题的倾向。从形式上进行中国化马克思主义的建构，其最突出的问题是马克思主义表达的中国话语问题。我们常说"中国话语""中国气派"，有时也把它们组合起来："中国气派的中国话语"。"中国气派"比较好理解，它是指中国文化表现出来的特殊的宏大"气质"。但"中国话语"就很难理解了：这个"能指"在其语境中，到底"所指"是什么？

综合研究马克思主义中国化的论述，笔者认为，"中国话语"有两种指谓。其一是指一套中国独有的概念体系。其二是指体现中国文化核心价值的内在精神。这两种指谓实际上是中国话语的两层含义，即中国独有的概念体系是其表层内容，体现中国文化核心价值的内在精神则是其深层内容。也可以说，概念体系是形式，内在精神是实质。

但是，在中国话语问题上，人们往往把注意力集中在话语的概念体系层面，忽略了内在精神的实质层面。学者们似乎认为，任何概念体系都是承载思想的，西方概念承载的是西方思想文化、西方的价值观念和精神，中国的概念承载的则是中国思想文化传统及其价值观念和精神。学界甚至把概念体系当作话语体系本身，以之取代话语体系，"话语体系荷载着特定思想价值观念，是国家文化软实力的重要组成部分，是一个国家在国际舞台上确立话语权的前提和基础"。[①] 这里，这种作为特定思想价值观念之载体的话语体系，实际上就是概念体系，这里却以"话语体系"称之。因此，马克思主义中国化的首要问题就是马克思主义的中国话语表达问题，或者说，只要把马克思主义用中国式的术语体系表达出来就完成了马克思主义的中国化。在这里，话语问题似乎成了马克思主义中国化的关键问题。于是，一些学者便把注意力集中于马克思主义的概念（话语）转换问题。

但是，现实地考虑这一问题，就会发现，这种概念体系转换的任务是十分艰巨的，并且几乎是不可能的。据研究马克思主义中国化的专家统计，自

---

① 李韬：《建设中国风格中国气派的话语体系》，《人民日报》2013年9月17日。

近代以来，我国学术界使用的通行的术语和概念体系大部分是西方的——这是和中国自近代开始的现代化进程同步的：中国百年前兴起的现代化运动最初是一种"追赶"西方的现代化，因此，在思想文化层面，也自然有一个对西方的大面积接受过程，学术概念术语的"西化"也是一个自然而然的过程。很多学者已经对这一问题有清醒的认识，他们指出，"国内哲学社会科学主流话语大都来自西方，中国原创的核心概念不多，一些学科阵地甚至沦为西方话语的'跑马场'"。①事实确实如此。

然而，能否改变这种情况呢？笔者认为，在这种情况下，如果摆脱西方概念术语体系的影响，我们的学术研究缺乏构建理论的且能够为人们所理解的现代话语，也就是说缺乏马克思主义中国化构建的基本话语形式，从而也就无"话"可说了。于是，有学者倡导用中国传统思想的术语系统对译马克思主义哲学，以此使马克思主义"中国化"。比如说，用"理""气""道""天""器""心"等范畴表述马克思主义。我认为，这一路径难以实现倡导者的目的。首先，这些传统的中国学术术语和概念具有模糊不清、难以界定的性质，这又如何能表述清楚马克思主义讨论的问题呢？其次，这些概念范畴也很难给人们带来新的认识。最后，马克思主义本来源自西方且携带着西方术语概念，用中国哲学古代哲学术语对译后是否会歪曲原意、是否会产生两套概念系统之间的矛盾？

因此，这种对译结果不仅不会为当代中国人所理解和认可，反而使中国的学术体系变成难以和世界交流的封闭体系。西方的概念体系不能用，中国古代的学术概念体系不可用，那么，是否可以创造出一套既不"西"又不"古"的概念体系呢？我认为，这不仅十分困难，似乎也是不可能的。其中有几个必须解决的问题：话语的创造资源是什么？话语创造出来能否进入主流交流场域？它和已经中文化了的"西方话语"是什么关系？

笔者认为，上述单纯强调概念体系的观点都是对马克思主义中国化的形

---

① 李韬：《建设中国风格中国气派的话语体系》，《人民日报》2013年9月17日。

式主义理解。

在笔者看来，特定概念术语体系虽然承载着特定的思想文化内容，但并不直接等同于这种思想文化内容——虽然内容和形式之间有一定的统一关系，但这不等于直接的同一关系。概念体系还具有承载工具的意义，否则，就不会有语言之间的对译，就不会有语言对异己文化的表达和表述作用。换句话说，作为一种承载工具，一种概念体系与其承载的内容是可以分离的。中国自近代以来的学术话语体系虽然是西方的，但也可以承载中国思想文化的内容。而且，当西方的概念体系被翻译成中文后，它实际上已经具有中国化的意味。更何况，已经有很多原创性的哲学家如冯友兰、牟宗三等用西方话语对中国传统哲学思想做出了创造性的释读，其卓越的成就是无可置疑的。

所以，应当克服马克思主义中国化中的形式主义理解，进入实质性的理解。马克思主义中国化的实质的理解应当不拘泥于中国化的概念表达形式。在实践上，应当实质地把马克思主义与中国现实的改革开放和社会主义建设与发展的实际结合起来；在理论观念上，把马克思主义与体现中国文化核心价值的内在精神批判性地或者说辩证地结合起来。在这种结合中，实质性地发展和创新马克思主义。这里的关键问题是：我们是拘泥于概念的话语形式去人为地再造一种话语，还是实质性地把马克思主义和中国建设的实际以及进而与中国传统文化精神结合起来去发展和创新马克思主义。笔者认为，后者是马克思主义中国化的正确途径。

其二，马克思主义中国化是纯粹的理论动机还是实践导引？

马克思主义中国化应当以什么为根本性引导和基本动力？这一根本引导和基本动力是出于纯粹的理论动机还是实践的现实动机？

在时下的马克思主义中国化研究中，确实产生了一种倾向，即脱离现实的纯理论或书斋式研究，这种纯理论或书斋式研究缺乏明确的现实指向和问题意识，缺乏现实的推动，只按理论的逻辑推演理论。这导致了理论的逻辑与实践的逻辑在一定程度上的脱节。这种纯理论或书斋式研究约略相当于古希腊与实践哲学相对的理论哲学（形而上学）的思路。古希腊存在着所谓"哲学家"与"城邦"的矛盾，这里的哲学家指的是理论哲学家，"城邦"是指古希腊城邦的政治生活。所谓"哲学家"与"城邦"的矛盾，即是指理论哲学家们把自己封闭在书斋里，进行与城邦政治生活完全无涉的关于世界本体的思辨研究。"理论"（Theory）①一词的最初含义也与对本体的思辨相关。所以，理论哲学研究是一种无关功利、无关现实，与应用无关的"纯粹思辨"。近代德国思辨哲学之"思辨"一词就是从它而来的。现代科学研究中与价值无涉的纯"客观"的研究方式也是由此而来。理论哲学的"纯思"的生活是古希腊人最理想的生活方式。

这种理论哲学与价值无涉的"纯思"的研究方式，与中国古代就已经提出的"学以致用"的学风是完全不同的。中国文化自古以来就有"经世济民、学以致用"的理想，与此相对应的是，中国传统文化中形而上学（理论哲学的最高形式）的思维向度是很不发达的。

但是，在马克思主义中国化研究中，人们常把这一研究有意无意地看作出于书斋中纯学术动机的理论研究，进行纯学术的推导，追求理论的完整性和系统性。在某种程度上，忽略了马克思主义中国化的现实推动。

实际上，马克思主义中国化并不是学者们在原本的马克思主义之外，非要另搞出一种别的什么马克思主义。它也不是单纯的书斋里的产物。应当明确地说，马克思主义中国化的根本动力不是纯学术的、纯理论的，而是现实性的、实践性的——现实的问题意识是马克思主义中国化的理论和实践的原动力和实践逻辑的"原点"。这既是马克思主义的本质要求，也是马克思主义中国化的历史证明，同时也是实践理论展开的逻辑必然。

首先，从马克思主义的本质来看，马克思主义并不是古代理论哲学的延续，它继承的是古希腊的实践哲学传统。这一点，现代西方以 H. 阿伦特为代表的一批实践哲学家的研究成果可资证明。当然，作为马克思主义的创始人，

---

① "理论"（Theory）一词产生于古希腊，意指对神的"静观"、"观看"和"沉思"。其初始含义便有与实践和政治活动相对立的意义。

马克思对实践哲学进行了革命性的转换。他以劳动代替了实践、以人的社会性代替了人的政治本质，从而，把传统实践哲学对政治共同体的关注，转换为对社会和社会共同体的关注，以社会革命的彻底性，构建了人的完整性和人类解放的理想。可见，作为实践哲学传统的继承者，它不把注意力放在与社会历史无关的宇宙本体问题上——虽然它有着关于世界本质的唯物主义设定——而是有着强烈的现实关怀。马克思终其一生以批判和推翻资本主义，实现人类的彻底解放为己任；其社会革命包括人类社会一切进步性的改革和变革。所以，马克思主义就其本来意义而言，同传统的理论哲学有着根本的区别，这种区别就在于它对现实的社会历史生活不是漠不关心的，反之，正是现实的问题构成了马克思主义发展的根本动力。

马克思主义传入中国后，从历史上看，其传入过程就是马克思主义中国化的过程。这一过程就是以马克思主义解决我国新民主主义和社会主义革命、建设的具体实践的过程，也是我国新民主主义和社会主义革命、建设的具体实际推动马克思主义中国化的过程。从中国革命和建设时期产生的毛泽东思想，到改革开放时期的邓小平理论，再到"三个代表"重要思想和科学发展观以及习近平一系列讲话蕴含的重要思想，这些马克思主义中国化的成果无一不是在解决中国革命和建设时期以及改革开放遇到的具体问题过程中产生的，同时也正是这些具体问题在推动马克思主义中国化的进程。

这种相互作用过程是符合实践逻辑的。从实践的逻辑来说，任何普遍理论被应用到具体实际中的时候，都要和实践中的特殊情境相结合，才能起到指导作用，因而才具有生命力；同时，特殊的现实情境对理论又会产生一种丰富其内容甚至重建的作用。正是在这种理论和特殊的现实情境之间的相互阐释、互为因果、相互作用，使理论和现实得到了双重建构，同时，理论对现实的指导功能和理论的重建与创新才能统一起来。这正是实践的逻辑。

所以，马克思主义中国化绝不仅仅是书斋学术的产物，首先，它需要在实践哲学的意义上理解马克思主义；其次，需要把马克思主义对现实的关怀同中国传统文化的"经世济民、学以致用"的观念结合起来；最后，需要在对实践问题的研究中才能总结和概括出来。马克思主义中国化就是要用马克思主义在中国的特殊条件和环境下，去实际地解决中国的具体问题。

其三，马克思主义中国化是传统文化对马克思主义的同化还是二者的双重创新？

马克思主义在中国的传播过程本身即开始了与中国革命和建设的实际乃至中国传统文化相结合的过程。这种结合有两个层面。

在文化无意识层面上，中国化主要是人们通过中国既有文化构成的"生活世界"背景对马克思主义进行理解和诠释的结果。由于中国传统文化是我们的"生活世界"，从而是我们理解马克思主义的基本背景。基本背景作为理解的前提，对理解具有决定作用；而理解作为一种结果性的存在是由前提决定的，甚至可以说结果是包含在前提之中的。这一结果会在一定程度上使马克思主义与中国既有文化结合起来，从而使马克思主义发生一定程度上的改变：成为我们通常理解的一定程度上与传统结合的马克思主义。由于这种理解处于文化的非自觉层面，所以，如前所述，它一般表现为中国传统文化对马克思主义的同化。实际上，当我们把马克思主义翻译成中文的时候，我们实际上已经在一定程度上把马克思主义中国化了，因为中文词汇与西文词汇都是与各自的文化传统结合在一起的，这已经影响了对词汇含义的理解。比如"国家""城邦""封建"等，在中文和西文中的含义就不尽相同或者实质上不同：中国的"封建"是分封，欧洲的"封建"是城邦；国家概念也有很大差异。这种无意识层面的理解需要一种自觉层面的理论匡正。

在文化自觉层面上，有两种情况：一是中国的马克思主义者把马克思主义运用到中国革命和建设的具体实践过程中，产生的"适应性"创新——作为结果，产生了毛泽东思想、邓小平理论、"三个代表"重要思想、科学发展观一系列重要思想，这些理论和实践当然是中国化的马克思主义；二是学者对马克思主义中国化的理论研究和概括，当然也包括对前者的概括和理论拓展。

在马克思主义中国化的学术研究中，特别应当注意这样一种倾向，即把马克思主义中国化看作马克思主义与中国传统文化，特别是儒家文化的直接融合和对接，这种融合和对接实质上是中国传统文化同化马克思主义的过程。在这种理解中，中国传统文化的典型形式是儒家文化，所以，这种同化的结果就是所谓"马克思主义儒学化"或"儒学马克思主义化"，这两者是同一个过程。还有的学者按照"中体西用"的模式，提出要把马克思主义和儒学的关系变成"儒体马用"的关系，即以传统儒学为"体"，以马克思主义为"用"。

对这种观点，我赞同方克立先生的评价："马克思主义中国化不等于马克思主义儒学化，马克思主义要是儒学化了它就不是马克思主义了，就失去了其本真面目。同样，儒学也不可能马克思主义化。用马克思主义观点研究儒学是分析儒学、解构儒学，取其精华，古为今用，同时也要批判其中的封建主义糟粕。大概不能把这叫作儒学马克思主义化。"[①] 在这里，儒学作为封建社会的意识形态不可能直接与马克思主义结合起来，必须经过批判，不仅需要在现代视野内的批判，特别需要马克思主义的批判才能把其中囿于封建时代的东西剔除出去，把超越其时代的精神解放出来。

所以，这种儒学和马克思主义的直接对接，本质上是对马克思主义的理论同化。这种理论同化往往把马克思主义中国化过程中的中国传统文化和马克思主义的双重创新和发展虚无化。

马克思主义中国化要避免成为中国传统文化对马克思主义的同化，就必须发掘其内涵的创新维度：必须把马克思主义中国化看作一个双重创新过程，即中国传统文化的现代化重建和马克思主义的实践创新过程。这一双重创新过程即统一于中国的现代化道路的创新。十一届三中全会以来中国共产党几任领导人领导全国人民在理论和实践上积极开拓，这种创新的结果即形成中国特色社会主义道路、理论体系和制度。

---

① 方克立：《关于马克思主义与儒学关系的三点看法》，《红旗文稿》2009年第1期。

中国传统文化的现代化重建和马克思主义的实践创新过程有两个特征。

第一，不同于传统文化对马克思主义的单纯同化，它是一个双重批判的过程。通过这种双重批判过程，不仅要使马克思主义具备在当代的"问题框架"里解决实践问题、解决当代中国的现实问题的能力，而且要使中国传统文化通过马克思主义的批判和现代文化批判，发生一种现代化转换，使传统文化进入现代的文化视域和问题框架。马克思主义中国化及其成果——中国特色社会主义就应当是这种双重批判和双重转化的结果。在这里，特色并不像一些人理解的那样：是在中国传统文化的故纸堆中寻找和发现的——这是一种文化保守主义的看法，其实质是否定中国传统文化的现代化。特色是在一种真正的创新中生成的，即在马克思主义指导下，中国传统文化与世界各民族文化（当然也包括西方文化）的交流、激荡和融合中逐渐生成的；是在充分汲取世界各民族文化的优秀因素的基础上，对传统文化进行改造和重建而生成的。

第二，这种创新是现代性根本价值原则的创新。要实现这种创新，我们需要按照费耶阿本德"理论的增多原则"方法提出"价值的增多原则"作为创新的基本原则。费耶阿本德"理论的增多原则"意在对比参照多种理论，发现一种理论的弊端，它无疑具有方法论意义。我们仿照费耶阿本德"理论的增多原则"提出的"价值的增多原则"亦非价值多元论，它更突出了方法论意义。其实质在于，通过参照世界各民族不同的文化价值，汲取它们的优秀元素来构建和完善中国特色社会主义。

所以，中国特色社会主义本质上并不是马克思主义为中国传统文化所同化，也不是马克思主义在中国的简单应用。本质上，是马克思主义与中国文化传统在世界各民族文化作为参照背景下的相互诠释过程。在这种相互诠释中，马克思主义才可能中国化，而中国固有的文化传统也才能生长发展，才能更富生命力。这是中国对现代化道路的探索，对现代性的创造性重撰。

其四，马克思主义中国化作为中国现代性的创造性重撰，是封闭的还是开放的?

所谓现代性,是在现代化的基础上产生的思想文化意识形态,它是现代化的内在规定性和必然结果。正如现代化运动的方式、途径和形态正日趋多元化,迄今为止仍没有最"完美"的统一模式一样,现代性则更具复杂性,至今也不能说已经完善和完成了。即使是遍及西方世界的后现代主义思潮对现代性的批判也仅仅具有"治疗"效应:现代性还有待于进一步完善。

现代化运动最初是从近代西方国家兴起的,它起始于英国、法国,很快就遍及整个西方国家。由于现代化所具有的巨大的经济效应和社会效应,引起了非西方国家的效法,从而形成了非西方国家的"追赶"式的现代化。但是,随着西方现代化的深入,其弊端逐渐显露出来,引起了以尼采、法兰克福学派直到后现代思潮为代表的西方知识分子对现代化及其文化意识形态,即现代性的批判。从而,非西方国家也改变了对西方现代化的迷信,破除了"西方中心主义"观念以及"追赶"式的现代化观念。现代化无论从观念上还是实践上都多元化了。但是,现代化的多元化只是对既有不同文化传统产生的"适应性"结果,现代化毕竟有其共性,失去了共性就不能称之为现代化或现代性。现代化的本质内容就应当是共性与个性的统一。

马克思主义中国化就是在遍及世界的现代化运动中走出一条既具特色又具普遍性的现代化道路,它的现实体现就是中国特色社会主义。所以,中国特色社会主义提出的重要背景就是西方现代化的理论和实践所遭遇的这种变化。中国现代化道路的理论和实践本质上是对一元的西方现代化道路的批判以及对现代性深入反思的结果。作为一种深入反思的结果,它既要打破西方中心主义的一元现代化观念,又要避免陷入现代化观念的相对主义,它既应当体现出一个民族文化传统的根本特质,也要反映全球化的时代性和普遍性。换言之,马克思主义中国化和中国特色社会主义应当是特殊性和普遍性的统一——两者缺一不可。

这就决定了马克思主义中国化和中国特色社会主义不仅仅是同中国社会主义建设的实践相结合的产物,也不仅仅是同中国传统文化批判地结合的结果——过去我们往往强调这一点，而忽略了它的另外一个向度，即还必须走一条开放式的道路：对世界开放、对未来开放。

首先，马克思主义中国化是把马克思主义的普遍原理与中国革命和建设，特别是改革开放的具体实际相结合，同时，两者又必须被置入现代世界的文化视野之中。当马克思主义面对中国的特殊情境和特殊问题时，这一特殊的"生活世界"是其解决问题不可回避的背景，它只能在这一"生活世界"背景下生根开花。所以，特质是马克思主义中国化过程中，中国社会特殊的"生活世界"对马克思主义必然的诠释学效果。但是，切忌把这种特质停留在与普遍性相对立的"特化"理解上。所谓"特化"是文化对特定环境适应的结果，文化人类学的进化论者认为，文化的"特化"发展到一定程度，则使一种文化产生一种保守性、封闭性。在与异文化接触时，往往采取文化相对论的保守策略，闭关自守，否认普遍价值，否定对即有文化的超越性。

我们应当把特质理解成包含普遍的特殊，即我们所说的特色。包含普遍的特殊或特色不是中国社会现实和传统"生活世界"对马克思主义的单方面诠释，而是相互诠释的结果，是现代世界各民族优秀文化（包括西方文化）与中国传统文化相互诠释的结果。在这种相互诠释中，实现马克思主义和中国传统文化的创新和现代化。换言之，包含普遍的特殊或中国特色不是在故纸堆中"发现"的，而是在诸多文化相互作用、相互诠释过程中创造出来的。所以，只有普遍性和超越性才能打破文化的"特化"产生的保守性和封闭性，使一种文化产生普遍的"适应性"和开放性。

其次，马克思主义中国化即中国特色社会主义具有开放性就应当重视普遍性即普遍性价值的构建。普遍价值不同于普世价值，后者通常被界定为西方价值，而普遍价值则是指世界各民族普遍认可的价值，它代表世界各民族的共同利益和价值理想。一方面，中国文化自古就有一种普遍性维度，中国传统文化中的"天下"概念就是这一维度的观念体现。当然"天下"作为理想与中国的历史现实比照，只是一种存在于观念史中的想象的"普遍性"，其内容也主要是一种以封建伦常道德为内涵的"家天下"；马克思主义同样具有一种普遍性维度，这主要指的是其构建的"万流归宗"的共产主义理想。中国化的马克思主义和中国特色社会主义就是要把这两种普遍性基因批判地结合起来，置于当代现实和全球化的语境里予以时代化。另一方面，普遍性也是相互作用的结果。马克思主义中国化以及中国特色社会主义的建设过程是与世界各民族文化相互作用的过程，也是汲取世界各民族文化优秀元素的过程。正是在这种相互作用过程中，我们才可能完成马克思主义的中国化使命，才可能真正构建起中国特色社会主义。因此，中国化的马克思主义和中国特色社会主义是改革开放的、创新的，是通过改革开放而创新的。只有这样，中国化的马克思主义和中国特色社会主义才能既符合中国社会主义建设的实际，又具有普遍意义，在充分汲取世界现代化建设的经验教训基础上，创造性地走出一条新的道路。

最后，马克思主义中国化即中国特色社会主义具有开放性也意味着一种不断的创造性和生成性。马克思主义中国化、时代化、大众化是当前面对的重要课题。其中，由于时代是发展的，马克思主义时代化中的"时代化"概念就成为一个随着时间的推移，而不断前行的"生长性"概念。以此而论，马克思主义时代化是一个永远没有完结的生长过程。换句话说，"时代性"就是"未来性"。马克思主义中国化和马克思主义时代化是一个统一的过程，其同样内含着面向时代、面向未来的生成论向度。实际上，马克思主义中国化并不是一蹴而就的，也不可能在某个时间点上最终完成。因为中国特色的社会主义实践是不断发展的，世界的现代化实践也是不断发展的，概言之，马克思主义中国化面向的现实是不断发展的，中国化的马克思主义和中国特色社会主义理论要随之发展而发展。因此，它永远处于生成和构建之中。如果说，这形成了一个新的传统的话，那么，它也不是僵死的、固定不变的，而是活的、富有生命力的，是不断创造生成的。只有这样，马克思主义才能成为"时代精神的精华"。

我们认为，这就是中国对现代性的创造性重撰。

中国道路的普遍性维度[*]
——一种文化哲学的思考

丁立群[**]

所谓中国道路问题包括改革开放以来，我国形成的经济发展模式、政治体制和政治制度等一系列问题。但是，我认为，从根本上或者做深入理解，所谓中国道路的思考应当是一个文化问题——这是在西方文化具有某种现代化"典范"优势的语境下，后发展国家现代化必然面临的问题。如果这种理解正确的话，在当下语境下，中国道路的普遍性和特殊性成为问题，虽然产生于改革开放，其根源则起于中国近代，是自近代以来的中西文化之争在新时期的一种新形式。

新形式就会有一种新的理解，问题的背景或者说"问题框架"（阿尔都塞用语）对于理解问题是非常重要的。"问题框架"发生了转换，对问题的理解和解决方式也会发生转换。对中国道路的理解就是这样。

应当说，中华文化传统中并不缺少价值普遍化的倾向。中国古代的"天下"概念就表现了一种价值普遍化的意图："天下"是在普遍确定的秩序原则支配或可能支配下的普遍空间——这种普遍、确定的秩序原则就是儒家的"三纲五常"。这样一种普遍化意图在人类学上，是和一个民族的规模和实力相关的。一个在规模上很小、实力很弱的民族不可能具有这种普遍化意图。

---

[*] 本文发表于《理论视野》2013年第10期，收入本书时部分内容有改动。
[**] 丁立群，黑龙江大学哲学学院教授，主要从事西方实践哲学与文化哲学、马克思主义实践哲学与文化理论研究。

这种普遍空间之所以是一种意图，是因为它只是受视野局限的想象空间："天下"只是想象中的天下。超越这一视野，"天下"就失去了普遍性，变成了一种特殊性。所以，这只是一种意识形态的虚假普遍性，并不是真正的普遍性。但是它却形成了一种文化"基因"，在这一基础上，我们的文化才可能接受一种真正的普遍性。

到了晚清，国势渐弱。西方的坚船利炮终于打破了中国的"天下"梦。因而才有了中西文化孰优孰劣以及普遍性和特殊性之争，这就是著名的中西文化之争。在这一争论中，除了中化和西化两种思想外，有一个思想支流尚未引起人们的注意。这就是强调中西文化各有千秋的文化特殊论思想。陈独秀曾尖锐地指出，这是以国情特殊来对抗时代潮流。这是我们对西方坚船利炮的进攻所采取的一个退却策略。

社会主义制度建立后，中国作为社会主义国家，其文化具备了"国际共产主义运动"的普遍性平台，但前30年我们的文化总体上却是封闭的。改革开放引起了中西文化的冲突，"中西文化之争"又重新被提起并成为热点问题，但这一讨论仍然没有走出原有的逻辑，从而也不会有足够的理论进步。然而，改革开放初期，邓小平及时提出"有中国特色的社会主义"理论。这一理论强调马克思主义的普遍真理同中国的具体实际结合起来，走自己的道路；强调改革开放，但不照抄照搬西方经验。中国特色社会主义是普遍性与特殊性的统一，是中华民族崛起和复兴唯一正确的道路。随着苏联的解体，国际共产主义运动走入低谷。随之，我们失去了国际共产主义运动的普遍性平台。此后，国内渐渐滋生了一种文化特殊主义思潮。这一文化特殊主义表现出对普遍性的拒斥，强调中国文化特殊论，试图以此消解中国特色社会主义理论和道路中的普遍性维度。这一思潮附着于对改革开放以及各种问题的理解。如对中国特色社会主义道路的理解。中国特色社会主义道路的本意是通过改革开放，在同西方文化的作用过程中形成中国自己的道路——它是一个创新性概念。但是，一些人在理解中却把创新变成了发现，在中国古代儒家经典中寻找特色，这就彻底否定了现代化的必要性。又如对全球化的理解，一些人以一种强调特殊性的文化相对论来对抗全球化，一定程度上影响了我们对全球化的积极态度和积极参与，其主张的是一条封闭主义路线。

文化特殊主义或文化相对主义作为发展中国家对抗西方文化殖民侵略的武器是有效的。所以，在全球化运动中，发展中国家普遍使用了这个武器以对抗西方价值的普遍化。但是，强调特殊性在国际舞台上只是弱小国家的防御策略。从文化人类学理论立场上分析，强调特殊性指向的是与普遍进化相对的特殊进化，其本质即特定文化与特殊环境的适应和匹配问题。特殊性并不仅仅是单纯的文化特点问题，它也是适应特殊环境的结果。适应产生文化的"特化"，达到与某一特定环境的完全匹配，从而失去了普遍性的适应。与此相对，普遍进化则由于内部结构的复杂性而能够对各种环境产生普遍的适应。可见，文化的"特化"发展到极端，则使一种文化具有保守性、封闭性：这种文化在与其他文化接触时，往往采取文化相对主义的保守策略，否认普遍价值。这就是上述对中国特色社会主义和全球化理解的必然结果。所以，一种文化不能忽略普遍性维度的构建，只有普遍性才能打破文化的特殊化产生的保守性和封闭性，使一种文化产生普遍的"适应性"。

中国文化也是如此。现在的问题是，中国文化究竟需要什么样的普遍性？

我认为，这种普遍性既不是以西方价值为核心的所谓"普世价值"，也不是像西方人理解的那样，是中国文化的"霸权主义扩张"，而是一种新的普遍性。这种普遍性需要一种新的理解坐标。

在传统的理解框架内，"中西文化之争"似乎是一个无解之题。在以往的争论中，人们无非是依据两种对立的文化逻辑进行选择：或者是固守中国的传统文化，或者全盘西化。在两种文化逻辑之间，所谓"中体西用"只是保守主义的一种转换形式，而反之，"西体中用"亦不过是"全盘西化"的一种转换形式而已。依据这两种转换形式衍生出的具体的文化分析方法，即我们通常所说的"去其糟粕、取其精华"，只能是一种自我逻辑循环："糟粕"与"精华"的判据和标准即是中西两种文化坐标系。据此，一切所谓中间路线、调和路线甚至第三路线都没有存在的可能性。

于是，中西文化的冲突就陷入了一个两歧逻辑：或者是用中国传统文化的价值坐标去衡量西方文化，确定所谓"精华"和"糟粕"，这实际上是用中国传统文化同化西方文化，完全达不到改造传统文化的作用——这只能是一种保守主义路线；或者是用西方文化的价值标准衡量所谓"精华"和"糟粕"，这实际上是用西方文化同化中国文化，从而陷入一种民族虚无主义和激进主义，同时也迎合了西方的文化殖民主义需要。以这两种文化逻辑为前提形成的论证，从逻辑上说，都不过是一种循环论证。

这是自近代以来，中国现代化运动面临的两难问题。

然而，时至今日，问题所由以发生的"问题框架"发生了转换，这一转换就使问题的性质发生了变化。首先，这一问题的关系项发生了变化。改革开放使中国逐渐摆脱了经济上的贫穷和落后，逐渐走向繁荣富强。经济上的富强，使其在文化竞争中占据了有利的态势，也使这一问题有可能在一个新的格局里解决。其次，全球化运动的兴起使这一问题以更加尖锐的形式重新摆在人们面前。全球化运动的初期是文化冲突的剧烈时期，文化的"同质化"与"异质化"已成为两种对立的文化逻辑。这两种逻辑把"中西文化之争"投入一个更大的历史背景中，也拓展了我们理解这一问题的视野和境界。我认为，这是"问题框架"的转换：它决定了问题的提出、问题的性质及问题的解决方式。

具体而言，这种新的"问题框架"在两个方面使问题发生了变化。首先，中国的崛起及其发展态势，使它在国际舞台上成为一个重要的角色，在某些问题上，甚至成为主导性角色。这种变化促使它意识到自身的责任及其在国际事务中的作用。在文化上，也有了普遍性维度的诉求。当然，这种普遍性是超越中西两个坐标系的新的普遍性。其次，在全球化运动的今天，我们已经完全可以摆脱"中化"和"西化"的两歧逻辑，建立第三种普遍性——这种普遍性将彻底扬弃文化"同质化"和"异质化"僵死对立的、非建设性的文化逻辑。

所有这些都指向一种新的文化逻辑的建立。换句话说，随着全球化的演进，人们的生存方式和基本经验将发生根本性的转换，文化提供给人们的感知方式、理解方式和文化本身的存在方式亦将随之变化。全球化的非建设性逻辑将为一种建设性的逻辑所扬弃，一种新的文化坐标系将建立起来。在全球化的今天，这种新的文化坐标系已经初露端倪。这就是经过世界各民族文化的相互作用，形成的建基于世界各民族共同价值和利益的"文化共相"。这种"文化共相"是一种新的价值核心，围绕这一价值核心可以形成全球文化新秩序，形成一种超文化形态即"世界文化"。

这是一种新的普遍价值。这种新的普遍性应当是世界各民族共同的目标。

对于中国这样一个正在崛起、在国际事务中发挥着越来越重要作用的国家来说，所谓普遍性维度应有两个方面。一是在全球化过程中，我们应当把中华民族文化的优秀元素融入世界各民族共同价值的建构中。二是我们构建中国道路时也应保持一个开放的态度，使我们的选择具有时代性，同时也具有普遍性。

换言之，中华文化要不断地综合普遍性、形成普遍性、参与普遍性和贡献普遍性。

普遍性：中国道路的重要维度*

——一种文化哲学的思考

丁立群**

所谓中国道路并不仅仅是指改革开放以来我国构建市场经济的过程，即我国经济发展的模式。所谓中国道路问题，根本上或者说深入地理解，应当是一个文化问题。如果这种理解是正确的话，在当下语境下，中国道路的普遍性和特殊性的问题应当起自改革开放后，但是，其根源则起自中国近代，是自近代以来的中西文化之争在新时期的一种新形式。新形式就会有新的理解，即使在改革开放初期的理解与中国当前状态下的理解也完全不同。所以，问题的背景或者说"问题框架"（阿尔都塞用语）对于理解问题是非常重要的，问题的背景或者说"问题框架"发生了转换，对问题的理解和解决方式也会发生转换。对中国道路的理解就是这样。

一　超越中西的新坐标

中国道路的普遍性和特殊性问题是自近代以来的中西文化之争在新时期的一种新形式。对中西文化之争，我们以往的选择无非是依据两种文化逻辑：或者固守中国的传统文化，或者全盘西化。我把它概括为"保守主义的"和"激

---

* 本文发表于《求是学刊》2012年第1期，收入本书时部分内容有改动。
** 丁立群，黑龙江大学哲学学院教授，主要从事西方实践哲学与文化哲学、马克思主义实践哲学与文化理论研究。

进主义的"两种路线。所谓"中体西用"只是保守主义的一种转换形式，而反之，"西体中用"亦不过是"全盘西化"的一种转换形式而已。依据这两种转换形式衍生出的具体的文化分析方法，即通常我们所说的"去其糟粕、取其精华"，其"糟粕"与"精华"的判据和标准也难以超脱既成的中西两种文化坐标系。据此，一切所谓中间路线、调和路线甚至第三路线都没有存在的可能性。

于是，中西文化的冲突就陷入了一个两歧逻辑：或者是用中国传统文化的价值坐标去衡量西方文化，确定所谓"精华"和"糟粕"，这实际上是用中国传统文化同化西方文化，完全达不到改造传统文化的作用；或者是用西方文化的标准衡量所谓"精华"和"糟粕"，这实际上是用西方文化同化中国文化，从而陷入一种民族虚无主义和激进主义，同时也迎合了西方的文化殖民主义需要。由这两种文化逻辑为前提形成的论证，从逻辑上说，都不过是一种循环论证。

这是自近代以来，中国现代化运动面临的两难困境。由于这一两难困境，中西文化之争虽然持续了好多年，却始终是一个无解之题。

然而，时至今日，问题所由以发生的"问题框架"发生了转换，这一转换就使问题的性质发生了变化。首先，这一问题的关系项发生了变化。改革开放使中国逐渐摆脱了经济上的贫穷和落后，逐渐走向繁荣富强。经济上的富强，使其在文化竞争中占据了有利的地位。作为中西文化之争的关系项，中国的崛起以及发展态势使这一问题有可能在一个新的格局里进行解决。其次，全球化运动的兴起使这一问题以更加尖锐的形式重新摆在人们面前，而且，全球化运动的初期是文化冲突的剧烈时期，西方价值的普遍化和落后国家民族文化价值的相对化，即所谓同质化与异质化已成为两种对立的文化逻辑。它们的相互冲突把中西文化之争投入一个更大的历史背景中，也拓展了我们理解这一问题的视野和境界。我认为，这些变化实际上是阿尔都塞所谓"问题框架"的转换：不同的"问题框架"决定了问题的提出、问题的性质及问题的解决方式。

具体而言，这种新的"问题框架"在两个方面使问题发生了变化。首先，中国的崛起及其发展态势使它在国际舞台上成为一个重要的角色，在某些问题上，甚至成为主导性角色。这种变化促使它意识到自身的责任及其在国际事务中的作用。在文化上，也有了普遍性维度的诉求。当然，这种普遍性既不是以西方价值为核心的所谓"普世价值"，也不是像西方人理解的那样，是中国文化的"霸权主义扩张"，而是一种新的普遍性。其次，近代以来的中西文化之争，在全球化时代，已经被投入一个更大的历史和文化背景中，使之有了新的可能性——在全球化运动的今天，我们已经完全可以摆脱中西文化之争中的"中化"和"西化"这种两歧逻辑，同时，全球化"同质化"和"异质化"的僵死的、对立的、非建设性的文化逻辑亦将被彻底扬弃。

所有这些都指向一种新的文化逻辑的建立。换句话说，随着全球化的演进，人们的根本经验和生存方式将发生根本性的转换，文化提供给人们的感知方式、理解方式和文化本身的存在方式也将发生根本性的变化。全球化的非建设性逻辑亦将为一种建设性的逻辑所扬弃，一种新的文化坐标系将建立起来。在全球化的今天，这种新的文化坐标系已经初露端倪。这就是在全球化过程中，经过世界各民族文化的相互作用，形成的超越"同质化"和"异质化"两种消极逻辑的、建基于世界各民族共同的价值和利益的"文化共相"，这种"文化共相"是一种新的价值核心，围绕这一价值核心可以形成全球文化新秩序，形成一种超文化形态即"世界文化"。

世界文化就是我们在中西文化冲突的两难中的第三种文化坐标，在这一第三坐标的参照下，我们就会在中西文化的两歧选择中走出一条新的道路。同时，这也是一种新的普遍性，这种普遍性不同于西方文化的普遍性：它是代表人类共同利益的普遍性。在这一个核心思路下，我们可以继续思考与中国道路相关的三个问题，即核心价值体系构建问题、文化软实力问题和中国特色道路问题。

二 核心价值体系构建问题

从文化哲学的立场上理解，核心价值体系不应当如当下经常理解的那样，仅仅是一套具体的道德规范。众所周知，我们说西方文化的核心价值体系，也绝不仅仅指西方社会具体的道德规范。具体的道德规范只是核心价值表现形式之一，但并不是核心价值本身。

文化的核心价值体系是指，一个民族的文化历史地凝结成的、以基本的存在方式和基本的价值取向为核心的一系列价值原则的统一。它在现象层面上，可以具体表现为一个民族普遍的感知方式、表现方式、价值取向和生活样态。核心价值体系是一个民族文化精神的集中体现，也是一个民族"安身立命"，自立于世界民族之林的根本所在。在这种意义上，核心价值体系与一个民族文化的生命力紧密相关，对于一个民族的重要性是自不待言的。

核心价值体系是文化的核心价值体系，但是，一个民族的文化传统不是一个凝固的、僵死的存在，而是一个不断生成和建构的过程。这种生成和建构的过程，同时也是不断吸收外来文化的优秀元素，构成自己新的文化"基因"的过程。文化人类学所说的文化的"涵化"即是指这一过程。这也许可以粗略地用 H.G. 伽达默尔的"视界融合"说明这一生成过程。中华文化经过了五千多年的建构，同时吸收了很多外来优秀文化的精华，才形成蔚为大观的中华文化。

一个民族的核心价值体系同样是一个建构过程、一个随着时代的发展而发展的开放体系。按照这一思路，我们就可以理解"中华传统文化"与"社会主义文化"、"中华文化的核心价值体系"与"社会主义核心价值体系"的关系。我认为，当今时代，社会主义文化是中华传统文化的现代性内容，社会主义的核心价值体系是中华民族的核心价值体系的时代性体现，是中华民族血脉传承的时代内容。不仅如此，社会主义核心价值体系同样不是封闭的，而是更具开放性的，因而更具世界性的完整体系。

从学理上说，一个民族的核心价值体系都是普遍性和特殊性的统一：它既应当体现一个民族文化传统的根本特质，也应该反映一个民族的时代性和普遍性，这两者缺一不可。

构建中华民族核心价值体系要体现民族特质。体现民族特质就是要在核心价值体系中体现传统文化的特殊本质，它是我们民族的立足之根。核心价值体系构建体现传统文化的特质,这并不是我们的自由选择。传统文化本身就是我们的"生活世界",它既无法被我们"课题化",也无法为我们所摆脱。而核心价值体系构建也不可能在虚空中构建,它只能在这一"生活世界"背景下来构建,所以,特质是我们所根植的传统的必然的诠释学效果。

但是,中华民族核心价值构建同时也要重视另一个维度,即普遍性。普遍性即普遍价值。普遍性对于一种文化的进步是必要的,它也是文化开放性的重要标志。人类学理论中的文化进化理论总体上并不是一种科学的人类学理论,它常常把一种先验的意识形态前提当作一种逻辑预设,然后在经验中寻找——实际上是选择证据。但这不否定它的某些观点是有价值的。从文化进化论观点来看,特殊性并不仅仅是一个文化特色的问题,它也是适应特殊环境的结果。适应产生文化的"特殊化",达到与某一特定环境的完全匹配,从而失去了普遍性的适应。可见,文化的"特殊化"发展到极端,则使一种文化具有保守性、封闭性;这种文化在与其他文化接触时,往往采取文化相对主义的保守策略,否认普遍价值。所以,一种文化,特别是其核心价值体系不能忽略普遍性维度的构建,只有普遍性才能打破文化的特殊化产生的保守性和封闭性,使一种文化产生普遍的"适应性"。

中华传统文化中并不缺少价值普遍化的倾向。中国古代的"天下"概念就表现了一种价值普遍化的意图:"天下"是在普遍的、确定的秩序原则所支配或可能支配下的普遍空间——这种普遍、确定的秩序原则则是儒家的"三纲五常"。这样一种普遍化的意图在人类学上是和一个民族的规模和实力相关的。一个在规模上很小、实力很弱的民族是不可能具有这种普遍化的意图的。这种普遍的空间之所以是一种普遍化的意图,是因为它只是受视野局限的想象的空间——"天下"只是想象中的天下。超越这一视野,"天下"就失去了普遍性,变成了一种特殊性。所以,这只是一种意识形态的普遍性,并不是真正的普遍性,它却形成了一种文化"基因",在这一基础上,我们的文化才可能接受一种真正的普遍性。

社会主义文化是中华传统文化的现代性内容,社会主义核心价值体系是中华文化核心价值体系的时代性体现。作为一种现代性内容，特别是处于全球化背景下的现代性内容，普遍性必须是其所蕴含的重要维度，这也是"现代性""时代性"所固有的重要内涵。

所以，不仅社会主义文化是开放的，社会主义核心价值体系也是一个开放的体系。它们并不是封闭的给定之物，而是一个开放的生成过程，在生成过程中，不断地综合普遍性、形成普遍性、参与普遍性和贡献普遍性。

三　文化软实力问题

"软实力"（Soft Power）即我们所说的"文化软实力"。众所周知，这一概念是美国政治学家约瑟夫·奈伊（Joseph S. Nye）在20世纪90年代最早提出的，意为一个民族文化由核心价值引申出来的文化吸引力、政治价值观的吸引力以及由此形成的塑造国际规则和决定国际政治议题的能力。之所以称作"软"实力，旨在说明，这种价值体系发挥作用靠的是自身的文化魅力和吸引力，而不是靠军事、经济强制力。

我们可以进一步从奈伊的思想中，分析文化软实力的具体内容。文化软实力的内容具体包括：（1）一个国家文化以及建基于其上的意识形态和政治价值观的吸引力和感染力；（2）发展道路和制度模式的吸引力；（3）外交政策的正当性和道义性；（4）在国际事务和国际关系中的亲和力；（5）对国际规范、国际标准，甚至正义性的导向、制定和控制能力；（6）国际舆论对该国形象的普遍赞赏和认可程度。

其中，（1）（2）虽然谈的是一国文化、意识形态和政治价值观以及发展道路和制度模式，似乎指的是一种文化的本体，但其侧重点却是其对别国的吸引力和感染力；（3）中所说的正当性和道义性并不具有先验性，在国际事务的现实中，它经常是由大国及其靠"吸引力"和"感染力"形成的围绕大国的"仆从国"来确定的；（4）（5）（6）则进一步明确了文化的"外倾型"强权倾向，而且把所谓"吸引力"和"感染力"具体化了。

从这些分析来看，文化软实力基本上是一个国际使用的概念，属于国际关系范畴。它的内涵和基本意向只有在全球化的"问题框架"内才能得到恰当的理解，只有把它置于萨缪尔·亨廷顿所说的全球化的文化冲突中才能得到合理的解释。更明确地说，文化软实力具有一种天然的普遍化趋向，这种普遍化倾向具有意识形态化和文化殖民主义性质。本质上，约瑟夫·奈伊的"文化软实力"具有一种同化和侵略其他文化的倾向，是一种文化霸权主义。

虽然，中华文化本身就是在世界文化之林中具有重要意义的一种历史悠久、传播广泛、体系完整的文化形态。但是，我们谈提高中国文化软实力并不具有文化殖民主义和文化侵略的意向。目前，我们谈提高中国文化软实力实际上有三重功能性基本定位。

第一，从引申意义上说，文化软实力作为一种区域文化，是一个区域综合实力的一部分。在这种意义上说，文化就是"软"实力：处于区域发展各项"硬"指标如经济指标等的从属地位。如提高某城市、某省份的文化软实力等就是在这种意义上说的。这实际上是"文化软实力"概念的引申意义，并不是其本意："文化软实力"概念的初始含义并不在于说明一种文化的某一部分，而是在整体文化形态之间进行比较而定义的。但这种用法无疑可以衡量一个区域的综合实力。当然，说文化软实力是在整体文化形态之间进行比较而定义的，实际上是说文化软实力是一个关系性概念。但是，任何关系都是关系项之间的关系，当一个文化的区域扩大到一个国家，则接近了文化软实力的初始含义。

第二，从消极意义上说，提高文化软实力是为了提高中华文化的生存力，对抗西方的文化殖民主义侵略。全球化实际上是世界各民族文化的一场大交流、大融合，由于各种文化形态的个性形成的差异，同时存在着不可避免的文化冲突，存在着文化的"生存竞争"。特别是西方文化依赖其强大的经济实力和军事实力，存在着文化进化论所谓普遍化或普遍进化的"优势"。在现实中，西方文化在亚洲、非洲、美洲的普遍化，使这种"优势"已经在很大范围内得到了证实。在这场"生存竞争"中，中国文化也要考虑"文化安全"这种非传统安全问题，这就是中华文化的所谓生存力问题。

第三，而从积极意义上说，提高文化软实力是为了中华文化自身的发展，即提高文化的开放性和普遍性，在全球文化的互动中与世界各民族文化一起，为建立一种世界各民族文化共同的价值核心、全球化的文化新秩序和文化规范，并以此为核心，形成一种真正意义上的世界文化而做出中华文化特殊的贡献。

这其中，除了第一重定位是文化软实力的引申意义外，第二重定位是消极防御性的，只有第三重定位最接近文化软实力的本初意义。当然，第三重定位是以前两重定位为前提的，没有前两重定位就不会有中华文化的普遍性。这三重定位是有级次性的，它们以第三重定位为最高定位，正是它才能赋予中华文化以一种真正的普遍意义。

文化软实力是核心价值普遍性的具体体现，实际上，所谓一种文化形态的"吸引力"和"感染力"，最重要的是这种文化核心价值的"吸引力"和"感染力"，而这两"力"即文化软实力的核心表现。从这种意义上说，文化软实力的提出意味着中华民族面对全球化的文化激荡，突破保守的态度，以一种积极的态势参与其中。文化软实力是与一个民族的经济、政治、军事等"硬"实力成正比的，"硬"实力没有发展到一定程度，就不可能提出软实力问题。中国在一段时期内，特别是国际共产主义运动遭受严重挫折，这一普遍性平台瞬间垮台后，更多地强调特殊性，在思想文化上更多地采取防御策略。今天，在国力增强、国际地位已经奠定的新态势下，提出提高文化软实力问题适当其时。可见，从全球化的视角来看，文化软实力的提出，意味着中华民族的文化自信心，意味着中华民族对国际文化交往的积极态度——对全球各民族文化通过冲突、激荡和融合，形成新的价值核心、新的文化秩序乃至政治秩序的积极态势。

四　中国特色道路问题

从核心价值体系的普遍价值维度，我们可以进一步理解中国特色道路问题。中国特色道路问题的理解问题，应当置于中国近代以来的思想逻辑中。

中国自近代以来，对待西方文化，与一般的发展中国家采取了同样的逻辑。先是经历了"本土文化中心论"及其转换形式"中体西用论"等阶段，本质上，"本土文化中心论"与"中体西用论"都是一种以本土文化为本位的民族中心主义；此后，由于西方文化的侵入及其产生的难以抗拒的压力，思想界逐渐产生了强调中西文化各有千秋的文化相对论的思想，陈独秀曾尖锐地指出，这是以国情特殊来对抗时代潮流。① 这是我们对西方坚船利炮的进攻所采取的一个退却策略。当然，此时的文化相对论声音尚显微弱。

新中国成立后，我们经历了一段漫长的闭关锁国时期。改革开放后，我们积极实行对外开放，学习国外的先进经验，用于中国特色社会主义建设，取得了举世瞩目的成绩。但是，改革开放必然面临着外来文化主要是西方文化的冲击，尤其是在全球化这种新形势下，文化冲突更加剧烈。在这种情况下，我国如同一切发展中国家一样，为了抵制外来文化的侵入，产生了一种更加明确的文化相对论思潮。于是，对中国"特色"的理解就产生了歧义。

"建设有中国特色的社会主义"是改革开放的总设计师邓小平同志提出的重要理论，它是改革开放的总纲领，具有划时代意义。但是，在中国"特色"的理解上却存在着根本的分歧。

其一，认为中国特色指的是中国传统文化的特色，具体来说就是儒家思想的特色。按照这种理解，中国特色不是有待建设的、有待形成的，而是已经具备的。我们只要到故纸堆里发现就可以完成特色建设了。这种理解实际上是以一种旧有传统的特色来抗拒改革开放和与外来文化的交流。

其二，认为中国特色是有待积极建设的，是在创新中形成的，即在中国文化与世界各民族文化（当然也包括西方文化）的交流、激荡和融合中逐渐形成的；是在充分汲取世界各民族文化的优秀因素的基础上，对传统文化进行改造和重建而形成的。在这种意义上，特色并不简单地等同于特殊性。

我认为，前者在全球化过程中，持的或者是一种强调特殊性的文化相对

---

① 陈独秀：《敬告青年》，《青年杂志》第七卷，第1号。

主义立场，或者是回归"本土文化中心论"的狭隘民族主义立场。按照这种立场的逻辑，中国特色是已经完成了的，不需要吸收其他文化的优秀因素，即使吸收也是这些因素被同化于旧有传统的过程。这种逻辑如果进一步延伸，整个改革开放甚至整个现代化建设都值得怀疑了。所以，这种特色论也是一种拒绝现代化的文化保守主义。而第二种对特色的理解，在全球化过程中，则是积极的、建设性的、开放的、创新的。

我认为，这种对特色的理解符合邓小平同志"建设有中国特色的社会主义"理论的本意。

我国是发展中国家，作为迅速崛起的发展中国家，对待全球化不应当采取文化进化论的逻辑，走全盘西化的道路。同样，也不应以一种片面的文化相对主义逻辑退缩以求自保。文化相对主义在中国语境下，实际上，就是以儒家文化对抗全球化中的文化交流和融合，以相对主义实现保守主义的目的。这就在实质上否定了中国文化现代化的必要。

实际上，各民族文化在交流过程中是不断变化的。这种变化不仅仅是表层的，而且也发生在其文化底层，这正是产生文化新种的过程；特别是在这种文化交流和融合过程中，在人类面临的共同问题的推动下，基于人类共同利益和共同需要的全球统一价值逐渐形成，以此为核心，将进一步形成一种"超文化"类型——世界文化。世界文化将会带来一种新的境界、新的价值依托和文化经验，在这种新的境界、价值依托和文化经验中，人们原来那种对旧有传统的固执和对文化创新的拒绝就显得非常狭隘了。

所以，面对全球化这一不可抗拒的浪潮，正确的立场应当是：积极与其他文化相交流、积极地参与全球化运动中来，在形成全球化的文化理想以及构造全球化的文化互动规范方面发挥积极的作用；同时，在这种交流和参与中，使中国传统文化现代化——这正是文化进步主义的立场。[1]

中国的崛起是走中国特色社会主义道路的伟大成绩。目前中国实际上已

---

[1] 丁立群：《全球化的文化选择》，《哲学研究》2008 年第 11 期。

经不再是传统的第三世界国家,而是在世界舞台上发挥着越来越重要作用的一个负责任的国家。在这样一个背景下,我们就需要注意中国道路的普遍性维度。强调特殊性在国际舞台上只是弱小国家的防御策略。作为中国这样一个国家,强调中国道路的普遍性维度是必然的。所谓普遍性维度应有两个方面。一是在全球化过程中,各个国家都争取把自己的价值观念普遍化,争取在新的国际秩序的重建中,把自己的价值原则变成其中的内容,甚至是重要的或者起决定作用的内容。我们也应当把中华民族文化的优秀元素融入世界各民族共同价值的建构中。二是我们构建中国道路时也应保持一个开放的态度,使我们的选择具有时代性,同时也具有普遍性。

换言之,中华文化要不断地综合普遍性、形成普遍性、参与普遍性和贡献普遍性。

马克思科学共产主义理论的生成和现实意义[*]

张奎良[**]

共产主义是千百万人的崇高理想,也是近代以来波澜壮阔的革命运动。从古至今还没有哪一种社会思潮像共产主义那样深入人心,具有极大的吸引力和凝聚力。当代共产主义已经超越思想理论形态,成为中国等一些社会主义国家正在逐步构建的现实。如何正确理解和实现共产主义理想,不仅仅对这些国家、对整个世界历史发展具有重要的意义,而且无时无地不在影响和支配我们每一个人的事业和生活,共产主义理想是照耀我们前进的灯塔。

共产主义大浪淘沙,不可避免地裹进了一些同情者和过路人,他们像一切历史过客一样,不甘寂寞,总要顽强地表现自己,把他们的世界观冒充为共产主义。在马克思的时代,共产主义就种类繁多。马克思不仅要同资产阶级反动思潮进行斗争,而且要在工人运动内部批判形形色色粗陋的、空想的共产主义流派,为坚持共产主义的科学性、革命性和纯洁性而斗争。马克思坚持共产主义的伟大理想,同时又强调理想和现实的交汇,在革命和建设的实践中不断地积淀和推进共产主义。马克思的科学共产主义理论博大精深,认真学习和领会马克思的科学共产主义理论对于我们扫除各种错误观念,坚持社会发展阶段的正确布局,提高共产主义的自觉性具有重要意义。

---

[*] 本文发表于《天津社会科学》2016年第1期,收入本书时部分内容有改动。
[**] 张奎良,黑龙江大学哲学学院教授,主要从事马克思哲学、思想及其现代意义研究。

一 共产主义与私有财产的纠结，马克思对粗陋的共产主义的批判

要想深刻理解共产主义的宗旨，了解共产主义理论的来龙去脉，必须从"共产"一词说起。国际共产主义运动或共产党拥有一个专用的名词，即共产。共产是针对社会财产状况分配不公，因而要求共同拥有和公平分配财产，才称共产。自从私有制产生，阶级剥削和阶级压迫出现，财产的拥有和分配状况就一直极端不公，少数统治阶级占有绝大部分社会财富，而广大劳苦群众则很少拥有财产。财产的两极分化决定了社会地位和生活状况的天壤之别，剥削者花天酒地、纸醉金迷，而人民大众则生活在水深火热之中。这种严酷的社会现实必然激起公愤，消除财产不公，要求社会共同拥有财产就成为自古以来连绵不断的社会思潮，历史上所有天下为公和世界大同的理想都包含有朴素的共产主义意蕴。

但是共产主义真正摆脱原始形态具有时代的气息，却是与工人阶级登上历史舞台紧密相关。近代随着资本主义的发展，同时诞生了一无所有的无产阶级，工人的无产地位使他们处于社会的最底层，他们对统治阶级把社会财产据为己有，并用私有财产来剥削自己感受最深，痛恨最切。所以，近代的共产主义最先以代表刚刚诞生的不成熟的工人阶级对财产的要求而出现，马克思把共产主义的这种最初的形式称为"粗陋的共产主义"。

粗陋的共产主义以18世纪末至19世纪初法国的巴贝夫、卡贝、德萨米和英国的欧文与德国的魏特林等为代表，他们的思想和学说各不相同，但都把矛头指向私有财产，主张消灭私有制，取消个人财产，实行土地公有，共同生产，平均分配，建立一个人人平等的社会。由于巴贝夫主张用革命和密谋的手段实现他的主张，所以马克思称他是"第一个真正能动的共产主义政党的奠基人"。

粗陋的共产主义一出场就盯住财产不放，把共产作为自己奋斗的目标，这就引发一个前提性的追问：什么是财产和私有财产？为什么革命的共产主义者总是纠结于财产？怎样看待粗陋共产主义取消私有财产的主张？表面看，

私有财产集中凸显了阶级社会的全部罪恶，一切对现实持批判态度的人，都很容易把矛头对准私有财产，普鲁东等小资产阶级社会主义者就曾宣扬过"财产就是盗窃"。马克思超越一切对私有财产的肤浅认识，在对私有财产的普遍声讨中，发掘了私有财产蕴含的人的异化劳动的本质，指明共产主义作为对私有财产的积极扬弃，表现为向人的本质和人性的回归。为了说清这些问题，马克思在其开创性的著作《1844年经济学哲学手稿》中专辟一节，题为"私有财产与共产主义"，用全新的视角，深刻地阐明了分工、异化劳动与私有财产的关系，揭示了人类历史一直在私有财产中运行的秘密。

在马克思看来，私有财产是财富和财产，必须从宽广的视野来看待。任何财产都是劳动的积淀，当劳动产品不仅能够满足消费的需要而且有剩余时，这些剩余产品转归私人占有，就出现了私有财产。因此，私有财产具有劳动的本质，[①]是人在劳动中创造出来的。但是，创造私有财产的劳动不是一般的劳动，而是异化劳动。所谓异化劳动就是指受谋生需要支配的、被迫的劳动，其劳动成果和劳动本身不属于自己，而是为他人所掌控。自己盖房子自己住，自己唱歌自己听，这种劳动反映人的本质，人在其中得到享受，这就不是异化劳动。盖房子给别人住，唱歌是卖唱，给别人听，最后都是为了谋生，是不得不进行的，这种劳动就是异化劳动。异化劳动的前提是生产力的提高和分工的扩大，能够产生出剩余产品，为别人所支配。如果劳动产品仅能满足自己的生命需要，不能产生剩余产品，这种劳动对别人就没有价值，当然也就不能成为异化劳动。所以私有财产凝聚了人的劳动和在劳动中付出的心血和生命，不仅具有劳动本质，而且具有"主体本质"。[②] 马克思说："这种物质的、直接感性的私有财产，是异化了的人的生命的物质的、感性的表现。"[③] 所以，马克思又称私有财产是人的自我异化，正是这种异化积淀了人的劳动成果，是人的生命和本性的真正体现。马克思又说："私有财产的运动——生产

[①]《马克思恩格斯全集》第3卷，人民出版社，2002，第289页。
[②]《马克思恩格斯全集》第3卷，人民出版社，2002，第289页。
[③]《马克思恩格斯全集》第3卷，人民出版社，2002，第298页。

和消费——是迄今为止全部生产的运动的感性展现，就是说，是人的实现或人的现实。"①

粗陋的共产主义不理解私有财产的意义和实质，用马克思的话来说，因为"它还没有理解私有财产的积极的本质，也还不了解需要所具有的人的本性，所以它还受私有财产的束缚和感染"，②听信资产阶级的宣传，把私有财产看成天经地义，不可或缺。所以，他们把私有财产想象为公妻制下无个性的妇女，可以用平均分配的办法，随意分配给每一个人，以此来取消少数人对私有财产的垄断，实现人人皆有财产。马克思认为，从主观愿望来说，这是对私有财产的积极扬弃，但实际上"是作为普遍的私有财产出现的"，③不过是私有财产"这种关系的普遍化和完成"。④因为平均主义并未消除私有财产本身，相反倒把私有财产遍布到每一个人身上，使人人都成为私有者。马克思说，这种共产主义"由于到处否定人的个性"，否定人的才能和差别，把财产一律平均地分给每一个人，它"只不过是私有财产的彻底表现"。⑤不仅如此，马克思还进一步揭露说，一切私有者都对比他更富裕的人怀有嫉妒心和平均主义的欲望，"粗陋的共产主义不过是这种忌妒心和这种从想像的最低限度出发的平均主义的完成"。⑥

所以，粗陋的共产主义主观上想通过平均主义来积极扬弃私有财产，实现共产主义，但结果适得其反，不但没有消除私有财产，反倒使其普遍化和彻底化，离共产主义越来越远了。马克思认为，"共产主义是私有财产即人的自我异化的积极的扬弃"，⑦因为这种扬弃"作为对人的生命的占有，是对一切异化的积极的扬弃，从而是人从宗教、家庭、国家等等向

---

① 《马克思恩格斯全集》第3卷，人民出版社，2002，第298页。
② 《马克思恩格斯全集》第3卷，人民出版社，2002，第297页。
③ 《马克思恩格斯全集》第3卷，人民出版社，2002，第295页。
④ 《马克思恩格斯全集》第3卷，人民出版社，2002，第295页。
⑤ 《马克思恩格斯全集》第3卷，人民出版社，2002，第297页。
⑥ 《马克思恩格斯全集》第3卷，人民出版社，2002，第295~296页。
⑦ 《马克思恩格斯全集》第3卷，人民出版社，2002，第298页。

自己的人的存在即社会的存在的复归"。①但其出路不是对私有财产实行平均主义，而是真正积极地扬弃、彻底地扬弃，使私有财产对人来说成为不必要的东西。当未来社会生产力高度发展，产品极大丰富，完全能够满足人的全面需要，这时私有财产就失去了任何意义。马克思在《哥达纲领批判》中描述了这个情景，他说："在共产主义社会高级阶段，在迫使个人奴隶般地服从分工的情形已经消失，从而脑力劳动和体力劳动的对立也随之消失之后；在劳动已经不仅仅是谋生的手段，而且本身成了生活的第一需要之后；在随着个人的全面发展，他们的生产力也增长起来，而集体财富的一切源泉都充分涌流之后，——只有在那个时候，才能完全超出资产阶级权利的狭隘眼界，社会才能在自己的旗帜上写上：各尽所能，按需分配！"②既然是产品极大丰富，按需分配，私有财产也就失去了存在的前提，至此，私有财产彻底被扬弃，人也就真正实现了向自身的本质的回归，这就是共产主义的实现之日。

由此可见，马克思视域中的共产主义确实包含共同拥有财产之意，否则也就不会有共产主义和共产党的称呼，但是和近代早期粗陋的共产主义不同，马克思不是把注意力聚焦在现有财产的平均分配上，而是强调大力发展生产，增加社会财富，从根本上消解私有财产存在的必要性。这是对私有财产最积极、彻底的扬弃，是对财产和财富真正的共同拥有，由此，凝聚在私有财产中的人的生命、价值和本质才向人回归。所以，马克思的共产主义不过是沿袭了近代早期共产主义的声名和传统，其实质是共同创造财产、共同拥有财产和共同享受财产，财产一进入这个境界也就彻底告别了几千年来人类历史一直在其中运动的私有性的局限，升华为共产主义的物质奠基。所以，马克思恩格斯把他们创立的全世界第一个工人阶级政党称作"共产主义者同盟"，他们为其撰写的纲领性文献叫作《共产党宣言》。

---

① 《马克思恩格斯全集》第 3 卷，人民出版社，2002，第 298 页。
② 《马克思恩格斯选集》第 3 卷，人民出版社，1995，第 305~306 页。

二 共产主义的前奏，社会主义从空想到科学

马克思以前的共产主义不仅是粗陋的、平均主义的，也是空想的，空想是它先天携带的一大顽症，集中体现为空想社会主义。社会主义是 19 世纪 30~40 年代前后在西欧出现的一种社会思潮。由于资本主义开创了社会化大生产，显示了前所未有的优越性，于是一些先进的思想家就设想整个资源、生产、管理都突破资本主义私人所有制的局限，统归全社会所有、由社会组织生产、管理和运营。这种思潮实际上是对资本主义私有制的否定，在一定程度上已经和共产主义接轨。所以，社会主义最先就以批判资本主义弊病，制定未来理想制度蓝图的先进的社会思潮的面目出现。马克思恩格斯在提出自己的共产主义纲领之前，不仅面对粗陋的共产主义，而且对已经出现的各种社会主义思潮也不能不表明自己的态度。1888 年，恩格斯在《共产党宣言》序言中说："在 1847 年，所谓社会主义者，一方面是指各种空想主义体系的信徒，即英国的欧文派和法国的傅立叶派……另一方面是指形形色色的社会庸医，他们凭着各种各样的补缀办法，自称要消除一切社会弊病而毫不危及资本和利润。这两种人都是站在工人阶级运动以外，宁愿向'有教养的'阶级寻求支持。只有工人阶级中确信单纯政治变革还不够而公开表明必须根本改造全部社会的那一部分人，只有他们当时把自己叫作共产主义者。这是一种粗糙的、尚欠修琢的、纯粹出于本能的共产主义；但它却接触到了最主要之点，并且在工人阶级当中已经强大到足以形成空想共产主义，在法国有卡贝的共产主义，在德国有魏特林的共产主义。"[①] 恩格斯这段话不仅印证了马克思对粗陋共产主义的批判，而且和《共产党宣言》第三部分"社会主义和共产主义的文献"相一致，他们揭露了封建社会主义、小资产阶级社会主义和资产阶级社会主义的本质，展现了各种社会庸医的真实面目，同时又在"批判的空想的社会主义和共产主义"的题目下，对法国的圣西门、傅立叶和英国

---

① 《马克思恩格斯选集》第 1 卷，人民出版社，1995，第 256~257 页。

的欧文的空想社会主义思潮进行了深刻的剖析。这三位伟大空想社会主义者的学说是马克思的科学共产主义理论的思想来源,他们对资本主义的揭露和批判,对未来共产主义的设想和预见,提供了启发工人阶级觉悟的生动材料,对马克思构建科学的共产主义理论具有重要的借鉴和启示作用。恩格斯的重要著作《社会主义从空想到科学的发展》就是专门评价空想社会主义的历史贡献和空想缺陷的。恩格斯具体分析了圣西门、傅立叶、欧文等人的观点和主张,既有可以吸取和借鉴的高度评价,也有对其肤浅甚至未来还要保留私有制的深刻批评。在借鉴和扬弃中,过滤出闪光的思想遗产。从此社会主义就加入共产主义的行列中,与共产主义经常连接在一起,不加区分,共同表明共产主义的本真意蕴。马克思恩格斯在《共产党宣言》《反杜林论》等许多著作中,无论是标题或行文都经常出现"社会主义和共产主义的文献""本来意义上的社会主义和共产主义的体系"等字样。

研究和阐发马克思的共产主义理论,空想社会主义是一道绕不过的坎,在一定的意义上可以说,没有空想社会主义做借鉴,也就不可能有马克思完备的科学共产主义理论。空想社会主义高出粗陋的共产主义之处在于,它更全面而深刻地接触了资本主义的实际,对资本主义的认识和批判远远超越以前的一切共产主义学说,尤其是它对未来社会的主张更是带有平均的和禁欲色彩的粗陋共产主义所不能比拟的。马克思的共产主义能够冠以"科学"的前缀,就是与批判地吸取空想社会主义的积极成果分不开的。

但是,空想社会主义有一个根深蒂固的弊病就是空想,为了批判地继承空想社会主义的思想成果,就必须对症下药,彻底消除社会主义的空想性,这就必须找出其陷入空想的原因。在马克思恩格斯看来,空想社会主义之所以陷入空想,源于以下三方面的缺陷。

首先,是时代条件和阶级背景的局限。19世纪30~40年代,资本主义还处于上升发展的时期,社会基本矛盾尚未充分地暴露和展开,解决这些矛盾的办法还在襁褓之中。与此相适应,无产阶级刚刚诞生不久,它的阶级意识还很薄弱,在各方面都很不成熟,无产阶级和资产阶级的阶级斗争也表现得很不充分。但是无产阶级作为争夺社会统治权的崭新力量，已经在法国大革命和日常社会政治生活中发出了自己的呼声，扮演了重要的社会角色。三大空想社会主义者作为不成熟的无产阶级利益的代表，以自己的学说和观点表达了那个时代无产阶级的要求和愿望。恩格斯说："这种历史情况也决定了社会主义创始人的观点。不成熟的理论，是同不成熟的资本主义生产状况、不成熟的阶级状况相适应的。解决社会问题的办法还隐藏在不发达的经济关系中，所以只有从头脑中产生出来。……于是，就需要发明一套新的更完善的社会制度，并且通过宣传，可能时通过典型示范，从外面强加于社会。这种新的社会制度是一开始就注定要成为空想的，它越是制定得详尽周密，就越是要陷入纯粹的幻想。"①

其次，是脆弱的理论根基。19世纪三大空想社会主义者是理性主义者，"就其理论形式来说，它起初表现为18世纪法国伟大的启蒙学者们所提出的各种原则的进一步的、似乎更彻底的发展"。②他们不相信，也找不到社会发展的必然规律，在他们看来，依据理性原则建立起来的资本主义社会并非理想的，也应像封建制度一样被扔到垃圾堆里去，真正的理性和发现真理的伟大人物至今还未出现，"这种天才人物在500年前也同样可能诞生"。③因此，在他们眼里，社会主义和共产主义并不是社会合乎规律发展的必然结果，而是天才人物的伟大发现，至于谁发现，什么时候发现完全是偶然和不确定的，他们构思的这种未来理想社会完全是空中楼阁。

最后，是空想的道路和方法。空想社会主义陷入空想的泥潭，还因为他们找不到实现理想的依靠力量和切实可行的道路与方法。马克思恩格斯在《共产党宣言》中指出："诚然，他们也意识到，他们的计划主要是代表工人阶级这一受苦最深的阶级的利益。在他们的心目中，无产阶级只是一个受苦

---

① 《马克思恩格斯选集》第3卷，人民出版社，1995，第724页。
② 《马克思恩格斯选集》第3卷，人民出版社，1995，第719页。
③ 《马克思恩格斯选集》第3卷，人民出版社，1995，第722页。

最深的阶级。"① 他们不了解工人阶级的先进性和革命性，"看不到无产阶级方面的任何历史主动性，看不到它所特有的任何政治运动"。② 他们把自己的注意力集中到社会上层，主要是向统治阶级、慈善家甚至沙皇呼吁，贴出广告，规定时间，在家里坐等这些人自动上门提供支持。这就使空想社会主义者在依靠的社会力量上看走了眼，由此彻底陷入空想。与此同时，他们也不了解，实现共产主义是惊天动地的伟业，必须付出前无古人的奋斗和牺牲。马克思恩格斯指出："他们拒绝一切政治行动，特别是一切革命行动；他们想通过和平的途径达到自己的目的。"③ 在他们看来，"社会主义是绝对真理、理性和正义的表现，只要把它发现出来，它就能用自己的力量征服世界"。④ 因此，不必强调实践和行动，主要任务是宣传，"人们只要理解他们的体系，就会承认这种体系是最美好的社会的最美好的计划"，⑤ "今后的世界历史不过是宣传和实施他们的社会计划"。⑥ 他们还特别注重示范的方法，"并且企图通过一些小型的、当然不会成功的试验，通过示范的力量来为新的社会福音开辟道路"。⑦

揭示了空想弊病的成因，也就打通了社会主义从空想到科学的道路。马克思恩格斯在思想理论上拨乱反正，指出社会主义和共产主义不是什么天才人物的偶然发现，而是社会发展合乎规律的结果。马克思发现的唯物史观和剩余价值学说提供了充分的论据，既说明了资本主义社会基本矛盾运动必然导致资本主义的灭亡和共产主义的胜利；同时又以剩余价值学说揭示了工人被剥削和被压迫的根源和秘密，指明无产阶级与资本主义不可调和的对立，只有通过阶级斗争的道路和革命的方法，无产阶级才能完成自己的历史使命，成为资本主义的掘墓人和共产主义的建设者，最终解决社会主义和共产主义

---

① 《马克思恩格斯选集》第1卷，人民出版社，1995，第303页。
② 《马克思恩格斯选集》第1卷，人民出版社，1995，第303页。
③ 《马克思恩格斯选集》第1卷，人民出版社，1995，第304页。
④ 《马克思恩格斯选集》第3卷，人民出版社，1995，第732页。
⑤ 《马克思恩格斯选集》第1卷，人民出版社，1995，第304页。
⑥ 《马克思恩格斯选集》第1卷，人民出版社，1995，第303页。
⑦ 《马克思恩格斯选集》第1卷，人民出版社，1995，第304页。

的依靠力量、斗争道路和方法问题。所以恩格斯得出结论：马克思的两大发现——唯物史观和剩余价值学说使社会主义从空想变为科学。

彻底批判社会主义的空想性，在唯物史观和剩余价值学说的基础上完成社会主义从空想到科学的变革，是马克思科学共产主义理论迈出的关键性的一步，从此共产主义才真正成为科学的可以实现的理想和目标。当然也不可忽视三大空想社会主义者对未来社会的天才预见和设想，他们提出的共产主义应把"对人的统治变为对物的管理和对生产过程的领导"、"妇女解放的程度是衡量普遍解放的天然尺度"、儿童的早期教育应实行教育与劳动生产相结合，以及消灭私有制和消除三大差别的思想，都是对资本主义弊病的折射和积极回应，具有深厚的现实基础，马克思在构建科学共产主义理论过程中都把它们当作宝贵的思想资料，积极地借鉴和吸收。

经历了社会主义从空想到科学的革命变革，社会主义已经作为重要的思想资源被融入马克思的科学共产主义理论中，无论是作为理想形态或是理论形态，社会主义与共产主义都一直混淆或并列在一起，没有人对它们刻意加以区分。但是到了1875年，马克思在《哥达纲领批判》中提出了"共产主义第一阶段"和"高级阶段"的说法，后来列宁在《国家与革命》中也指出："这个刚刚从资本主义脱胎出来的在各方面还带着旧社会痕迹的共产主义社会，马克思称之为共产主义社会的'第一'阶段或低级阶段。"①并断言"共产主义社会的第一阶段（通常称为社会主义）"。② 列宁的这个说法后来得到了广泛的认同，成为马克思主义对共产主义社会发展阶段的经典表述。中国共产党在建设中国特色社会主义实践中，进一步发展了对共产主义发展阶段的认识，认为不仅共产主义可以区分为高级阶段的共产主义和低级阶段的社会主义，就是社会主义也可以再进一步进行阶段划分，分为初级阶段的社会主义和标准合格的社会主义，在中国，社会主义初级阶段至少持续一百年。这一切都表明，共产主义作为理想目标分阶段、分层次，不可能一蹴而就。而

---

① 《列宁选集》第3卷，人民出版社，1972，第250页。
② 《列宁选集》第3卷，人民出版社，1972，第251页。

共产主义作为思想理论是动态的，要随着实践的发展而加深理解，提高认识，不断创新，任何对共产主义的僵化、封闭化和宗教化的理解都是错误的。

三　马克思勾勒的共产主义蓝图

共产主义虽然是一种理想和信念，距离现实的社会发展阶段还十分遥远，但由于共产主义因素在实践中不断地预先透支和滤出，最起码社会主义的实践不能有违共产主义的基本原则，每个人也有责任按照共产主义的要求来历炼自己。出于这些考虑，每一个自觉的共产主义者都应该了解什么是共产主义，共产主义与我们每一个人处于一种什么关系。近代历史上，关于共产主义众说不一，只有马克思勾勒的科学共产主义蓝图才具有经典意义，也才能成为我们真正的理想愿景。

马克思一生都在积淀共产主义的思想财富，从资本主义现实的反衬和前人许多天才、合理的预见中不断地继承、确认和创新共产主义的理想未来。大体说来，马克思的共产主义蓝图包括经济、政治、思想三大方面。

首先，在经济上，是生产力高度发展，社会产品极大丰富，马克思称之为"集体财富的一切源泉都充分涌流"，这是共产主义的物质基础，是一切条件中的重中之重，共产主义的全部特征都是在这个基础上发生和形成的。马克思曾经用生产工具来表征不同的社会和时代，称原始社会是石器时代、奴隶制是青铜器时代、封建制是铁器时代、资本主义是蒸汽磨时代；列宁称共产主义是苏维埃政权加全国电气化。当今世界自第二次世界大战后不过六七十年，就已进入以电子、计算机和信息网络为特征的全球化时代，未来共产主义社会的生产力水平可想而知，将会达到目前人类难以想象的高度。

其次，在马克思的视野中，消除强制性的分工是共产主义的重要特征。历史上分工是一柄双刃剑，既是生产力发展的重要机制和表征，又是对人的强制和肢解。共产主义以人的全面发展为目标，旨在消除强制性的分工，使人向完整的自我回归。在《德意志意识形态》中，马克思恩格斯曾经说过一大段名言，一直被认为是消除强制性分工的经典话语："原来，当分工一出现之后，任何人都有自己一定的特殊的活动范围……他是一个猎人、渔夫或牧人，或者是一个批判的批判者，只要他不想失去生活资料，他就始终应该是这样的人。而在共产主义社会里，任何人都没有特殊的活动范围，而是都可以在任何部门内发展，社会调节着整个生产，因而使我有可能随自己的兴趣今天干这事，明天干那事，上午打猎，下午捕鱼，傍晚从事畜牧，晚饭后从事批判，这样就不会使我老是一个猎人、渔夫、牧人或批判者。社会活动的这种固定化，我们本身的产物聚合为一种统治我们、不受我们控制、使我们的愿望不能实现并使我们的打算落空的物质力量，这是迄今为止历史发展的主要因素之一。"① 马克思在《哥达纲领批判》中又一次强调"在迫使个人奴隶般地服从分工的情形已经消失，从而脑力劳动和体力劳动的对立也随之消失之后"② 才能实现各尽所能、按需分配的共产主义社会。所以，消除强制性的分工，以及脑力劳动和体力劳动、工业和农业、城市和乡村三大差别的对立，自然就成为共产主义社会标志性的特征。对此曾经有人提出异议，认为马克思关于共产主义社会消除分工的看法过于理想化，如果真的按自己的兴趣随便挑选工作，那么社会肯定就会出现无序的混乱局面。其实，马克思这里只不过是举例说明，在理想社会里，社会分工应该依据每个人的兴趣，彻底消除强制性，这既是阶级社会的根本弊病，也是人类社会真正进步的体现，共产主义社会之所以"理想"，就特别体现在这里。当然，共产主义社会也是一个高度组织起来的社会，"社会调节着整个生产"，不可能完全随着个人兴趣来安排生产和生活，因为个人兴趣也会互相冲突、抵消，需要社会来调整与磨合。至于怎样调整与磨合，那是未来的事情，马克思只能提出一个原则，再细就陷入空想了。

再次，马克思认为，与消除强制性分工相联系的是，共产主义必须废除私有制，因为私有制是分工的后果，分工使劳动异化，异化劳动的成果转归

---

① 《马克思恩格斯选集》第1卷，人民出版社，1995，第85页。
② 《马克思恩格斯选集》第3卷，人民出版社，1995，第305页。

他人占有出现了私有财产，维护私有财产，并使其变成资本和生产资料来剥削他人的制度就是私有制。马克思恩格斯在《德意志意识形态》中说："其实，分工和私有制是相等的表达方式，对同一件事情，一个是就活动而言，另一个是就活动的产品而言。"① 强制性的分工不仅是对他人劳动产品的剥夺，也是"对他人劳动力的支配"，是典型的异化劳动，也是私有制剥削功能的集中体现。所以，消除强制性分工的同时，也就使私有制与其一起同归于尽了。

共产主义必须消灭私有制，这几乎是一切共产主义者的共识。但是，他们中的许多人是出于感情上的激愤，认为私有制是万恶之源，必须把革命矛头对准私有制。马克思以科学的眼光，从分工与私有制的关系入手，把私有制看作异化劳动的产物，而异化劳动又是分工的后果。所以私有制是历史的产物，是生产发展到一定阶段的必然结果。共产主义革命的直接目标是消灭私有制，如《共产党宣言》所说："共产党人可以把自己的理论概括为一句话：消灭私有制。"② 这就像无产阶级革命必须首先打碎资产阶级国家机器一样，然后才能集中力量发展生产力，建设新社会。共产主义发展的根本问题是生产力高度发展和社会产品的极大丰富，但私有制是横在共产主义发展道路上的第一大障碍，必须首先消灭私有制，才能为共产主义的长远发展创造前提。但是消灭私有制也绝非像粗陋的共产主义者想象的那样，用平均主义办法就可以达到目的。从根本上说，如马克思恩格斯所指出的那样："只有随着大工业的发展才有可能消灭私有制。"③ 在实践上，《德意志意识形态》提出："随着联合起来的个人对全部生产力的占有，私有制也就终结了。"④

那么，共产主义社会用什么样的所有制取代私有制呢？一般都认为，理所当然的是用公有制取代私有制。但是，马克思在《资本论》中却提出了要重建共产主义"个人所有制"，⑤ 并且还指出，"实际上已经以一种集体生产为

---

① 《马克思恩格斯选集》第1卷，人民出版社，1995，第84页。
② 《马克思恩格斯选集》第1卷，人民出版社，1995，第286页。
③ 《马克思恩格斯选集》第1卷，人民出版社，1995，第104页。
④ 《马克思恩格斯选集》第1卷，人民出版社，1995，第130页。
⑤ 马克思：《资本论》第1卷，人民出版社，1975，第832页。

基础的资本主义所有制只能转变为社会的所有制"。① 马克思说的个人所有制和社会所有制到底是什么样的所有制？它们与我们传统理解的共同所有、共同管理、平等分配的生产资料公有制是什么关系？前些年在我国学界曾为此展开激烈争论，争论中一些人甚至称这些概念为"经济学的哥德巴赫猜想"。尽管讨论中意见纷呈，众说不一，但有一点可以肯定，在共产主义社会，利用生产资料私人占有来剥削他人的私有制是被彻底埋葬了，取而代之的新所有制或者是指生产资料归联合起来的个人共同拥有，或者是指对生活资料的个人所有，或者是二者兼而有之。马克思在这里特别强调个人和个人联合起来的社会所有制，意在强调资本主义也逃不过否定之否定规律的制约。资本主义以对小生产的剥夺起家，历史无情地又以剥夺者被剥夺，重归个人所有制而告终。无论是个人所有制或社会所有制都不是简单地回归过去，而是在更高级的基础上反映历史发展规律。当然，对马克思的重建个人所有制和社会所有制的真正谜底，还有待于理论界继续深入研讨，对此我们也充满期待。

最后，所有制是生产关系的决定性环节，随着私有制被废除，共产主义社会经济关系的各个方面也都随之发生根本性的变化。私有财产已经被扬弃，三大差别已经消失，劳动已不再是谋生的手段，而是成了乐天的第一需要，分配上将实现人类梦寐以求的按需分配的原则。这时人类的整个生活和劳动都发生了质的飞跃，进入了一个全新的境界。马克思在《1857—1858年经济学手稿》中曾将人类历史发展分为三个阶段，第一阶段和第二阶段是人的依赖性和对物的依赖性基础上的人的独立性，相应比照自然经济和商品经济时期。第三阶段是"建立在个人全面发展和他们共同的社会生产能力成为他们的社会财富这一基础上的自由个性"。② 这个阶段相当于共产主义的产品经济时期。要想达到社会财富极大丰富基础上的自由个性，必须超越人类史前时期的狭隘视野。如马克思所说："自由领域，只是在由必然和外在目的规定要做的劳动终止的地方开始；按事物的性质来说，也就是只存在于真正物质生

---

① 《马克思恩格斯全集》第19卷，人民出版社，1963，第130页。
② 《马克思恩格斯全集》第46卷（上），人民出版社，1979，第104页。

产领域的彼岸。"①不是为谋生而活，而是超越生存，超越物质需求而自觉地进行生产和劳动，这才是真正的天国和彼岸世界。

在政治上，由于社会产品极大丰富，加之强制性分工和私有制的消灭，共产主义社会的政治面貌也发生了根本性的变革。

首先，一直主导社会发展和运行的生存斗争终结了，阶级斗争及其国家机器也消亡了，空想社会主义者设想的国家由对人的管理第一次变为对物的管理，庞大的官僚队伍和常备军作为社会肌体的蛀虫和赘瘤从此销声匿迹，清明政治和廉价政府真正得到实现。其次，随着经济利益对抗的消除，政治上的一切对抗也随之消除，代之以和谐、互利、统一和一致。马克思把资本主义及其以前的一切社会形态称之为史前时期，认为资本主义是人类社会对抗的最后一种形式，取代资本主义的共产主义以和谐代替对抗，社会组织形式也是自由人联合体。《共产党宣言》宣告："代替那存在着阶级和阶级对立的资产阶级旧社会的，将是这样一个联合体，在那里，每个人的自由发展是一切人的自由发展的条件。"②最后，共产主义是真正的平等社会，平等将贯彻到社会生活的一切方面，不仅人与人之间的关系是平等的，而且人的发展和进取的机会、条件也都是平等的。不能认为经济的发达和私有制的消灭会使平等自动实现，社会仍需要不断地调节平等的贯彻和实施。如果共产主义社会平等方面出问题，那么经济的发展和阶级的消灭就全都失去意义了。所以马克思明确指出："平等，作为共产主义的基础，是共产主义的政治的论据。"③经济、政治和社会一切方面的完全和彻底的平等，是共产主义社会的根本标志和最大特征。

在思想上，存在决定意识，由于经济和政治上的巨大变革，在共产主义社会，人的思想面貌也将发生前所未有的变化，这又特别表现在人们自觉的劳动态度上。劳动在以前的一切社会形态中都是谋生的手段，是异化了的劳

---

① 马克思:《资本论》第3卷，人民出版社，1972，第962~963页。
② 《马克思恩格斯选集》第1卷，人民出版社，1995，第194页。
③ 《马克思恩格斯全集》第3卷，人民出版社，2002，第347页。

动，是被迫的、不得不从事的体力支出。马克思曾说过，任何健康的正常的人都有劳动的需要，劳动是人的天性，不劳动会感到不舒服。但在阶级社会里，劳动的异化使"劳动对工人来说是外在的东西，也就是说，不属于他的本质；因此，他在自己的劳动中不是肯定自己，而是否定自己，不是感到幸福，而是感到不幸，不是自由地发挥自己的体力和智力，而是使自己的肉体受折磨，精神遭摧残"。① 所以，各种劳动都必须在严格的监督下才能正常进行。共产主义社会使劳动第一次恢复了使人乐天的本性，就像现在人们进行体育锻炼一样，不需要任何监督，都能自觉地从事劳动。共产主义是思想与现实的完美统一，其中的一极是劳动产品极大丰富，另一极就是人们觉悟极大提高，尤其是劳动态度的空前自觉，有了这个前提，共产主义的各尽所能、按需分配的原则才能实行。

四 理想和现实的交会，共产主义在实践中

上述马克思描绘的共产主义蓝图既是一种美好的理想，又有现实根基，实际上是对资本主义现实的折射和超越，反映了社会发展的必然性和合乎规律性，因而是一定能够实现的。经济上消除强制性的分工，消灭私有制，消除三大差别，实行按需分配等设想合情合理，特别是像消除强制性分工和三大差别等，现在发达国家就已经显露出端倪。政治上，阶级和阶级斗争开始显露消解趋势，国家的职能也越来越多地回归社会，我国现阶段就提出构建和谐社会的目标等，所有这一切都预示马克思关于共产主义的宏伟构思并非禁锢在理想形态，它符合社会发展规律，有资本主义现实的反衬，不仅未来是一定能够达到的，而且现在就已经不断地兑现在实际生活中。在这个意义上，马克思的共产主义理想也是共产主义运动必定跃上的平台。表面上看，社会产品极大丰富，人们觉悟极大提高似乎遥不可及，其实，当代科技革命

---

① 《马克思恩格斯全集》第3卷，人民出版社，2002，第270页。

的辉煌成果已经显示，人的创造力无限可期，第二次世界大战后不过数十年，世界就已经发生了巨大的变化，如果再过百年、千年，还有什么奋斗目标不可达到呢？

但是，马克思的共产主义理论中还确有鲜为人知的另一面，即共产主义无限遥远，不是轻而易举就能达到的，马克思的这个思想是通过对共产主义的哲学理解来表达的。德国是个理论民族，哲学思维深深地扎根在他们的思想基因中，近代的英国和法国都是通过政治和实践来进行革命，在德国却是通过哲学来理解一切。马克思多次指出，德国人不是在行动上，而是在哲学上经历了法国大革命。恩格斯在 1843 年的《大陆上社会改革运动的进展》一文中，明确地把德国共产主义称为"哲学共产主义"，他认为"共产主义建立在健全的哲学原理的基础上"，[1] 所以，"共产主义是新黑格尔派哲学的必然产物"。[2] 这时马克思恩格斯刚刚完成从唯心主义到唯物主义、从革命民主主义到共产主义的转变，他们带着德国民族的哲学思维传统，用高远深邃的哲学思维来理解和阐发共产主义是很自然的。

一般的经验思维是表象和直接思维，往往注重事物的现实，从直接的因果关系来理解事物。对于共产主义更多的是从对资本主义的现实的批判和反衬来认识和阐发的，这虽然也很正确，但缺少由表及里、由此及彼的更深层次的追问。共产主义是要消灭私有制，也要达到生产力的高度发展，但是这些崇高目标背后的深层意蕴是什么，这正是哲学思维所要解决的问题。哲学的功用就是突破表层经验思维的局限，深入事物的本质和终极原因中去。哲学思维是思辨思维和辩证思维，它必然要暂时离开经验和表象，深入事物的本质追问中，因而带有一定的形上特点。用哲学思维来思考共产主义就要从私有制追问到私有财产，从私有财产追问到其中凝结的人的劳动和本质；并用辩证思维来解读生产力背后凝结的人与自然和社会的矛盾，从这些矛盾的展开和最后解决中，实现生产力的高度发展和社会产品的极大丰富。所以，

---

[1]《马克思恩格斯全集》第1卷，人民出版社，1956，第591页。
[2]《马克思恩格斯全集》第1卷，人民出版社，1956，第591页。

马克思在《1844年经济学哲学手稿》中别开生面，对共产主义做了深层的形而上的阐述。他说："共产主义是私有财产即人的自我异化的积极的扬弃，因而是通过人并且为了人而对人的本质的真正占有；因此，它是人向自身、向社会的即合乎人性的人的复归，这种复归是完全的，自觉的和在以往发展的全部财富的范围内生成的。这种共产主义，作为完成了的自然主义＝人道主义，而作为完成了的人道主义＝自然主义，它是人和自然界之间、人和人之间的矛盾的真正解决……"① 马克思在这里描述的共产主义图景和生产力高度发展、社会产品极大丰富、实行按需分配、消除强制性分工、消灭私有制等具体目标完全不同，它特别突出了两方面要求：一是对人的本质的真正占有，人向人自身或合乎人的本性的人的回归；二是人与自然和人与人之间矛盾的真正解决。这两方面要求十分抽象而形上，难以具体把握和操作，使人如堕五里雾中。

首先，什么叫对人的本质的真正占有？怎样理解人向人自身的回归？马克思说扬弃私有财产，即扬弃人的自我异化就可以达到这个目标。共产主义确实可以通过实行社会产品极大丰富和实行按需分配使私有财产失去意义，但是人的自我异化能够因此消除吗？人的活动虽然有目的、有计划，但是永远不能摆脱必然性的束缚，人类一切活动的结果都不可能心想事成，完全达到事先预定的目的，行为的结果与主观动机相疏离是必然的，是人的活动的常态。在这个意义上，异化不可消除，将永远伴随着人的活动始终。但是异化又确实是对人的疏远、背离和伤害，共产主义必须消除异化，如果放弃这个目标，共产主义也就不能称其为崇高的理想信念了。这就出现了一个难以摆脱的矛盾格局：一方面，异化因其自然必然性的原因，难以消除，人类总不可能完全掌握必然，获得绝对的自由；另一方面，共产主义按其内在的本性又不能容忍异化，必须积极扬弃。这个矛盾并非坏事，它自身就开辟了解决的路径：人类永远面对异化，永远要消除异化，又不能在哪一天消除得了，

---

① 《马克思恩格斯全集》第3卷，人民出版社，2002，第297页。

这就要永远努力，永远奋斗，人类存在一天就要为消除异化奋斗不息。人类在不屈不挠的永恒奋斗中，使异化逐渐式微、削弱直至接近消除，实现人的本质向人回归。就异化与人的本质的关系来说，由于异化存在，人的本质也就不可能完全回归，丧失或部分丧失自己的本质也是人的生命的常态。所以，人永远也不可能修炼登顶，真正成为一个完全合乎人性的人，恩格斯说："人来源于动物这一事实已经决定人永远不能完全摆脱兽性，所以问题永远只能在于摆脱得多些或少些，在于兽性或人性的程度上的差异。"[1] 在这个意义上，人的本质回归也只有理想意义。

其次，怎样使完成了的人道主义与自然主义的互动，达到人与自然和人与人之间矛盾的真正解决？这个要求也使共产主义更加带有不可企及的色彩。完成了的自然主义＝人道主义和完成了的人道主义＝自然主义，说的是人与自然的高度和谐，自然界被充分调动起来，向人类贡献出全部的成果，人类因此而获得最高的解放，完全实现了自己的人道主义的价值和意义。反之亦然，人类的人道主义价值完全实现也就意味着自然界的终极奉献。人与自然的和谐一致的最终结果就是人、自然界之间冲突的真正解决，在这种情况下，人和人之间的矛盾也就不会存在了。人类的发展和进化能不能达到这种无矛盾的境界，如果真的达到这种境界，人类还有什么事可干？这是不是意味着历史的终结？恩格斯在《路德维希·费尔巴哈和德国古典哲学的终结》中曾写道，如果人类真的到了这一天，那么，"除了袖手一旁惊愕地望着这个已经获得的绝对真理，就再也无事可做了……历史同认识一样，永远不会在人类的一种完美的理想状态中最终结束；完美的社会、完美的'国家'是只有在幻想中才能存在的东西"。[2] 所以，马克思从哲学视角所理解的共产主义确实带有超越经验层面的形上意义。

怎样看待马克思的这种哲学共产主义的形上视野？必须肯定，这在逻辑上是十分必要的。如果共产主义只限于可以攀登的平台和实体境界，那么，

---

[1] 《马克思恩格斯选集》第3卷，人民出版社，1995，第442页。
[2] 《马克思恩格斯选集》第4卷，人民出版社，1995，第216页。

人们不免就要发问，一旦某一天共产主义的目标实现了，人类社会是否就达到了终点？以后社会还发不发展？往何处发展？如果把共产主义当作社会发展的终点，那么这就是一个封闭的形而上学的体系，与黑格尔的人类社会以普鲁士王国为终点毫无区别。所以共产主义绝不是人类社会发展的顶峰，在共产主义之后社会仍将继续发展和前进，这才符合马克思的辩证法。至于共产主义社会以后是什么样，这就不是当代人应该关心的事情了。这样，马克思就用哲学的深邃视野和高远境界，把共产主义落实在人的本质向人回归和人与自然的和谐上，使共产主义摆脱了社会发展顶峰的窘境，同时人向自己本质回归和人与自然的和谐又包容了极为广阔的想象空间，它好比绝对真理，既可以无限逼近，又不能最终达到，使人类永远处于追求和奋斗中。

再次，马克思对人对自己本质的真正占有和人与自然及人与人之间矛盾的真正解决并非置于毫无边际的妄想，而是把它赋予历史发展的长河，与人类未来历史发展共始终。马克思是一位历史臻于至善者，他对人类的未来一直抱有乐观的信念，认为人类的未来最终必然走向共产主义，所以，马克思在提出共产主义的形上理解后，立即指出："因此，历史的全部运动，既是它的现实的产生活动——它的经验存在的诞生活动——同时，对它的思维着的意识来说，又是它的被理解和被认识到的生成运动。"[①] 人类历史并非虚度，它总是在各个时期以不同的方式为共产主义奠定基础，人类的共产主义思想也在这个过程中不断地被认识和生成。马克思自己就是一个鲜明的范例，他在资本主义还未充分显示出灭亡的前景时，就能以自己的天才智慧预见到共产主义必须以人的彻底解放和全面发展为前提，表现在人的本质回归和人与自然的和谐上。历史的发展不仅会见证马克思的设想，而且会积淀更多的共产主义要素，在人类的全部历史运动中，马克思的科学预见必将最终得到证明。正因为共产主义要以全部历史运动为依托，所以绝不是三拳两斧就能打造出共产主义，马克思在《1844年经济学哲学手稿》中以废除私有制为例说明了

---

① 《马克思恩格斯选集》第3卷，人民出版社，2002，第297页。

共产主义的长期性和艰巨性。他说:"如果我们把共产主义本身——因为它是否定的否定——称为对人的本质的占有,而这种占有以否定私有财产作为自己的中介……所以,它只有通过付诸实行的共产主义才能完成。要扬弃私有财产的思想,有思想上的共产主义就完全够了。而要扬弃现实的私有财产,则必须有现实的共产主义行动。历史将会带来这种共产主义行动,而我们在思想中已经认识到的那正在进行自我扬弃的运动,在现实中将经历一个极其艰难而漫长的过程。"[1] 所以,在马克思视野中,人的本质的回归等共产主义理想不是空想,而是一个艰难而漫长的过程,是伴随着全部历史运动必将逐渐实现的过程,人类历史不终结,这个过程将始终延续,直至永远。

最后,马克思高扬未来理想的现实维度,认为共产主义就在实践中。任何事物的发展都是一个质量互变的过程。社会发展不可能有突发式的质变,只能是一个由量变到质变、由部分质变带动量变的过程。共产主义不可能划出一个截然的界限,固定在一个站点,而只能是一个渐进性的流程。最能体现这个特点的是马克思把共产主义付诸实践,认为实践是连接理想和现实的桥梁,是实现共产主义唯一的路径。马克思恩格斯在《德意志意识形态》中再三强调:"共产主义对我们来说不是应当确立的状况,不是现实应当与之相适应的理想。我们所称为共产主义的是那种消灭现存状况的现实的运动。这个运动的条件是由现有的前提产生的。"[2] 这显然是马克思恩格斯针对脱离实践的共产主义空论才说出的一番极致的话语,意在强调不能把共产主义束之高阁,以应当确立的理想和状况为满足。共产主义很现实,就在我们的身边,消灭现实状况的革命运动就是共产主义的第一步。因此,一切真正的共产主义者既要有崇高的共产主义情怀,始终坚持共产主义必胜的理想信念,又不要好高骛远,耽于玄想和空论,要脚踏实地,把共产主义融入现实实践中。每一个人都要切实做好当下的本职工作,这不是远离共产主义的冗务,而是在为共产主义大厦添砖加瓦,我们称雷锋为共产主义战士,称一切反对资本

---

[1] 《马克思恩格斯全集》第 3 卷,人民出版社,2002,第 347 页。
[2] 《马克思恩格斯选集》第 1 卷,人民出版社,1995,第 87 页。

主义的革命运动为共产主义运动，给所有为革命和建设做出巨大贡献的过世的领导人盖棺论定，称他们为忠诚的共产主义战士，其原因也就在这里。

当然，必须强调，共产主义作为我们的崇高理想，还不是我们目前的政策现实，历史上一切付诸实行的共产主义实验都曾经给革命事业带来了极大的损害，也使共产主义极大蒙羞。但是，共产主义不只是平台和实体形态，它还体现在理论、理想、觉悟、风格和日常的本职工作中。作为未来共产主义的制度平台离现实虽然十分遥远，但是共产主义是我们的世界观、人生观和价值观，时时事事都在对我们的生活和事业发生影响。对共产主义作为占支配地位的意识形态的积极回应就是学习共产主义，信仰共产主义，践行共产主义，自觉地把共产主义理想与现实实践结合起来，做一个真正的、名副其实的共产主义者。

科学发展观视阈中的以人为本*

张奎良**

以人为本是人自我意识的精华，是人在与自然和宗教的长期抗争中形成的思想珍品。以人为本又是对哲学史上物本、神本和心本的承接和超越，是许多民族都曾达到过的主体境界。但不同时代的以人为本意境不同，反映的需要也不同。在中国，战国时期就有以人为本的说法，管子说："夫王霸之所始也，以人为本，本理则国固，本乱则国危。"后来刘备也说："举大事者必以人为本。"这些都是在成就大业和谋取霸权的意义上重视人，把人心的向背视为成功的根本。在西方，以人为本表现为各种形态的人本主义，其中心思想是凸显人的地位和价值。在马克思哲学中，人及其实践也被视为世界之本，并从本体论和价值论的视角表达了对以人为本的认同。比较起来，以人为本只有在当代中国特色社会主义理论体系的最新成果——科学发展观中才得到了淋漓尽致的发挥，成为"深入贯彻落实科学发展观"必须秉持的"核心立场"。认真学习和领会十八大报告的这一论断，将有助于我们突破过去认识的局限，从新的视角全方位地揭示以人为本的深刻内涵和重大意义。

---

* 本文发表于《马克思主义与现实》2014年第2期，收入本书时部分内容有改动。
** 张奎良，黑龙江大学哲学学院教授，主要从事哲学、马克思主义与中国政治和国际政治的研究。

一　以人为本的确立

以人为本作为科学发展观的核心是在 2003 年党的十六届三中全会上提出来的，其目的在于适应中国改革开放深入推进的需要，最大限度地焕发人的主动性、积极性和创造性。当时中国特色社会主义实践已历经 25 个年头。与此同时，中华民族伟大复兴，建设小康社会的任务已经提上日程。当此关口，要转变渐进的经验思维，推出新理念，跃向新思路，必须凸显顶层设计，才能找到确保中国快速、和谐、持续发展的根本路径。思维一转向这里，长期蛰伏在马克思主义和中国共产党人内心世界的以人为本立即被呼唤出来。

马克思哲学是以人为本的。马克思说："人始终是这一切实体性东西的本质。"① "是他自己的物质生产的基础，也是他进行的其他各种生产的基础。"② 在这个基础上生成的一切社会形态不过是不同时期人的本质的外化，所以马克思又说："人就是人的世界，就是国家，社会。"③ "人是全部人类活动和全部人类关系的本质和基础。"④ 人在世界上的这种本质和基础的地位，决定了人在社会进步和国家发展中的无可替代的终极意义。全部世界历史无可辩驳地证明，有什么样的人就有什么样的社会，人的素质的高低最终决定了不同的社会风貌和社会发展水平。所以，马克思一向把人作为考察社会的核心立场，他说："这种考察方法不是没有前提的。它从现实的前提出发，它一刻也不离开这种前提。它的前提是人……是处在现实的、可以通过经验观察到的、在一定条件下进行的发展过程中的人。"⑤ 马克思不仅确立了社会发展中人的前提地位，而且在《1857—1858 年经济学手稿》中率先用人自身及其相互关系来区分不同的社会形态，提出了著名的人类历史三阶段说："人的依赖关系是最初的社会形态，在这种形态下，人的生产能力只是在狭窄的范围内和孤立的

---

① 《马克思恩格斯全集》第 2 版第 3 卷，人民出版社，1995，第 52 页。
② 《马克思恩格斯全集》第 1 版第 26 卷上册，人民出版社，1960，第 300 页。
③ 《马克思恩格斯选集》第 2 版第 1 卷，人民出版社，1995，第 1 页。
④ 《马克思恩格斯全集》第 1 版第 2 卷，人民出版社，1960，第 118 页。
⑤ 《马克思恩格斯选集》第 2 版第 1 卷，人民出版社，1995，第 73 页。

地点上发展着。以物的依赖性为基础的人的独立性是第二大形态,在这种形态下才形成普遍的社会物质变换,全面的关系,多方面的需求以及全面的能力的体系。建立在个人全面发展和他们共同的社会生产能力成为他们的社会财富这一基础上的自由个性,是第三个阶段。第二个阶段为第三个阶段创造条件。"① 人的依赖关系、独立性和自由个性是人进化和发展过程中前后相继的三个阶段,反映了人的本质和特性展现的趋势。由外在的相互依赖关系到个人的独立本质,再深入人的内在的自由个性,这是对人的本质和本性形成历史的完满概括,而人的本质和本性的外化就表现为人类历史的演进和发展过程。马克思的这一思想虽然带有黑格尔绝对理念外化的烙印,但有人类历史从自然经济到商品经济再到未来产品经济为佐证,有前资本主义到资本主义再到共产主义的历史走向做奠基,印证了马克思把人作为考察社会核心立场的博大精深。

当然,人在社会历史发展中的决定作用并不是排他的,其他要素,比如生产力和生产关系,经济基础和上层建筑也都为社会形态的形成奠定了全面的基础。但是,比较起来人是核心基础,是基础的基础,因为无论是生产力和生产关系或经济基础与上层建筑,用马克思的话来说都不过是"人自己的本质力量的现实",② 都是人在满足自己的生命需求的前提下衍生出来的经济、政治和文化的功能。它们都以人为载体,脱离了人,既没有它们的存在,也谈不到什么社会和社会发展。马克思说:"社会也是由人生产的。"③ 是人的集合,"这些个人是怎样的,这种社会联系本身就是怎样的"。④ 马克思批评了那种把社会与人割裂开来的虚幻想法,指出:"把社会当作一个单独的主体来考察,是对它作了不正确的考察,思辨式的考察。"⑤ 所以,对马克思来说,人为世界之本、社会之本、历史之本是天经地义,无可怀疑的,以人为本在任何意义上都是马克思哲学的根本宗旨和底蕴。

---

① 《马克思恩格斯全集》第 1 版第 46 卷上册,人民出版社,1960,第 104 页。
② 《马克思恩格斯全集》第 2 版第 3 卷,人民出版社,1995,第 304 页。
③ 《马克思恩格斯全集》第 2 版第 3 卷,人民出版社,1995,第 301 页。
④ 《马克思恩格斯全集》第 1 版第 42 卷,人民出版社,1960,第 24~25 页。
⑤ 《马克思恩格斯全集》第 1 版第 46 卷上册,人民出版社,1960,第 31 页。

但是过去长期以来，由于对马克思哲学革命变革的误读，以自然和物质为世界统一性基础的"物本"思想一直遮蔽了"人本"思想的光华，成为哲学的主流的形态。马克思哲学是唯物主义，这丝毫不能动摇，但它不是自然唯物主义，而是实践的唯物主义。自然唯物主义是18世纪法国唯物主义的特征，把世界的基础从自然提升到实践是马克思哲学革命变革达到的新高度。马克思的名言："这种活动、这种连续不断的感性劳动和创造、这种生产，正是整个现存的感性世界的基础。"① 而直观唯物主义者费尔巴哈的要害恰恰就在于不理解人的实践，"他从来没有把感性世界理解为构成这一世界的个人的全部活生生的感性活动"。② 对马克思来说，凸显世界的实践基础，把实践回归人，成为人的生存方式，这就是他全部哲学革命的基石。所以，尽管马克思的以人及其实践为本的思想锋芒一时为自然唯物主义所遮蔽，但瑕不掩瑜，马克思以人为本的思想本真并未泯灭，而是潜藏在他的哲学文本中，并为相当多的哲学家所理解和坚持。一旦拨乱反正的时机到来，它就会冲破一切险阻，跃向思想的前台，成为坚持科学发展观必须秉持的核心立场。因此，推出以人为本作为科学发展观的核心，既需要人民群众创造历史的伟大实践的积淀，更需要顶层设计的坚定决心和宏伟魄力的支持和引导。

二 辨析以人为本的人

由于长期以来人被边缘化，人的观念淡薄，阶级成为人的替代品。现在出现了种种关于以人为本的不同说法。有的说，以人为本的人是指民众的民，其实就是以民为本；有的说以人为本的人就是指人民，可以理解为以人民为本；还有的说以人为本的人是指好人，坏人没有资格成为本，如此云云。好人是日常生活用语，没有严格界限，这里不予辨析。但是民、人民和人含义交错，需要分清。不把科学发展观的核心表述为以民为本或以人民为本，而

---

① 《马克思恩格斯选集》第2版第1卷，人民出版社，1995，第77页。
② 《马克思恩格斯选集》第2版第1卷，人民出版社，1995，第78页。

单单定格为以人为本,这不是偶然的,它表明,民、人民和人都有自己确切的科学内涵,绝不可以随意混用。

民在中国一直相对于官而言,是指官宦治下的广大民众。民成分混杂,既指农业生产主体的广大农民,也包括士学医工商和其他阶层。官指历代的统治阶级,主要指统治塔尖的君主和他治下的各级群臣,他们与民一起,构成中国社会最基本的官民二维结构。民对官既顺从,寄托理想,希望清官辈出,又不断地与官抗争,直至官逼民反,改朝换代。官对民既压迫盘剥,实行愚民政策,又力图使自己的统治不触及民众生存的底线,实行有限的让步政策。因此中国自古以来一直也有以民为本的说法,这是典型的官方或官员意识,其真实含义不过是官吏们实行的开明的统治术。因此,以民为本在科学的意义上显然是不适用的。

人民,表面上看与人的含义大体相同,以人民为本似乎能够说得通。但是仔细辨析不难发现,人民与人的含义也不尽相同。人民一词是中国共产党首先叫出来的,它以中国传统的民为基础,又吸取马克思的人为世界之本思想的基本内核,二者结合起来形成中国共产党独创的人民概念。20世纪20~30年代,人民概念一经推出就被赋予强烈的阶级属性和政治意义。一方面,人民是党的广泛的阶级基础和政治上的依靠力量,如毛泽东指出:"人民是什么?在中国,在现阶段,是工人阶级,农民阶级,城市小资产阶级和民族资产阶级。这些阶级在工人阶级和共产党的领导之下……向着帝国主义的走狗即地主阶级和官僚资产阶级以及代表这些阶级的国民党反动派及其帮凶们实行专政。"[①] 同时又是党努力为之奋斗和服务的对象,党的根本宗旨就是全心全意为人民服务,除了人民的利益,党没有任何自己狭隘的私利。人民概念的这种既广泛又深刻的实践意义和功能,使它诞生后得到了最大限度的应用。国民党很少使用人民一词,他们大多用国民和公民概念以和共产党相区别。新中国成立前,与人民敌对的势力都有各自固定的称呼,还

---

① 《毛泽东选集》第4卷,人民出版社,1991,第1475页。

没有统一形成与人民对应的专有的敌人概念。但是新中国成立后,经过多次政治运动的波澜,在以阶级斗争为纲的大背景下,专门指谓地富反坏右的敌人概念出炉了。这样,在中国,整体的人就被分裂为人民和敌人两部分,人民不仅是国家的主人,还是对敌专政的依靠力量,享有敌人享受不到的政治权利。

经过改革开放的积淀,中国社会发生了翻天覆地的巨变,阶层的变化,敌人作为必须加以镇压的群体不复存在,相应地,人民也失去了作为专政主体力量的特殊意义,正在向彼此间相互平等的人回归。具体表现在以下三个方面。经济上,改革开放焕发了巨大活力,生产长期高速发展,社会财富空前积聚,人们共享改革开放成果,彼此共同利益增多,这就为阶级和阶级斗争的消解奠定了经济基础,搭建了消除人民和敌人固定界限的桥梁。政治上,随着废除以阶级斗争为纲,大力加强民主和法治建设,社会日益有效地发展和保证了社会主义的平等和人权,特别是随着原有敌对阶层和分子的消失,整个社会已不存在需要专门加以专政和镇压的阶级和集团,马克思所主张的生而平等的作为与动物相区别的类的人,已成为中国现实社会的主流。文化上,随着以人为本和构建和谐社会思想的深入,人们的思想境界进一步趋向平等与和谐,在先进文化的教育和普及中,人们逐渐意识到,平等、民主、法治、文明和开放是先进的文化,而欺压、特权、歧视和不平等是中世纪落后的野蛮文化。在向和谐社会的进军中,人与人的相互关系不断得到净化,随之而来敌人和人民的界限和樊篱也在思想和实践中不断被冲刷。所有这一切,都为实现从人民到人的转化提供了有力的支撑。在这种背景下,把科学发展观的核心界定为以人民为本显然也是不合适的,好像还有敌人集团的存在,这实际上是无视历史的发展和社会的进步,无异于把改革开放的巨大成果一笔勾销。

从理论上排除以民为本和以人民为本,其目的在于理论上的精确化,最后把以人为本确立为坚持科学发展观所必须秉持的核心立场。在精准意义上以人为本的人,就是具有中国国籍并享有法定权限的所有中国人,这种人在学术上是指马克思所说的以自由和有意识活动而与动物根本相区别的作为类的人，在具体称谓上人总是和民连接在一起，法律上称为公民或国民，在一般习俗上则沿袭传统称之为人民。过去我们的口号和宗旨是为人民服务，经过改革开放的积淀，为人民服务已被提升为以人为本，这是向解放全人类的崇高目标迈出的一大步。

当然，有必要指出，以人为本的人的宽泛性，在任何意义上都不等同于抽象性，无论是作为类的人，还是公民和人民，都是共性和个性的一致、一般和个别的统一，最后都落实到个体人身上。马克思从不离开个体抽象地谈论一般人。马克思认为："全部人类历史的第一个前提无疑是有生命的个人的存在。"① 而人们的生产方式"在更大程度上是这些个人的一定的活动方式"。② 至于上层建筑的"社会结构和国家总是从一定的个人的生活过程中产生的"。③ 所以人不仅包含个人，而且任何个别都大于一般，个人的本质和特性的丰富性要大于人的本质和特性，离开个人及其集合，就不会有所谓的人。在这个意义上，作为科学发展观的核心所瞩目的以人为本既关注人的群体，更关注每一个个体，要把对每一个个体的关爱纳入我们的视野。

三 揭示以人为本的本

本在语词意义上主要是指根本、重要之意，但有时也在本着、遵循意义上使用这个词。哲学史上的本表现为本体论，其历史悠久，几乎是与神学、唯心主义和唯物主义哲学同时出现的。本体论是关于世界的基础和本原的学说，任何哲学都是本体论，都有自己对世界始基的理解，因此哲学史上相应地也就产生了神本、物本、心本等各种本体论学说。近代以来，伴随着商品经济的发展和人作为平等的交换主体的出现，哲学上的人本思潮颇为流

---

① 《马克思恩格斯选集》第 2 版第 1 卷，人民出版社，1995，第 67 页。
② 《马克思恩格斯选集》第 2 版第 1 卷，人民出版社，1995，第 67 页。
③ 《马克思恩格斯选集》第 2 版第 1 卷，人民出版社，1995，第 71 页。

行时，费尔巴哈就是人本主义思潮的杰出代表。人本主义并不玄奥，不过是对人在世界上的本体地位和终极价值的哲学观照。马克思哲学也是以人为本的，他所理解的人是以自由的有意识活动而与动物相区别的作为类的人，又是以社会关系总和进一步显示其现实性的群体的人，又是以个人特定的自然和社会属性加以固定化的个体人，这三类人反映了人的本质的进化与细化和总体与个体的统一，是当今我们理解以人为本的人的根本出发点。而马克思所理解的以人为本的本既有本体论和价值论的普遍特点，又有他那个时代所具有的特殊性。在人本主义早期发展阶段，消除封建等级和特权，实现社会平等是发展商品经济的内在要求，而马克思关于人的自由和有意识活动的类特性，又赋予人的平等人格和身份。所以平等在马克思的哲学中就成为以人为本的本的第一要义，以人为本首先就是把平等视为本，人与人之间的平等关系是以人为本的首要前提。如马克思所说："平等是人在实践领域中对他自身的意识，也就是说，人意识到别人是同自己平等的人，人把别人当做同自己平等的人来对待。"[1] 平等问题在中国伴随着社会发展的脚步应该说早已经解决了，已不构成现实以人为本的基本要素和问题。尽管平等问题作为历史的遗留，还不可忽视，特别是教育、资源和机会的不平等，还是当今中国的严酷现实，但就大的时代而言，已是历史的陈迹，这种陈迹在历史发展中总是难免的，不平等问题是历史遗留下来的，深化改革是消除这种灾难的唯一出路。

展望中国当今和未来社会发展的状况和趋势，以人为本之本主要表现为对以下四个方面的极端重视，把它们视为坚持科学发展观的根本要义和核心立场。

首先，以人为本意味着人的生命至高无上，要把人的生命视为高于一切的本中之本。人是天地间唯一具有灵性和智慧的生物，人的生命是灵性和智慧的载体和寄托。人的全部价值都寓于生命之中，没有生命，人的价值和发展都无从谈起。实际上，生命并不为个人所私有，每个人的集合构成社会，

---

[1] 《马克思恩格斯全集》第 1 版第 2 卷，人民出版社，1960，第 48 页。

社会赋予生命以现实价值,因而要求每个社会成员珍爱生命,焕发生命价值,促进社会的繁荣和发展。因此社会有责任关爱人的生命,每个人也有义务珍爱自己的生命,对一切草菅人命和玩忽生命的行为都予以法律和道德的制裁和谴责。我国对汶川大地震的救助是一首生命至高无上的凯歌,也是成功救援的奇迹和范例。不仅使用了一切可能使用的救助手段,表现了对遇险者生命的重视和尊重,而且把这种精神惠及每一个遇险者,只要是有生命的体征,不管是任何人一定要拯救出来,这就是以人的生命为本的生动写照。

其次,以人为本之本还体现在要把人的生活视为本,这是以生命为本的现实化和具体化。人的生命的价值表现为现实的生活过程,珍爱生命就表现在重视人的生活质量,关注生活的幸福指数。改革开放升起了提高人民生活水平的大旗,把人民过上好日子当作共产党人的任务和使命。但是提高人民生活水平不是一句空话,要全方位地体现在具体的指标和措施上,其中包括衣食住行、工资水平、生活环境、空气质量等。近年来党和政府出台了一系列关注民生的举措,说明只有党和社会主义才能真正担起改善民生的大任。在国际金融危机的大背景下,中国人民的生活水平不但没有下降,反而稳中有升。党的十八大提出建党 100 周年人民收入翻一番的辉煌远景,表现了共产党对人民命运的一片赤诚和对人民生活水平的真正呵护与关心。只有人民生活跟得上生产的发展,不低于世界的平均增速,过上与社会主义本质相适应的生活,我们以人为本的核心立场才算真正落在实处。

再次,以人为本还体现在人际关系上,人与人之间要在平等的基础上自尊自重、互尊互重。人与动物不同,物质生活虽然重要,但又不囿于物质生活,人在长期的社会生活中形成的道德、传统、习俗已经凝聚为相互关系的基本规范和准则,其核心就是尊重他人的尊严和人格,同时又自尊和自重,以获得他人的尊重,形成自尊和尊他的有机统一。中国历史上,尊严经常表现为气节,为了保持自己的尊严,就必须有气节,往往把尊严看得比生命重要。对尊严的追求已融入中国传统文化,成为人际关系和精神生活的重要元素。因此以人为本不仅表现为以人的生活为本,让人民过上幸福美好生活,而且还要格外重视人的尊严,让人民过上有尊严的生活。尊严和人格不是空话,体现在自由、平等、人权、传统、习俗等众所公认的日常生活规范中,但首先是让人民真正享有与国家主人相称的地位和权利。提出尊严问题,就是要求在日常生活中尊重别人的权利、地位、习俗甚至隐私,学会设身处地,多为别人着想。在这个意义上,让人民过上有尊严的生活,就不仅是顶层多次表达的重要思想,它还事关社会和谐,是人生修养的必备素质。

最后,只有人的全面发展和自由个性才能为以人为本奠定坚实和长远的基础。以人为本不是暂时的政策措施,而是要永远坚持的根本战略。以人为本不仅适用中华民族的伟大复兴,就是社会主义初级阶段宣告结束,向更久远的共产主义迈进,也必须坚持以人为本。马克思说人类历史的第三个阶段的内涵就是"个人全面发展和他们共同的、社会的生产能力成为从属于他们的社会财富这一基础上的自由个性",[①] 全面发展和自由个性作为未来的理想目标,需要我们现在不断地积淀,为其实现做准备,而且它们本身也对现时代人的自身发展和优秀品格的形成是一种强有力的引领和奠基。向全面发展和自由个性迈出的每一步都会有助于以人为本的人的生成和本的确立。作为类的人,其自由和有意识活动的类特性,实际上是对人类生存活动和境界的一种净化,是真正摆脱动物的依赖和本能的特性而向人的自由和有意识本质的回归。全面发展和自由个性是人类的终极追求,是人珍爱生命,幸福和有尊严生活的有力推进和保证。任何时代理想都是放飞的翅膀,有全面发展和自由个性的崇高目标在召唤,以人为本必将通过自身的实现和完善而为科学发展观提供强大的支撑。

[①]《马克思恩格斯文集》第 8 卷,人民出版社,2009,第 52 页。

四 谁以人为本？

以人为本是个无主语句，只说要以人为本，而没有明确以人为本的主体，即谁来实施以人为本？以人为本具有强烈的实践性，它作为一个指导思想或纲领、原则，其宗旨是要贯彻、实施，落实到实际工作中，这就是以人为本的对象化，也就是把以人为本变成实际的工作成果。那么，谁来对象化呢？一般的讲话和报告都说我们要以人为本，或者说我们要坚持以人为本的核心立场，这个我们具体指的是谁呢？

首先，是指党和国家及各级政府，它们虽然是公仆，但同时也是权力决策部门。它们手握权力，既有决策权，又有执行权，能够对实施以人为本起到最强有力的主导作用。如果它们对以人为本入心入脑，真抓实干，就能够在立法和行政两大方面把以人为本落到实处。党的十八大就把以人为本确立为坚持科学发展观必须秉持的核心立场，这是对以人为本的极大重视和提升。坚持科学发展观还要兼顾其他许多立场问题，比如必须站在马克思主义立场、爱国主义立场、和平发展立场等，但是所有这一切都不能绕过以人为本的根本立场，以人为本是这些立场的核心和最终归结，十八大的这一规定体现了党和政府坚持以人为本的主导地位，也使广大群众充满了信心，从中看到了以人为本必将胜利实现的光明前景。

其次，是指企业和事业单位，它们是人的具体承载者，是连接千百万人民群众的实际部门，党和政府以人为本的主导作用通过它们来体现。因此企事业单位特别是领导必须强化以人为本的意识，提高全心全意为本单位群众谋幸福的水平和能力，坚决杜绝安全隐患，不发生伤亡事故。企事业单位是以人为本的基础和前沿，只有它们以人为本的实践才能反映中国以人为本的总体水平。

最后，最根本的是每个人自己都要以人为本，对别人也要像对自己一样，视之为本，这样，人人都以人为本就给党和国家以及事业单位的以人为本的大业奠定了坚实的个体基础。实际上，每一个人是否珍爱自己的生命，是否努力提高生活水平，能否以自尊赢得他尊，这是以人为本的实现前提。自己不珍爱生命，自己不努力去提高生活水平，自己不自尊，党和政府以及企事业单位的一切付出最终都将付之东流。

马克思在《1844年经济学哲学手稿》中曾把共产主义称之为消除异化和人向自己的本质的回归。现在看来，人回归自己的本质是回归人的类本质，即摆脱动物对自然的依赖和本能的特性，而赋予自己以自由的有意识活动的类特性，当人在总体上都进化到这一步的时候，就如同恩格斯所说："个体生存斗争停止了。于是，人在一定意义上才最终地脱离了动物界，从动物的生存条件进入真正人的生存条件。"[①] 这不是少数人奋斗和享乐的世界，而是人皆为本的世界，只有每一个人都把自己和别人视为本，行为本，才能达到这个崇高的境界。

[①]《马克思恩格斯全集》第1版第3卷，人民出版社，1960，第757页。

人的本质：马克思对哲学最高问题的回应*

张奎良**

哲学在任何意义上，其核心都是人的问题：人及其思维与外部世界的关系不仅是哲学的基本问题，而且，人的认识、人的实践和人的历史构成哲学的几大板块，涵盖了全部哲学的基本内容。哲学因人而丰富多彩，人因哲学而被认识和提升。但是，哲学对人的思考的最高境界莫过于人的本质问题，如费尔巴哈所说，人的本质是"哲学上最高的东西"。[①] 哲学探索人的本质触及人类生存的最深层次的秘密：本质向来以其抽象和艰深包容了极为广阔的思考空间，以至无论怎样言说都很难证实或证伪。人的本质作为深奥的形上意识，更是百孔千面、扑朔迷离，一直是哲学上公认的"老大难"问题。但是，揭示人的本质是任何哲学都不能回避的历史拷问，马克思伴随着实践唯物主义的创生，对人的本质问题已经有了充分的思想积淀，成为哲学史上科学地阐释人的本质的第一人。马克思的人的本质思想博大精深，是他划时代哲学革命变革的结晶。深刻地理解马克思的人的本质思想对于当代人的现代化，提高人的素质和自觉意识具有重大的理论和实践意义。

---

* 本文发表于《北京大学学报》（哲学社会科学版）2015年第5期，收入本书时部分内容有改动。

** 张奎良，黑龙江大学哲学学院教授，主要从事哲学、马克思主义与中国政治和国际政治的研究。

① 《费尔巴哈哲学著作选集》上卷，商务印书馆，1984，第83页。

一 人的本质的五重规定

1844年夏至1845年春，正是马克思的科学世界观形成的关键时期，这期间马克思所写的《1844年经济学哲学手稿》(以下简称《手稿》)和《关于费尔巴哈的提纲》(以下简称《提纲》)以不可抑制的思想喷涌，见证了他的实践唯物主义世界观的形成过程。与此同时，马克思怀着一种紧迫感，抓紧把哲学革命变革的成果融入哲学的最高问题。对费尔巴哈直观唯物主义的人的本质思想进行清算，同时在新的实践唯物主义基础上，阐发科学的人的本质观。从1844年夏到1845年春不过半年多的时间里，马克思连续做出了人的本质的五重规定，从人类生产、生活和人的本性等各个层面圈定了对人本质的基本看法。下面就是具体的清单。

在《手稿》中马克思最先提出了人的类本质概念。类本质来自费尔巴哈的哲学术语，是指人与动物根本区别的特性。费尔巴哈认为，人与动物都是有生命的类，即人类和动物类。但是这两种类却有着本质的区别，他问道："究竟什么是人跟动物的本质区别呢？对这个问题的最简单、最一般、最普通的回答：是意识。……理性、爱、意志力这就是完善性，这就是最高的力，这就是作为人的绝对本质，这就是人生存的目的。"[①]费尔巴哈把人与动物的根本区别锁定在意识上，反映了他的人的本质思想的不彻底性：意识固然也是人与动物的重要区别，但它不是最根本的区别，意识从来不具有原初性和决定性，还有产生和决定意识的更根本的源头，比如物质和生产等。费尔巴哈对此视而不见，却抓住了意识这一非决定性的环节，表明费尔巴哈对人与动物根本区别的理解是弃首追尾，舍本求末。

马克思不同意费尔巴哈对类本质的理解，但认为他把类本质定位于人与动物的根本区别还是有道理的，动物是与人最切近的有生命的类，它们之间

[①]《费尔巴哈哲学著作选集》下卷，商务印书馆，1984，第26~28页。

不仅有横向上的共性关系，还有纵向上的进化关系，与植物相比，最能显示出人的本质特点。所以，马克思认为费尔巴哈的类本质概念大方向正确，可以沿用，但必须舍弃其认定的意识本质，重新确立真正的类本质。

根据马克思的看法，人具有与动物不同的类本质不是因为人有意识，而是因为"人才是类存在物"。① 马克思对于人这个类存在物从两个方面进行了界说。第一，人这个类与动物类不同，人作为主体，在把外部世界当作对象并进行对象化活动的同时，还把自身也当作对象，进行研究、创作等对象化活动，生成一种新的主主关系，这是人高于动物的独到之处。动物不仅从不把自己当作主体去进行对象化活动，更不把自身当作对象，而且把自身淹没在对象中，这是人这个类区别于动物类的主要方面。第二，人类和动物类虽然都是有生命的类，但是人还把自身"当作普遍的因而也是自由的存在物来对待"。② 人的普遍性表现在人赖以生存和掌控的自然界的范围要比动物大得多："从理论领域来说，植物、动物、石头、空气、光等等，一方面作为自然科学的对象，一方面作为艺术的对象，都是人的意识的一部分，是人的精神的无机界，……在实践上，人的普遍性正是表现为这样的普遍性，它把整个自然界——首先作为人的直接的生活资料，其次作为人的生命活动的对象（材料）和工具——变成人的无机的身体。"③ 而动物则缺乏这种普遍性，它们只能在狭小的范围内紧紧地依附自然，消费自然恩赐的有限的现成资源。马克思认为，人时时处处把自然界当作自己的精神食粮和无机的身体，这就在自然界面前争得了自由，不是服从自然而是让自然服从人，从而确立了对自然界的主体地位。这就是马克思所说的"人把自身当作普遍的因而也是自由的存在物来对待"的深层意蕴。

人作为有生命的类，其生命活动不仅是自由的，还是有意识的，人不仅进行生命活动，而且把生命活动当作自己的对象，不断地思考生命活动

---

① 《马克思恩格斯全集》第3卷，人民出版社，2002，第272页。
② 《马克思恩格斯全集》第3卷，人民出版社，2002，第272页。
③ 《马克思恩格斯全集》第3卷，人民出版社，2002，第272页。

的性质、目的和意义，因此人的生命活动是"有意识的生命活动"。①而"动物和自己的生命活动是直接同一的。动物不把自己同自己的生命活动区别开来"，②也不把自己的生命活动当作对象，因此动物的生命活动无目的、无意识，一切听凭于本能，是无意识的生命活动。这样，马克思就通过人与动物生命活动的对比，过滤出自由和有意识这两大特征，指出："自由的有意识的活动恰恰就是人的类特性"，③人的类本质就凝聚在自由的有意识的活动中。

马克思在《手稿》中提出人的类本质概念的同时，还提出了"人的发展的本质"概念，这是在类本质的基础上，为了进一步揭示人与动物的根本区别而提出来的新概念。马克思说："现在要问，人怎么使他的劳动外化、异化？这种异化又怎么以人的发展的本质为根据？我们把私有财产的起源问题变为外化劳动对人类发展进程的关系问题，就已经为解决这一任务得到了许多东西。"④这里首先必须明确，人的发展的本质作为一个概念是指何而言？人的类本质是指人与动物根本区别的自由的有意识活动的特性，是人任何时候都具备的绝对特性。但是这种类本质，不过是表明人已经从动物中分化出来的静态属性，然而，人脱离了动物后并不是静止在那里，人还要继续进化，发展才是人的常态。因此，人的本质不能滞留于类本质上，还要有表明人的发展常态的发展的本质。

那么，人的发展本质是什么呢？从马克思提出这个概念的前言后语中可以看出，要理解发展本质的寓意，必须解决两个前提性的问题。一是异化以人的发展本质为根据，要顺着异化产生的原因和根据的线索来理解发展的本质。二是私有财产的起源如何与异化劳动对人类发展进程的关系挂起钩来？按照马克思的说法，解决了这两个问题，并把它们合理地串联起来，就可以找到人的发展的本质的答案。很显然，这是一个十分艰深的问题，关涉异化、

---

① 《马克思恩格斯全集》第3卷，人民出版社，2002，第273页。
② 《马克思恩格斯全集》第3卷，人民出版社，2002，第273页。
③ 《马克思恩格斯全集》第3卷，人民出版社，2002，第273页。
④ 《马克思恩格斯全集》第3卷，人民出版社，2002，第279页。

私有财产及其在人类历史发展进程中的意义,是正确理解全部人类历史演进的关键性的问题。

按照马克思在《德意志意识形态》(以下简称《形态》)中的说法,异化产生的根本原因是生产的发展和分工的出现:"受分工制约的不同个人的共同活动产生了一种社会力量,即扩大了的生产力。因为共同活动本身不是自然形成的,所以这种社会力量在这些人看来就不是他们自身的联合力量,而是某种异己的、在他们之外的强制力量。"① 因此,分工和扩大再生产产生了异化,那么,分工和扩大再生产又是怎样或通过什么成为人的发展的本质的根据呢?马克思怕读者走弯路,又特别提醒大家,在寻求人的发展本质的动因时,要把私有财产的起源问题和异化与历史发展进程的关系作为参照系。私有财产起源的物质前提是生产发展,出现剩余产品,使私人占有成为可能。而人们之所以去追逐私有财产,这又和人具有需要本性以及私有财产先天就具有满足需要的特性纠结在一起。私有财产的起源放大了人的需要和它能够满足人的需要的功能,二者的结合凝聚成历史发展的真实的动力图景。马克思说:"历史不过是追求着自己目的的人的活动而已。"② 人活动的终极目的不外是满足生命的需要,而这又只能通过生产、分工和扩大再生产来实现,这恰恰与异化对历史发展进程形成有机关联。异化源于分工和扩大再生产,生产的发展始终是历史进步的发动机和起搏器,而异化是历史发展的必要前提,没有异化,就意味着没有生产的分工和扩大,人们的行为都是心想事成,也就没有历史进步的动力和契机了。所以,生产、私有财产和异化都离不开需要,人的需要是生产、异化和私有财产的终极根源,也是历史发展的真正起点。这样,马克思提出人的发展本质的各种相关的要素最后都聚焦在需要上,需要成了人的发展本质的深刻内涵。

马克思对人的需要一直予以高度重视,不过在其他场合换了一个说法,称需要为"人的本性"。在《手稿》中马克思批评粗陋的共产主义者,说他们

---

① 《马克思恩格斯全集》第 3 卷,人民出版社,2002,第 85~86 页。
② 《马克思恩格斯文集》第 1 卷,人民出版社,2009,第 295 页。

"还没有理解私有财产的积极的本质,也还不了解需要所具有的人的本性"。① 后来马克思在《形态》中又说过一句千古名言:"他们的需要即他们的本性。"②

人的需要本性何以作为人的发展本质的核心而与动物根本相区别呢?表面看,动物也是有生命的存在物,似乎也有满足生命活动的需要。但是马克思在《形态》中坚决地拒绝了动物具有需要本性的说法,在马克思看来,人基于自己的需要才与他物发生关系,认为这种关系都是为我的需要而存在的,这是一种真正的关系。动物没有主体的需要意识,它与他物的关联完全是出于本能,因而就不是为我的真正的关系。马克思就人与动物是否存在因需要而形成的与他物的关系进行了对比,有一段精湛概括:"凡是有某种关系的地方,这种关系都是为我而存在的;动物不对什么东西发生'关系',而且根本没有'关系';对于动物来说,它对他物的关系不是作为关系而存在的。"③ 所以,人有需要,为我而与他物发生关系,动物谈不到需要,一切出于本能,也就不存在与他物的关系问题。需要作为人的发展本质的核心,进一步地深化了人与动物的本质区别。

1844年7月31日,马克思在《前进报》上发表了《评一个普鲁士人的〈普鲁士国王和社会改革〉一文》,指出"人的本质是人的真正的共同体",在提出人的发展本质的同时,又增添了人的共同体本质。马克思的这篇文章是针对《德法年鉴》曾经的合伙人卢格在西西里织工起义问题上的错误观点所提出的批评,其中牵涉对人的生活共同体问题不同见解的交锋。卢格断言"在人们不幸脱离了共同体和他们的思想离开了社会原则这种状况下爆发的"起义肯定失败。马克思争辩道,西西里织工起义"决不是在思想离开了社会原则这种状况下发生的",不过在这里不和他纠缠这个问题,"只是还要讨论一下'人们不幸脱离了共同体'这种状况"。④

---

① 《马克思恩格斯全集》第3卷,人民出版社,2002,第297页。
② 《马克思恩格斯全集》第3卷,人民出版社,2002,第514页。
③ 《马克思恩格斯全集》第3卷,人民出版社,2002,第81页。
④ 《马克思恩格斯全集》第3卷,人民出版社,2002,第393~394页。

共同体一般是指共同条件和共同利益的生存集体，常见的有血缘共同体、地域共同体、文化共同体等。卢格所谓的共同体是指政治共同体，即德国的国家和制度。但是卢格却否认这种共同体的政治性质，用马克思的话来说，就是在重复"关于非政治的德国的老调"。①在马克思看来，过去的所有起义都是在与国家政权相脱离的状况下，去反对国家政权，"没有政治影响的阶级企望着消除自己同国家制度和统治相脱离的状况"，②建立起由自己统治的国家共同体。这种共同体当然带有鲜明的阶级和政治性质，完全是政治共同体。"可是工人脱离的那个共同体，无论就其现实性而言，还是就其规模而言，完全不同于政治共同体。工人自己的劳动使工人离开的那个共同体是生活本身，是物质生活和精神生活、人的道德、人的活动、人的享受、人的本质"。③行文至此，马克思断言："人的本质是人的真正的共同体。"④这种共同体现实性强，规模大，远远超出政治共同体，实际上就是体现工人真实本质或者说人的类本质和发展本质的现实生活本身。异化劳动使工人与自己的类本质和发展本质相异化，这远比资产阶级脱离政治共同体，处于在野地位的危害要严重得多，这是人的本质的丧失，无异于非人化。所以马克思说："消灭这种相脱离的状况，或者哪怕是对它作出局部的反应，发动起义反对它，其意义也更是无穷无尽。因此，产业工人的起义不管带有怎样的局部性，总包含着恢弘的灵魂。"⑤马克思特别强调，个人与共同体的关系是共同体的精髓，只有每一个单个人的需要和本质在共同体中彻底实现，这种共同体才是现实的而不是虚幻的共同体。所以马克思又说："那个脱离了个人就引起个人反抗的共同体，是人的真正的共同体，是人的本质。"⑥共同体的功能就在于它能够创造条件，去充分展示个人的独立、自由和才能。这个思想为其后的《形态》所印

---

① 《马克思恩格斯全集》第3卷，人民出版社，2002，第394页。
② 《马克思恩格斯全集》第3卷，人民出版社，2002，第394页。
③ 《马克思恩格斯全集》第3卷，人民出版社，2002，第394页。
④ 《马克思恩格斯全集》第3卷，人民出版社，2002，第394页。
⑤ 《马克思恩格斯全集》第3卷，人民出版社，2002，第394页。
⑥ 《马克思恩格斯全集》第3卷，人民出版社，2002，第395页。

证，马克思在那里说："只有在共同体中个人才能获得全面发展的手段，也就是说，只有在共同体中才可能有个人的自由。"①

在 1844 年夏秋之际，几乎与提出共同体本质同时，马克思在詹姆斯·穆勒的《政治经济学原理》一书摘要中，又提出了人的社会联系本质，指出："因为人的本质是人的真正的社会联系，所以人在积极实现自己本质过程中创造、生产人的社会联系、社会本质。"②

马克思这里所说的社会联系本质是与共同体本质同时提出的同一层级的概念，它们互相包容、互相说明，是人的本质的不可分割的两个方面。如果说共同体本质表明了人的类本质和发展本质的实现条件和途径，那么，社会联系本质就把共同体本质具体化、现实化，表明类本质和发展本质只有在共同体内的社会联系中才能实现。社会联系是共同体的内涵，共同体是社会联系的基地，只有共同体的存在才生成社会联系，只有社会联系才维系共同体的存在。因此，马克思在提出共同体本质的同时，必然要提出人的社会联系本质。

马克思认为，人与人之间的联系源于两个方面：一是人先天就具有社会联系的需要和本性，人不交往和联系就不能生产和生活；二是人在通过实践积极实现自己本质的过程中，不断把自己的社会联系本性外化，创造和生成新的社会联系，使不同时代的社会联系具有不同的特点。因此，社会联系既具有必然性和普遍性，又具有时代性和再生性，是人须臾不可离开的内在本质。人生活在社会中，长时期的、多方面的社会联系和交往内化为人的本质特性，离开这种本质人也就不成其为人。所以马克思又说："有没有这种社会联系，是不以人为转移的。"③ 社会联系形态多样，涵盖社会生活的一切领域，但是马克思强调："真正的社会联系并不是由反思产生的，它是由于有了个人

---

① 《马克思恩格斯选集》第 3 卷，人民出版社，2002，第 119 页。
② 马克思：《1844 年经济学哲学手稿》，人民出版社，2000，第 170 页。
③ 马克思：《1844 年经济学哲学手稿》，人民出版社，2000，第 171 页。

需要和利己主义才出现的，也就是个人在积极实现其存在时的直接产物。"①像个人与共同体的统一一样，真正的社会联系也必须反映个人的利益和需要，在个人与社会的共同发展中实现人的社会联系本质。

1845年春，马克思在《关于费尔巴哈的提纲》中提出了著名的"人的社会关系总和"本质，指出："人的本质不是单个人所具有的抽象物，在其现实性上，它是一切社会关系的总和。"②把人的本质视为单个人固有的抽象物是费尔巴哈的观点，费尔巴哈不理解实践和在实践中形成的社会性，他视野中的人都是单个人，即使是团体和社会对他来说也不过是单个人的简单相加，而不是通过实践凝聚成的人的共同体。费尔巴哈用表面直观去看这些单个人，发现每个人都有意识，于是就把人的本质归结为意识、感情和爱，即马克思所说的"理解为一种内在的、无声的、把许多个人自然地联系起来的普遍性"。③费尔巴哈还想把意识、情感和爱提升为"宗教感情"，企图建立爱的宗教，去化解尘世纷争。马克思批评说："费尔巴哈没有看到，'宗教感情'本身是社会的产物，而他所分析的抽象的个人，是属于一定的社会形式的。"④所以，费尔巴哈的整个的人的本质思想，从他所设想的单个人，即马克思称之为"抽象的——孤立的——人的个体"，⑤到他所赋予人的本质以意识、感情和爱，都是抽象的，"观念化的"。⑥马克思的任务就是批判这种抽象性，用现实性来浇筑人的本质。

实践是人的本质通往现实性的唯一道路。一方面，实践消解了费尔巴哈的抽象的人的个体，把人的本质赋予现实的具体的人。此前，马克思所提出的人的类本质、发展本质、共同体本质和社会联系本质都是用来表征人类与动物的总体差别，人无一例外都具有这些特性。因此，人的这些本质只是针

---

① 马克思：《1844年经济学哲学手稿》，人民出版社，2000，第171页。
② 《马克思恩格斯选集》第1卷，人民出版社，1995，第56页。
③ 《马克思恩格斯选集》第1卷，人民出版社，1995，第56页。
④ 《马克思恩格斯选集》第1卷，人民出版社，1995，第56页。
⑤ 《马克思恩格斯选集》第1卷，人民出版社，1995，第56页。
⑥ 《马克思恩格斯选集》第1卷，人民出版社，1995，第78页。

对总体人，说明人类的根本特性，不是针对个体人，也起不到表征单个人及其他们之间区别的作用。而人的本质研究的着眼点，不仅是为了揭示人与动物的总体区别，还要把人的本质锁定到每一个现实人的身上，揭示出个人的特质和人与人之间的差别，这也是人的本质研究的重要使命。实践是区分个人及其相互区别的唯一途径，只有实践中人的不同分工、活动及其生成的不同的社会关系才凸显出每一个不同的个人。这里所说的个人和费尔巴哈视野中的抽象的单个人根本不是一回事，前者是用实践过滤出来的现实的个人，后者是用表面直观看到的一般人和抽象人，这种人的抽象性根本承载不了人的现实本质。而现实的个人恰恰是人的本质研究的出发点和落脚点，只有把人的本质及其相互间的差别落实到个人上，才能够认识和把握现实的具体的人，人的本质才算真正植根于现实性的基础上。

另一方面，只有实践特别是生产实践所形成的生产关系和社会关系才能冲破费尔巴哈为人的本质设定的意识壁垒，真正给人的本质填充现实的内容。人的本质究竟是什么？这一直是哲学史上争议不休的问题。旧唯物主义强调自然界的决定性，认为人的本质就是自然本质，宗教神学把人的本质赋予神和上帝，唯心主义者认为精神和思维是人的本质，而费尔巴哈作为一个唯物主义者竟然把意识奉为人的本质，可见，确证人的本质是多么艰巨和复杂。马克思从自己划时代的哲学革命变革的立场出发，坚持把人的本质和实践相挂钩。实践对人的本质现实化的巨大贡献是实践特别是生产实践，奠定了生产关系和更广泛的社会关系的基础，而社会关系作为人与人之间的联系纽带，连接着不同的人，是人的本质及其相互区别的终极确立者。

社会关系的生成和发展是个自然历史进程。远古时代由于生产力水平低下，分工也不发达，人与人之间共性多，差别少，人都是以自然人的身份出现。这时人的社会关系比较简单，婚姻和家庭成为最早和最自然的关系。伴随着三次社会大分工和渔猎文明、农耕文明和工业文明的出现，生产力水平空前提高，分工急剧扩大，人类的社会关系越来越发达和细密。在原有的家庭关系基础上又产生了种族、民族、宗教、国家的关系。与此同时，在经济关系基础上又相应地产生了政治、文化和社会的关系。这些关系好比一张大网，任何人都连接着多方面的关系，都在这张大网上布下自己实践活动的经纬线。每一个人的家庭、职业、经历、品格、信仰、教育、组织和生理等多重线条相互交织，形成自己独特的纽结，这些各不相同的纽结锁定了不同的人，构成个人的本质，是对每一个人的具体定位。这就突破了先前类本质、发展本质、共同体本质和社会联系本质的总体化和一般化的局限性，不仅在人与动物根本区别的意义上来揭示人的本质，而且通过人现实生活中的多重社会关系来规定人、指谓人，把人的本质固定在个人身上，真正体现了人的本质的现实性。至此，马克思终于用实践及其社会关系的总体定位驱散了蒙在人的本质问题上的重重迷雾，实现了人的本质这一哲学最高问题的划时代的革命变革。

二 人的实践本质和社会本质：人的本质的归结与演绎

人的本质问题在中国研究起步较晚，长期来一直没有把它当作哲学的最高问题予以重视，加之资料稀缺，介入的研究者较少，从未形成引人瞩目的研究氛围。在一般的教材和研究成果中，基本上都停留在解读"社会关系总和"的水平上，人的类本质、发展本质、共同体本质和社会联系本质还是鲜为人知的天外来客。本文的任务不仅是把马克思关于人的本质的五重规定从书本的潜藏状态召唤出来，加以界说，还要对其进行分析和研究，把马克思平行展开的五重规定，从互不相关的分立状态进行归结，找出背后深层次的思想奠基及其演绎逻辑，昭示马克思内心深处潜藏的体系建构。

细心揣摩马克思的人的本质的五重规定，总觉得它们都是直接的、具体的、表象的东西。还没有挖掘出产生和决定这些具体本质的更深刻的源头，因此，虽然五重规定构成人的本质，但不是一级本质，而只能是二级本质。

就其属性和来源而言，马克思人的本质的五重规定可以分为两大类：人的类本质和发展本质出自《手稿》，主要是由人的生产、劳动和实践衍生出来的；而人的共同体、社会联系和社会关系总和本质出自三篇论文、摘要和《提纲》，主要是对人的社会性的展开和发挥。而实践和社会性恰恰是马克思最先提出和确立的人的深层本质。

马克思在《手稿》、《提纲》和《形态》中一直把实践视为人与动物相区别的根本特性，是人之为人的最深层的基础，是划时代哲学革命变革的关键词。早在马克思以前，亚里士多德、康德、黑格尔等都提出和阐发了他们所理解的实践概念，其中不乏卓有见地的精湛思想。但是，马克思的实践概念在承接前人积极思想成果的同时，又单独把矛头直指同时代的费尔巴哈，是在批判他的直观唯物主义基础上阐发的新唯物主义的实践概念。费尔巴哈占据马克思以前唯物主义的制高点，马克思既继承费尔巴哈唯物主义的基本内核，又批判他的唯物主义的直观性和不彻底性，从一开始就起点高，统揽以往唯物主义的是非得失，使马克思的新实践观具有集大成的优势。

马克思在《形态》中把近代以来的唯物主义区分为两个发展阶段。第一阶段是以培根和霍布斯为代表的"纯粹"的唯物主义，这种唯物主义太纯粹了，只看见物质和机械运动，否认人和精神的存在和意义，是一种绝对化的见物不见人的唯物主义。第二阶段是费尔巴哈的直观唯物主义，马克思说："费尔巴哈比'纯粹的'唯物主义者有很大的优点：他承认人也是'感性对象'。"[1] 费尔巴哈看到了人，并在自己的哲学中推出了人，把人和自然视为哲学的最高的对象。但是费尔巴哈看到了人又不理解人，马克思说"他把人只看作是'感性对象'，而不是'感性活动'……他还从来没有看到现实存在着的、活动的人"。[2] 马克思在哲学史上第一次把感性活动召唤出来，用活动来判定他和费尔巴哈之间的分野。马克思所说的感性活动就是对象化活动，也就是劳动、生产和实践。马克思在《手稿》中说实践是"生产生活"，"而生产生活就是类生活。这是产生生命的生活"。[3] 实践既创造了世界，人化了

---

[1]《马克思恩格斯选集》第1卷，人民出版社，1995，第77页。
[2]《马克思恩格斯选集》第1卷，人民出版社，1995，第77~78页。
[3]《马克思恩格斯全集》第3卷，人民出版社，2002，第273页。

自然，同时也生成了人，赋予了人以内在的实践特性。人因实践而成为主体，实践因依附和承载于人而被提升，成为人的终极本质。马克思在《手稿》中提出的人的类本质和发展本质就是人的实践本质的具体化，也是对实践本质内涵的展开和说明。

首先，人的实践活动是类活动，具有自由的有意识的特性，与动物相比，自由自主和有目的追求既是类意识和类特性，也是人类实践活动独有的特征。因此，类本质是实践本质的构成要素，是在自主和目的性层面展开了的现实化的实践本质。可以设想，没有自由的有意识活动的类本质，人的实践本质就空泛化，落不到实处；没有人的实践本质，自由的有意识活动的类本质就成为无源之水和无本之木，就会抽掉它对实践的寄寓和描述关系。所以，实践本质下探伸到类本质和类本质探伸到实践本质都是逻辑的必然。

其次，人的实践活动是体现人的需要本性和发展本质的活动。人只有通过实践，而且是扩大再生产的实践才能满足不断增长的需要，体现人的发展本质。所以，人的实践本质内蕴着发展本质，人的发展本质必然是实践本质的要素和体现。人只有基于需要本性而不断向前发展才能生存，离开了需要动力和发展常态，人静态的生存就维持不下去。动物没有需要本性和发展本质，生命存在一直处在危急中，只要环境发生变化，它们就会灭绝，现在几乎每一天都有一些物种在消失。人类不能在停滞状态下生存，人只要懈怠下来，自然和社会的各种灾难和危机就会把人类压垮。人类生存确实有如逆水行舟，不进则退，停将溺亡。所以，人的发展本质不仅内蕴于人的实践本质，而且人的实践本质也依赖发展本质，实践是发展了的实践，发展是实践中的发展，它们不仅相互依存，而且还彼此互动。

总之，人的本质是总题目，马克思突破了费尔巴哈对人的本质意识界定的狭隘性，选定从实践层面加以界说。实践是人的本质的第一层次。而人的实践又是自由的、有意识的和以需要本性为基础的，因而人又具有类本质和发展本质，它们一起构成人的本质的第二层次。

由于实践本质的重要性和特殊地位，使它在人的本质系列中成为不可或缺的概念，马克思在《提纲》中说："社会生活在本质上是实践的。凡是把理论导致神秘主义的神秘东西，都能在人的实践中以及对这个实践的理解中得到合理的解决。"①人的本质历来都带有一定程度的神秘性和思辨性，只有实践才是打开人的本质的一把钥匙，人的实践本质不仅是人的本质和类本质与发展本质之间的中介，而且它统揽人的类本质和发展本质，是对人的本质思想的终极奠基。

和人的实践本质一样，在马克思人的本质系列中还有一个十分重要的概念，即人的社会本质。社会本质统领人的共同体本质、社会联系本质和社会关系总和本质，与人的实践本质相呼应，共同构成人的本质大厦的两大支柱。社会性与实践一样，是众所公认的人之为人的根本特性，人既是实践的动物，又是社会性的动物。

社会性与实践相互包含，互相说明：人在实践中相互交往，形成共同体和社会联系，并结成广泛的社会关系，使人具有社会性。而人只有在社会和共同体中才能进行生产和实践，如马克思所说："孤立的一个人在社会之外进行生产——这是罕见的事。"②而且任何活动和生产都不仅满足自己的需要，同时也满足他人的需要，是为社会而进行的生产。人与社会密不可分，社会产生人，人组成社会，社会是人的存在方式。社会性与实践属于同一层级，人既是实践的存在，同时也是社会性的存在，说人是社会性的动物，也就意味着这种社会性与实践紧密相连，是实践中形成的社会性，是社会中生成的实践性。因此社会性与人，与人的实践须臾不可分离，人的这种社会性凝聚为人的社会本质。

但是，人的社会本质不同于某些动物表现出来的社会性。蜜蜂、蚂蚁等也是与生俱来的社会性的生物，离开社会性它们也不能生存。但是它们的这种社会性完全是出于本能，不是人所独有的作为人的意识对象的那种自觉的社会性。动物和它的社会性是直接同一的，它不把自己同这种社会性区别开

---

① 《马克思恩格斯选集》第1卷，人民出版社，1995，第60页。
② 《马克思恩格斯全集》第46卷（上），人民出版社，1979，第21页。

来，它就是这种社会性。人则把这种社会性变成自己意识的对象，进行研究、思考、重组，选取最佳的社会组合。所以，动物的社会性根本不能与人的社会性相比拟。动物在这种社会性中所进行的生命活动也根本不是自由的有意识的实践活动，也不具备以需要为内涵的发展的本质。按照马克思的说法，动物只能进行所谓的"生产"，而不能进行对象化的实践。"动物的生产是片面的，而人的生产是全面的；动物只是在直接的肉体需要的支配下生产，而人甚至不受肉体需要的影响也进行生产。"①

正因为人与动物不同，人的社会本质"不是人与之直接融为一体的那种规定性"，②而是人自己意识的对象，是可以不断地进行再造和创新。经过长期的历史过滤和积淀，人的社会本质最终衍生出人的共同体本质、人的社会联系本质和人的社会关系总和本质。

人的共同体本质是人的社会本质的直接体现，社会就意味着个人的集合，但把许多人集合起来绝非易事，必须有一定的内在关联和机制，通过一定的形式，才能把大家聚拢在一起，这种关联及其形式就是共同体。共同体生成的动因源于生产实践和生命延续的需要，单个人不能进行生产，也不能繁衍生命，只有能够协作进行生产和延续生命的人集合在一起，才是真正的共同体。所以，人类第一个共同体是家庭血缘共同体。家庭既是生产单位，又是生活和生命得以延续的单位。在家庭共同体的基础上，人们的交往和联系增多，把大家集合起来的机制和形式也随之增多，逐渐形成了共同体多样化的趋势。当代还出现了社区共同体、单位共同体、保护环境的绿色生态共同体、女权主义共同体等。共同体的多样化是利益多样化和交往多样化的反映，是社会发展和人类进步的必然趋势。当未来生产高度发展，产品空前增多，人们不需要在生产上花费更大的精力的时候，共同体的生活和交往自然就成为人类的主要的生活方式。

社会联系本质出自一篇摘要，表面看是孤立的，与另一篇论文中提出的

---

① 《马克思恩格斯全集》第 3 卷，人民出版社，2002，第 273 页。
② 《马克思恩格斯全集》第 3 卷，人民出版社，2002，第 273 页。

共同体本质没有什么关联。但是它们都在同一时间提出，表明马克思当时思想中一直存在着人的社会本质的悬念，一有机会接触到社会联系问题，哪怕是詹姆斯·穆勒的《政治经济学原理》一书摘要，也毫不放过，立即抓住。这也说明，社会联系本质与共同体本质是马克思这期间的思想牵挂，它们之间必然存在着逻辑关联，需要我们去揭示。

孤立外在的共同体只是人群的一个围城和大框，是对人的社会本质的形式上的圈定，没有真实意义。如果围城中人与人之间没有任何关联，人群就会涣散，最后这个围城和大框也维系不住，人的社会本质就体现不出来。所以，在提出共同体本质的同时，必须用有血有肉的内容充实它。这时马克思立即推出了人的社会联系，认为这种社会联系是共同体中人与人的黏合剂，通过这种联系，人群强有力地结合在一起，维系了共同体的存在和发展。所以，真正的社会联系对共同体或对人的社会本质都是不可或缺的。在一定的意义上可以说，有什么样的社会联系就有什么样的社会共同体，社会联系的紧密和稳固程度决定了共同体的命运。

马克思揭示社会联系本质为思维转向，转向社会关系总和本质奠定了基础，人的社会联系直接关联着人的社会关系，社会联系是人与人之间关系的动态过程，社会关系是社会联系的相对固定化，多种联系的碰撞、磨合，最后形成稳定的社会关系。所以，社会联系恰恰为向社会关系的过渡提供了一个路径和起点，马克思紧接着就在《提纲》中阐发人的社会关系总和本质的原因正在于此。

在马克思看来，像费尔巴哈那样，离开实践社会性，把人的本质赋予抽象的单个人，那么这种本质也必然是抽象的，是"单个人所固有的抽象物"，即"观念化了的爱与友情"。[①] 只有社会关系总和才使人的本质具有现实性，而社会关系总和恰恰锁定的是人的个体及其本质。所以为了批判费尔巴哈人的本质的抽象性，最后必须把人的本质落实到单个人身上。费尔巴哈的单个

---

① 《马克思恩格斯选集》第1卷，人民出版社，1995，第78页。

人与马克思的单个人的区别在于，费尔巴哈的单个人是离开实践和社会性的抽象的单个人，马克思的单个人是在实践中形成的社会关系总和的纽结，这种人身上凝聚了人的多方面的社会属性，是人的本质现实化、具体化的集中体现。所以，《提纲》不仅在思想和逻辑上是对费尔巴哈抽象的人本质观的有力批判，而且是马克思人的本质思想的最后归结。至此，马克思在哲学史上第一次完成了人的本质思想的逻辑建构，为人类深刻地认识自己、提升人的自觉意识做出了划时代的伟大贡献。

三 马克思人的本质思想的理论和实践意义

哲学既是理论化和系统化的世界观，又是人的自我反思和自我意识。哲学作为人的自我意识之塔，人的本质盘踞塔顶，确如费尔巴哈所说，是哲学上最高的东西。人的本质意识是人所独有的自我反思，由于涉猎最高的本质境界，所以不是任何时代都能完满达到的，但是这并不能阻止人类努力去思考、触摸人的本质问题。从苏格拉底提出认识你自己就能认识人的本质时起，哲学对人的本质的探索从未中断，各种哲学思潮都曾经提出过对人的本质的不同看法，什么自然、思维、上帝、善恶等都曾纳入人的本质的视野，充当了不同时代的人的本质思想的重要内涵。特别是近代文艺复兴以来，批判宗教天国幻想，弘扬尘世生活成为哲学永不衰竭的主题。但是批判宗教，就必须揭示神的本质，而神的本质不过是人的本质的异化，所以借助宗教批判，人的本质的研究也高潮迭起。各种更为精致的、富有哲学理性意蕴的人的本质思想更多地喷涌出来。据统计，人的本质、本性和人性的定义加起来不下二百种，费尔巴哈就是在这种背景下提出人的本质是哲学上最高的东西。

本质是一种绝对的形上思维，摸不着，看不见，只能凭借思维来把握。那么人类为什么知难而上，不屈不挠地探索人的本质呢？这与人类具有的自由的有意识的类本质密切相关。人的本质思维如同哲学一样，也是在长期的科学和实践中逐渐形成的。哲学虽然历史久远，但早期的哲学并未派生出真正意义上的人的本质意识,人类也曾经经历了有哲学而人的本质思想匮乏的时代。一直到近代,经过中世纪的漫长的冬眠,人类进入了经济发展、民主意识增强、人道意识觉醒的商品经济时代,竞争才成为一切领域的关键词,由此极大地焕发了人的主体意识。时代召唤人,也塑造人,人的时代化、主体化、能力化,成为各个领域取得成功的最后关键。在这个大的时代背景下,人的本质意识以不可阻挡之势被召唤登场。

哲学思考人的本质,不管其直接动机如何,从根本上来说都是瞄准人的素质,目的是适应时代需要,塑造一代新人。所以,哲学史上除了少数主张人性本恶的哲学家以外,绝大多数哲学家都是在理想和应然的意义上界定人的本质,近代以来把人的本质定义为人与动物的根本区别更是得到普遍的认同。哲学家们希望人以动物本性为警戒,彻底划清人与动物的界限,成为一个脱离兽性的真正的人。

马克思承接哲学先辈们不懈探索人的本质的优良传统,在批判地继承费尔巴哈的人的类本质思想的基础上,提出了划时代的人的本质的五重规定。认真辨析可以发现,这五重规定本身既是对人在长期历史中形成的正面的、积极的因素的发掘,也是对人的进化发展史的充分的肯定,召唤人们珍重人类的历史积淀,确守人的五大本质的坚挺而不流失。

与人的本质的五重规定的崇高意蕴相统一,马克思在同时期还相应地解决了与人的本质概念纠缠在一起的人的本性和人性概念的关系问题。人的本质、本性和人性一直是难以区分的哲学概念,历史上许多哲学家都持人性本恶或不善不恶的"白纸说"。马克思既然已经为人的本质做出了科学的积极的定性,这就决定了他在人的本性和人性问题上持相同立场。关于人的本性,如前所述,马克思只说过"他们的需要即他们的本性"和"需要所具有的人性",除此之外,马克思再也没有其他说法,而需要恰恰是人类发展本质的内在根据,是任何时代都要积极加以面对的积极因素。关于人性,恩格斯的说法十分经典,他在《反杜林论》中说过一段名言:"人来源于动物界这一事实已经决定人永远不能完全摆脱兽性,所以问题永远只能在于摆脱得多些或少些，在于兽性与人性程度上的差异。"① 所以，人性是相对于兽性而言，兽性是野蛮、残忍、贪婪的代名词，人世间的自私、报复、为达目的不择手段等都是兽性的变种。既然人来源于动物的事实决定人永远不能摆脱兽性，那么同理，人从动物中分化出来的事实，也必然决定了人已告别兽性，而具有与兽性相反的人性。马克思从未给人性直接下过定义，但他在《神圣家族》中把用"非常残酷的手段""狠狠地把人弄死"称为"惨无人性"。可见，在马克思的视野中，人性是指人的善良本性，即通常所说的同情、恻隐、友善、仁爱、利他、诚信等。这样，马克思就实现了人的本质与人的本性和人性三大概念的统一，在理论上不仅使人的本质自身概念清晰完整，而且也扫除了可能带来的相关障碍，完成了理论上的统揽、突破和创新。

马克思从人的类本质一直到社会关系总和的个体本质所进行的全部探索和努力，都是为了把人的本质这一最高的形上思维从天国拉向人间，变成人们可以理解并付诸实践的现实鞭策。在马克思看来，缺失人出场的哲学是空洞无物的哲学，而研究人不去触摸人的本质这一哲学的最高东西，对人的认识和理解就是不完整的，有欠缺的。以往哲学对人的本质的研究的最大弊病是抽象化，没有把人的本质这一思辨艰深的形上难题沉淀为对每一个个体都有实际指导意义的现实观照。马克思以解放全人类的宽广胸怀，把健全人的本质作为人的全面发展的思想奠基，呼唤人的本质的实现和人的素质的提升。

第一，要树立人类大意识。人作为有生命的存在物是以类整体出现在世界上，人的生命虽然以个体的形式来到世间，但是诞生一个生命，同时也就把人类长期积淀的类特性携带过来，正是这些特性在人的社会关系中使人成长为人。所以，人任何时候都不要忘记自己是人类的一员，个人的命运与全人类的命运息息相关。马克思说："每一个单个人的解放程度是与历史完全转变为世界历史的程度一致的。"② 无产阶级只有解放全人类后才能解放自己。在当今全球化的时代，特别是在生态文明的建设中，任何个人的命运最终都与

---

① 《马克思恩格斯选集》第3卷，人民出版社，2002，第442页。
② 《马克思恩格斯选集》第3卷，人民出版社，2002，第89页。

人类命运相一致。所以，一切志存高远的人，都应该胸怀全球，放眼世界，把自己的进取与人类的进步相联系，在人类的发展中实现自己的发展。这绝不是虚妄谈玄，当今世界和人类的命运在一定程度上系之于中国特色社会主义事业，中国人办好自己的事同时也就是在为全人类服务，更不要说直接为全人类服务的那些事业，如航天、潜海、南极科考、地震救援、国际维和等。中国作为世界第二大经济体，特别是作为世界工厂，"中国制造"已经为全人类做出了巨大的贡献。这些贡献都是自觉的，同时都伴随着民族的牺牲和代价。马克思时代把无产阶级和被压迫人民的联合和相互支援称为国际主义，认为这是一切共产主义者应尽的国际义务。其实国际主义的出发点就是全人类的彻底解放，即使在今天仍然是一切真正的马克思主义者和共产主义者必须具备的基本品格。

第二，自由的有意识的类本质召唤我们增强人之为人的自觉性，努力培养自重的健康心态。人自成一类而与动物相区别主要源于自由和有意识两大特性。人挣脱自然和社会的束缚，在自然界面前争得了主体和自由的权利和地位，这是人迈出动物界的关键性的一步。这个基因在人类长远发展中不仅继续发挥作用，而且越来越显得十分重要，是人的真正的生存常态。不自由就不能自强、自立，一切仰仗后台和靠山，看人眼色，仰人鼻息，奴性十足，表现不出任何的主体性和独立品格，这就完全有违人的自由的类特性，是向动物依附自然、融于自然的本性的复归。古人为争自由曾发出"不自由毋宁死"的呼号，其实自由作为人的类本质是主体沉思和奋斗的过程，是人对事物研判和奋发实践的结果。一切思想和行动的懒汉，都拿不出任何有力的见解和举措，就只能听从吆喝，随波逐流。所以自由和自强、自立密不可分，只有付出努力，深思、果断、慎行的人才会真正获得自由。

人的类本质还包括人的生命活动具有有意识的、目的性特征，马克思说："通过实践创造对象世界，改造无机界，人证明自己是有意识的类存在物。"[①]

[①]《马克思恩格斯全集》第 3 卷，人民出版社，2002，第 273 页。

人之所以创造对象世界，改造无机界，完全是为了人化自然，实现人和自然在满足人的需要的基础上的统一。因此人的实践活动是一种有目的性的活动，人把自己的活动和自己分开，当作意识的对象，服务于人的生命需求和发展。人的有意识的活动作为类特征给人类生命打上了深深的烙印，人有意识和目的才是人，动物没有意识和目的，也不和他物发生关系，一切全凭本能，动物的这种天性也殃及于人，是人在动物阶段自发本能的遗传和返祖。现实生活中，有些人没有高远的志向，没有不达目的绝不罢休的崇高追求，因而也不愿付出艰辛和努力，浑浑噩噩，得过且过，让动物式的本能支配了自己，失去了人之为人的有意识活动的特征。这种现象在当今的人类活动中相当普遍，一些人从不把自己的工作当作思考的对象，也从未下功夫思考和研究自己从事工作的性质、特点和要求，尝试创造性的工作，而是把自己和工作混在一起，他就是工作，工作就是不能分开、不去研究的自我。这种动物式的工作态度只能导致懒人庸政，平淡无奇。

　　第三，马克思首次提出的人的发展本质对树立正确的人生态度具有极大的指导意义。马克思确认，人的发展的本质基于人的需要本性，需要提供永不衰竭的强大动力，砥砺人们保持发展常态，促进人自身的发展和社会历史的前进。因此，人类必须永远牢记发展使命，用发展的视野来解决一切社会难题。对社会历史来说，不发展就要后退；个人也是如此，在激烈的竞争中，你不前进人家前进；对于飞速发展的环境来说，前进慢了就是后退。所以必须树立发展意识，正确对待人的需要本性。无论是经济、政治或社会行为，需要都是源头和起点，一个没有需要或需要不断衰减的社会，是没有生机和活力的，需要作为人的本性，不能压抑，只能正确引导。推升正当需要，反对不合理的非正当需要，对于虽然合理但因客观条件不具备而无法实现的长远或特殊的需要，要发挥政治思想工作的优势，说服群众，在奋斗和发展中逐渐解决。马克思关于人的发展本质思想给人类指明了一条永不停歇、永远前进的光明大道，需要是动力，发展是硬道理，一个国家、民族、社会和个人只要认清并抓住了这两头，就必将义无反顾、勇往直前。

第四，马克思揭示的人的共同体本质，发人深省，令人感悟至深。马克思说人的本质是人的真正共同体，其意不仅是指共同体作为人的生存的基本方式体现了人的社会性本质，而且更重要的是马克思强调，只有因工人的劳动被异化而"使工人离开的那个共同体"，即"真正的共同体"才完满地体现了人的本质。十分明显，马克思说的共同体是没有被异化的、真正表现人的类本质、发展本质和需要本性的那种理想的、良善的共同体。现实生活中一切共同体都受到异化的污染，真正的共同体难以寻见。但是在人类发展进程中这种真正共同体的要素总是不断地被增加和积累，这也是历史发展的大趋势。尤其是在社会主义社会，真正的共同体正在不断地被呼唤、培植，正在走向自觉地缔造真正共同体的过程，人的本质实现和发扬的渠道也在日益增多。这就要求我们自觉地为培育真正的共同体而努力，从社会和个人层面反对一切不正之风，不断净化社区、社团和各种组织的活动宗旨和氛围，为实现"自由人联合体"的伟大目标和人的本质的积淀而做出实际努力。

第五，马克思期望的人的社会联系本质是人的共同体本质的展开和延伸，填充了共同体本质的实际内容，其含义与共同体本质是一致的。人生活在共同体中，就意味着人处在共同体内的相互联系中。马克思追求反映人的本质和生活、不湮没个人需要和利益的"真正的社会联系"。这种社会联系也带有理想性，但在人类发展进程中也是在不断积累和增加着。社会主义社会为建立人的真正的社会联系创造了良好的大环境，为消除社会联系的异化，增进人与人之间的朴实纯真的相互交往奠定了基础和前提。但是，正像真正的共同体必须落实到个人需要和反映人的本质一样，社会联系的净化也需要每个人的努力。个人是社会联系的主体和承担者，如何在个人的联系中既反映个人利益的真实一面，又不损害别人并且做到诚信利他，这始终是人的本质建设的重要课题。因此，人的社会联系与共同体本质并非单纯的形上思维，而是社会生活的实际问题，它们作为人的社会本质的体现，具有重要的实践意义。

第六，马克思的人的社会关系总和本质是他哲学形成时期探索人的本质思想的最终归结，此后马克思一生再也没有回到人的本质问题上，因此，马克思在《提纲》中提出的"人的本质在其现实意义上是社会关系总和"的命题，具有终极的经典意义。反对人的本质的抽象化是马克思批判费尔巴哈直观唯物主义的重要组成部分，在马克思看来，人的本质现实化的基点是要将人的本质从人与动物根本区别的总体视角转向个体的人，落实到单个人的本质上，只有这样，人的本质才能成为可以具体把握的现实本质。社会关系总和是人的多方面社会联系和交往集合的纽结，是对人的具体定性。人的现实性、本质性就体现在社会关系总和上。因此人的本质修养和历练必须从多方面的社会关系入手。

社会关系表现为民族关系、国家关系、生产关系、阶级关系、组织关系、家庭关系、单位关系、社团关系以及其他更广泛的社会关系。个体的本质和个人的现实取决于人在所有这些关系及其总和中的状况和表现。总和不是简单相加，而是有机构成，是这些关系相互作用和影响的结果，其功能早已超越人与动物的根本区别，表征人与人之间的差异和特征。个人只有在这些关系中才能锻炼和提升自己，领导和组织部门也要在这些关系中考察个人。只有考察某个人在多方面社会关系中的自然状况和现实表现，才能得出结论，这个人品行是否端庄、本质是否高尚、能力是否很强，是不是一个谦虚谨慎、遵纪守法、善于团结共事的人，由此才能得出结论：这个人是否可以信赖和任用。

批判费尔巴哈的抽象的人的本质思想，揭示人的本质的现实性，是一场深刻的哲学革命，马克思最后以人的本质在其现实性上是一切社会关系总和的论断，终结了抽象的人的本质观，宣告了科学的人的本质观的诞生。马克思卓有见地的人的本质思想既在理论上反映了划时代哲学革命变革的深刻意蕴，又对人的本质的净化和提升具有实际可操作的指导意义，是人类自我意识的极大升华，真正体现了哲学的最高境界。

马克思世界历史思想的深远意义*

张奎良**

唯物史观作为马克思创立的科学的社会历史观,是正确把握历史的锐利思想武器。与唯物史观同时提出来的世界历史思想,在马克思对历史的把握中占有十分重要的地位。但是,长期以来马克思的世界历史思想被淡忘了。由于世界历史思想首次完整地表述于1845~1846年的《德意志意识形态》中,而这本书一直到1932年才得以问世,普列汉诺夫、列宁等许多权威的马克思主义理论家终生都未读到这本书,所以在他们对唯物史观的阐述中,很自然地就出现了世界历史思想的空场。中国改革开放的巨大成就证明,一个国家不走向世界,融入世界历史,就难以摆脱封闭和僵化的格局,就不能借鉴世界发展的成果,中华民族只有深度地介入世界历史,引领世界历史,才能实现伟大复兴的中国梦。中国共产党十八大提出的道路自信、理论自信和制度自信,在很大程度上也是基于对马克思的世界历史思想的深刻理解。在世界历史思想提出多年之后的今天,有中国改革开放的巨大成就做注脚,我们重温马克思世界历史思想的深刻意蕴,无疑将对我们更坚定地走出中国,立足于世界,是一个有力的促进和鞭策。

---

* 本文发表于《哲学动态》2013年第10期,收入本书时部分内容有改动。
** 张奎良,黑龙江大学哲学学院教授,主要从事哲学、马克思主义与中国政治和国际政治的研究。

一 世界历史思想的渊源和沿革

世界历史思想源远流长，是个相当古老的社会思潮，在古希腊哲学家柏拉图的"理想国"，历史学家希罗多德编纂的《历史》中，都渗透出历史过程具有共同性和世界性的思想。但是只有到了近代，随着资本主义世界市场的形成，冲破民族和地域的局限，历史才逐渐具有世界性。作为对这个历史背景的回应，世界历史观念也逐渐萌发和形成。意大利著名思想家维科是近代世界历史思想的第一位杰出的代表，他的名著《新科学》一书较为深刻地表述了不同民族历史发展的一致性。维科认为，民族史和地域史不可遏制地融汇了一种世界性趋势，认为世界上一切民族和地区都不可避免地服从循环规律的制约，普遍经历了三个发展阶段：觉醒 - 繁荣 - 衰落灭亡。每个民族经历的三个阶段构成一个封闭的圆圈，各民族依次排列的闭合圆圈构成世界历史的集合体。维科指出，这些圆圈之间互不联系，不能连接构成大圆圈，因此维科的世界历史思想只讲循环，不讲历史的前进和发展。但他提出了历史的共同性和一致性，这在四分五裂的封建割据状态下不能不说是一种进步观念。

1784年，德国思想家赫尔达发表《关于历史哲学的观念》一书，这本书突破了维科的循环论，强调民族史作为世界史的环节，与世界史是协调一致的。世界史本质上是人类的前进和上升的过程，民族史不能脱离这个总的过程，并为这个过程和趋势所制约，所以，世界史与民族史是同一事实的两个侧面，反映了历史演进中同一性与特殊性的统一。

同年，康德也发表了《从世界主义观点出发的世界通史观念》一书，认为以民族和地域为基点来看历史，人类历史就是狂妄、虚伪和残忍的历史。只有开阔视野，走出狭窄的民族圈子，从全世界历史视角探寻历史的进步性和规律性，才能化恶为善，使狂妄、虚荣和残忍转化为历史发展的动力和条件。

在马克思以前，黑格尔的世界历史思想别具一格，他在《法哲学原理》和《历史哲学》中首次深刻阐发了自己的真知灼见。黑格尔认为，历史并非前人所说的毫无内在联系的大量偶发事件的堆积，历史发展中存在着不可抗拒的必然性和规律性。走出狭窄的民族和地域的局限，由涓涓细流的民族史和地域史汇成浩瀚广阔的世界历史就是其中的规律之一。黑格尔认为，历史是绝对精神的外化，在它外化为历史的过程中，绝对精神表现出内在的能动性，它不断地将地域性的"民族精神"提升为纵贯历史的"世界精神"。黑格尔认定，"世界精神"的"实体或本质就是自由"，[①] 因此就可以依据"自由意识的各种不同的程度"，[②] 将它们有机连接，就可以勾勒出世界历史的趋向和行程。黑格尔断言，世界历史的走向和脉络就像太阳的运行一样，"以光明的路线为其特征"，以东方中国这个"不含诗意的帝国"为起点，逐渐向西展开自由意识。他说，东方只知道一个人（即皇帝）是自由的，希腊和罗马知道少数人（奴隶主）是自由的，而日耳曼则知道全体人是自由的。因此，世界历史就从东方开始，经过希腊和罗马，最后到日耳曼终止，于是普鲁士王国也就成为人类历史的顶峰。黑格尔在《历史哲学》中还以法国大革命为例，考察了它和世界历史的关系，进一步揭示了世界历史思想的含义。他说："这件大事依照它的内容是'世界历史'性的"，[③] 因为"它的原则差不多灌输到了一切现代国家，或者以军事战争的方式，或者明白地推行到了各该国的政治生活中"。[④] 可见，黑格尔把他自己杜撰的历史进程所遵循的自由原则当作世界历史的主要动因。

由此可见，在马克思以前，早已存在着深远的世界历史观念，它启迪人们的智慧，传承优秀的文化遗产，它告诉人们，历史有章可循，在丰富多样的民族和地域的溪流中，有着共同性和一致性的主航道。因此，必须站在世界历史的高度来俯瞰历史，在纷繁复杂的民族和地域史中发现世界历史的意蕴。

当然，必须指出，马克思以前的世界历史思想遗产本质上是唯心的，在现成的形态上是不科学的。维科、康德和黑格尔都把世界历史归结为人的共

[①]〔德〕黑格尔：《历史哲学》，王造时译，生活·读书·新知三联书店，1956，第55页。
[②]〔德〕黑格尔：《历史哲学》，王造时译，生活·读书·新知三联书店，1956，第57页。
[③]〔德〕黑格尔：《历史哲学》，王造时译，生活·读书·新知三联书店，1956，第499页。
[④]〔德〕黑格尔：《历史哲学》，王造时译，生活·读书·新知三联书店，1956，第499页。

同的一致本性，或者是神秘的绝对精神与世界理性的外在体现。不仅如此，当时的世界历史思想又都带有明显的欧洲中心论的色彩。世界历史思想的缔造者们都生活在欧洲，而欧洲确是那时世界的中心，他们都很习惯地将欧洲看成是世界的未来，所以，他们把欧洲的一切都标准化，视为裁剪世界及其历史走向的基本尺度。民族史必将走向世界史，这是肯定无疑的，但是硬说世界历史就是重蹈欧洲模式，这就把本来已经拓宽了的世界历史眼界又蒙上了一层狭隘的地域的阴影。与欧洲中心论相对抗，这时，又涌现出一批所谓的法学派历史学家，如卡莱尔、艾赫戈斯、胡戈等，他们打着弘扬民族个性的旗号，极力宣扬多元文化论。于是，世界历史观念又被边缘化了，一时间，民族史和地方史几乎取代了世界史。这个事实也说明，欧洲中心论过分地宣扬以自己为中心的历史的一致性也会走向反面，反而助长地方主义和民族主义。

当马克思登上哲学舞台的时候，面对世界历史思想的两个极端即欧洲中心论和多元文化论，为了正确地继承和把握世界历史思想遗产，在批判欧洲中心论的同时，必须揭露传统的世界历史思想的唯心主义实质，使其成为建立在唯物主义基础上的一株奇葩。同时，还要把世界历史思想进一步升华使其与实现无产阶级的历史使命和共产主义理论相接轨。

二 马克思对世界历史思想的改造和提升

1846年，以《德意志意识形态》为标志，唯物史观正式诞生。与此同时，作为唯物史观展开的空间向度的世界历史思想也随之形成。马克思划时代的伟大功绩在于，他对以黑格尔为代表的传统的世界历史思想进行了新的审视和改造，创立了科学的世界历史思想。这主要表现在以下两个方面。

首先，批判世界历史思想的唯心主义与神秘化弊病，将其改造并置于唯物主义基础之上。马克思像其先驱者那样，确信在人类历史长河中确实奔涌着一条滔滔不息的世界性的洪流，这就是由民族性和地域性汇成具有普遍意义的世界历史性。但是马克思强调，驱动这股洪流的不是人的一致性本性或绝对精神的外化，而是两个"普遍"：即在生产力普遍发展基础上形成的各民族之间的普遍交往。马克思说："各民族之间的相互关系取决于每一个民族生产力、分工和内部交往的发展程度。"① 生产力的发展导致分工的扩大，分工又促进了交换的发展和地区与世界市场的形成，最后各个民族的联系交往成为常态，这就冲破了民族和地域的壁垒，使每个民族只有依赖与其他民族的交往才能维系正常的生产和生活。马克思在《德意志意识形态》中具体描述了世界历史形成的机制和情景："各个相互影响的活动范围在这个发展进程中越是扩大，各民族的原始封闭状态由于日益完善的生产方式、交往以及因交往而自然形成的不同民族之间的分工消灭得越是彻底，历史也就越是成为世界历史。"② 马克思还具体举例说明了世界历史的形成和含义："如果在英国发明了一种机器，它夺走了印度和中国的无数劳动者的饭碗，并引起这些国家的整个生存形式的改变，那么，这个发明便成为一个世界历史性的事实。"③ 由于拿破仑在欧洲推行大陆封锁令，导致砂糖和咖啡急缺，从而激起德国人参加反法战争，于是砂糖和咖啡就成为具有世界历史意义的产品。马克思总结以上事实，得出结论认为："历史向世界历史转变，不是'自我意识'、宇宙精神或者某个形而上学怪影的某种纯粹的抽象行动，而是完全物质的、可以通过经验证明的行动，每一个过着实际生活的、需要吃、喝、穿的人都可以证明这种行动。"④

由于世界历史反映了在生产力的普遍发展基础上形成的普遍交往，而这种交往又是以社会化大生产为契机，所以马克思认定，资本主义大工业"首次开创了世界历史，因为它使每个文明国家以及这些国家中的每一个人的需要的满足都依赖于整个世界，因为它消灭了以往自然形成的闭关自守的状态"。⑤ 马克思还特别强调，随着每一个国家和民族进入世界历史，每一个人也都改变

---

① 《马克思恩格斯选集》第 1 卷，人民出版社，1995，第 68 页。
② 《马克思恩格斯选集》第 1 卷，人民出版社，1995，第 88 页。
③ 《马克思恩格斯选集》第 1 卷，人民出版社，1995，第 88~89 页。
④ 《马克思恩格斯选集》第 1 卷，人民出版社，1995，第 89 页。
⑤ 《马克思恩格斯选集》第 1 卷，人民出版社，1995，第 114 页。

了原有的孤寂的生存状态，和世界市场紧密地联系着。世界市场改变了每一个人的生活，也改变了每一个人，使大家趋向更多的共同性，这就使"地域性的个人为世界历史性的、经验上普遍的个人所代替"。①

马克思把生产力的普遍发展和在此基础上的普遍交往作为世界历史思想的现实基础，这是对世界历史思想的唯物主义的改造和奠基，反映了客观的历史必然性。而他的前驱者们由于不理解生产和交往对世界历史形成的决定意义，找不到历史何以带有世界性的原因，转而求助人的本性和神秘的天意，实际上这既带有一厢情愿的主观色彩，也表明他们还没有真正跨入科学的境界。

其次，马克思的突出贡献还在于，他把世界历史思想与无产阶级的历史使命联系起来，架起了通过世界历史实现共产主义之桥，为马克思的共产主义理论增添了新的元素。马克思哲学不仅说明世界，更重要的是改变世界，世界历史思想也是如此，它在说明世界的同时，还肩负着改变世界的使命。马克思认为，个人的世界历史化只是表明个人的需求和活动范围拓宽了，处在经常的相互交往中，但它并不能直接带来个人的解放。相反，"单个人随着自己的活动扩大为世界历史性的活动，越来越受到对他们来说是异己力量的支配（他们把这种压迫想象为所谓宇宙精神等等的圈套），受到日益扩大的、归根结底表现为世界市场的力量的支配"，②这就是异化，只要这种异化还存在，人们就不能主宰自己的命运，就摆脱不了对自然必然性的动物般的屈从，马克思恩格斯把这种状态称为"人的史前史"。所以不能过分夸大世界历史作为人类活动的外在空间规模的意义，进入世界历史并不等于进入真正的人类历史，它只不过是以其高度发展的生产力和各民族间的普遍交往为理想社会的实现奠定了物质前提，还不等于实现了理想社会本身。因为共产主义"不仅决定于生产力的发展，而且还决定于生产力是否归人民所有"。③"只有在伟大的

---

① 《马克思恩格斯选集》第1卷，人民出版社，1995，第86页。
② 《马克思恩格斯选集》第1卷，人民出版社，1995，第88页。
③ 《马克思恩格斯选集》第1卷，人民出版社，1995，第771页。

社会革命支配了资产阶级时代的成果，支配了世界市场和现代生产力，并且使这一切都服从于最先进的民族的共同监督的时候"，① 人类才会结束史前史，真正进入人类的历史。这就把世界历史思想与无产阶级革命连接起来，两者互相作用，互为前提，把世界历史推向共产主义的深层次。

共产主义是全人类彻底解放的伟大壮举，它的根本原则就是"每一个人的自由发展是一切人的自由发展的条件"，② 而每一个人的解放和自由发展不可能在狭窄的范围和孤立的地点真正实现，如马克思所说："每一个单个人的解放的程度是与历史完全转变为世界历史的程度一致的。"③ 只有深度卷入世界历史的进程，个人的解放和共产主义的实现才是可能的。马克思通过消除异化，揭示了个人世界历史化与实现共产主义的内在关联："各个人的全面的依存关系、他们的这种自然形成的世界历史性的共同活动的最初形式，由于这种共产主义革命而转化为对下述力量的控制和自觉的驾驭，这些力量本来是由人们的相互作用产生的，但是迄今为止对他们来说都作为完全异己的力量威慑和驾驭着他们。"④ 在这个意义上，共产主义既是真正的人类历史又是深远的世界历史，是两者的有机统一。

世界历史不仅是共产主义的实现机制，还是共产主义的实现途径。实现共产主义是无产阶级肩负的历史使命，而无产阶级就是一个世界历史性的阶级。马克思所说："当每一个民族的资产阶级还保持着它的特殊的民族利益的时候，大工业却创造了这样一个阶级，这个阶级在所有的民族中都具有同样的利益，在它那里民族独特性已经消灭，这是一个真正同整个旧世界脱离而同时又与之对立的阶级。"⑤ 无产阶级的世界性决定了它所肩负的共产主义事业的世界性。马克思一再强调，共产主义是世界历史性的事业，绝不能把共产主义狭隘化、民族化，理解为孤立的地域性的存在，"交往的任何扩大都会消

---

① 《马克思恩格斯选集》第1卷，人民出版社，1995，第773页。
② 《马克思恩格斯选集》第1卷，人民出版社，1995，第294页。
③ 《马克思恩格斯选集》第1卷，人民出版社，1995，第89页。
④ 《马克思恩格斯选集》第1卷，人民出版社，1995，第89~90页。
⑤ 《马克思恩格斯选集》第1卷，人民出版社，1995，第114~115页。

灭地域性的共产主义。共产主义只有作为占统治地位的各民族'一下子'同时发生的行动,在经验上才是可能的,而这是以生产力的普遍发展和与此相联系的世界交往为前提的"。① 这样,马克思就把他的共产主义思想和世界历史思想统一起来,并寄希望于无产阶级在世界范围内同时发动共产主义革命。由此马克思才说:"无产阶级只有在世界历史意义上才能存在,就像共产主义——它的事业——只有作为'世界历史性的'存在才有可能实现一样。"②

马克思对世界历史思想的阐述揭示了世界历史思想与唯物史观的相互包容的关系,它们同时说明人类历史发展的两个不可或缺的基本概念,反映了历史演进中人的活动作为内在的质与其外在表现的空间量度或规模的统一。人类历史演进的根本机制是生产力与生产关系和经济基础与上层建筑的矛盾运动。但是社会基本矛盾运动只是表现为历史发展中的内在的质的方面,它同时还必须伴之以量或空间规模的外在方面。质和量的统一是辩证法的基本要求,没有量的外在规定性,任何内在的质都无从体现。社会基本矛盾运动作为内在的质必须有一定的空间规模作为量相统一才能运行起来。在实践中,随着生产力的发展和交往的增多,人类活动的空间规模也随之不断地扩大,而这就表现为民族史和地域史越来越超出狭隘的空间规模,演变为世界的历史。任何民族只要生产力和交往水平达到一定的高度,都必然会发生这种改变。反之,历史向世界历史的转变,也印证生产力和交往水平的提高,世界化的程度也是衡量社会发展水平的尺度。所以,世界历史思想与唯物史观是外与内、里与表的关系,它们互为前提、彼此配合,共同说明社会历史的发展。

马克思的划时代的贡献还特别表现在他不忘记革命的本色和使命,不满足于单纯地说明历史,还把世界历史与无产阶级的解放和共产主义的实现连接起来,这说明,共产主义与世界历史是相互平行、互为条件的,没有世界

---

① 《马克思恩格斯选集》第1卷,人民出版社,1995,第86页。
② 《马克思恩格斯选集》第1卷,人民出版社,1995,第87页。

历史的深入发展，共产主义就不可能实现。所以，关注世界历史，融入世界历史，推进世界历史的发展是一切共产主义者的神圣责任。

三 世界历史思想的实践旨归

马克思提出世界历史思想的目的绝不限于理论旨趣，仅仅是说明历史，更重要的是改变世界，推进历史，解决世界历史的实践课题。世界历史思想的核心问题是各民族如何加速走向世界历史，深入推进世界历史。对于西方资本主义国家来说，它们已经开创和走向世界历史，今后的问题是如何发动革命实现社会主义和共产主义，结束史前史，走向真正的人类历史。马克思深化对共产主义的理论研究和阐发，相继写出了《共产党宣言》、《资本论》和《哥达纲领批判》等著作，使科学共产主义理论臻于完善。同时加强对工人运动的领导，成立了第一国际，指导了巴黎公社革命，在实践上为推进国际共产主义运动而斗争。

可是，欧洲以西的广大的东方世界如何贯彻世界历史思想呢？这就必须从东方世界的具体国情出发，具体分析，具体对待。当时这些国家都处于前资本主义状态，还没有进入世界历史。为了这些国家和民族的未来，马克思坚定地认为，它们必须结束孤立和封闭状态，走向世界历史。可是根据以往的经验，走向世界历史只有一条路可遵循，那就是"在亚洲为西方式的社会奠定物质基础"，[1]走西方资本主义发展道路。可是这又与马克思一向追求的消灭资本主义的理想不符，使马克思陷入实现世界历史思想与资本主义现实抉择的两难境地。19世纪50年代，马克思考察了不列颠在印度的统治，权衡了英国侵略及其带来的后果，一方面，认为英国的侵略"破坏了这种小小的半野蛮半文明的公社，因为这摧毁了它们的经济基础"；另一方面，又带来了科学、技术和新的交通工具，"结果，就在亚洲造成了一场前所未闻的最

---

[1]《马克思恩格斯选集》第1卷，人民出版社，1995，第768页。

大的、老实说也是唯一的一次社会革命"。① 接着马克思说了一段名言，表明了他对印度走向世界历史所付出的代价的基本立场："的确，英国在印度斯坦造成社会革命完全是受极卑鄙的利益所驱使，而且谋取这些利益的方式也很愚蠢。但是问题不在这里，问题在于，如果亚洲的社会状况没有一个根本的革命，人类能不能实现自己的命运？如果不能，那么，英国不管干了多少罪行，它造成这个革命毕竟是充当了历史的不自觉的工具。总之，无论一个古老世界崩溃的情景对我们个人的感情来说是怎样难过，但是从历史观点来看，我们有权同歌德一起歌唱："我们何必因这痛苦而伤心，既然它带给我们更多欢乐？"② 马克思的意思很明显，走向世界历史是社会进步的决定性步骤，为此必然要付出代价，但这些代价同时又能为未来的社会奠定物质基础，因而是必要的，也是值得的，当时马克思在社会进步与人的价值选择上，倾向于前者。

但是，到了 19 世纪 70 年代中末期，马克思对东方国家进入世界历史的态度又发生了根本的转折。理论是灰色的，生活之树是长青的。当革命来临，人民即将取得政权，在这个关键时刻，理论本身要由实践来权衡取舍。马克思一生都追求革命，他不能容忍把革命胜利后的俄国重新投入资本主义的苦海。而当时东方国家进入世界历史就意味着进入资本主义，以这种代价来进入世界历史，这是马克思在感情上绝对不能接受的。马克思理智地意识到，必须修正 19 世纪 50 年代的结论，不能以进入资本主义和牺牲、贬损人的价值为代价去实现世界历史和社会进步，这个代价太沉重了。对马克思来说关键是要找到一种新的出路和平衡，既能避免资本主义的痛苦和牺牲，保持人的价值和尊严，又能进入世界历史，实现社会进步。马克思找到了一个两全其美的办法和出路，那就是跨越资本主义卡夫丁峡谷，在东方土地公有制的基础上，借助资本主义的肯定成果，实现社会主义。

俄国和中国都是资本主义没有充分发展的国家，十月革命和中国新民主

---

① 《马克思恩格斯选集》第 1 卷，人民出版社，1995，第 765 页。
② 《马克思恩格斯选集》第 1 卷，人民出版社，1995，第 766 页。

主义革命都避免了资本主义前途,革命胜利后的主要任务是发展生产力,努力缩小与资本主义国家在经济上的差距,不管人们主观上自觉与否,从客观上来说,这就是跨越卡夫丁峡谷式的社会主义。这种社会主义本来就蕴含走向世界历史的宗旨,是在隔断了资本主义的发展趋向的同时所选取的世界历史的新形式。

中国是一个有开放传统的国家,与世界各国平等交往,共享世界共同发展的成果是中国历史的主流。唐、元、明各朝代都很重视国家间的贸易和各民族的交流,并以自己高度发展的文明成果为世界历史的进步做贡献。只是到了近代,中国落伍了,清帝国实行的闭关锁国政策,极大地延误了历史发展的时机,错过了科技发展和交流的关键时刻。清朝君王盲目自大、迂腐无知,严重缺乏对西方新事物的敏感,拒先进文明成果于千里之外,不消百年便与先进国家有了很大差距。近代中国先进分子痛感自己国家被世界边缘化,决心融入世界,与发达国家共同驰骋于世界民族之林。康有为的《大同书》是对世界大同的向往,折射了中国人内心的宽广境界。中国革命的先行者孙中山发出感人肺腑的世界历史性的宣言:"世界潮流,浩浩荡荡,顺之者昌,逆之者亡。"这既是他颠沛流离的革命一生的真切感言,也是他对国人的忠告和训导。毛泽东很早就发出自立于世界民族之林的宏愿,在延安时期,毛泽东就多次表示,革命胜利后他出访的第一个国家就是美国,要向他们学习如何搞现代化,如何管理现代工业和农业。只是由于帝国主义的封锁,他的走向世界、融入世界的良好愿望一直受阻。但他在有生之年仍然竭尽努力,打破封锁,实现了与日本、美国的邦交正常化,这在当时是很难做到的勇敢壮举。

党的十一届三中全会吹响了改革开放的号角,改革是深刻的社会变革,触及一切束缚生产力发展的旧机制和旧体制。但是变革内在机制必须同时与对外开放的格局相配套,要在更广阔的世界空间充分上演中国改革和发展的大戏,同时汲取人类一切文明积淀,包括资本主义的文明成果,把对我国发展有用的技术、资金、设备、管理经验汲取过来,为我国发展服务。改革开放一开始,邓小平就以博大的胸怀,提出和平与发展是当代世界的主题,为我国深刻介入世界历史，扩大与各国的交往扫清了思想阻力。近年来中共中央先后提出和谐亚洲、和谐世界的主动性的口号，表明了中国参与世界一体化进程的诚意。在中国成为世界第二大经济体的基础上，中国的和平崛起成为世界探讨的热门话题，中国经验、中国道路、中国模式一时为人所热衷，竞相讨论，这意味着中国不仅深深地融入世界历史，而且已开始主导和引领世界历史，中国和平崛起的旷世成就既是在开放中取得的，又是对世界历史的进一步地拓展和推进。

当前，凝聚几代中国人的国家富强、民族振兴、人民幸福的真切愿望和理想，已经编织成美丽的梦想，正在提振民族精神，焕发冲天的干劲努力实现中国梦。正像马克思所说的"交往的任何扩大都会消灭地域性的共产主义"一样，在全球化背景下的中国梦也绝不是狭隘的、孤立的事业，世界需要中国，中国需要世界。只有在广阔的世界空间，参与和引领世界历史潮流，才能以宏大的规模为世界发展做出贡献，展现中国改革和发展的强大生命力，真正实现美丽的中国梦。

马克思主义哲学与中国特色社会主义[*]

李楠明[**]

党的十七届六中全会把贯彻社会主义核心价值体系作为繁荣社会主义文化的核心问题提了出来,而关于"为什么只有社会主义才能救中国,只有中国特色社会主义才能发展中国",则直接关系社会主义核心价值体系的主题,关系团结全国各族人民齐心奋斗的共同理想,只有说清这个问题,才能消除人们思想的迷惘,坚定社会主义的信念,凝聚人们共同奋斗的力量,从而为繁荣社会主义文化指明正确的方向。而对这个问题的说明还要依据马克思主义的理论。

一 从马克思的世界历史思想来理解中国走向社会主义道路的历史必然性

经常听到这样的议论:"中国为什么一定要搞社会主义?走资本主义道路不行吗?走资本主义道路是否比现在更好?"邓小平同志曾明确指出:"人们提出这样一个问题,如果中国不搞社会主义,而走资本主义道路,中国人民是不是也能站起来,中国是不是也能翻身?让我们看看历史吧。国民党搞了二十几年,中国还是半殖民地半封建社会,证明资本主义道路在中国是不能

---

[*] 本文发表于《马克思主义与现实》2012年第1期,收入本书时部分内容有改动。
[**] 李楠明,黑龙江大学哲学学院教授,主要从事马克思的实践哲学及其当代意义研究。

成功的。"① 邓小平同志的回答是对中国近现代发展历史的深刻总结，而对这一问题的理论说明，还要追溯到马克思提出的世界历史思想。

马克思的世界历史思想是在《德意志意识形态》一书中首次完整地表述出来的，这一思想的内容是：自从资本主义生产方式产生以后，资本主义的世界市场已把世界联为一个整体，"资产阶级社会的真实任务是建立世界市场和以这种市场为基础的生产"。② 这样，各个民族或国家不再是封闭的、孤立的自我发展，而是通过普遍的相互交往，进入了相互依存的状态。由此，前资本主义的孤立发展的民族历史，就开始向世界历史转变。资本主义"首次开创了世界历史，因为它使每个文明国家以及这些国家中的每一个人的需要的满足都依赖于整个世界，因为它消灭了以往自然形成的各国的孤立状态"。③

当民族历史转向世界历史之后，历史发展出现了新的机制和特点，因而对问题的认识就再不能囿于一个民族或国家的视域内，而要从世界性的相互交往的视角来进行。对中国走向社会主义发展的问题也要如此分析。

在马克思看来，世界历史的形成过程，也就是两极性的世界分工体系形成的过程。"各民族之间的相互关系取决于每一个民族生产力、分工和内部交往的发展程度。"④ 所以，处在有利条件下的资本主义国家凭借其雄厚的经济、军事实力，对落后的国家进行掠夺，以较少的劳动换回较多的劳动，使落后的国家依附于先进国家，使殖民地依附于宗主国。"使未开化和半开化的国家从属于文明的国家，使农民的民族从属于资产阶级的民族，使东方从属于西方。"⑤ 这样，世界市场体系的发展虽然把一切民族和国家都卷入世界历史的洪流，但资本主义列强又不会允许落后的国家真正充分发展起来，因为在两极性的世界分工体系中，资本主义的发展要依赖于海外殖民地，要以牺牲、剥夺落后民族的利益来保证自己的进步。换言之，资本和商品的输出必定要有接受的场所，

---

① 《邓小平文选》第 3 卷，人民出版社，1993，第 62 页。
② 《马克思恩格斯全集》第 29 卷，人民出版社，1960，第 348 页。
③ 《马克思恩格斯全集》第 3 卷，人民出版社，1960，第 68 页。
④ 《马克思恩格斯全集》第 3 卷，人民出版社，1960，第 24 页。
⑤ 《马克思恩格斯选集》第 1 卷，人民出版社，1995，第 277 页。

两极密切相连，失去一极，另一极也就不复存在。所以，资本主义国家就要千方百计阻碍落后民族和国家的发展，在政治、经济、军事、文化上控制这些国家，使其依附于自己，不允许其发展强大起来。这样，落后的国家在资本主义两极性的世界分工体系中的地位决定了，它们不可能通过走资本主义的道路来富强自己，这就促使它们必须摆脱资本主义世界分工体系的控制，以另外的形式来发展自己。这正是中国走向社会主义发展道路的深层原因。

近现代中国历史发展的事实就证明了这一点。自1840年开始，中国逐渐沦为半殖民地半封建社会，民族灭亡的危险促使许多有志之士向西方寻求真理，幻想通过发展资本主义来使中国富强。但当中国民族资本主义的发展刚刚开始起步时，世界的主要资本主义国家已相继进入帝国主义阶段。在帝国主义阶段，资本输出和争夺海外殖民地具有了特殊重要的意义。所以，帝国主义列强极力在政治、经济、军事上控制殖民地和半殖民地，限制其民族经济的发展，以保证它对落后国家的掠夺。这样，当中国刚刚走上资本主义的发展道路时，它充分发展的可能性就已经消失。正因如此，在旧中国，民族资本主义的发展始终处在艰难的境地，民族工业的发展既是缓慢的，又是残缺不全的。中国一直处在贫穷落后的状态，这正是资本主义世界分工体系造成的必然结果。

既然资本主义的道路走不通，那么要富强中国，社会主义就是必然的选择。社会主义运动的广泛开展和苏联社会主义的建立，为殖民地、半殖民地国家摆脱资本主义的世界分工体系，走民族富强之路提供了样板。十月革命的一声炮响给中国送来了马克思主义，由此中国共产党人带领全国人民进行了新民主主义革命，最后走向了社会主义。可见，只有社会主义能够救中国，这并不是某些人的主观愿望，多少革命先烈为之抛头颅、洒热血的奋斗目标其实是根植于世界历史的发展和中国的现实处境之中，具有客观的历史必然性。正如邓小平同志所说："中国搞资本主义不行，必须搞社会主义。"[1]

---

[1]《邓小平文选》第3卷，人民出版社，1993，第63页。

二 从马克思晚年东方社会理论来理解中国特色社会主义的产生

当前,"补课论"在一些人中有一定的市场,认为搞中国特色社会主义就是在补资本主义的课,其实,这种认识是错误的。诚然,中国的社会主义道路同马克思书本上的以西方国家为历史背景的社会主义设想并不完全相同,我们确实没有经过资本主义的充分发展阶段,但资本主义的课完全不必补,问题的关键是如何根据中国的具体情况来建设社会主义。而这又涉及对马克思晚年东方社会理论的理解。

中国的社会主义实践在马克思那里也是有理论根据的,这一理论根据就是马克思晚年的东方社会主义道路的新构想。马克思在 19 世纪 40 年代中叶创建科学社会主义理论时,主要根据的是西方国家的历史材料,而当时东方国家的历史发展并没有纳入马克思的视野,所以,他得出了一切国家都必须首先经过资本主义的发展才能进行社会主义革命的结论。但 19 世纪 50~60 年代以后,马克思逐渐接触了大量的东方国家的材料,经过对亚细亚生产方式的研究,开始转变了早年的想法,提出了东方国家走向社会主义道路的新构想。他认为,就资本主义的发生和发展来说,在历史上确实存在着两条基本线索,一条是"自由的小土地所有制的解体",即西方国家的历史发展道路,另一条是"以东方公社为基础的公共土地所有制解体",[①] 这即是说,土地公有是东方亚细亚生产方式的独特性,它不同于西方的历史发展。由此,马克思就得出了同早年不同的结论:既然东西方历史发展道路并不同,今后走向社会主义的道路也不必完全相同,东方国家可以在土地公有的基础上,不经过资本主义的发展阶段,直接建成社会主义。他在给俄罗斯女革命家查苏利奇的回信中表述了如下的思想:"俄国是在全国范围内把'农村公社'保存到今天的唯一的国家……使俄国可以不通过资本主义制度的卡夫丁峡谷,而把

[①] 《马克思恩格斯全集》第 1 版第 46 卷上册,人民出版社,1960,第 471 页。

资本主义制度的一切肯定的成就用到公社中来。"①

马克思晚年虽然提出了东方社会走向社会主义的非资本主义化的新构想，但其只是一个总原则，没有也不可能具体规划出东方社会主义革命和建设的具体蓝图。这就遗留了两个理论难题：一是东方国家应怎样进行社会主义革命？二是革命后应怎样建设社会主义？以后东方的社会主义运动本质上就是围绕解决这两个难题而进行。

列宁根据帝国主义发展不平衡性的规律，没有囿于马克思早年的结论，提出了社会主义革命可以在一个国家首先爆发并取得胜利，由此领导了十月社会主义革命，使社会主义由理想变为了现实，把马克思主义推进到了列宁主义阶段。毛泽东也没有局限于苏联的经验，而是根据中国的实际，提出了走农村包围城市，武装夺取政权的道路，最后领导了中国革命的胜利，创建了毛泽东思想。列宁和毛泽东之所以在国际共产主义运动上占有重要的地位，其根本原因就是把马克思主义的普遍真理同东方国家的具体实际结合起来，使马克思晚年的设想得以实现，科学地解决了马克思所遗留的第一个难题，即东方国家怎样在没有经过资本主义充分发展的情况下进行社会主义革命的问题。但是，无论是苏联还是改革开放前的中国社会主义实践，对马克思所遗留的第二个问题都没有很好地解决。究其原因是苏联照搬了马克思书本上的以西方国家为背景的社会主义设想，建立了一套高度集权的计划经济模式，从而远远脱离东方社会的具体情况和所要解决的主要矛盾，结果导致国际共产主义运动遭受了极大挫折。中国的社会主义建设深受苏联模式的影响，虽然毛泽东看到了苏联模式的弊端，并力争加以改变，但由于历史主客观条件的限制，在改革开放前，我们对东方特殊历史条件下的社会主义建设的探索仍然是不充分的，没有完全认清社会主义的发展规律。

社会主义建设所遭受的挫折，其实是苏联模式遭受的挫折，我们不能因

---

① 《马克思恩格斯全集》第 19 卷，人民出版社，1960，第 435~436 页。

此就否定社会主义,不能把社会主义的苏联模式当成社会主义本身,从而主张补资本主义的课。正如马克思所指出的那样,东方国家完全可以在社会主义制度的条件下,去发展现代文明的成果,从而创造出同资本主义相比较的优势。中国特色社会主义的发展就证明了这一点。

邓小平在总结国际共产主义运动正反两方面经验教训的基础上,坚持了实事求是的思想路线,对什么是社会主义进行了新阐释,从而确定了社会主义的根本任务就是发展生产力,而要搞好经济建设就必须坚持改革开放,走社会主义市场经济之路,并在此基础上进行政治体制改革和思想文化建设。而"三个代表"重要思想的提出则解决了在新的历史条件下执政党建设的问题。科学发展观的提出,进一步强调了如何才能又好又快地发展和建设社会主义的意义,把社会主义建设确定为经济、政治、文化、社会四位一体的总体布局,这就初步回答了马克思所遗留的第二个理论问题,东方国家如何建设社会主义和建设什么样的社会主义的问题。这就是中国特色社会主义理论的意义所在,是马克思主义中国化的伟大成果和体现。

中国特色社会主义的发展历程和取得的辉煌成就证明了马克思和恩格斯的论断,社会主义"随时随地都要以当时的历史条件为转移"。① 因此,要完成民族振兴、人民解放和生活幸福的历史任务,就要坚持马克思主义同中国革命具体实践相结合,坚持走中国特色社会主义道路。历史证明,"只有社会主义才能救中国""只有中国特色社会主义才能发展中国"。

二 从马克思的实践哲学来理解中国特色社会主义现代化建设的主体机制

马克思曾说:"任何真正的哲学都是自己时代的精神的精华。"② 马克思主义理论同样如此。马克思的哲学是实践哲学,而实践哲学是体现现代文明的

---

① 《马克思恩格斯选集》第1卷,人民出版社,1995,第248页。
② 《马克思恩格斯全集》第1卷,人民出版社,2002,第220页。

文化精神。现代文化是一种理性文化,它有两大支柱:一是个体自由;二是科技理性。从而形成了现代人对解放和真理的追求。这种时代文化精神的产生,深深根植于现代历史的发展之中。大机器工业及其科学技术的深入发展,改变了人对自然的隶属关系,使人在对自然的关系上逐渐成为主体;而商品经济的平等、自由的本性,促使了个体和类的分化,使个体日益走上独立自主的发展道路,在社会关系上人也成为主体。由此,弘扬主体和理性成为时代精神的主旋律。但是资本主义私有制却使独立的主体变为市民社会的"私人",变为孤独的自我。随着人的异化的发展,科学技术也日益自律化,由手段变为目的,技术理性文化开始统治世界。所以,现代社会是一个创造和异化并行的社会,是以物的依赖性为基础的人的独立性的社会。马克思主义的理论正是这种社会状况的理论回响,实践哲学包含主体性文化的人类解放的价值理想,"旧唯物主义的立脚点是市民社会,新唯物主义的立脚点则是人类社会或社会的人类",[①]主张通过主体的能动的创造活动去实现自身的解放。而人的解放又必须推翻资本主义制度,消除人的物化,即现实地改变世界和人本身。正是在改变世界的活动过程中,人与自然、人与社会逐渐达到和谐统一,人得以全面自由地发展。所以,在马克思的实践哲学中既蕴含着科学的精神,又蕴含着人文价值的精神,是两种文化精神的统一。我们只有依据实践哲学的这种文化精神,才能对中国特色社会主义现代化的进程做出总体性的深层次把握。

改革开放的过程是从传统农业文明向现代工业文明整体转型的过程,在经济上表现为由计划经济向市场经济的转变。从本质的层面来看,计划经济是一种群体主体的活动方式,个体本位的社会格局没有形成,企业和个人不是独立的主体,只是听命服从的生产工具,即生产过程的客体。由于生产资料所有权主体的缺位,企业既不能面对市场的需要自主地组织生产,支配生产、销售的过程;也没有独立的经济利益,因而缺乏生产的积极性

---

① 《马克思恩格斯选集》第 1 卷,人民出版社,1995,第 57 页。

和创造的动力。国有资产增值保值无人负责、生产低效率以及经济缺乏活力,成为计划经济的固有弊端。所以,从计划经济向市场经济转型,实质上意味着从群体主体活动方式向个体主体活动方式的转变,是使企业和个人从生产的客体转变为生产的主体的过程。也就是说,市场经济作为主体经济,意味着使企业成为自主经营、自负盈亏的独立主体,以物质利益的刺激作为动力,在市场竞争的压力下去拼搏进取,以便充分调动企业和职工的生产积极性。

企业要成为独立的主体就必须对生产资料具有支配权,只有充分支配生产资料,企业才能自主地组织生产过程,才能真正独立,也才会作为生产资料的主人而具有独立的经济利益。所以,体制创新的过程首先就围绕产权制度的改革进行,产权的多元化改变了国有资产一股独大的局面,使产权自由流动,力争使企业的财产权落在实处。只有产权明晰,才能职责明确,管理科学,也才能使政府真正退出对生产经营活动的微观干预,建立起适合市场经济发展需要的现代企业制度。体制改革的成效,个体主体活动方式的初步形成,增强了经济发展的活力,使近些年来的经济建设取得了辉煌的成就。

社会转型不能囿于经济的层面,市场经济体制的建立必然要求上层建筑的变革。政治体制的改革在当前的着眼点应是国家行政管理体制的改革。过去的管理体制是建立在计划经济基础上的,带有传统文化深深的印记,即政治涵盖一切,渗透社会生活的方方面面。随着群体主体向个体主体活动方式的转化,政治经济开始二元分化,要求规范行政管理权力,使政府由用行政权力直接干预微观的经济活动变为宏观调控。但这些改革总的来说并没有完全达到目的。其中一个根本的原因是政府管理的职能没有根本改变,还沿用无限全能政府的思路,把广大群众作为客体、作为民来管。所以,随着市场经济体制建设的深入发展,企业逐渐成为独立的主体之后,相应地要求政府必须转变职能,由管理走向公共服务。建立公共服务型政府实质上意味着管理对象主体地位的变化,人民群众不再是被管理的客体,而是需要政府为之服务的社会生活的主人。因此，民本思想、为民做主的思想、清官意识等把人民群众作为客体来对待的传统文化的糟粕也必须被清除出历史的舞台，代之以人为本思想，尊重人民群众的主体地位，维护人民群众作为主体的权益。所以，在人民群众还不能直接管理社会公共事务时，就必须坚持规则化的公平和程序化的民主，即用法律来保障人民群众的主体地位和权益，并规范行政权力的运作。正因为如此，党中央才把党的领导、人民当家作主和依法治国三者的统一作为政治体制改革的基本原则。公共服务型政府的建立还意味着管理主体的变化，即，使人民群众更多地参与社会管理事务，真正发挥社会生活主人的作用。这就要求扩大基层的民主自治，在权力的结构、运行和关系三大方面，发挥人民群众的管理、参与和监督的作用。尤其涉及公共服务和公共产品提供的领域，要放手让群众组织和非营利的社会中介组织去做，以形成政府机构为主导、社会组织为补充、广大群众积极参与的社会综合管理模式。

正是因为社会主义市场经济体制建设所体现出来的经济政治发展的主体化趋势，所以科学发展观要求我们必须坚持"以人为本"这一核心，把人作为个体和类相统一的主体来看待。无疑，人只有作为独立自主的个体才可能是主体，才不会被"民"所湮没，才能使社会对人的权益、地位、尊严的尊重落在实处。但独立的个体绝不是孤独的自我，孤独的自我是人的异化状态，只会导致"自我中心主义"和"人类中心主义"，造成人与自然、人与社会的分裂和对立。而科学发展观内含构建社会主义和谐社会的思想，"以人为本"是与人的和谐全面发展相一致的，这就意味着个体与类的统一，人只有作为类的存在，才是真正意义上的社会主体。"首先应当避免重新把'社会'当作抽象的东西同个体对立起来。个体是社会存在物。"[①] 正是从这种个体和类相统一的主体出发，科学发展观才提出人民群众是发展的起点和归宿，反对物本的发展观和市场经济所导致的两极分化现象，使发展的成果能够为广大人民

---

① 《马克思恩格斯全集》第 2 版第 3 卷，人民出版社，2002，第 302 页。

群众生活的幸福以及全面发展的需求服务，真正体现社会主义是把人作为社会生活的主人以及一切发展最终都是为了人的宗旨。所以，我们只有从马克思实践哲学的人类解放的价值目标和所体现的时代精神出发，才能真正理解当代历史的发展进程以及中国特色社会主义建设的内在逻辑。

"人类命运共同体"：马克思"真正的共同体"思想在当代中国的实践*

康渝生　陈奕诺**

"人类命运共同体"是当代中国共产党人提出并恪守的人类社会发展新理念。2011年，中国政府颁布了《中国的和平发展》白皮书，正式提出了必须依据"命运共同体"的新视角，寻求人类共同利益和共同价值的主张。透视"人类命运共同体"的政治主张，其中不仅阐发了当代中国的外交战略，更是彰显着中国特色社会主义发展的价值取向。"人类命运共同体"是中国共产党人洞悉世界共同发展的大趋势所提出的理论构想，也是为了携手世界各国人民应对全球性挑战而设计的"中国方略"。在构建"人类命运共同体"的全球性实践中，当代中国充分发挥了负责任大国的担当作用，不仅展现了中华民族休戚与共的和谐理念和"天下"情怀，更是将马克思"真正的共同体"思想确立为坚实的理论底蕴，推进了人类社会共同发展的历史进程。

一　人类生存的基本方式：共同体

从理论逻辑上分析，所谓"共同体"，并不仅仅是对人们在共同利益的追

---

*　本文发表于《学术交流》2016年第11期，收入本书时部分内容有改动。
**　康渝生，黑龙江大学哲学学院教授，主要从事马克思主义哲学及其当代发展、马克思主义哲学史与马克思主义哲学的人学理论的研究；陈奕诺，黑龙江哈尔滨人，黑龙江大学2012级马克思主义哲学专业硕士生。

求中结合而成的协作组织的指称,更是对人类社会基本生存方式的标榜。事实上,"共同体"恰恰是人猿揖别的历史衍生物,它伴随着人类的发展进程不断踯躅前行,在社会实践中逐渐凸显出"真正的共同体"的价值取向。遵循马克思关于社会发展"三形态"理论的致思逻辑,梳理人类社会生活共同体的发展历程,我们或可在否定之否定的意义上揭示出内蕴于其中的基本特征。

作为人类诞生的主要标志,通过自然选择而形成的原始共同体成为哺育人类成长的母体。在依据血缘关系联合而成的原始共同体中,人们的生存依然保持着某种本真的样态,彼此相依为命无疑是人们共同的生存底蕴。对于原始人类而言,一方面,维持生存所必需的物质生活资料不得不依赖于自然,与外界的物质交换奠定了生命发展存续的重要基础;另一方面,生活也在不断提出超越自然状态的需求,为丰富自身发展的物质条件而改变自然成为人类区别于动物的基本特征。正因如此,人类与自然的关系呈现出一种肯定与否定相互纠结的矛盾状态。人类的进一步发展不仅要继续仰仗自然的赐予,而且在改造自然以适应自身发展需求的意义上展现出否定自然的价值取向。正是这种包含着否定意蕴之本真的存在,决定了人类试图逃离自然,获取自身独立性的共同旨趣。显然,只有通过原始共同体为纽带而确立的相互联合,人们才有可能在一定程度上克服个体自身的局限性,从而摆脱自然界的完全束缚,实现人猿揖别的伟大历史跨越。

马克思将人类发展的最初社会形态概括为"自然形成的共同体",并且系统阐发了原始共同体的基本特征。在他看来,原始共同体是通过血缘关系组合而成,其表现形态为:"家庭和扩大成为部落的家庭,或通过家庭之间互相通婚[而组成的部落],或部落的联合。"[①] 因此,可以将原始共同体称为"部落共同体"或"血缘共同体"。正是这种以血缘关系为前提构建的"天然的共同体",超越了单个人对于生产资料的狭隘关系,实现了共同体所有成员对土地的共同占有和利用。在"生产及再生产自身"的共同劳动中,原始

[①]《马克思恩格斯文集》第 8 卷,人民出版社,2009,第 123 页。

人类中的每一个体也都本能地将自身视为"部落共同体"的成员，并因此而享受共同消费的乐趣。显然，在生产资料所有制的原生形态上，共同体对土地的共同占有和利用更多地表现出"原始共产主义"的基本特征。与这种原始的土地公有制内涵相映生辉的是，原始共同体不仅确立了全体社会成员的共性生活方式，而且通过群的集体行动弥补了个体自卫能力的不足，形成了与外部自然戕害相抗衡的合力。由此可见，作为原始社会生活的基本方式，共同体成为人类从自然中脱颖而出的决定性因素，并因此而开创了人类社会发展的基本形式。然而，原始共同体仅代表着社会成员的共同利益诉求，却未能彰显每一个社会成员的特殊利益，因而并非人类社会发展的理想形态。在论及原始人类与共同体之间的关系时，马克思深刻指出："共同体是实体，而个人则只不过是实体的偶然因素，或者是实体的纯粹自然形成的组成部分。"① 其实，原始人类只是在相互依存的意义上选择了共同体的生活方式，每一个个体并没有明确的特殊利益诉求。只有在共同体中，个体的生存才可能得以保障，这无疑是原始共同体成员经过长时间形成的共同意识。然而，正是在对于共同利益的高度认同中，个体的特殊利益湮灭殆尽，被共同利益所替代。从这个意义上讲，个体与共同体的亲密无间并非表明特殊利益与共同利益在主体自觉基础上的完全一致，恰恰相反，个体对于共同体的完全依赖正是缺乏主体意识的充分表现。

  伴随着社会生产力的不断发展，作为人类社会最初生存方式的基本特征，"人的依赖关系"逐步被扬弃，取而代之的是"以物的依赖性为基础的人的独立性"。社会物质财富的不断增加不仅改善了人们的生活状况，而且为"不劳而获"的剥削行为提供了可能，激活了个体更多地占有剩余产品的贪婪欲望。正是基于对物质财富的觊觎，个体的特殊利益不再与群体的共同利益完全吻合，而是通过每个人满足自身需要的独特手段彰显出各自的独立性。特殊利益与共同利益的分道扬镳，严重疏离了个体与共同体之间的关系，直接导致了否定社会意义上的人之异化存在，积淀为原始共同体必然解体的根本原因。

---

① 《马克思恩格斯文集》第8卷，人民出版社，2009，第126页。

显然，人类为了保证自身的持续发展，必须遏制个体对于共同体的背离，寻求一种协调特殊利益与共同利益相互关系的有效社会形式。个体独立性的张扬意味着主体意识的日益觉醒，人类社会最终超越了以血缘关系为纽带的原始共同体，进入了以政治共同体为标志的新的发展阶段。

马克思认为，"自然形成的共同体"是伴随着商品经济的崛起而土崩瓦解的。在取而代之的政治共同体中，作为社会存在基本纽带的不再是血缘关系，而是利益关系。着眼于社会经济发展的角度，这种新的共同体也可以被看作"需要的体系"的"货币共同体"。与原始共同体中特殊利益与共同利益的完全等同迥异，政治共同体中个人与共同体之间的利益博弈直接决定了二者相对独立的存在状态。作为政治共同体的基本形式，国家以全体社会成员共同利益的代表者自居，掌控着凌驾于社会之上的公共权力。事实上，政治共同体所代表的绝非全体社会成员的共同利益，而不过是统治阶级联合起来共同镇压和剥夺其他阶级的利益诉求。通过自诩为社会共同利益代表者的国家，统治阶级要求所有社会成员让渡部分特殊利益，并据此虚构了所谓"共同利益"。政治共同体所标榜的"共同利益"只反映了部分社会成员的利益诉求，而无法代表全体社会成员。由此看来，个体在政治共同体中并没有真正获得预期的自由，相反，特殊利益的让渡只是换来了自身的异化存在。诚如马克思主义创始人所言："由于这种共同体是一个阶级反对另一个阶级的联合，因此对于被统治阶级来说，它不仅是完全虚幻的共同体，而且是新的桎梏。"[①]

人类社会发展的历史性揭示，共同体是人类得以生存的最基本方式，也是个体实现自由全面发展的必由之路。然而，无论是原始共同体中个体主体性的湮灭，还是虚幻的共同利益对于自由个性的羁绊，都没有真正彰显共同体对于人之存在的决定性意义。显然，超越"种种冒充的共同体"给人的发展造成的障碍，不仅是构建"真正的共同体"之必需，也是作为主体的每一个人自由个性发展之必然。

---

① 《马克思恩格斯选集》第 1 卷，人民出版社，1995，第 119 页。

二 实践的理论指南：马克思"真正的共同体"

基于对虚幻的政治共同体的深刻批判，进而马克思提出了"真正的共同体"思想。在马克思的思维范式中，只有在否定私有制的意义上，共同体才能真正成为一切人自由发展的联合形式。同样，也只有在每一个人自由发展的基础上，共同体才能真正成为人之本质存在的实践标榜。

概括马克思关于"真正的共同体"思想的理论阐述，主要包括如下内容。

首先，在马克思的理论视域中，人类社会生活的"共同体"就是"生活本身"，而实现"真正的共同体"则深刻反映着"通过人并且为了人而对人的本质的真正占有"这一人类社会发展的总趋向。毋庸置疑，马克思"真正的共同体"思想是对于未来社会的理论憧憬。然而，马克思的理论阐发并没有建立在纯粹逻辑演绎的基础上，向现实生活世界的回归构成了"真正的共同体"思想的理论底蕴。马克思在对作为"生活本身"的"真正的共同体"所做的分析中，不仅明确将人的生活区分为"物质生活和精神生活"两个不同的领域，而且特别强调了"人的享受"对于生活的重要意义。毫无疑问，追求更高品位的生活质量，是以创造新的生活为目标的社会生产的发展动力，而人们通过享受自身所创造的生活也真正占有了自身的本质。

其次，遵循马克思的致思逻辑，"真正的共同体"不仅是对"虚幻的共同体"的理论反诘，而且充分彰显了人类社会发展对于传统生存方式的实践超越。针对政治共同体中突出存在的特殊利益与共同利益之间相互违和的状态，马克思着重强调了"真正的共同体"对于"个体和类之间的斗争的真正解决"所具有的决定性作用。在马克思看来，只有诉诸"真正的共同体"，每一个个体才有可能获得自身的特殊利益，并且在特殊利益与共同利益完全一致的基础上，实现对于人的本质的真正占有。因而，只有实现了"真正的共同体"，人类社会才能彻底摆脱因阶级对立而造成的桎梏和障碍，真正解决"人和自然之间、人和人之间的矛盾"。

再次，马克思所谓的"真正的共同体"并非抽象的理论预设，也不是空洞的伦理构想，而是对以个人所有制重建为旨趣的自由人联合体所做的实践指称。遵循马克思的理论逻辑，"真正的共同体"即是"自由人联合体"。然而，伴随着资本主义的发展进程，内蕴于其中的私人占有与社会化大生产之间的矛盾必然导致对资本主义私有制自身的否定。这种否定的否定并非对于旧有劳动私有制的简单复归，它是"在资本主义时代的成就的基础上，也就是说，在协作和对土地及靠劳动本身生产的生产资料的共同占有的基础上，重新建立个人所有制"。① 正是在此意义上，劳动者真正占有了自身的劳动产品，从而实现了个体的特殊利益与社会的共同利益的完全统一。

最后，梳理马克思主义关于未来共产主义社会的理论展望，我们不仅明确了"真正的共同体"与"自由人联合体"在社会形态上的一致性，而且明确了特殊利益与共同利益趋于完全统一的实践路径。马克思认为，个体的自由唯有在"真正的共同体"中才可以实现。"真正的共同体"与湮没了个体特殊利益的原始共同体相异，也与借助虚幻的共同利益剥削其他阶级的政治共同体截然不同。在"真正的共同体"中，各个人都是以个体的身份而非某一阶级成员的身份参与联合，因而这样的联合体完全超越了阶级的狭隘眼界，不仅满足了所有个体全面发展的诉求，也为每一个共同体成员提供了自由发展的条件。诚如《共产党宣言》所预测的那样，在未来的人类社会发展中，"每个人的自由发展是一切人的自由发展的条件"。②

实际上资本主义的社会化大生产不仅创造出日益丰富的物质财富，也为人的自身能力的提高和个人关系的拓展开辟了道路，从而奠定了"自由个性"全面发展的客观基础。正是在这个意义上，马克思阐发了"真正的共同体"思想，做出了"人的本质是人的真正的共同体"的明确论断。我们想要更加准确地把握其中的理论要点，就必须认真梳理马克思"真正的共同体"思想的致思逻辑，并据此为中国特色社会主义的实践提供理论指南。

---

① 《马克思恩格斯选集》第 2 卷，人民出版社，1995，第 252 页。
② 《马克思恩格斯选集》第 1 卷，人民出版社，1995，第 294 页。

三 中国共产党的实践旨归：人类命运共同体

自从新中国成立以来，当代中国共产党人就开始了对于"真正的共同体"矢志不渝的实践追求。中国特色社会主义的实践确立了"以人为本"的发展旨趣，从而为在东方社会继而在全球实现马克思"真正的共同体"思想开辟了道路。显然，概括马克思"真正的共同体"思想逐步中国化的发展历程，总结中国共产党人关于人类命运共同体的政治主张和实践历程，从中把握理论与实践相结合的真谛，对于中国特色社会主义实践的进一步发展必将是有所裨益的。

（一）"和平共处五项原则"奠定了人类命运共同体思路的理论底蕴

新中国成立伊始，面对百废待兴的社会发展局面，中国政府制定了积极的外交战略，开拓了关于人类命运共同体政治主张的理论方向。1953年底，周恩来在接见印度代表团时首创式地提出"和平共处五项原则"，明确主张将其确立为国际关系正常化的基本原则。中国关于"和平共处五项原则"的政治主张，不仅获得了周边国家的普遍认同，也引起了国际社会的强烈反响。1954年4月29日，中印双方签署了《中印关于中国西藏地方和印度之间的通商和交通协定》，历史性地将"和平共处五项原则"写入正式的国际文件。1955年4月，在印度尼西亚举行的万隆会议上，与会的29个国家共同发表了《关于促进世界和平与合作的宣言》，深入阐发了"和平共处五项原则"的全部内容。

透视"和平共处五项原则"的致思逻辑，其中不仅贯穿着睦邻友好的总体思路，而且深刻体现了休戚与共的思想底蕴。在贯彻"和平共处五项原则"的实践中，当代中国共产党人逐步将其拓展为中国特色社会主义发展基本战略。显然，"和平共处五项原则"超越了传统政治共同体单纯诉诸利益博弈的国家交往方式，而将国家的独立发展与相互协作确立为互利共赢的目标。从这个意义上讲，"和平共处五项原则"兼顾了利益驱动与命运趋同两个维度的实践考量，为构建人类命运共同体开拓了全新思路。

（二）和谐世界的主张与亚洲共同体的实践

2004年9月19日，中国共产党第十六届中央委员会第四次全体会议正式提出了"构建社会主义和谐社会"的政治主张，明确将社会主义和谐社会确定为中国特色社会主义的社会发展战略目标。在为全国人民齐心协力奔向小康社会努力营造和睦、融洽社会氛围的同时，党中央也着眼于应对国际发展的战略开拓了和谐世界的新思路。在实践中，亚洲共同体的构建无疑是和谐世界战略的初步尝试，也是当代中国共产党人践行马克思"真正的共同体"思想的重要举措。

2005年4月，胡锦涛主席在雅加达亚非峰会上发表讲话，明确提出亚非国家应"推动不同文明友好相处、平等对话、发展繁荣，共同构建一个和谐世界"的理念。同年7月，胡锦涛出访俄罗斯，"和谐世界"第一次被确认为两国之间的政治共识，写入了《中俄关于21世纪国际秩序的联合声明》。9月，胡锦涛在联合国总部发表演讲，全面阐述了"和谐世界"的深刻内涵，从而使这一标志着宽容、和解的全新理念逐渐进入国际社会的政治视野。

中国倡导的"和谐世界"理念，不仅旨在开拓中国特色社会主义的未来发展道路，同时也为确立全球国际政治伦理与国际经济秩序提供了基本的指导原则。作为引领全球国际政治伦理与国际经济秩序重建的重大理念，"和谐世界"的理论底蕴不仅可以溯源于中国传统文化的系统观、整体观，而且着重"和而不同"的传统意蕴，兼顾了各国发展的特殊性，为不同文化习俗的相互交流开创了契机。

首先，在中国特色社会主义的实践中，"和谐世界"的理念直接表现为中国外交战略的基本理念，其理论基础植根于独立自主原则与和平共处五项原则。其次，"和谐世界"理念不仅是中国外交战略的思想基石，而且具有更为博大的包容性与更加鲜明的时代感，并延伸为当代国际关系的重要准则。再次，"和谐世界"理念传承了"以和为贵"的中华民族优秀文化传统，向世人传达了东方文明的和谐思想精髓，展现了当代中国的气度和担当。最后，"和谐世界"理念初步构建了中国特色社会主义的新世界观体系，党的十七大报告从政治、经济、文化、安全、环保等多方面阐发了中国对于和谐世界的基本诉求，为与世界各国的沟通与交往铺平了道路。

正是依据"和谐世界"的理念，时任国务院总理温家宝代表中国政府在 2009 年的东亚峰会上提出了构建东亚共同体的基本思路和总体原则。作为构建"人类命运共同体"的第一个步骤，中国政府倡导的"东亚共同体"以区域经济一体化为基石，通过自由贸易区、货币联盟等多种形式，在各国之间确立一种互利共赢、和谐相处的关系，并进一步将经济共同体拓展为安全共同体和社会共同体。"东亚共同体"概念的提出不仅在实践中惠及了东亚 15 国的 17 亿人口，而且为中国政府进一步推行"人类命运共同体"的政治主张积累了丰富的经验。在 2014 年博鳌亚洲论坛年会的开幕式上，国务院总理李克强发表了题为《共同开创亚洲发展新未来》的主旨演讲，将构建亚洲共同体的实践旨归总结为"三个共同体"：第一，坚持共同发展的大方向，结成亚洲利益共同体；第二，构建融合发展的大格局，形成亚洲命运共同体；第三，维护和平发展的大环境，打造亚洲责任共同体。李克强总理的演讲高度概括了构建东亚共同体（即亚洲共同体）的实践经验，为进一步确立"人类命运共同体"的理论境界，推进中国特色社会主义的建设实践奠定了基础。

（三）构建"人类命运共同体"是马克思"真正的共同体"思想的当代实践

党的十八大报告首次提出"倡导人类命运共同体观念"，将"和平、发展、合作、共赢"的政治主张确立为增进人类共同利益的战略诉求。2015 年 9 月 3 日，习近平主席在纪念中国人民抗日战争暨世界反法西斯战争胜利 70 周年大会上再次强调："为了和平，我们要牢固树立人类命运共同体意识。"通过当代中国共产党人关于"人类命运共同体"的战略发展思路及其具体举措，充分彰显出中国特色社会主义在新时期的道路自信、理论自信与制度自信。从弘扬以"和平共处五项原则"为内容的"万隆精神"，到构建以"和谐世界"理念为导向的"亚洲命运共同体",进而提出"人类命运共同体"的发展战略,当代中国正在通过构建新型国际关系的"中国方略"展示一个泱泱大国对于人类社会发展的责任与担当。

中国共产党人以"人类命运共同体"为旨归的实践是在马克思"真正的共同体"思想指引下展开的,而这一实践无疑也是对马克思理论的当代证明。然而,尽管"人类命运共同体"意识已经为世人普遍接受,诸如亚投行、"一带一路"等具体举措业已在实践中初见成效,但完整厘定其历史作用似乎为时过早。因此,概括中国共产党人积极倡导的"人类命运共同体"意识,梳理出蕴含于其中的致思理路,我们或可预见其美好的未来,增强实践的信心。

第一,"人类命运共同体"意识是对中华民族优秀文化遗产的当代弘扬,其中蕴含着中华民族自古以来对于世事的基本判断。古代先贤着力强调的"先天下之忧而忧"的担当意识,"君子和而不同"的和谐理念,"达则兼济天下"的伦理价值,以及"协和万邦""和衷共济"的发展诉求,都对凝聚"人类命运共同体"的时代精神提供了有益的思想资源。深厚博大的"天下"情怀铸就了当代中国对于世界发展的大国担当,源自中华文明的思想底蕴催生了"人类命运共同体"意识。可见,"人类命运共同体"意识传承了中华文化的优秀基因,展示了推动世界和平与稳定发展的"中国智慧"。

第二,"人类命运共同体"意识集中反映了世界各国人民的发展共识,奠定了全球治理与共同发展的新理念。事实上,对于人类命运的强烈关注从来都是理论的焦点,而改变人的现实生存境遇,实现人类共同的幸福生活,则构成了古今中外思想家矢志不渝的理想追求。无论是中国圣贤憧憬的"大同世界",抑或古希腊哲人期盼的"理想国",无不执着于对人类幸福生活的向往。毋庸置疑,"人类命运共同体"的构建旨在寻求人类共存之道、共同发展之道。然而,尽管经济全球化的倾向将所有国家都置于相互关联、相互依存的发展链条中,但并非每一个独立的经济体都执着于人类大同的理想,或抱有利他主义的动机,现实的国家利益仍然是寻求国际合作的首要考量。因此,"人类命运共同体"不仅要为寻求全球共同的发展开拓一个穿越现实与理想的张力空间，而且要兼顾不同的利益诉求，确立人类休戚与共的实践旨归。可以说，"人类命运共同体"意识融汇了世界各国人民的理想诉求，为全球的和平发展奉献出以合作共赢为主旨的"中国方略"。

第三，"人类命运共同体"意识继承了马克思"真正的共同体"思想，以当代中国特色社会主义的实践丰富和发展了马克思主义。在当代中国共产党人关于"人类命运共同体"意识的系统阐述中，深刻浸润着马克思"真正的共同体"的思想底蕴。透视习近平总书记关于"人类命运共同体"意识的多次强调，其中不仅为积极构建新型国际关系阐明了"对话而不对抗，结伴而不结盟"的外交新思路，更是彰显了马克思"人的本质是人的真正的共同体"论断的实践价值。

构建"人类命运共同体"不仅是中国的需要、亚洲的需要，也是人类的需要。正是在对这一目标锲而不舍的追寻中，中国人民逐步实现着中华民族伟大复兴的中国梦，也在与各国人民的互助协作中获得了共同的福祉。显然，坚持马克思主义的指引，人类社会才会不断走向"真正的共同体"，即"自由人的联合体"，而当代中国共产党人积极倡导的"人类命运共同体"意识正是践行共产主义的"中国路向"。

论中国特色社会主义的世界历史使命*

隽鸿飞**

中国特色社会主义是由中国特色社会主义理论、中国特色社会主义道路和中国特色社会主义制度构成的中国社会发展的总体性的、历史性的实践，这三者的统一是中国特色社会主义的最鲜明特色。中国特色社会主义是在反思和批判 20 世纪以来世界历史进程以及近代以来中国社会发展的历史进程中形成和发展的，而且随着当代中国在世界政治、经济与文化中的作用和影响越来越深入，中国特色社会主义已经突破了传统民族国家的界限而具有了世界历史意义。从根本上说，中国特色社会主义正是突破了现代资本主义和传统社会主义两种不同的发展模式，从而开辟了一种全新的人类未来发展模式，对其理论与实践的探讨具有全人类的普遍性质。

一　现代人类社会发展的困境

对于整个人类历史来说，现代资本主义的确立及其开创的以大工业为基础的发展道路无疑是人类历史上真正具有世界历史意义的事件。正是现代资本主义的形成和发展，使人类社会的发展超越了自然地理条件的限制，开创

---

* 本文发表于《高校马克思主义理论研究》2016 年第 3 期，收入本书时部分内容有改动。
** 隽鸿飞，黑龙江大学马克思主义学院教授，主要从事马克思社会历史理论研究与国外马克思主义历史理论研究。

了真正意义上的世界历史，推动了全球化进程。但随着全球化进程的日益深入，现代资本主义所开创的发展模式已经走到了尽头，陷入无法挣脱的困境。

首先，从本质意义上说，现代资本主义开创的发展模式是建立在人的自我分裂和对立的基础之上的，这是在传统的发展模式之内不可能解决的根本性问题。

在马克思看来，自近代以来，资本主义开创的社会发展模式是建立在人的自我分裂和对立的基础之上的。一方面，它通过消解传统社会"人在神圣形象中的自我异化"实现了个体的解放，从而使人类个体焕发出巨大的主动性和创造性，带来了人类社会的飞速发展；另一方面，这种模式使人陷入"非神圣形象中的自我异化"，从而成为资本无可奈何的俘获物。换言之，资产阶级的政治解放并不是没有矛盾的人类解放，尽管这是有史以来人类解放所能达到的最高形式，但还不是人类解放的最终形式。其根本原因就在于资产阶级政治解放所造成的人的自我分裂和对立。

因为资产阶级的政治革命只是"消灭了市民社会的政治性质，它把市民社会分割为两个简单的组成部分：一是个体；二是构成这些个体的生活内容和市民地位的物质要素和精神要素。它把似乎是分散、分解、溶化在封建社会的各个死巷里的政治精神激发出来，把政治精神从这种分散状态中汇集起来，把它从与市民生活相混合的状态中解放出来，并把它构成为共体、人民的普遍事务的领域，在观念上不依赖于社会的上述特殊要素。特定的生活活动和特定的生活地位降低到只具有个体意义。它们已经不再构成个体对国家整体的普遍事务。公共事务本身反而成了每个个体的普遍事务，政治职能成了他的普遍职能"。[①] 因而，"国家的唯心主义的完成同时就是市民社会的唯物主义的完成"。[②] 这也就是所谓的市民社会与国家的二元对立，就其实质而言，是人的自我分裂和对立。因此，在政治解放真正完成的地方，"人不仅在思想中，在意识中，而且在现实中，在生活中，都过着双重的生活——天国

---

① 《马克思恩格斯文集》第1卷，人民出版社，2009，第44~45页。
② 《马克思恩格斯文集》第1卷，人民出版社，2009，第44~45页。

的生活和尘世的生活"。① 所谓天国的生活就是指政治共同体中的生活，在这个政治共同体中，人把自己看作社会的存在物，成为想象主权的虚拟分子，被剥夺了自己现实的个人生活，却充满了非现实的普遍性。而尘世的生活就是市民社会中的生活，人是作为私人进行活动的，在人把自己并把别人看作现实的个人的地方，人是一种不真实的现象。在市民社会的生活中，每一个人都把别人视为手段和工具，从而也把自己贬低为手段和工具，成为外力随意摆布的玩物。因而，在资本主义所建构的社会发展模式中，人被分为公人和私人、政治国家中的公民和市民社会中的个人。这种分裂和对立表现在社会生活的一切领域之中，如思维与存在、人与自然、共同体与个体、国家与个人、有产与无产、资本与劳动等。

其次，自由资本主义作为西方社会发展的可能性道路之一，将其全部的基础建立在独立的、理性的个体主体之上，"理性经济人"是整个资产阶级政治经济学的基本前提假设，同样也是自由资本主义社会建构的基本前提。共同体（国家）只不过是建立在独立的理性个体之间订立的契约基础之上的存在物，其权力的界限就是自由理性个体的权利——私有财产不受侵犯——自私自利的权利。正是在发财致富的欲望的推动下，资产阶级到处开发、到处设厂，"资产阶级，由于一切生产工具的迅速改进，由于交通的极其便利，把一切民族甚至最野蛮的民族都卷到文明中来了。它的商品的低廉价格，是它用来摧毁一切万里长城、征服野蛮人最顽强的仇外心理的重炮。它迫使一切民族——如果它们不想灭亡的话——采用资产阶级的生产方式；它迫使它们在自己那里推行所谓的文明，即变成资产者。一句话，它按照自己的面貌为自己创造出一个世界"。② 资本主义的这种世界性的扩张，彻底摧毁了传统的社会结构，并日益建构起一个统一的世界市场，"过去那种地方的和民族的自给自足和闭关自守状态，被各民族的各方面的互相往来和各方面的互相依赖所代替了。物质的生产是如此，精神的生产也是如此。各民族的精神产品成

---

① 《马克思恩格斯文集》第1卷，人民出版社，2009，第30页。
② 《马克思恩格斯文集》第2卷，人民出版社，2010，第35~36页。

了公共的财产。民族的片面性和局限性日益成为不可能，于是由许多种民族的和地方的文学形成了一种世界的文学"。① 从这个意义上说，正是资产阶级开创了世界历史，推动了人类社会整体的发展。因此马克思说："事实上，如果抛掉狭隘的资产阶级形式，那么，财富不就是在普遍交换中产生的个人的需要、才能、享用、生产力等等的普遍性吗？财富不就是人对自然力——既是通常所谓的'自然'力，又是人本身的自然力——的统治的充分发展吗？财富不就是人的创造天赋的绝对发挥吗？这种发挥，除了先前的历史发展之外没有任何其他前提，而先前的历史发展使这种全面的发展，即不以旧有的尺度来衡量的人类全部力量的全面发展成为目的本身。在这里，人不是在某一种规定性上再生产自己，而是生产出他的全面性；不是力求停留在某种已经变成的东西上，而是处在变易的绝对运动之中。"② 另外，资本主义创造的这一切又都是在资本逻辑的强制之下展开的。因为资本之所以成为资本，必须具备两个基本的前提：其一，资本是积累起来的劳动；其二，就是自我增殖。积累起来的劳动不过是人的自身活动的结果，是工人的劳动产品。因而，资本对劳动奴役的实质就是人的自我奴役。因而，在资本主义的生产过程中，"生产不仅把人当作商品、当作商品人、当作具有商品的规定的人生产出来；它依照这个规定把人当作既在精神上又在肉体上非人化的存在物生产出来"③。在这里，人是微不足道的，而产品则是一切，既包括作为物质产品的商品，同时也包括作为劳动力商品的工作。而资本的另一个本质性的要求即自我增殖，使资本家同样沦为资本的奴隶。这就是自由资本主义的本质所在，也是当代人类产生生存危机的根本原因。

在资本逻辑的强制之下，资产阶级通过世界范围内的资源掠夺和开发，实现了社会生产力的高度发展，创造了巨大的物质财富。但是，"社会所拥有的生产力已经不能再促进资产阶级文明和资产阶级所有制关系的发展；相反，

---

① 《马克思恩格斯文集》第2卷，人民出版社，2010，第35页。
② 《马克思恩格斯文集》第8卷，人民出版社，2010，第137页。
③ 《马克思恩格斯文集》第1卷，人民出版社，2009，第171页。

生产力已经强大到这种关系所不能适应的地步,它已经受到这种关系的阻碍;而它一着手克服这种障碍,就使整个资产阶级社会陷入混乱,就使资产阶级所有制的存在受到威胁。资产阶级的关系已经太狭窄了,再容纳不了它本身所造成的财富了。资产阶级用什么办法来克服这种危机呢?一方面不得不消灭大量生产力,另一方面夺取新的市场,更加彻底地利用旧的市场。这究竟是怎样的一种办法呢?这不过是资产阶级准备更全面更猛烈的危机的办法,不过是使防止危机的手段越来越少的办法"。① 同时,资本主义世界性的资源掠夺也造成了全球性的生态危机。特别是第二次世界大战之后,随着发达资本主义国家产业结构的调整,大量高污染、劳动力密集型、资源密集型的企业被转移到发展中国家,在摧毁发展中国家生态环境的同时,还掠夺丰厚的资本利润用以解决发达资本主义国家的生态环境问题。因此,可以说,当代人类社会共同面临的生态问题,其实质是资本主义全球扩张的结果,是资本主义开创的发展模式的危机。

如果说自由资本主义紧紧抓住了个体的人,那么作为自由资本主义的批判者和对立面,传统的苏联社会主义模式则是将个体的人融入共同体之中,将整个社会的发展作为根本目标。在社会发展的进程中,个体的人不过是实现伟大的共同目标的手段。这种看似反资本主义的社会发展模式,并没有超越资本主义开创的社会发展模式所存在的固有的问题,即人的自我分裂和对立,只不过是采取了完全相反的价值立场。也就是说,无论是自由资本主义还是传统苏联模式的社会主义,都只不过是抓住了分裂的人、分裂的社会的不同方面,以批判另一方面,因而都无法解决资本主义开创的新世界所产生的根本问题。

但不可否认的是,无论是自由资本主义还是传统苏联模式的社会主义,在推动社会生产力发展、变革传统社会结构方面,都充分展现了大工业所具有的积极意义。这也预示了中国特色社会主义的发展同样需要建立在大工业的基础之上。

---

① 《马克思恩格斯文集》第 2 卷,人民出版社,2010,第 37 页。

二 中国特色社会主义的历史探索

中国特色社会主义是在总结、反思改革开放前30年社会主义建设的经验、教训的基础上，由几代共产党人经过艰辛的探索逐步形成并发展起来的。"中国特色社会主义是改革开放新时期开创的，也是建立在我们党长期奋斗基础上的，是由我们党的几代中央领导集体团结带领全党全国人民历经千辛万苦、付出各种代价、接力探索取得的。"① 回顾中国特色社会主义形成和发展的历史进程，我们可以从两个不同的维度进行分析。

从理论的维度来看，中国特色社会主义是马克思跨越资本主义"卡夫丁峡谷"伟大设想在落后的东方国家对于社会主义理论的进一步发展。关于东方社会的发展，马克思晚年曾进行过深入的研究，在1882年出版的《共产党宣言》俄文版序言中，马克思明确指出："假如俄国革命将成为西方无产阶级革命的信号而双方互相补充的话，那么现今的俄国土地公有制便能成为共产主义发展的起点。"② 而在《致维·约·查苏利奇的信》及复信的三个草稿中，马克思则具体地分析了东方社会跨越资本主义"卡夫丁峡谷"的基本条件。在马克思看来，尽管东方社会由于独特的历史条件而保持了土地公有制，但在资本主义时代，由于与资本主义开创的世界市场相联系，东方社会已经摆脱了封闭孤立的状态，进入世界历史的进程。也正是由于与资本主义处于同一时代，东方社会才有可能吸收资本主义的肯定性成果。但是，一方面，农村公社公私二重性再次显露出来，私有制的发展趋势从社会内部瓦解着亚细亚生产方式的基础，加速了东方传统社会的解体；另一方面，资本主义的世界性殖民进程，破坏了亚细亚生产方式三位一体的社会结构。在削弱或消灭东方社会的专制国家的同时，"破坏了本地的公社，摧毁了本地的工业，夷平

---

① 《习近平谈治国理政》，外文出版社，2014，第7页。
② 《马克思恩格斯文集》第2卷，人民出版社，2010，第8页。

了本地社会中伟大和突出的一切"。① 因此，必须通过社会主义革命来挽救农村公社，才能保留东方社会跨越资本主义的基础。只有社会主义革命才能肃清从各个方面向农村公社袭来的破坏性因素，使其在正常条件下自由发展，从而成为东方社会复兴的因素。也只有通过社会主义革命，东方社会才能保有民族国家的独立，而不是沦为资本主义的俘获物——这是东方社会吸取资本主义肯定成果的最重要的前提。也就是说，在东方社会进行社会主义建设，必须具备两个条件：其一是社会主义革命的胜利；其二是吸收发达资本主义国家的肯定性成果。"历史中的资产阶级时期负有为新世界创造物质基础的使命：一方面，要造成以全人类互相依赖为基础的世界交往，以及进行这种交往的工具；另一方面，要发展生产力，把物质生产变成在科学的帮助下对自然力的统治。"② 但是，"只有在伟大的社会革命支配了资产阶级时代的成果，支配了世界市场和现代生产力，并且使这一切都服从于最先进民族的共同监督的时候，人类的进步才会不再像可怕的异教神那样，只有用人头做酒杯才能喝下甜美的酒浆"。③

从实践的维度来看，"中国特色社会主义，是科学社会主义理论逻辑和中国社会发展历史逻辑的辩证统一"。④ 正是伟大的新民主主义革命的胜利，为新时期开创中国特色社会主义提供了宝贵的经验、理论准备和物质基础。一方面，新民主主义革命的胜利彻底地推翻了帝国主义、封建主义和官僚资本主义，从而为跨越资本主义发展阶段奠定了政治基础；另一方面，在新民主主义革命过程中，中国共产党人在马克思主义与中国社会具体历史进程的结合过程中积累了宝贵的经验，并为中国特色社会主义做了理论准备。但是，由于新中国成立后面临的特殊的国际环境——东西方绝对对立的冷战格局，以及苏联在社会主义建设中巨大的示范效应，新中国只能按照苏联的模式建

---

① 《马克思恩格斯文集》第 2 卷，人民出版社，1972，第 70 页。
② 《马克思恩格斯文集》第 2 卷，人民出版社，1972，第 72 页。
③ 《马克思恩格斯文集》第 2 卷，人民出版社，1972，第 75 页。
④ 《习近平谈治国理政》，外文出版社，2014，第 21 页。

设社会主义。一方面，高度集中的计划经济体制对于新中国恢复国民经济、加快奠定现代工业的基础发挥了巨大的作用；另一方面，也造成了其后经济发展中的一系列问题。

中国特色社会主义的开创性，不但在理论上打破了苏联传统的社会主义模式，而且在实践上破解了中国社会自身发展的困局，从而实现了 20 世纪 80 年代以来中国社会发展的历史性飞跃。中国特色社会主义的开创性探索，其核心是坚持三个命题：其一是坚持和平与发展是时代的主题；其二是坚持四项基本原则；其三是坚持改革开放。

面对世界经济与政治快速发展的大潮，以邓小平为核心的中国共产党人明确意识到资本主义与社会主义长期共存的历史现实性以及世界历史的发展趋势，提出"和平与发展是时代的主题"的重要判断，从而明确了中国特色社会主义建构所面临的世界历史环境。强调坚持四项基本原则，则是确定中国社会发展的基本性质及指导思想，即中国社会是社会主义社会，必须以马克思主义理论为指导思想。而坚持改革开放，则为中国社会主义开辟了新的方向。所谓改革，就是要根据中国自身的社会历史特点及面临的根本问题，探索一条适合中国社会发展的社会主义道路；所谓开放，就是要吸收包括发达资本主义国家等其他社会所创造出的肯定性成果。邓小平指出："社会主义要赢得与资本主义相比较的优势，就必须大胆吸收和借鉴人类社会创造的一切文明成果，吸收和借鉴当今世界各国包括资本主义发达国家的一切反映现代社会化生产规律的先进经营方式、管理方法。"[1] 如果说在改革开放的前 30 年，我们还更多地强调吸收发达资本主义国家的肯定性成果，那么今天则明确意识到这种吸收必须立足本国的历史文化传统，必须经过创造性的转换，才能使发达资本主义国家的肯定性成果为我所用。正如习近平总书记指出的："我们要虚心学习借鉴人类社会的创造的一切文明成果，但我们不能数典忘祖，不能照抄照搬别国的发展模式。"[2] 中国特色社会主义真正体现了马克思

---

[1] 《邓小平文选》第 3 卷，人民出版社，1993，第 373 页。
[2] 《习近平谈治国理政》，外文出版社，2014，第 30 页。

主义理论的理论逻辑与当代中国的实践逻辑的统一。"中国特色社会主义是实践、理论、制度紧密结合的，既把成功的实践上升为理论，又以正确的理论指导新的实践，还把实践中已见成效的方针政策及时上升为党和国家的制度。所以，中国特色社会主义特就特在其道路、理论体系、制度上，特就特在其实现途径、行动指南、根本保障的内在联系上，特就特在这三者统一于中国特色社会主义伟大实践上。在当代中国，坚持和发展中国特色社会主义，就是真正坚持社会主义。"①

三　中国特色社会主义的超越性和人类性

中国特色社会主义的发展及其在世界政治经济体系中所处的地位、影响的变化，将彻底地改变自二战以来形成的世界政治、经济格局，不仅会带来一种全新的发展模式和发展理念，同时也会逐步改变西方发达资本主义国家所主导的自近代以来形成的世界历史格局，从而为未来人类社会的发展提供一种全新的社会发展模式。因而，中国特色社会主义具有超越性和人类的普遍性意义。

首先，中国特色社会主义的发展与西方发达资本主义国家的发展道路是不同的。一方面，中国通过开放，尽可能地吸取发达资本主义国家的肯定性成果，通过建立现代大工业以实现生产力的快速发展，推动传统中国社会的现代转型，为实现中国人的解放、全人类的解放而努力；另一方面，我们必须看到，现代中国社会的发展是外源内生型的发展，现代中国社会的发展进程并没有像西方发达资本主义国家那样通过全球性的殖民，掠夺世界性的资源以获取利益。相反，现代中国的发展是通过本国内部资本的积累、资源的开发、努力开拓本国与世界的双重市场而实现的。在这一点上，我们与西方发达资本主义国家截然不同。

---

① 《习近平谈治国理政》，外文出版社，2014，第9页。

纵观近代以来资本主义发展史,我们可以明确地看出,今天西方发达资本主义国家的繁荣是以广大发展中国家的贫弱为代价的。"在资产阶级的世界里,'生存竞争'是其经济思想、政治思想、社会思想及生物思想的基本隐喻。在'生存竞争'中,唯有'适者'能够生存。适者不仅有权生存,而且有权统治。占世界绝大多数的其余部分,便成了他们的盘中餐。遭资本主义世界践踏的社会和国家,在与资本主义世界取得妥协这点上,是失败的。'欠发达国家'的地区,在当时只能听任西方摆布,成了无可奈何的牺牲品。"① 因此,我们可以说,西方发达资本主义国家的发展是遵循弱肉强食的逻辑的,而中国的发展强调的则是互惠互利、合作共赢。对此,习近平总书记指出:"零和思维已经过时,我们必须走出一条和衷共济、合作共赢的新路子。"②

其次,中国特色社会主义的发展逐渐走出传统的个体与社会、国家与人民的二元对立的理论逻辑,而是始终强调党、国家和人民利益的一致性,把现代中国社会的发展建立在全体人民共同利益的基础之上。纵观中国共产党的历史,无论是在新民主主义革命时期,还是在社会主义建设时期,中国共产党始终是与民族和国家的命运、与人民群众密切地联系在一起的。中国共产党及其领导人始终强调,党是来源人民、服务于人民的,共产党员始终是"普通一兵""人民的儿子"。"历史和现实都告诉我们,密切联系群众,是党的性质和宗旨的体现,是中国共产党区别于其他政党的显著标志,也是党发展壮大的重要原因;能否保持党同人民群众的血肉联系,决定着党的事业的成败。"③ 正是基于对自身历史使命的这种理解,中国共产党始终把满足人民群众的根本利益作为自己的目标。无论是毛泽东提出的"全心全意为人民服务",还是邓小平强调的"社会主义就是要解放生产力、发展生产力,满足人民群众日益增长的物质文化需求",江泽民"三个代表"思想中强调的"中国

---

① 〔英〕霍布斯鲍姆:《资本的时代》,郑明萱、贾士蘅、张晓华等译,中信出版社,2014,第136页。
② 《习近平谈治国理政》,外文出版社,2014,第250页。
③ 《习近平谈治国理政》,外文出版社,2014,第366~367页。

共产党要始终代表中国最广大人民的根本利益",胡锦涛"科学发展观"思想中所体现的"以人为本"理念,以及习近平提出的"实现中华民族伟大复兴的中国梦",都始终强调民族、国家与人民利益的统一性。

最后,中国特色社会主义的发展在为世界经济的繁荣做出巨大贡献的同时,也将逐步改变传统的世界政治、经济格局,并通过中国的发展为人类的共同繁荣提供一种全新的理念。随着中国特色社会主义的发展,中国在世界政治经济格局中地位的变化,以及在国际事务中发挥的作用的增强,正逐步改变着自冷战结束后由美国主导的世界政治经济格局。在这一过程中,中国提出了一个不同于近代资本主义的全新理念,那就是"平等互利、合作共赢"。"我们将高举和平、发展、合作、共赢的旗帜,始终不渝走和平发展道路,始终不渝奉行互利共赢的开放战略,致力于同世界各国发展友好合作,履行应尽的国际责任和义务,继续同各国人民一道推进人类和平与发展的崇高事业。"① 更为重要的是,中国在制定国际发展战略时,始终把这种理念用于处理与世界各国的关系、寻求世界各国的共同发展之中。这突出表现为在"一带一路"倡议中,我国把促进"一带一路"区域内各国的经济发展视为自己理应承担的责任,将中国的发展与世界各国的发展密切地联系起来,从而向世界传达出一种不同于资本主义的全新的发展理念——互惠互利、合作共赢。这是一种全新的发展理念,必将彻底地改变世界历史的时间进程与空间格局。

综上所述,中国特色社会主义是马克思主义普遍原理与当代中国社会主义建设实践相结合的产物,是建立在对 20 世纪以来人类历史发展进程的深刻反思的基础之上的。中国特色社会主义在力图超越资本主义与传统社会主义二元对立的发展模式的过程中,逐步建构了一种全新的发展模式,倡导了全新的发展理念,已经超越了民族国家的性质,从而具有了世界历史意义。

---

① 《习近平谈治国理政》,外文出版社,2014,第 42 页。

国际金融危机与我国文化软实力的机遇[*]

胡长栓[**]

在马克思看来，危机"永远只是现有矛盾的暂时的暴力的解决，永远只是使已经破坏的平衡得到瞬间恢复的暴力的爆发"。[①]是"一切矛盾的现实综合和强制平衡"，这意味着，任何危机都不是绝对的危机，它不仅仅是一种疯狂的破坏性灾难，而且也是一种积极的建设性机遇。2008年，由美国"次贷"引发的国际金融危机，实际上也是一场全球性的经济危机，这场全球性的经济危机就其对世界的影响来说，同样也不仅仅是一种消极的和破坏性的危机，而且也是一种积极性的建设机遇。它对于一些经济结构来说是危机，但对于另一些经济结构来说却是机遇；对于一些社会发展模式来说是危机，但对于另一些社会发展模式来说则是机遇；对于一些核心价值观念来说是危机，但对于另一些核心价值观念来说则是机遇；对于一些国家和地区来说是危机，但对于另一些国家和地区来说则是机遇。这也就是说，和其他任何危机一样，这场经济危机是危机和机遇并存的危机，它包含多少危机就包含多少机遇。

---

[*] 本文发表于《马克思主义与现实》2010年第4期，收入本书时部分内容有改动。
[**] 胡长栓，黑龙江大学文化哲学研究中心研究人员，主要从事马克思主义哲学、文化哲学、科学技术哲学与怀疑论领域的研究。
[①] 《马克思恩格斯全集》第25卷，人民出版社，1960，第278页。

一 2008年国际金融危机

2008年国际金融危机已在全球范围内产生了广泛而深入的影响,世界上各个国家和地区的经济社会发展都面临着巨大的压力,不同程度地出现了放缓甚至是倒退的情况。但是,无论其影响范围多么广泛,就其实质和结果来看,仍然是一场相对的而非绝对的危机。

首先,2008年国际金融危机是以美国等为主体的经济结构危机。金融利率上调和房价不断下跌,造成大量次级贷违约,从而导致美国金融危机,是2008年国际金融危机最直接的原因,而这一原因的最后形成根本上来说则是美国等以金融和房地产泡沫为基础的经济结构不断发展的结果。在经历了两次"石油危机"之后,20世纪80年代,美国开始了二战后最为深刻的经济结构调整,以市场为主导,科技电子、IT(包括互联网)、房地产和金融等行业先后成为美国的支柱产业与经济增长最主要的动力。21世纪初,美国在IT泡沫破灭后,在不断鼓励居民购房和金融创新的过程中,就逐步形成了以发达的金融市场为基础、借助不断上涨的高房价、大量发放次级贷款和金融衍生品的经济结构。在这种经济结构中,如果利率不断下调,房价不断上涨,就势必产生房地产泡沫和金融泡沫,而一旦利率上升,房价下跌,就必然造成大量次级贷危机和一系列以次级贷为基础的金融衍生品危机,给金融机构和金融投资者带来巨大冲击,最后产生金融危机。这种金融危机波及经济社会的各个领域,并最终形成经济危机,而当今全球经济的一体化特征和美国在全球经济结构中的主导地位,就带来了2008年全球性的经济危机。这种经济危机本质上正是以美国等为主体的由自由市场主导的经济结构危机。

其次,2008年国际金融危机是以美国等为代表的社会发展模式危机。马克思曾指出:"资本主义生产的真正限制是资本本身,这就是说,资本及其自行增殖,表现为生产的起点与终点,表现为生产的动机与目的;生产只是为资本而生产，而不是相反。"① 这里，马克思深刻揭示了资本主义生产的本质，即对资本增殖和利润的绝对追求，也给我们描绘了资本主义的社会发展模式，即以"资本为本"的社会发展模式。生产力和生产资料之间的社会基本矛盾，在资本主义社会中，就表现为社会化大生产和生产资料资本主义私人占有之间的主要矛盾，它在高度自由的市场基础上，一方面，使企业个体处于高度的组织状态，拥有巨大的生产能力；另一方面，又使整个社会生产处于无政府状态，无法实现整个社会有组织的协调生产。这样，在以"资本为本"的社会发展模式中，由于人们对资本增殖和利润的单纯追求，就不仅极易造成生产、需求和消费之间的失衡，产生所谓的生产相对过剩，而且也极易形成给人们带来高额利润的经济泡沫。如自20世纪末以来，在美国的经济发展中，就先后形成了IT（互联网）泡沫、股市泡沫、地产泡沫和金融泡沫。这些泡沫随着人们对资本增殖的不断追求而不断膨胀，直至破裂。这些泡沫的破裂就会造成经济的萧条、放缓甚至衰退，从而导致经济危机的爆发。2008年国际金融危机造成的直接后果是美国以次级贷和大量金融衍生品为基础的金融泡沫破灭，但从更本质的意义上来看，则是以美国等为代表的以"资本为本"社会发展模式不断发展的结果，是以"资本为本"社会发展模式的危机。

再次，2008年国际金融危机是以美国等为典型的价值观危机。一定社会的价值观总是一定社会生产方式的反映，它往往决定着一定社会具体的生产、交往和消费等内容。"民主""平等""自由"等以美国为典型的价值观，是在资本主义生产方式不断发展的过程中逐步形成的，是美国等典型的资本主义生产方式的反映，它以"个体本位"为本质、基础和核心，影响甚至决定着美国等典型资本主义国家具体的生产、交往和消费，是实现市场经济的前提和基础。在这种价值观的作用下，人们追求更多的只是个人需要的满足，整个社会的生产通常只是表现为单个企业自身利润的不断增长，而整个社会本质上则只是无数单个个体的杂合。这样，一方面，是个别企业生产的有组织性；

---

① 马克思：《资本论》第3卷，人民出版社，第278~279页。

一方面，是整个社会生产的无政府状态；另一方面，是人们的"异化消费"，即"人们为补偿自己那种单调乏味的、非创造性的且常常是报酬不足的劳动而致力于获得商品"，[①]"产业资本的再生产能力不顾消费界限的极度扩张"。[②] 以此为基础，就决定了美国等消费型社会的本质。在这种消费型社会里，所有人都把消费活动置于他们日常关注的中心位置，无论是观念还是行动，人们都绝少会为未来买单，而是只要一有可能，人们就会不顾一切地为了享受去消费，美国作为负债型的国家和国内经常性的负储蓄率就是消费型社会最充分的体现。以"个体本位"价值观为基础的这种消费型社会，正是美国政府刺激无购房能力的人们疯狂购房，金融机构发放大量次级贷和产生大量金融衍生品的前提和基础。因此，2008 年由美国次级贷危机所引发的国际金融危机本质上也是以美国等为典型的"个体本位"价值观的危机。

最后，2008 年国际金融危机还是美国等主要发达国家的危机。2008 年的国际金融危机严重影响了世界各国的经济发展，并不断深入各个领域，已经形成了一场世界性的经济危机。就这场经济危机的直接影响来看，它使美国等世界主要经济体遭受严重冲击，美国、欧洲、日本是对世界经济影响比较重大的经济体，据美国商务部公布的数据，美国经济 2008 年第四季度按年率计算下降 6.2%，创 1982 年第一季度以来的最大单季降幅；欧盟统计局数据显示，2008 年第四季度欧元区 15 国经济衰退加剧，出现 13 年来最严重的负增长；日本内阁府公布的数据则显示，2008 年第四季度日本经济按年率计算下降 12.7%，是近 35 年来的最大季度降幅。由于当前以美元为主导的国际货币体系和美国等世界主要经济体主导的世界经济结构，在 2008 年世界性经济危机中，其他发展中国家的经济也会遭受更为严重的损失。对此，世界银行首席经济学家、高级副行长林毅夫就做了分析，认为发达国家因为经济衰退，对产品和劳动力需求减少，对资金需求增加，会导致发展中国家出口减

[①] 〔加〕本·阿格尔：《西方马克思主义概论》，慎之等译，中国人民大学出版社，1991，第 494 页。

[②] 马克思：《资本论》第 3 卷，人民出版社，1975，第 546 页。

少、失业增加和建设资金不足，从而给发展中国家带来更大影响。从 2008 年经济危机的长远影响来看，虽然美国等世界主要经济体的国际地位短期内不会改变，但世界各国在采取措施积极应对国际金融危机的同时，也在为本国未来的发展寻求新的出路。在这一过程中，对外改变以美国等世界主要经济体为主导的世界经济结构和国际货币体系就成为世界各国政府，尤其是众多发展中国家的共识，如加强国际金融监管合作、推动国际金融组织改革，包括改革"布雷顿森林体系"中的世界银行和国际货币基金组织、鼓励区域金融合作、改善国际货币体系等。对内众多发展中国家也积极实行各种金融政策、努力调整经济结构来摆脱当前国际货币体系和世界经济结构对本国未来经济发展的制约。这一切最终都会在根本上冲击美元在国际货币体系中的地位，影响当前美国等世界主要经济体主导下的世界经济结构。正是在这一意义上，可以毫无疑问地说，2008 年世界性的经济危机也是美国等主要发达国家的危机。

二 2008年国际金融危机带来的机遇

"祸兮福之所倚，福兮祸之所伏"，一定的危机总是蕴含着一定的机遇，这不仅符合辩证法的基本规律，而且也符合人类历史发展的事实逻辑。回眸人类发展史，我们就会发现，几乎每一次真正的危机都只是旧事物和落后事物的危机，它最终暴露的是旧事物和落后事物存在的合法性危机，对于新事物和先进的事物来说则意味着机遇，显示着新事物和先进事物存在的合理性。如第一次世界大战的危机，为社会主义从理论变成现实提供了机遇；20 世纪 70 年代的石油危机，为西方国家加快产业转移、日本技术进步和产业结构升级提供了机遇；2008 年由美国次级贷危机引发的国际金融危机，作为一场世界性的经济危机，同样，也不仅仅是单纯的危机，而且也带来了前所未有的机遇。

首先，2008 年国际金融危机作为"个体本位"价值观的危机，是弘扬集体主义价值观的机遇。在马克思看来，"人的本质不是单个人所固有的抽象物，在其现实性上，它是一切社会关系的总和"。这就不仅从认识论的意义上揭示了必须在"一切社会关系的总和"中认识现实的人，也即"人的个体"，而且也在本体论的意义上揭示了人的社会性本质，批判了"假定有一种抽象的——独立的——人的个体"的观念。① 并认为"只有在共同体中、个人才能获得全面发展其才能的手段，也就是说，只有在共同体中才可能有个人自由"。② 因为人们"为了在发展过程中脱离动物状态，实现自然界中的最伟大的进步，还需要一种因素：以群的联合力量和集体行为来弥补个体自卫能力的不足"。③ 集体主义价值观正是人的社会性本质的反映，它超越了单纯的个体利益，着眼于人类的长远和全面发展，主张任何个体都不应该只为了个人的利益而损害他人和公共利益，坚持"每个人的自由发展"应该成为"一切人的自由发展的条件"，而不是障碍。2008年国际金融危机作为"个体本位"价值观的危机，再次暴露了"个体本位"价值观在实现人类经济社会全面、协调和可持续发展方面的局限，凸显了无法克服人与人、人与社会和人与自然之间对立的矛盾。同时，2008年国际金融危机也再次彰显了集体主义价值观的当代意义，即只有在坚持集体主义价值观的基础上，人类经济社会的发展才能确立长远观念、统筹兼顾，克服个体利益与整体利益、近期利益与长远利益的冲突，实现人与人、人与社会和人与自然之间的和谐与统一，才能节约资源、保护环境，建设生态文明、保证代际公平，实现人类经济社会的可持续发展。由此看来，2008年国际金融危机实际上也是弘扬社会主义集体主义价值观的机遇。

其次，2008年国际金融危机作为以"资本为本"发展模式的危机，是创新"以人为本"科学发展模式的机遇。迄今为止，人类社会的发展大致说来主要经历了三种模式，即"以物为本"的发展模式、以"资本为本"的发展模式和"以人为本"的发展模式。在自给自足的自然经济社会中，人们的

---

① 《马克思恩格斯选集》第1卷，人民出版社，1995，第56页。
② 《马克思恩格斯选集》第1卷，人民出版社，1995，第119页。
③ 《马克思恩格斯选集》第4卷，人民出版社，1995，第30~31页。

生产主要是为了获取满足自身直接需要的"物",即人类为了生存所需要的各种最基本的物质生活资料和生产物质生活资料的活动,这就形成了人类社会发展中"以物为本"的模式。随着生产力的发展,自由竞争的商品经济就代替了那自给自足的自然经济,在这种经济中,人们的生产不再单纯是为了获得满足自身需要的物质资料,由于资本似乎无限的增殖能力,对资本的追求就决定了人们几乎所有的行为,这就是以"资本为本"的发展模式,在这种发展模式中,社会发展主要体现为经济的增长。但"增长是达到目的的手段,而不是目的本身。目的本身包括消除贫困、文盲和疾病,拓宽人类选择的范围,增强人类控制自然环境的能力,从而增加自由"。① 进入新世纪新阶段,我们党准确把握世界发展趋势,立足社会主义初级阶段基本国情,认真总结我国发展实践,深入分析我国社会发展阶段性特征,提出了"以人为本"的科学发展观,坚持"第一要义是发展,核心是以人为本,基本要求是全面协调可持续,根本方法是统筹兼顾"。② 这是"以人为本"科学发展的模式。2008 年国际金融危机作为以"资本为本"发展模式的危机,实则是以"资本为本"发展模式失去人本、不能统筹兼顾、无法实现全面协调可持续发展的危机,是创新"以人为本"科学发展模式的机遇。

再次,2008 年国际金融危机作为自由市场主导的经济结构危机,是完善社会主义市场经济结构的机遇。社会主义市场经济是马克思主义政治经济学理论的创新性发展,是对资本主义社会发展批判和社会主义社会发展反思的结果,它超越了自由竞争的资本主义市场经济和传统的社会主义计划经济,既克服了自由市场经济缺乏全面协调宏观调控的弊端,又克服了传统计划经济生机缺失否定竞争的弊端,正确解决了市场经济和计划经济与资本主义和社会主义的关系,坚持"计划多一点还是市场多一点,不是社会主义与资本

---

① 〔美〕基恩·格里芬:《可供选择的经济发展战略》,倪吉祥等译,经济科学出版社,1992,第 211 页。
② 胡锦涛:《高举中国特色社会主义伟大旗帜,为夺取全面建设小康社会新胜利而奋斗》,《人民日报》2007 年 10 月 25 日。

主义的本质区别。计划经济不等于社会主义,资本主义也有计划;市场经济不等于资本主义,社会主义也有市场。计划和市场都是经济手段"。[1] 社会主义市场经济不是社会主义和市场经济的简单相加,从经济运行手段来说,它是政府宏观调控和市场调节的有机统一,但从本质上来看,社会主义市场经济的根本则在于它的社会主义性质,在于"解放生产力,发展生产力,消灭剥削,消除两极分化,最终达到共同富裕"。[2] 它把人作为目的,以市场为基础,通过恢复人的自由的能动性,使人获得解放。因此,与自由竞争的资本主义市场经济不同,社会主义市场经济从人民群众日益增长的物质文化需要出发,坚决反对把"物"和"资本"作为目的,反对不顾社会整体效益只追求利润增长的畸形经济结构,坚持"以人为本",全面协调可持续发展的经济结构,通过政府宏观调控与市场调节相统一,促进社会生产与人们消费相统一、经济效益与社会效益相统一、区域经济增长与社会整体进步相统一、支柱产业发展与产业整体结构平衡协调相统一。2008年国际金融危机再次反证了社会主义市场经济结构的当代意义,是完善社会主义市场经济结构的机遇。

最后,2008年国际金融危机作为美国等主要发达国家的危机,还是中国等主要后市场经济国家发展的机遇。2008年国际金融危机对于美国等主要发达国家的打击是多方面的,最直接也是人们注意最多的主要是经济的危机,而随着对这种经济危机更为深入的反思,人们就会注意到经济危机背后,实质是美国等主要发达国家的"个体本位"价值观危机、以"资本为本"社会发展模式危机、自由市场主导的经济结构危机以及人们的消费型生活方式危机等。以经济为基础的物质硬实力和以价值观、社会发展模式、经济运行结构、人们的生活方式等为主要内容的文化软实力共同构成了一个国家的综合实力。2008年国际金融危机虽然没有使美国等主要发达国家的经济遭受根本性挫折,也没有在根本上削弱美国等主要发达国家的综合实力,一段时期内美国等世界主要经济体仍将是世界经济政治格局中的主导性力量,但它也实

---

[1]《邓小平文选》第3卷,人民出版社,1993,第373页。
[2]《邓小平文选》第3卷,人民出版社,1993,第373页。

实在在地给美国等主要发达国家的经济带来了巨大损失。更为重要的是，它惊醒了后市场经济国家对于美国等主要发达国家文化软实力的迷梦，打破了人们对于西方发达国家的价值观、社会发展模式、经济运行结构和人们生活方式等的认同。与之相应地，以中国为代表的后市场经济国家由于市场化程度不高等因素，在这次国际金融危机中虽然也受到了较大冲击，但与美国等世界主要经济体相比则要小得多，如中国的经济在 2008 年仍然保持了 9% 的增长，对世界经济增长的贡献超过 20%，位居第一，另据联合国亚太经社委员会公布的《亚洲及太平洋地区 2009 年经济和社会概览》，2009 年中国的经济增长保持在 7.5%，对世界经济增长的贡献一枝独秀。而且，在应对危机中，以中国为代表的后市场经济国家充分显示了自身的优越性，为全球渡过经济危机发挥着重要作用。这就非常有利于人们改变对中国等后市场经济国家的价值观、社会发展模式、经济运行结构和生活方式的看法，非常有利于中国等后市场经济国家提高国际地位、增强国际影响力。因此，2008 年国际金融危机作为美国等主要发达国家的危机，也意味着中国等主要后市场经济国家发展的机遇。

三　我国文化软实力的提升

价值观、社会发展模式和经济运行结构共同构成了一个国家和地区文化软实力的主要内容。"当今时代，文化越来越成为民族凝聚力和创造力的重要源泉、越来越成为综合国力竞争的重要因素。"[①] 文化软实力不仅是一个国家综合国力的重要标志，而且也是一个国家综合国力的重要因素。2008 年国际金融危机对世界各国的文化软实力都提出了严峻的挑战，它所彰显的危机和包含的机遇，一方面，彰显了美国等资本主义国家的文化危机；另一方面，也带来了我国等社会主义国家增强文化软实力的机遇。我们必须积极采取措施，

---

① 胡锦涛:《高举中国特色社会主义伟大旗帜，为夺取全面建设小康社会新胜利而奋斗》，《人民日报》2007 年 10 月 25 日。

抓住2008年国际金融危机给我们带来的机遇，大力增强我国文化软实力。

首先，要抓住危机带来的机遇，努力彰显我国文化的优越性。文化优越性是增强文化软实力的重要基础。新中国成立以来，我国经济社会发展事实充分证明，一方面，中国特色的社会主义文化和制度具有同心协力、集中力量办大事的优越性。从1964年第一颗原子弹的爆炸成功，到1970年第一颗人造地球卫星"东方红1号"的成功发射，从2005年神舟六号成功载人的航天飞行，到2008年北京奥运会和残奥会空前成功地举办。我国在经济和科技还不发达的条件下，充分发挥文化制度、价值观念的优越性，办成了一件件让世界瞩目的大事，实现了一个个领域的跨越式发展。这是一种世界上独一无二的优越性。另一方面，具有众志成城、同舟共济应对重大灾难和危机的特殊优势。从1959年到1961年战胜三年自然灾害，到1998年全国抗洪抢险的胜利；从2003年众志成城的成功抗击非典，到2008年的南方雪灾、汶川地震后的灾后重建。我们经受了一次次灾难，也充分发挥了中国特色社会主义文化和制度的特殊优势，成功战胜了一次次灾难。2008年不断深化的国际金融危机，不仅仅是对世界各国经济上应对危机能力的考验，更是对世界各国文化优越性的大考验。在应对危机中，哪个国家能够更有力地减少危机的影响，更快地实现经济社会发展的复苏，哪个国家就更能够引起世界其他各国的注意，更能够充分显示自己文化的优越性。在应对2008年的国际金融危机中，我们国家充分发挥政府的宏观调控作用，采取积极有力的措施，切实有效地应对了危机，另外，我们发扬万众一心、共渡难关的精神，激发了人们的爱国热情，实现了我国经济社会比其他国家更好更快的全面繁荣，突出了我国在世界经济复苏中的特殊作用。我们应通过有效应对危机努力彰显我国特色社会主义文化的优越性。

其次，要抓住危机带来的机遇，切实提升我国的文化自信。文化自信是增强文化软实力的重要前提。历史上，我们一直是具有强烈文化自信的国家。只是到了近代，随着西方工业文明的完成，工业生产方式逐渐取代农业生产方式成为最主要的生产方式，以农业生产方式为主的中国，开始在经济社会文化等各个方面越来越落后于西方，并不断遭受西方列强的屈辱，由此，人们才开始不断失去对中国文化的自信，甚至完全屈服于"西方文化中心论"的观念，陷入"民族文化的虚无主义"。新中国成立，尤其是改革开放以来，我国的经济社会建设取得了举世瞩目的成就，GDP 以年均 8.1% 的速度增长，经济总量增加 77 倍，跃升至世界第 3 位；城镇居民人均可支配收入由 1949 年的不足 100 元提高到 2008 年的 15781 元，农村居民人均纯收入由 44 元提高到 4761 元；财政收入由 1950 年的 62 亿元增加到 2008 年的 61317 亿元，增长约 985 倍；粮食产量增长 3.7 倍，达到 52871 吨，猪牛羊肉类产量由 1952 年的 339 万吨，增长到 2008 年的 5337 万吨。人民安居，国家富强，国际影响力显著增强，国际地位不断攀升。这些成就的取得离不开新中国成立以来以马克思主义为指导、以中国特色社会主义理论为主要内容的社会主义文化，也为我们增强对社会主义文化的自信提供了坚实有力的基础。在世界普遍积极应对 2008 年的国际金融危机中，与世界其他国家经济发展的普遍下滑、负增长不同，我国经济仍然保持了较快增长，2008 年保持了 9% 的增长，2009 年第一季度增长了 6.1%、第二季度增长了 7.1%，这同样也离不开我国具有特殊优越性的社会主义文化。2008 年的国际金融危机带来了有效提升我国文化自信的难得机遇。我们应大力采取积极措施，结合国际金融危机中世界各国经济社会的发展情况，加大对我国社会主义文化优越性的宣传，切实提升我国人民的文化自信。

再次，要抓住危机带来的机遇，大力发展我国的文化产业。文化产业是增强文化软实力的有效载体。因为文化产业不仅满足人民多样化、多层次、多方面的精神文化需求，而且也在一定意义上表达着一个国家人民的价值观和生活方式，表达着一个国家的经济、政治、社会和文化理念。在当今以和平与发展为主题的时代，美国等发达资本主义国家主要是通过电影、广播电视、流行音乐、动漫、出版等产业彰显其文化特性、输出其意识形态和政治文化理念。我国文化产业发展起步晚，但也因此具有广阔的发展空间，而且拥有丰厚的文化资源，发展的潜力很大。2008 年金融危机给我国大力发展文化产业提供了千载难逢的机遇。一方面,是因为近代以来的每次经济危机,几乎都会孕育一些国家文化产业的兴起和繁荣,如 1929 年的世界经济大萧条,美国以好莱坞电影业为核心的文化产业异军突起;1997 年的亚洲金融危机,日本、韩国等成功实施"文化立国"战略,重塑了自己国家的形象,转变了经济发展的模式。另一方面,是因为文化产业的发展具有逆势上扬的特点。危机带来的不仅是失业激增和通货膨胀,更是人们精神上的焦虑与恐惧。前者要求我们要努力扩大就业和稳定物价,后者则因为对于文化产业和事业产生大规模的需求而带来文化产业的发展繁荣。对此,我们完全可以从 2008 年以来我国文化产业和文化市场中"繁花似锦"的繁荣中得到确证。2008 年,我国电影产量达到 406 部,跻身世界前三名;电影票房攀升到 42.15 亿元,首次进入全球电影市场前十名。2009 年 1~5 月,电影创作已达到 160 部,电影票房达到 19 亿元,同比增长 40.3%。我们应该抓住文化产业发展的大好机遇,大力发展我国的文化产业和文化事业,不仅努力创造能够满足我国人民文化消费需求的文化产品,而且通过大量输出具有中国气质的文化产品等,不断提升我国的文化软实力。

意识形态领导权和文化认同：关于马克思主义中国化的思考*

赵海峰**

马克思主义中国化是一个未完成的、"现在进行时"的过程。笔者倾向于从意识形态领导权入手理解马克思主义中国化这一概念。面对目前意识形态多元化的态势，尤其是中国文化保守主义的挑战，强调马克思主义中国化这一概念，既是争夺意识形态话语权的需要，也是理解和表述中国独特的社会主义建设道路的需要。马克思主义中国化不仅仅是一个"即时性的"口号，也是统合各种相互异质的意识形态、建构社会主义核心价值观和文化认同的基础。本文从文化认同的角度出发，探讨马克思主义中国化的内在理据，对文化保守主义做出一些分析和回应。

一　在思想多元化态势下的意识形态领导权问题

从文化哲学的角度看，一个国家、民族或地区生活方式的核心是一种文化模式，而这种文化模式的核心则可以表述为一种哲学体系及与之相关的文化精神。越是规模宏大、在人类历史上产生重要影响的民族与国家，其精神建构和哲学体系就越具有完整性和丰富性。

---

*　本文发表于《马克思主义与现实》2012年第5期，收入本书时部分内容有改动。
**　赵海峰，黑龙江大学哲学学院教授，主要从事西方哲学史、西方实践哲学与国外马克思主义领域的研究。

所谓完整性，是指思想体系的完备性，重要的民族和国家都具有一些完备的哲学体系和思想体系，涌现一系列伟大的哲学家与思想家；所谓丰富性，是指这些民族和国家的哲学和精神内部有着丰富而细致的成分和层次，其中不乏异质性和多元性的成分。民族和国家精神的丰富性和完整性不是互相矛盾，而是相辅相成的关系。比如，西方文明中的希腊传统与希伯来传统有着深刻的矛盾，但是也有互相补充的一面，它们彼此交会，共同构成了西方文明庞大的思想体系，从中孕育了现代科学和人文文化。一个民族或国家，其内在精神中可能包含不同成分，这些不同成分在不同的时期内可能分别占据首要位置。如中国古代，儒家和道家都有过占据意识形态的首要位置的经历。哪种思想占据意识形态的首要位置，也就占有了意识形态的领导权。

在西方马克思主义思想史中，最先明确地表述意识形态领导权概念的思想家是葛兰西，但是其逻辑必须上溯到马克思和列宁那里。马克思在《黑格尔法哲学批判导言》里的名言"理论只要说服人，就能掌握群众"，[①] 可以视为马克思主义理论对意识形态领导权的最早表述。列宁的阶级意识理论和党的理论则是意识形态领导权理论的深化形态。1923年卢卡奇《历史与阶级意识》一书的出版，揭开了西方马克思主义意识形态领导权理论的新篇章。卢卡奇对阶级意识的强调，和列宁有着一致性。以往的研究往往强调卢卡奇和列宁的差异，这种强调容易忽视二者之间的一致性。笔者认为，关于阶级意识的形成、地位和作用，卢卡奇和列宁并无原则上的分歧，只是卢卡奇在总体性的方法论之下，更强调工人阶级和知识分子的一致性，即理论和实践的总体性，而不再强调阶级意识是从外部灌输的。葛兰西在此基础上更进一步，提出了"领导权"（hegemony）和"组织化的知识分子"（organic intellectual）

[①] 马克思：《黑格尔法哲学批判导言》，《马克思恩格斯选集》第1卷，人民出版社，1995，第9页。

概念。① 意识形态领导权理论自此成形并且广为人知。随后，法兰克福学派对法西斯主义和发达资本主义社会的文化批判发展了意识形态领导权理论，直到拉克劳和墨菲的"后马克思主义"，依然将意识形态领导权当成当代马克思主义的最重要主题。这种现象和思想家对现代化的深入理解有关。

现代化和前现代文化的最大区别之一，就是后者是建立在经验、传统、世俗权威和宗教信仰基础之上，而前者是建立在理性的自我论证基础之上的。现代化来自启蒙运动，其特点就是用理性权威打倒上述经验传统、世俗权威和宗教权威，即使无法全部打倒这些权威，也要以理性为基础重建这些权威。现代化的经验世界是以理性为内在基础的，现代化语境下的宗教信仰，也是以理智信仰而不是迷信为基础的。现代的神学家不再机械地反对现代科学，而是试图回避现代科学问题，谋求科学与信仰的共存。在这种态势下，现代化特别强调意识形态的领导权，现代化的意识形态进行自我论证，是现代化本身的一个重要特点。一切大众文化产品，包括电影、电视、报纸、广告、网络等各种传播媒介，其思想内核都关乎现代化的自我论证。科学、自由、民主、法治这些观念的深入人心，实际上是现代化意识形态领导权自我论证、自我辩护的结果。因为现代化的意识形态领导权主要表现在文化层面，所以也可以称为现代化的文化领导权。

马克思主义作为社会主义思潮的一个重要流派，本身就是现代化诸意识形态的一个重要部分。马克思主义本身宣示的人类自由解放和全面发展，就是一个最重要的现代化事件。马克思主义的中国化，本身就内在于中国文化现代化进程之中，而且自我确证为中国文化现代化的当代形态。马克思主义中国化的核心任务不仅仅在政治上，而且在文化上确立意识形态领导权。

现代社会思想领域中的多元化态势是历史的必然，不能也不可能将之强行取消或者"归于一统"，但是这并不是说各种意识形态都占据平等的地位，必然有一些主导性的意识形态。一个国家、民族、地区占据领导权的意识形

---

① 原来将此词译作"有机知识分子"，俞吾金先生撰文辩驳，认为此一词组的原义是"有组织的""有组织意识的"。"有机"一词的生动，在于其灵活，与工农运动紧密结合的特性。参见俞吾金《何谓"有机知识分子"？》，《社会观察》2005 年第 8 期。

态，其主要功能是负责说明整个国家和人民"向何处去""走什么路"，在这个大问题下，举凡整体性的价值取向、精神指引、发展道路、人的具体存在方式等一系列问题，都与之有着深刻的关联。其他非主导的意识形态则在小范围内和多层次上和主导的意识形态之间构成互补和互动的作用。二者之间不必强求一致，也会有一些矛盾和张力，但是这些次要的意识形态不具有"全局性的"领导权。

改革开放以来，各种社会思潮在中国蓬勃兴起，它们之间争夺意识形态领导权的态势已经非常明显。文化保守主义、自由主义和马克思主义这三种主要的意识形态已经呈现"三方角力"的局面。马克思主义中国化本身永远面临着自我确证和自我辩护的问题，因为在思想多元化的态势之下，任何一种意识形态都不能自动获得其领导权，谁获得领导权，是人民群众在实践中选择的结果。人民群众在实践中可能选择马克思主义，但也可能选择别的什么主义。这和胡锦涛所说的"过去先进不等于现在先进，现在先进不等于永远先进；过去拥有不等于现在拥有，现在拥有不等于永远拥有"是一个道理。

笔者认为，马克思主义应该也能够在多种意识形态中占据主导性位置，和其他思潮和平共处，在互补、互动、保持必要张力的情况之下得到健康的发展，但是这个主张不仅仅需要思想上的论证，也需要经过社会实践的检验。这样的任务当然远非一篇文章所能完成，笔者在这里集中探讨的是意识形态领导权和文化认同的关系。学界很多人主张把 hegemony 一词翻译成"霸权"，[①] 笔者还是主张翻译成"领导权"更好，因为一个国家或社会的主导性意识形态起作用的方式是软性的引导和文化上的认同，而非硬性的"霸权"。马克思主义的意识形态领导权不仅仅是政治秩序意义上的领导权，更是文化上的领导权。马克思主义意识形态的文化期许，本身就属于现代性事件之中最核心的一部分。实际上，中国走的是借助马克思主义化走进或者完成中国现代化的路径。换言之，中国要以何种面貌走进现代化，这才是马克思主义

---

① 有代表性的论证见周凡《后马克思主义导论》，中央编译出版社，2010。

中国化的实质。中国的意识形态领导权问题，实质上是一个现代化问题，或者说，是一个"古今问题"，而不是"中西问题"。

二 古今问题和中西问题：理解马克思主义中国化的维度差异

马克思主义中国化这个命题，可以理解为一个双向互动的结果，即"马克思主义化中国"和"中国化马克思主义"，这里的"化"做动词意义理解。一方面，"马克思主义化中国"也就是用马克思主义来"教化"中国，使中国的主导意识形态由儒家变为马克思主义。如果说基督教"教化"中国的结果可以称为"中华归主"的话，马克思主义教化中国的结果就可以称之为"中华归马"。这种维度是以马克思主义为主动一方，"中国"属于被动一方。另一方面，"中国化马克思主义"即是中国文化将马克思主义变为自己本民族文化中的一个有机组成部分。正如中国文化同化外来的佛教文化，使佛教文化改变了印度的外貌，变为中国风格的佛教，"中国化马克思主义"的结果，就是把"外来的"马克思主义变为"中国的"马克思主义。这种维度是把"中国"（后来被"窄化"成了"儒家"）当成主动一方，"马克思主义"当成被动一方。按照前一种看法，"马克思主义化中国"中的"马克思主义"是普遍性命题，中国则属于特殊性情境，是一种"本地化"过程，也就是通常所说的"马克思主义普遍真理和中国革命具体道路相结合"的问题。由于马克思主义是一种现代性计划，"马克思主义化中国"和"自由主义化中国"同样属于"古今问题"。而后一种看法"中国化马克思主义"相应地就属于"中西问题"。

这两种"归化"过程是双向运动、并存发生的，坚持任何一方面都可能走入某些误区。"马克思主义化中国"可能被理解为消除和摧毁一切本民族的文化传统，走入文化虚无主义或历史虚无主义。"中国化马克思主义"则可能导致将马克思主义完全化为某种新的"中华主体思想"的从属部分，极端者，甚至可能在国家意识形态的旗帜上取消马克思主义的名号。学界热烈讨论的

"中国文化主体性"和"中国学术主体性",初衷是在反抗西方的"文化霸权"和"学术霸权",但又难以防止一切以"中西"划界,走向另一种版本的"中国优胜论"或"传统文化优胜论",最终倒向文化保守主义。

在20世纪中国思想史的舞台上,关于中国向何处去这一问题,一直存在着三个大的理论走向:"中化派"(来自本民族传统的右翼的文化保守主义)、"西化派"(居中的自由主义)和"马化派"(左翼的马克思主义和社会主义),后两者均来自西方。这种三分的思想格局其实不独中国存在,在许多东方国家,比如俄罗斯、印度、日本等都存在。因为中、俄、日、印面临的大的现代化局面和问题有相似性,但是由于各国具体国情不同,表现形式也有具体差异。中国的三派争论至今一直持续了百年左右。"西化派"和"马化派"共同分享的理论前提是"古今问题",即中国的问题是现代化,马克思主义和自由主义是现代化的两种方案,分歧只在于哪个方案更好。"自由主义化中国"和"马克思主义化中国",是古今问题的两种解决方案。马克思主义一直在论证自己是"最现代化"的意识形态,比自由主义更有优势。马克思主义者致力于揭露资本主义的民主、自由、平等在现实中的不彻底性和虚伪性。不可否认,这不仅仅是马克思主义的立场,也是整个世界左翼思潮的共同立场,西方世界的左翼思想一直在大学和知识分子里有着重要的地位。马克思的思想成为整个左翼思潮共同的理论资源。他们共享的这种超越资本主义的历史使命感,一直是马克思主义的魅力所在。

而文化保守主义则不同意"古今问题"这个理论前提,它认为中国的问题是"中西问题",即中国的主要问题不是现代化,而是反抗西方霸权(即使把反抗西方霸权和现代化视为同等重要,也会把反抗西方霸权作为当前更为迫切的工作)。由此,文化保守主义和民族主义结合在一起,成为和中国现代化并行的一个宏大主题。虽然马克思主义并不是民族主义的,而是具有国际主义色彩,但是马克思主义一旦在各民族国家"落地"和"附体",就注定无法摆脱和民族主义的纠葛。这也是马克思主义中国化过程中必须解决的"本土化"或者"本地化"问题。我们不能采取民族虚无主义的立场,社会实践也不允许我们采取这种立场。相反地，只有"本地化"了的、"接地气"的马克思主义，才是真正有血有肉的马克思主义，才是真正落到现实之中、参与社会实践的马克思主义，否则只能成为书斋里的理论游戏和书本上的教条。但是"中西问题"却不可能是马克思主义的预设立场，最直接的原因是马克思主义来自西方，同样分享了启蒙理性的大背景。它对于中国传统来说，同样是外来的、异质的。当文化保守主义者一再强调民族文化的主体性和"抗拒西方文化霸权"之时，必然隐含着把马克思主义同样当作"西方文化霸权"的一部分而加以拒斥的逻辑结果。

这种思想运作的逻辑，实质就是用"中西问题"来取代和掩盖"古今问题"。既然"中国文化的主体性"一直被西方所"压制"，那么它的重新恢复和发扬光大就自然成为比中国现代化更为重要的任务，甚至直接取代了，或者包含了中国的现代化。"中国的现代化"就等同于中国文化的主体性的重新获得，就等同于"中国文化的伟大复兴"，但是这个复兴的内容，经过一系列修辞术的转换，自然抹掉了一切属于"西方霸权"的东西，变成完全中国的了。由此，文化保守主义者实际上承诺了一个"不需要西方"的现代化模式，他们会宣称：向西方学习，我们完全走错了路。这种思路自然有相当大的危险，危险在于把"现代"与"前现代"的差别，完全变成了"中国"和"西方"的差别，西方不再是"现代文明"的象征，而中国则成了"最文明"的代表。"中西问题"于是彻底地变成了"夷夏之辨"。古今问题 - 中西问题 - 夷夏之辨，这就是某些文化保守主义者的修辞术。

笔者认为，"西方文化霸权"的问题是个被策略地夸大了的问题。不知道中国主体论者在什么意义上使用"霸权"一词。按照笔者的思考，所谓西方文化霸权，最重要的部分其实就是西方人所占据的关于现代化的意识形态领导权。民族主义者口中的"西方霸权"，一方面，来自西方世界在经济、政治、军事方面的强势力量。比如美国的全球战略和中国国家利益的冲突，也包含着近代中国饱受帝国主义欺凌的历史记忆和民族悲情。另一方面，来自科学、文化、教育体制等方面的"西化"（其中也包含着现代化的内容）。按照通常的器物（物质文明）- 制度 - 文化的三分法，器物方面的现代化没有太多的人公然反对，争论比较激烈的基本集中在制度和文化层面。改革开放以来，中国人逐渐意识到现代化最终还是要落实在后两个层面上，否则就不是完全的现代化。此时，"西方文化霸权"的概念就应运而生了。它代表了中国的文化保守主义者夺取现代化意识形态领导权的一种论说策略，这种策略所代表的努力可以理解，甚至可以尊敬，但必须对它的理据进行深层次的理论检讨。

来自西方的现代化进程，具有普世性特点，直接带来了资本主义主导的全球化。其原因就在于以下几点。第一，物质文明的现代化进程，革命性地改变了人类的生活，这使现代化有了无须证明的合法性。第二，这和基督教精神中包含的那种弥赛亚主义的救世情怀和传教热忱有着直接的关系（在某种意义上说，马克思主义也同样地分享了这种弥赛亚主义）。第三，来自现代科学、教育、文化体制的软性的影响力，也包括一整套自由、民主、平等、法治的意识形态。第四，资本主义的全球殖民体系和经济分工体系使欧美发达国家获得了政治、经济、军事上的领导权和"话语权"。但这四点内容是否和中国崛起属于直接对立的关系？是否承认了"西方文化霸权"就必然导致"中国文化主体性"的失落？答案值得仔细推敲。首先，物质文明和西方文化霸权没有直接关系，中国文化复兴也需要满足人民物质文明的需要。其次，西方国家放弃军事侵略和武力干预他国内政，也并不一定直接导致"中国文化主体性"的失落。于是，对于文化保守主义者来说，只要提出可以与之抗衡的中国版本的意识形态，"西方文化霸权"就自然被驱逐了。这也必然使马克思主义"去西方化"，前文提出的"中国化马克思主义"也就成了文化保守主义的策略。

但是，西方教科文体制和意识形态是否一定和"中国文化主体性"相矛盾，其实是个大可存疑的问题。在文化传播史上，不同文化要素的互相融合是很常见的事情。出自印度文化的佛教来到中国，经历数百年后变成中国佛教，和其他国家的佛教呈现出不同的形态。但我们并不说这是"印度文化霸权"。近代日本接受西方文明的程度远远比中国要高，但是日本依然发展成为资本主义强国,跻身发达国家之列。日本国内虽然也有自己的文化保守主义派别,但是对西方文化并没有明显的拒斥态度,而是广泛地学习西方的文教体制,依然保持了"日本文化主体性"。这些事实值得中国人深思。可见,关键问题不是如何抗拒"西方文化霸权",而是如何吸取其他国家现代化的经验教训,将现代化过程"本地化",走"中国版本"的现代化道路。在现代化的过程中,中西矛盾的确存在,但也只不过和西方各个国家的矛盾一样,更多地属于现实的政治、经济问题。

如果说"西方文化霸权"概念的要害在于转换问题的关键,将"古今问题"转换为"中西问题"。那么,"儒家社会主义"的提法就是"中国化马克思主义"的理论策略的正面表述,看起来这个提法和"马克思主义中国化"差不多,但是其要害在于儒家的主导性。如果马克思主义和自由主义、法家思想以及其他的少数民族文化元素一样都成为儒家主导下的文化"大拼盘"里的一分子,那么,中国的现代化究竟要向哪里走,就势必要重新解释。

笔者认为,中国的现代化和民族崛起这两个目标之间既是互相支持的,但也存在着巨大的理论张力。这种理论张力来自古今问题和中西问题揭示的思想的维度差异。古今问题是一个历时态的维度,而中西问题则是一个共时态的维度。文化保守主义是以批判和否定现代化为基本的理论诉求,"儒家社会主义"则把问题的焦点巧妙地转换为"确立中华文化主体性",实际上把否定现代化的内容隐藏起来了。[1]其结果就会用民族崛起的目标来掩盖或者取消现代化的目标。马克思主义中国化的实质和目标,始终是中国的现代化,是以现代化的马克思主义来"化中国",而不是以传统的"中国"来"化马克思主义";是以马克思主义的精神来统摄包括以儒家为核心的中国传统文化、各少数民族文化、地域文化和世界先进的文明成果,而不是用儒家本位来统摄其他文化成分。

---

[1] 儒家社会主义的倡导者甘阳在《通三统》一书中表达了中国文化传统一直没有断裂的思想,也表达了对中西之争的重视。他对毛泽东和邓小平的理解,也强调了二者同中国传统的一致性。见甘阳《通三统》,生活·读书·新知三联书店,2007,第3~5、8~10、32~38页。

三　文化认同：多元意识形态的统合基础

由上所述，笔者认为意识形态领导权的运作方式主要是潜移默化的、软性的，而不是硬性强制的。它的现实基础当然包含政治认同，但是在此之外，更持久、更广泛的是文化认同。这可以从时间和范围上做出说明。

马克思主义中国化的历史进程，就是马克思主义逐渐在中国"落地"和"附体"、获得意识形态领导权的过程。这一过程最初和首先（不仅仅是时间上，也是逻辑上的）是建筑在政治认同的基础上。在 20 世纪前半期，马克思主义主要是作为一种解决中国问题的"一揽子"政治方案被引进来的，其影响力主要是政治上和思想上的。在 20 世纪后半期，中国共产党已经成为执政党，马克思主义中国化的基础由政治认同逐渐拓展为广泛的文化认同。马克思主义的影响力从政治领域渗透到整个社会生活乃至思想文化的方方面面，成为一个宏大的社会改造工程的主导力量，深入人民群众的日常生活和具体社会实践之中，而这种深入正是意识形态文化认同的根源。

改革开放之后，中国逐渐走上了社会主义市场经济道路。马克思主义的意识形态领导权受到了一定程度的挑战和冲击，这是历史的必然现象。古代中国儒家的地位也曾不断地受到佛、道以及诸子百家挑战，但是儒家和百家最后变成了互动、互补而又互相影响的关系，儒家意识形态领导权地位的巩固，和儒家思想者努力与其他思想互动，进而吸收、转化其他思想中的积极成分有着直接的关系。同样，马克思主义者也能够吸收转化自由主义、保守主义等思想里的积极成分，在充分而深入的思想互动中保持自己的意识形态领导权地位。这种思想互动的背后，文化认同所起的作用更加广泛、深入。

意识形态文化认同的基础来自人民群众的日常生活和社会实践。现代化文明的落脚点是日常生活和社会实践，而不是真空中的理论推导。民主、法治等现代化的价值观，也必须"落地"变为有效的社会制度，才能获得广大群众的文化认同。这样我们才能解释，为什么民主体制在西方比较容易"落地生根",而在东方社会就会遭遇"水土不服"的现象。这就是因为这些价值观在东方社会不能很好地"接地气",而必须经过一番艰苦而具体的转换工作,把它们变成"本地化"的版本。马克思主义中国化之所以有目前的成就,就是因为中国共产党人很扎实地做了一番转化的工作,找到了使马克思主义"落地"的好方法。但是,新的时代又对马克思主义者提出了全新的问题。在这种局面下,中国马克思主义就需要再次转换自己的形态。但不管如何转换,均必须扎根在中国自己的日常生活和社会实践的土壤之上。

人民群众作为日常生活和社会实践的主体,自己可以从不同的意识形态中进行主动的选择,这是一种个体的"认信"过程,而意识形态则"召唤"和选择具体的个人、集体、民族,然后才得以实现自身的"落地"和"附体",这个过程是双向的,是意识形态"本地化"的微观机制。这种过程必须在日常生活和具体的社会实践中进行。也只有在具体的日常生活和社会实践中,马克思主义才能从政治领域真正地进入更广泛的社会层面。

马克思主义中国化的新局面,必须由"自在"变为"自为"和"自觉"。所谓"自在的"马克思主义中国化,即固守原有的马克思主义表述,简单地确认历史上的马克思主义中国化的现实成果,而"自为的"马克思主义中国化则在新的历史条件下有所创新而不拘于成说。在新的历史条件下,仅仅抱住过去的历史成绩不放是不够的,而要与时俱进、打破教条、开拓进取,面对现实问题,要在价值尺度上说清楚马克思主义与基层民众的日常生活和社会实践的关联。任何现代化的理论言说,只有清楚而有说服力地解释自身理论与基层民众的日常生活、社会实践的内在关联,才能达到"说服人、掌握群众"的地步。

于是,能否实现中国的现代化,能否说清楚自身和人民群众日常生活和具体实践的关联,是马克思主义、自由主义和儒家思想能否在现实中国"落地"与"附体"的关键。目前这三派在中国的实际影响力、具体的受众群体和各自的运作机制都不大一样。究竟谁能够获得最大多数的民众,也需要历史和实践来选择。不过笔者相信,三派虽然有竞争,但是马克思主义还是能够取得主导的地位，因为马克思主义具有的民众基础比较丰厚，其组织资源和社会影响力依然使它能够占据主导地位。其主要原因是因为马克思主义能够沟通现代化与民族主体性，至今依然是比较适合中国的现代化方案。现代化是马克思主义和其他文化成分的最大公约数，只有在现代化的立场之上，摆脱"中西古今"的迷思，坚持马克思主义和人民群众日常生活和社会实践的紧密联系，我们就可以建立一个以马克思主义为主导、最大限度地吸收其他思想的积极因素、多种思想成分积极互动、充满活力的中国特色社会主义意识形态聚合体。它不仅仅能解释和回答"中国向何处去""中国走什么路"的问题，也能真正地建立"中华文明的主体性"。只有到这个时候，我们才能说，中国的现代化终于完成了。

大众文化对青年大学生价值观的影响及应对*

姜 华**

大众文化的蓬勃发展，特别是在高校校园中的广泛传播与渗透，不仅改变着大学生的生活方式和交往方式，而且也正在改变着他们的思维方式、价值观念和精神世界，对高校思想政治教育产生了巨大的影响。

一 大众文化的内涵

大众文化是"指以全球化的现代传媒为介质大批量生产的文化形态，它是现代化、城市化和市场经济发展的伴生物，是消费社会的、采取商业化运作的文化消费形态，旨在使大众获得感性娱乐的日常文化形态，如流行音乐、电影、电视肥皂剧、通俗小说漫画、报纸杂志、网络文化等"。①

大学生价值观、世界观的形成，离不开大学生个体与社会文化环境互动的影响，体现为个体对文化环境的适应及文化环境对个体的塑造，因此，在中国当代多元文化并存的结构中，主导文化与大众文化是影响青年大学生价值观形成与塑造的两种主要文化形态，但二者在功能上有本质的区别。其中主导文化起着主要作用，但是随着大众文化成为当代文化中最具活力和优势

---

* 本文发表于《道德与文明》2007年第4期，收入本书时部分内容有改动。
** 姜华，黑龙江大学哲学学院教授，主要从事西方马克思主义哲学与文化哲学的教学研究工作。
① 姜华：《大众文化理论的后现代转向》，人民出版社，2006，第17页。

的流行文化形态，并日益排挤、冲击渗透和同化主导文化，在一定程度上削弱了主导文化的功能，对青年大学生的价值观产生了日益重要的影响。

主导文化是指以群体整合秩序安定、伦理和睦为核心的文化形态，代表中国文化的建设方向，具有引导文化的功能。主要表现为三个方面：一是引导和培养社会成员尤其是青少年奉行一个社会占主导地位的价值观；二是奉行一个社会的主导意识形态；三是灌输一个社会的主导文化价值观，青年时代是大学生世界观、价值观形成的重要时期，主导文化对大学生起着主要的塑造作用。

大众文化与主导文化的功能相比，虽然是不占主导地位的价值观，不能成为社会的一种主导文化语言，但是随着大众文化日益成为当代社会的一种主要文化形态，其逐渐成为一种强大的文化传播途径，直接对主导文化的核心因素如价值观、信念、生活方式等产生影响。这种文化形态消解着传统权威，对历史上的政治意识形态起到了直接解构的作用，参与了青年大学生的社会化过程。

二 大众文化对当代青年大学生价值观的影响

大众文化在文化功能上的悖论存在，使其对青年大学生价值观的影响既有积极的一面，也有消极的一面。积极方面主要表现为以下几点。一是大众文化作为新时代的一种文化形态，在实践功能上具有消解权威、提倡个性、解放思想的作用，有利于大学生追求个性的解放。二是大众文化的娱乐性丰富了大学生的生活空间。其中具有较高艺术性的作品和有益的影视文化，以通俗化、生活化及娱乐性的形式丰富了大学生的生活，为大学生们提供了宽松和谐的生活环境和广阔的生活空间，使他们的生活色彩多样化。三是大众文化本身的多元化价值取向，使大学生群体的文化视角多元化，文化选择多元化，在一定程度上推动了青年大学生价值观念多元化的发展和形成。

但由于大众文化以市场的需求为旨归，在本质上追求世俗性、娱乐性和平面性，消解崇高和意义，极力满足人们的感性娱乐需要，因而大众文化对青年大学生的价值观也产生了一定的消极乃至负面影响，主要表现在以下几个方面。

（一）价值观念的消费主义取向

大众文化的最主要形式就是影像，即电影、电视、电脑，影像是大众文化的灵魂，它通过塑造完美、虚拟的形象，诱导着人们的消费欲望，对大学生的消费方式及生活方式都产生了深刻的影响。当代大学生所表现出来的追求时尚、品牌和个性的消费主义观念与大众文化的影响有着密切的关系，大众文化通过广告、影视、网络等形式不停地灌输着一种文化态度、价值观念和生活方式，强化了大学生的消费主义取向。大学生的消费主义价值取向主要表现在名牌意识上，一些大学生通过追求名牌等高消费行为来彰显自己的个性和地位，也把该类消费看作较高物质生活质量的标志和幸福生活的象征，因此，这种消费主义的价值取向对一些大学生的思想价值观念产生了消极的影响，使一些学生理想信念淡化，集体主义观念淡薄，甚至出现了享乐主义、拜金主义的不良倾向。

（二）价值观念的功利主义倾向

大众文化的流行改变了以往大学生个体被动的文化接受状态，在价值观念上正日益呈现出向个人本位、功利、现实偏移的倾向。

从自我塑造方面来看，对当代大学生具有稳定动员力的是那些频繁出现在广告、影视、报纸、媒体上的影视体育明星、企业家等有魅力的成功人士。其中，如"星女郎""谋女郎""超女"等大众文化明星的成功之途正是当代一些大学生梦寐以求的，反映了他们幻想一夜成名的、功利主义的价值观念，体现了大学生价值取向的误区。大学生对明星的追逐不仅是对明星之路的艳羡，明星崇拜也是大学生信仰缺失状况下的填补。一些青年大学生对明星的崇拜，一方面，说明了对消费地位包含社会身份的期待；另一方面，说明了明星式的完美中包含了对这个时代流行价值的趋同。

大学生价值观的功利性也表现在对富裕、富足生活的追求和憧憬上。"富足已成为这个时代的一种物化特征，是这个时代青年大学生的财富的梦想。广告、流行杂志、大众传播媒体无时不在提供富足的影像、追求完美的消费影像，拥有财富不再是可耻的，而是有能力、地位声望的象征。"① 把财富、权力、声望看成人生所应追求的目标和事业成功的标志，这种功利性意识及其行为所表现出来的利益驱动性使他们越来越依赖物欲的满足以追求世俗的幸福。同时，也使一些学生不能正确认识评价自我，过分强调个人的价值，片面追求自我设计、自我奋斗、自我实现的成才之路，渴望个人实现的自我满足，但又忽视对社会对他人应承担的责任。

（三）审美价值取向上的感性化与世俗化

受大众文化的影响，一些青年大学生在审美价值取向上呈现感性化、世俗化的倾向。大众文化对影像化的追求所导致的直接后果就是使青年大学生更注重对文化的直观体验而将"思"的意义放逐，从而导致他们的审美取向呈现感性化的特征。同时，大众文化对感性化与媚俗化的追求，也导致了青年大学生审美趣味的世俗化和低俗化，通俗浅薄言情的文学作品在青年大学生中广为流行，通俗歌曲、流行音乐成为他们主要的娱乐消遣。

另外，大众文化所带来的影响还表现在校园文化所呈现出来的商业化的趋向上，大众文化已广泛渗透高等学府这块隶属精英文化的领地，校园文化模仿大众文化的市场操作使校园文化的发展更具功利色彩。

三 应对大众文化对当代青年大学生价值观负面影响的措施

（一）规范大众文化的发展

在社会主义先进文化建设的过程中，要充分调动大众文化内含的积极因

---

① 启海鹏：《解读大众文化》，上海人民出版社，2003，第164页。

素，以正确的价值导向引导大众文化的发展，推动大众文化向健康理性的方向发展。一方面，要通过弘扬主导文化所倡导的价值观念来消解大众文化对青年大学生的负面影响；另一方面，要规范大众文化的发展，提升大众文化的品位，打击各种不健康的、低俗的、黄色的文化对青年大学生的腐蚀与诱导，从而在全社会为青年大学生构建一个积极向上、健康理性的社会文化环境。

（二）加强对青年大学生的思想道德教育工作

加强对青年大学生的思想道德教育工作，是应对大众文化挑战的一条重要途径。高校的思想政治教育工作者应积极面对大众文化对青年大学生价值观的影响，提高对大众文化的认识，加强思想政治教育的针对性和实效性，研究当前大学生的思想和心理特点、精神文化需求及审美取向，积极开展丰富多彩的文化教育活动，引导和教育广大学生树立建设中国特色社会主义的共同理想和正确的世界观、人生观、价值观。

（三）加强校园文化建设

随着大众文化对校园文化的广泛渗透和影响，校园主导文化原有的教育功能、影响功能、激励功能受到影响。因此，加强校园文化建设，抢占校园文化主阵地，是应对大众文化消极影响的主要途径。

第一，作为高校思想道德教育的工作者，要努力构建与健康的、先进的文化相对应的符合大学生精神和文化需要的、积极向上的校园文化。通过提高校园文化的内容和层次，不断适应和满足大学生的精神文化需要，发挥校园文化对大学生价值观念影响的主导作用。

第二，构建一个理性与感性和谐统一的校园文化。校园作为大学生四年成长的文化环境，对青年大学生价值观的塑造及形成具有重要的影响。由于大众文化现已成为校园文化中的重要组成部分，故积极正确认识和对待大众文化具有重要的意义。在校园文化的建设中要引导学生把求知、求乐、求美、求善有机地结合起来，提高学生的艺术欣赏、鉴别能力及批判能力，培养健康的审美趣味，从而实现从理性规范到感性解放，满足学生健康的感性的娱乐需求，努力构建一个理性与感性和谐统一的校园文化环境。

第三，要以主导文化占领校园文化阵地。主导文化代表着中国文化建设的方向，是具有社会主导地位的价值观。这就要求在校园文化的建设中要把握好社会主义先进文化的方向，处理好主导文化与大众文化的关系，坚持主导文化的核心地位不动摇，引导大众文化在校园的传播和发展，要充分发挥校报、广播、图书馆、校园文化网络等校园传媒作为校园文化建设的载体作用，提升校园文化层次，拓展和建立主导文化在校园的主阵地作用，为大学生营造一个健康、和谐的校园文化环境。

现代性问题

表达生存焦虑的怀疑论*
——反思现代性科学中的后现代主义

胡长栓**

一

今天，以反思现代性为主题的后现代主义已成为人类文化图景中极具魅力的思想园地，虽然人们对于后现代主义的理解还远没有统一，甚至不能给出一个相对确定的含义，但它却已吸引着一切具有理论自觉和历史使命意识的人类智慧——无论他们坚持现代性立场还是后现代性立场。在关于后现代主义的观念中，人们的争论主要表现为对"后"的不同理解：一是在"反"和"否定"的意义上来理解，把后现代主义理解为一种对现代性的批判和否定，认为现代性造成了人类社会的无穷灾难，严重威胁人类未来的生存，必须对现代性进行彻底的消解和否定，这种"后"本质上体现的是一种已发展立场；二是在"反思"的意义上来理解，把后现代主义理解为一种对现代性的继承和修正，他们并不否认在现代世界中现代性的发展确实为人类社会带来了诸多灾难，但认为这并不是现代性本身的问题，而是现代性不完善的结果，我们的任务只是应该从反思的意义上去完善现代性，而不是从否定的意义上去消解现代性，这种"后"坚持现代性的实践诉求，实际上表达的是一

---

* 本文发表于《自然辩证法研究》2007年第3期，收入本书时部分内容有改动。
** 胡长栓，黑龙江大学文化哲学研究中心研究人员，主要从事马克思主义哲学、文化哲学、科学技术哲学与怀疑论领域的研究。

种后发展立场。前者表现为解构的理论性质,如德里达和福柯等解构主义的后现代主义,后者则表现为建构的理论性质,如小约翰·科布和大卫·格里芬等所坚持的建设性后现代主义等,但无论是解构的后现代主义还是建构的后现代主义在其本质上二者都是以现代性的充分展现为其理论背景,并以现代性为自己最主要的思想对象。

对于后现代主义,人们似乎并不将其作为一个新的独立的思想时代来理解,在思想历史的分期中它仍然隶属于现代性的范畴。首先,是因为它仍然以一种完善的现代性为出发点和立足点,把现代性作为自己最主要的思想对象,只不过是从否定性的方面对现代性的批判和反思,这也就是说,后现代主义还没有形成作为一个独立的思想时代所应具有的相对独立的问题,它最主要的工作包括所谓的建设性。后现代主义本质上还是解构的,也即否定的和怀疑的。其次,也符合后现代主义作为现代怀疑论的本质,与人类思想史上其他一切怀疑论的存在都不属于一个新的时代一样——古希腊的怀疑论仍然属于古代的哲学,近代的怀疑论仍然属于近代的哲学,后现代主义也应该是一个与它所反思的时代——现代哲学——相同的哲学时代。因此,人类思想在近现代的存在就是后现代主义产生的历史前提。

近代以来的西方世界是一个科学、理性和主体性不断高扬并得到迅速发展的时代。培根"知识就是力量"的号召彻底改变了古希腊"知识就是美德"的传统科学观,把科学完全奠基在满足人们日常生活的实际需要与社会发展的具体要求基础之上,科学的价值就体现在征服世界和改变世界的力量中,由此,科学也就成了以实用为目的的实用科学,以至于"最后几乎把理论科学从一般人的心念里驱逐了出去"。当然,"科学的实际重要性,首先是从战争方面被认识到的;伽利略和雷奥纳都自称会改良大炮和筑城术,因此获得了政府职务"。[①] 科学观的这种改变由于其在满足社会发展和人们日常生活需要方面的实际功用,而进一步确立了科学发展在近代人类诸多文化门类

[①] 〔英〕罗素:《西方哲学史》下,何兆武、李约瑟等译,商务印书馆,1976,第5页。

发展中毫无疑议的优先地位。同时，培根确立的实验方法也为科学的发展找到了一条有效途径，从而不单高扬了科学的地位，而且也使科学在事实上得到了迅速的发展。对于西方近代的哲学史，人们似乎更重视笛卡尔，笛卡尔"我思故我在"的宣言，一方面，承继了西方哲学发展的历史逻辑，即为古希腊的本体论追求奠定可靠的前提，对这种前提的追问形成了近代哲学的认识论主题，因此，"我思故我在"在本质上是认识论的。作为认识论，它为近代的人类认识找到了基点，这样，也就确立了理性在一切人类存在中至高无上的地位。另一方面，在近代世界发展中更具有重要意义的是笛卡尔通过作为认识基点的"我思"确立了我思主体——人在宇宙中的核心位置，从而坚定地开始了张扬主体性的近代历史。在此之前，人在宇宙中一直像奴婢一样处于被奴役的服从地位，既没有独立的主体地位，也没有关于自我的主体意识，先是作为自然的存在被自然奴役着，"自然界起初是作为一种完全异己的，有无限威力的和不可制服的力量与人们对立的，人们同自然界的关系完全像动物同自然界的关系一样，人们就像牲畜一样慑服于自然界"。[1] 后是作为宗教的存在为宗教所奴役，人的一切都只是为上帝的存在，这种宗教对人的奴役成为中世纪最主要的特征，他们认为最值得具有的知识是关于上帝的知识，"所有其他的科学，诸如逻辑学、形而上学和伦理学，只在给我们关于上帝的知识方面有其价值。我们的职责是了解我们所坚信的东西，看到我们信仰的合理性"。而"人类最高的目的是同上帝融合，这是宗教的神秘理想，即看见上帝"，并认为"上帝所选择的得救的人构成上帝之城，上帝所确定要毁灭的人则形成尘世之城，即罪恶的王国。人类的历史表现两种王国的斗争，其最后一个阶段是基督创始的时期"。[2] 虽然从文艺复兴时起，人们已经开始了高扬人这一伟大主题的努力，他们把人作为最主要的研究对象，并力图把思维的理性归还给人，但在形而上学的意义上自觉地确立我思主体地位的则是笛卡尔，他把人从对自然的存在中解放出来，把人从对上帝的存在中解放出来，

---

[1]《马克思恩格斯选集》第 1 卷，人民出版社，1995，第 35 页。
[2]〔美〕梯利：《西方哲学史》，葛力等译，商务印书馆，1995，第 162~170 页。

真正把人的意义归还给了人本身，从而使关于主体的自我意识和理性与科学一起成为近代思想启蒙最重要的内容。

二

然而启蒙的意义并不是如黑色与白色的差别那样完全清楚明白，也没有简单易用的方法为启蒙找到一个美妙的黄金分割点，结果，启蒙并没有呈现出人们所渴求的确定的意义世界。对此，霍克海默与阿多尔诺在其《启蒙的辩证法（哲学片断）》中做了深刻的描述：启蒙一直旨在将人类从恐惧中解放出来，并建立人的主宰，但充分启蒙了的世界却弥散着胜利后的灾难。人们通过割裂自然来终止自然对人类奴役的每一次尝试，只不过是加强了自然对人类的奴役。在人类解放的历程中，人遭受了与人的世界相同的命运，人对自然与社会的统治最终导致了自然与社会对人的统治；对个人主体性的高度迷恋，不仅没有赋予人至高无上的地位，相反却把人变成了物的奴隶；对科学权威的信仰，也没有给人类的发展完全带来昌明，相反，罗马俱乐部在《人类处在转折点》报告中的描述却成了充分启蒙后的事实——人类好像在一夜之间突然发现自己正面临着史无前例的大量危机：人口危机，环境危机，粮食危机，能源危机，原料危机等。旧的危机波及全球尚未过去，新的危机又接踵而至，大量的危机构成当代世界发展中遇到的一种"危机综合征"。这种"危机综合征"虽然最直接威胁的是人类自然性的生命存在，但给人类带来最大痛苦的则是由生存可能性危机所造成的精神焦虑，而其实质在哈贝马斯看来是：科学上似乎得到了解决技术支配自然界问题的方法，又以同样的规模变成了同样多的生活问题，而这同样多的生活问题"实际上是科学化的文明的一个生活问题，即：如何对技术进步和社会的生活世界之间今天仍然处于自发状态的关系进行反思以及如何把这种关系置于理性争论的控制之下"。①

---

① 〔德〕尤尔根·哈贝马斯：《作为"意识形态"的技术和科学》，李黎、郭官义等译，学林出版社，1999，第 87 页。

从逻辑的必然性上来说，这种危机实际上正从反面呈现着近代以来西方的文化兴趣。近代以来的西方文化是在直接批判形成于中世纪的宗教神学的文化传统中逐渐生成的，这在一定意义上就决定了近代文化的一些重要特点，它从消解信仰开始，祛除神圣、解构崇高，并最后表现为返归世俗的事实。于是人的自然性生命存在及其需要成了几乎所有科学研究最重要的基础，科学发展所取得的一切进步从根本上来说，就是不断满足人们日益增长的物质生活需要，至于表现在人之精神领域的非自然性的超生命存在及其需要却被物质主义的世界观彻底遮蔽了，结果是近代以来的科学文化把人的精神从信仰上帝的家园中解放了出来，却没有给人类精神建造出一个新的可以安身的陋室居所。其中人们曾一度坚信科学的力量，但正是科学的实际发展最终打破了科学自身的神圣形象，从而引发了由人类生存的可能性危机所造成的精神焦虑。这种精神焦虑就构成了表现为后现代主义的怀疑论的重要本质。

后现代主义表达着人类对自身生存危机的焦虑，而后现代主义产生的历史前提也就使这种焦虑把批判的矛头直指构成现代精神的科学、理性和主体性。一方面，近代以来的历史是科学不断确立自身的权威，同时人类其他非科学性的存在不断被消解的历史。这种科学化的历史坚持"一种还原论的解释，摒弃一切从人的原因到所有远距离作用的向下的原因"，认为"科学的解释只能以唯物论为依据"，"科学的本质不允许对唯物主义不可理解的事物进行科学的研究"。① 人们坚信只有科学才是人类社会发展的最终力量和赖以存在的唯一基础，并对科学的发展最终必然取消人类其他一切文化门类的存在充满希望，其中"科学的发展必然带来宗教的灭亡"就是最典型、影响也最大的一种科学信仰。另一方面，则是人之主体性不断得到解放并走向独立，而其他一切非人的存在不断成为与人相对立的人之对象的历史。这种主体化的历史把主体性的人从人的其他存在中独立出来，坚持人是一切存在的根本和最高本质，从而把人看作一切价值的中心和宇宙万物的目的，并对人类自

---

① 〔美〕大卫·雷·格里芬：《后现代科学》，马秀方译，中央编译出版社，1998，第6~7页。

身的力量充满无限的热爱与信仰,于是"不自由,毋宁死"等对"自由""平等"的渴望和追求实际上就成了这种主体化历史中最珍贵和最激动人心的精神,人类不断奋斗所争取的一切都与自由有关。因此,后现代主义作为现代怀疑论的本质对现代化历史的批判也就主要集中在科学和主体性这两个方面。一方面,它消解科学唯一神圣的地位,祛除科学有无穷力量的权威,反对机械的唯物论观念,认为科学如果没有人类崇高精神的引导就绝不会成为人类存在的福音,而是打开了盖的潘多拉盒子,给人类带来的只会是毁灭性的灾难。科学的发展必须结束消除唯心论的"祛魅"历史,走上"返魅"的道路,重新把宇宙间的目的、价值、理想、自由、可能性、创造性、暂时性和神性等主观性的因素作为自身重要的内容,正因为如此,我们就看到了当今科技伦理学和科学社会学的兴起、科学向文化的复归以及在哲学的主流形态上从科学哲学到文化哲学的转向等,这些都使传统机械唯物论科学观的困难变得彰明较著,也凸显后现代主义对传统机械唯物论科学观的批判。另一方面,非人类中心观念消解人类中心观念的努力、生态伦理学的兴起、交往理论和主体间性理论的繁荣等都表明主体性由凯旋走向黄昏的人类历史进程,而这一人类历史进程彰显的正是通过后现代主义者所表现出来的人们对近代以来人之主体性的失望。人们曾幼稚而狂妄地以为"上帝死了"以后,人就可以作为"超人"主宰人的世界——人类自身的命运、社会历史的发展、自然的变化乃至整个宇宙的生成等都可以完全在人的掌握之中,但事实并没有给人类的幼稚和狂妄留任何面子,主体性的历史充满着主体性的无穷灾难:"交谊、装假、骗人、为金钱和住房操劳、乏味的公务,这一切好像遮住了他的视线和感觉,使他无法看到和感到只有早年他曾经看到和感到的美好的一切。"[1]人类不但不能主宰宇宙、自然,甚至根本不能掌握社会历史的发展和人类自身的命运,取得独立后的人面对的最大痛苦却正是人类取得的独立所赐予的。于是,在后现代主义的观念里,交互主体性取代了人之狭隘的主体性,"自然界,就它本身

---

[1] 〔法〕利奥塔等:《后现代主义》,赵一凡等译,社会科学文献出版社,1999,第215页。

不是人的身体而言,是人的无机的身体",① 人首先被看成一个他者的存在,而不是一个单纯的自我。

三

在思维方式上,后现代主义集中批判的焦点则是一直以来作为西方文化基础的形而上学和本质主义的思维逻辑。20 世纪以来,拒斥形而上学和反本质主义的呼声成了人类思想发展史中一种最普遍的观念,从海德格尔对形而上学的摧毁、维特根斯坦的全部哲学都是一种语言批判,到德里达对在场形而上学的解构、罗蒂的哲学的终结等,这种观念借助哲学向生活世界的回归、哲学的生存论转向、语言分析哲学的兴起等在思想领域得到了充分的展开,从而成为后现代主义对人类历史发展的现代性欲求进行解构的深层理论基础。

西方哲学努力的所有方向都与形而上学的问题有关,形而上学把自己完全建立在人的求知本性基础之上,决定着西方哲学的发展逻辑和历史传统。从直接表现为形而上学追求的古代本体论哲学,到近代以本体论哲学为终极价值的认识论哲学,再到现代西方的实践哲学和语言分析哲学等,都在呈现形而上学的意义。这种形而上学从二元论的立场出发,以寻求绝对真理为终极关切,表现为对知识基础不竭的欲求,它假想只要有了可靠的知识基础,人类就可以源源不断地增长自己的知识,并且它相信一定有这样一个终极的基础存在,也认为人类的思维能力一定能够达到这个存在。因此,哲学的根本任务就是要为人类的一切知识寻找一个可靠的阿基米德点,它超越历史、超越经验、超越差异从而形成了形而上学思维的统一性、普遍性、必然性、永恒性、绝对性、确定性和权威性等实在论的特征。后现代主义对这种形而上学的可能性表示怀疑,通过怀疑,他们从不同的方面进行着解构形而上学的努力,如维特根斯坦把世界划分为"可说的东西"和"不可说的东西",以往哲学家的错误

---

① 《马克思恩格斯全集》第 42 卷,人民出版社,1979,第 120 页。

就在于总是企图谈论不可说的东西,而以往所有哲学的问题本质上都不过是语言的混淆和误用,因此,"全部哲学都是一种'语言批判'"。[1] 利奥塔通过元话语的危机向形而上学的合法性提出了挑战,认为后现代社会中知识的爆炸彻底消解了人们把握知识整体的可能性,所谓的普遍的共识只不过是人们讨论问题时的某种特殊状况、某种特例;德里达则从根本上否认了形而上学的本文的存在,认为存在的只是它的"痕迹";拉康公开宣称:永远不能求助任何实体或任何存在,必须"与一切被称为哲学"的东西断绝关系;福柯揭示了传统哲学的先验性,强调并"不存在拥有最高权力的、独立自主的哲学",因为我们不可能获得完整的、客观的和独立的关于外部世界的图画;德利兹也否认永恒的真理和永恒的哲学的可能性等,所有这些关于形而上学的否定性思维都凸显了形而上学的合法性危机,表达着后现代主义确立非形而上学思维的企图,尽管非形而上学的思维并没有也不可能真的走出形而上学无边的沼泽。

在西方的哲学传统中,本质主义的思维方式是与形而上学的思维逻辑紧密联系在一起的,它从本质与现象二分的前提出发,信仰本质对于现象的先在性意义,认为现象是本质的反映,本质决定着现象,本质是永恒因而也是神圣的,而现象是暂时的和变化的,但通过现象人们可以认识到隐藏在现象背后的本质,根据柏拉图的思想传统,知识与意见是人类认识的两种不同能力,"知识相应于存在,以认识存在为目的"。[2] 关于现象的认识只是表现为人们的意见能力,人们通过意见能力而实现知识能力的欲求。但按照解释的逻辑,本质是根本的,是解释和理解现象的前提,只要人们把握了本质,那么就可以解释和理解由本质表现出来的一切现象,而且也只有真正把握了本质,那么才能解释现象,这样,我们就看到了在西方的哲学传统中人类认识的所有能力最后都指向现象背后的本质,这是一种人类特有的概念思维,而正是这种人类特有的概念思维影响并决定了西方哲学的传统和发展逻辑,但如果因此就认为人们完全信仰这种指向本质的概念思维,那就忽略了西方哲学发

---

[1] 〔奥〕维特根斯坦:《逻辑哲学论》,贺绍甲译,商务印书馆,1996,第42页。
[2] 北京大学哲学系外国哲学史教研室:《西方哲学原著选读》上,商务印书馆,1981,第85页。

展中人们同样重要的思维——怀疑思维。古希腊的怀疑前已有述，近代以来也不乏见，康德虽然在现象的背后悬设了自在之物的存在，但自在之物之不可知的断言实际上消解了自在之物对于人类认识的意义，从而最终把人类的认识能力限制在了现象界。海德格尔批判了自柏拉图以来的形而上学，认为古希腊早期的哲学家大都在涌现、显露、结合、生成等意义上把存在理解为"在起来"的动态过程，从柏拉图开始，在的问题就被归结为在的本质的问题，对在的研究也就变成了对在的本质的研究，而且这种在的本质被当作某种静态的、固定的东西，从而形成了影响西方哲学发展传统的本质主义的思维逻辑，这是一个"在的遗忘的时代"。通过对这种本质主义思维逻辑的批判，海德格尔的"任务就是要回复到对在的研究，重新把在从在者中拱托出来，澄清在的意义，建立起有根的本体论或者说基本本体论"。① 为此，海德格尔认为"这里重要的事情首先是要不断地使我们体会到，我们不可能直接地真正把捉在者的在，既不可能在在者身上，也不可能在在者之中，还根本不可能在其他什么地方"。"在我们看来，询问在的问题与询问语言的问题在最中心处相互交织在一起。因此，可以看出，当我们现在要着手在其作用上摊出在变成了气这一所谓事实时，我们不得不从对语言的思维开始，这决不仅是一个表面的偶然事件。"② 语言分析哲学的兴起最终支持了海德格尔的这一批判，因为在语言分析哲学看来，哲学的问题就是语言的问题，而这种理解实际上也就颠覆了本质主义思维中现象与本质二分的前提。

四

在理论追求上，与近代怀疑论对确定性的追求不同，后现代主义作为现代怀疑论的表现形式，它旨在消解人们对确定性的信仰，尤其是由科学和理性建立起来的确定性，就此而言，后现代主义与古代怀疑论走得更近，也更具怀疑

---

① 刘放桐等：《现代西方哲学史》下，人民出版社，1981，第593页。
② 〔德〕海德格尔：《形而上学导论》，熊伟、王庆节译，商务印书馆，1996，第33~51页。

论的精神，费耶阿本德"什么都行"的无政府主义就是后现代主义的典型。

虽然费耶阿本德本人宣称他的无政府主义既不同于哲学的怀疑论，也不同于政治和宗教上的无政府主义，因为他认为哲学上的怀疑论或者认为一切都好，或者认为一切都坏，或者拒绝做出任何判断，而他则是要毫不犹豫地维护最平凡和最匪夷所思的陈述，但这种宣称却正好说明他的无政府主义并不能从根本上与怀疑论区别开来，而具有怀疑论最根本的追求——消解确定性。只不过费耶阿本德表现为从正面对一切确定性的肯定，而对一切确定性的肯定，结果也就在本质上消解了任何可能的确定性。

费耶阿本德是一个科学哲学家——虽然他的哲学已远远超出了科学哲学的意义，因此，他的后现代主义哲学思想主要是通过对传统科学观念的批判来展开的，批判的武器就是他的多元主义方法论。他认为"方法的多元论是与思想的多元论相适应的"。理论的无政府主义不仅更有利于科学的进步，而且也"更符合人性""无政府主义对于科学和作为一个整体的我们的文化的进步不仅是可能的而且是必要的"。以往科学的发展总是要建立具有普遍意义的、排他的方法，理论的兴趣也往往在于普遍的标准、普遍的规则和普遍的观念，这种科学的观念一旦建立起对一种确定性的信仰，就会把这种确定性当作不以时间和地点为转移的、绝对的、永恒的东西，并把它作为普遍的标准、规则和观念，用来规范和指导科学、教育和人们的日常生活。费耶阿本德批判了这种科学的观念，认为"关于存在一种固定的方法，存在着一种固定的理性理论的思想，显然是以一种对人及其社会环境的过分天真的看法为基础的"。它不仅有害于科学的进步，而且也严重危害了个人的自由发展与社会民主。而"可以在所有情况下，在人类发展的所有阶段得到维护的，显然只有一个原则，这个原则就是：什么都行（anything goes）"。费耶阿本德认为只有这种反对方法的、什么都行的无政府主义才与科学的进步相契合，才与自由和民主的精神相统一，其根据就是事物发展的多样性和不平衡性，这意味着，科学的实际发展并不表现为必然的规律，而是偶然的和无序的，因为科学的发展也是极不平衡的，因此，任何关于科学的方法论对于科学的进步来说都是不适合的。这里,费耶阿本德对科学观念的批判并不是真的要反对科学,只是反对传统的科学主义,从而旨在阐明一种新的科学观念,这种观念坚持人类知识的进步和人类自由的发展不仅需要科学,而且同样也需要非科学;反对方法也不是真的要反对方法,只是反对传统方法论的唯一性和普遍性原则,反对传统方法论对其他方法的排斥和打击,从而确立人们对一切方法的信仰,鼓励更有利于科学进步和更符合人性的多元论的方法观;"给非理性的学说发明出令人不容置疑的理由,以此来使理性主义者们陷入混乱",也并不因此就是一个反对理性的非理性主义者,它只是旨在澄明在人类的认识中,非理性与理性具有同样重要的意义。

至此,我们已完全可以看出费耶阿本德努力的方向,通过对科学主义、理性主义和传统方法论观念的批判,消除普遍的标准、普遍的规则和普遍的观念,以确立对一切确定性的信仰的相对主义立场。然而正如对一切可能性的信仰消解的正是可能性本身一样,信仰一切确定性,也就意味着消解一切确定性,前者表现为相对主义,后者则表现为怀疑论,但从本质上来讲,相对主义与怀疑论是至亲,因为它们都从根本上动摇了统一的、普遍的、必然的、绝对的和神圣的确定性,从而为相对的、或然的和普遍的非确定性留下了宝贵的生存空间。而这种消解一切确定性的追求,正代表了作为现代怀疑论的后现代主义最基本的宗旨和精神。

现代性危机与人道社会主义诉求*

——科西克《现代性的危机》初探

李宝文**

东欧新马克思主义者科西克的《具体的辩证法》在当代西方思想史上占有重要地位和影响。近年来，我国学界关于科西克思想的研究主要是围绕这部著作而展开。虽然取得了大量成果，但是，研究的范围仍然过于狭窄，致使科西克思想的理论价值与现实渐行渐远。造成这种状况的主要原因是科西克的另一部与《具体的辩证法》相映生辉的重要著作——《现代性的危机》（The Crisis of Modernity）——一直没有引起学界的足够重视。《现代性的危机》是科西克于1968年"布拉格之春"前后撰写的一系列论文的结集，1995年由美国布拉夫顿大学詹姆斯·H.怀特教授将其编辑整理成书。这部著作共收集"理性与良知""我们当前的危机""社会主义与现代人的危机""道德的辩证法与辩证法的道德"等25篇文章，涉及哲学、文学、语言学、社会学、道德、历史与现实等多个学科和领域。这些文章是科西克从捷克斯洛伐克具体的现实问题出发，对当代人类普遍存在状况做出的深层反思和哲学批判。其批判焦点是现代性危机，理论诉求是人道的社会主义（humanistic socialism）。在东欧新马克思主义学者中，科西克是较早地站在马克思主义立场上，把东欧机械论社会主义提升到现代性危机的高度进行批判的思想家，后来的鲍曼、赫勒等都要较之晚一些才开始进入这一现代性批判领域。如果不是由于"布

---

* 本文发表于《求是学刊》2010年第1期，收入本书时部分内容有改动。
** 李宝文，黑龙江大学马克思主义学院教授，主要从事东欧马克思主义领域的研究。

拉格之春"之后被剥夺了工作权和发表文章的权利,科西克的现代性批判思想无疑会更加精彩、更加深刻、更加完善。尽管如此,科西克的《现代性的危机》仍然不失为一部关于现代性批判的力作,是来自前东欧社会主义时期不可多得的关于现代性批判的学术资源,对于我们研究当代社会主义进程中的现代性问题具有特别重要的理论意义和现实意义。限于篇幅,本文仅就《现代性的危机》的思想内蕴——现代性危机与人道社会主义诉求——予以探讨和阐释。

一 关于人的异化存在方式的批判

科西克关于现代性危机的批判是从人的基本存在方式层面展开的。这与当代许多学者研究同类问题的方法颇为相似。但是,科西克的独特性在于他不是从纯粹的理论思辨来论证现代性的危机,而是从当时捷克斯洛伐克所面临的社会政治危机中来分析发现人的存在本质问题。具体说来就是从"布拉格之春"的政治事件中透视捷克斯洛伐克人乃至当代人面临的生存危机问题。科西克认为"布拉格之春"预示着捷克斯洛伐克社会已经处在了危机之中。但是,这场危机绝不仅仅是捷克斯洛伐克自身的危机,而是整个欧洲的危机。如果西欧人民没有理解东欧所发生的一切是而且仍然是欧洲历史的必要组成部分,仍然是欧洲总体问题的必要组成部分;或者如果东欧人民没有看到他们的事件和历史是在特定而又共同的欧洲基础之上发生的,那么,已经存在的这个致命的误解,还会继续存在下去。"布拉格之春",这种以捷克斯洛伐克为标识的世界性称谓,已经预示着人类存在意义的危机,一切都取决于人们是否开始研究人类存在的意义,并在这个意义之上反思当代人的存在方式问题。

关于人的存在方式,科西克在《具体的辩证法》中曾提出,实践是人特有的存在方式,人是通过实践得以存在的。但是,由于功利主义的影响,实践总是面临着蜕变为伪实践的可能。在《具体的辩证法》中,科西克主要是从人们的日常生活及其观念的角度对人的伪实践存在方式进行了揭示和批判。而在《现代性的危机》中，科西克则转向人的存在方式的另一个重要的维度——政治生活中来揭示和批判当代人的异化存在方式问题。科西克认为，从社会的角度来讲，政治是现代社会得以存在、运行和发展必不可少的核心要素之一；从个体的角度来讲，政治是生存于现代社会的人理解社会的重要方式，也是他们的不可或缺的存在方式之一。离开政治，现代社会无法运转，现代社会的人无法正确理解自身存在的意义。科西克认为，捷克斯洛伐克的当代事件已经不可避免地把他们的政治生活带到了人们注意的中心，使他们的政治生活形成了普遍性意义。科西克说："我们当前的危机不仅仅是政治的危机，同时也是政治生活的危机。它所提出的问题不仅仅是一定政治制度的问题，而且，同时首要的是政治生活的意义问题。"① 在这里，科西克区分了两种不同的政治，一种是政治生活的政治；另一种是政治制度下的政治。在科西克看来，政治制度意义下的政治是异化的政治；而政治生活意义下的政治才是本真的政治。对于本真的政治生活，科西克认为："政治生活不只是对行将出现的和现存的局势的反应，也不只是对各种现存力量的解决。政治生活不仅受社会力量、部门和阶级的制约，而且受人的情感、理性、意见制约。在真正的政治生活中，各种新的力量被创生和设计，政治生活的本质决定了在人身上要唤醒什么、要触及什么，也决定了是什么会向人提出挑战、什么会给予人支持或者使人麻木。"②

相反，现代世界的政治生活是异化的政治，是人的异化存在方式，它的典型特征就是操控大众。因为这种作为操控大众的政治认为，只有在普遍控制的制度中政治才是可能的。"人被当成一个部件安插进这个制度：体现出当代虚假意识特征的现代人最大的幻相之一就是假定可以把实在（存在）当成客体，当成某种可以开发的东西，当成我们能够控制并且任意控制的东西，

---

① Karel Kosik, *The Crisis of Modernity*, Edited by James H. Satterwhite, Boston and London: Rowman & Littlefied Publishers, 1995, p.17.
② Karel Kosik, *The Crisis of Modernity*, Edited by James H. Satterwhite, Boston and London: Rowman & Littlefied Publishers, 1995, p.61.

尽管我们自身一直保持在这种安排之外。"① 于是，政治既不是科学也不是艺术，而是权力的表演和权力地位的游戏。这个游戏并不赏心悦目，而是极端残酷；这个游戏并不充满乐趣和欢笑，而是处处表现死亡、狂热和算计。它不是科学，但是它决定科学及其结果；它不是艺术，但是它激起人们的恐惧和隐秘情感；它不是宗教，但是它拥有偶像和高级神父。"对于现代人来说，政治已经变成命运：从某种程度上来说，每一个人存在的意义都被政治道路清晰地标示出来。"②

为了揭示人们在异化的政治生活中的存在方式，科西克进一步分析了大众和政治操纵之间的关系。科西克说，那些说出"大众"的人，在他们的头脑中已经预先设定了某种制度，在那个制度中，个体不再作为政治活动的主体而存在，而仅仅是作为政治操纵的客体而存在。事实上，人民并不是作为大众而出生的，只是在把社会划分为两类人（一类是无名大众；另一类是操纵者）的制度中人民才变成了大众。无名大众是失去了自己面目和责任的人。科西克认为，在这样的社会中，大众的无名分、无责任反映了整个社会的无责任，大众和操纵者的制度是一个普遍无责任的制度，同时也是一个普遍神秘化的制度。在这样的制度中，政治口号取代了政治思想，政治运行仅仅是给大众灌输预先设定好了的虚假意识。任何试图批判的想法都被作为异端和亵神而予以拒绝。辩证理性，甚至普通意识均被排除在既定规则之外。这种制度的运行并没有认清自身的本质，它的各个组成要素（操纵者和大众）只是生活在自身与他者的幻象之中。这种制度不会创造出真正的人民或者属于人民的品质，它仅仅有益于操纵者的情感、能力和兴趣。所以，科西克指出，人们需要的是一种新型的政治生活，这种政治生活来自"人与历史、本质与时间、存在与真理"的崭新理解中。确切地说，这种可替代的世界观、可替

---

① Karel Kosik, *The Crisis of Modernity*, Edited by James H. Satterwhite, Boston and London: Rowman & Littlefied Publishers, 1995, p.9.
② Karel Kosik, *The Crisis of Modernity*, Edited by James H. Satterwhite, Boston and London: Rowman & Littlefied Publishers, 1995, p.17.

代的政治生活是以实践为基础的本真的政治生活。概而言之，只有建构起真正属于人自身存在方式的政治生活，现代性危机中异化的政治生活才有可能得到抵制。

二 关于当代社会共同本质的批判

20世纪，人类历史上呈现出两大奇特现象：一方面，以崇尚科学与民主著称的西方资本主义社会越来越背离启蒙运动的宗旨，日益发展成为"物化社会"；另一方面，以取代和超越资本主义制度为目的的社会主义社会不同程度地表现出权力高度集中的特征，以至于有的研究者把这一倾向概括为"极权社会"。对此，人们通常认为，西方资本主义社会的问题出在它已经步入现代，且"过于"现代，从而走向了现代性的反面；社会主义社会的问题出在它尚未步入现代，还"不够"现代，很多方面还落后于现代。这种看法暗含的观点是，现代性作为现实问题仅仅是西方资本主义社会发展过程中特有的现象，社会主义社会还远没有发展到"现代性"的程度，尽管它特别期待现代性。似乎，只要人们认清资本主义现代性问题的本质，就既可以为资本主义"疗伤"，又可以为社会主义"防病"。这一点，单从人们把马克思对传统资本主义社会所做的批判置换为现代性批判，又把现代性批判等同于对发达资本主义社会所做的批判的理论逻辑中就可以看得清清楚楚。然而，在科西克看来，20世纪人类所经历的两种截然不同的历史命运其实是同一个问题——现代性危机——所致。那些仅仅看到两种社会历史进程差异的人，完全忽视了产生二者的共同本质。科西克认为，当代人类社会两种制度具有如下共同的现代性本质。

第一，共同的主体主义本质。科西克指出，20世纪中叶，世界上的两种主要社会制度之间存在着的斗争和冲突，表面上看似毫无共同之处，事实上却存在着惊人的一致性。无论市场制度还是管理制度，都存在着要求自身得到确认的力量。两种制度分别运用自由竞争和中央计划作为自己的工具来实现它们的潜能和利益。"在这两种情形中存在着某种东西，它产生于每一种制度，是作为这个制度的无法想象、无法预期、无法计划、无法思考的产物而存在的；这种东西削弱和破坏人的真正本质和历史的历史性特征。"① 这种力量仅仅以自身为目的，它不允许任何别的东西与其并存，更不允许别的东西居于它之上。这种力量完全通过吸纳差异消除他者来证实自身的存在。它大量地生产自身，把外在的一切都转变成与己相似之物和与己相关之物，并使之适宜于它自己的路线。科西克认为，这种力量的实质就是主体主义。"在那两种力量（自由的和管理的）运行的过程中，现代主体主义以各种不同的方式肯定自身。这种主体主义意味着各种事件都取决于他们的头脑，意味着它是把真正的主体——人——变成客体的主体主义。"② 而"人，构造这种生产和完善的机械装置并使其开动起来的人，随着时间的流逝，变得越来越臣服于它的运行，并且变成了这种现代伪主体的纯粹附属物，变成了这种雄心勃勃、无所不能的转换器的附属物"。③ 因此，在当今世界的两种制度中，人的存在所面临的危机是同一个根由造成的。

第二，共同的完美化本质。在科西克看来，以主体方式存在的现代性最突出的特点是追求自身的完美。追求完美是主体的本性，这本无可厚非。但是，问题是主体在追求完美的过程中，错失了完美本身，所关注的仅仅是完美化。在这个完美化的过程中，可能与不可能之间的差异被废止了。当代制度的共同本质就是冲破各种限制竭力生产更多的产品、增加更多的舒适感。一种满足实现之后，还会继续寻求更高的满足，永不停歇。现代性危机是由日益加速的变革造成的，这个变革正在把实在转化为一个可计算和可控

---

① Karel Kosik, *The Crisis of Modernity*, Edited by James H. Satterwhite, Boston and London: Rowman & Littlefied Publishers, 1995, p.40.
② Karel Kosik, *The Crisis of Modernity*, Edited by James H. Satterwhite, Boston and London: Rowman & Littlefied Publishers, 1995, p.43.
③ Karel Kosik, *The Crisis of Modernity*, Edited by James H. Satterwhite, Boston and London: Rowman & Littlefied Publishers, 1995, p.41.

制的实在。在这种转换中,话语被转化成信息;想象被转化成图像;城镇被改变成生产、消费和运输的聚结物;农村被转化成特定的区域和地带;思想被转换成受外部影响和医治的心理过程。科西克认为,因为人已经丧失了所有标准,而又没有意识到这种丧失;因为他直接地无意识地用替代物替代那些丧失的标准,所以,人已经变成了虚假标准的奴隶。表面看来,好像是人在控制一切,但是,实际上,人是被一些异质的运动、节律和时间所控制的。在这个过程中,人一直被他没有想到的自身的本质和实体拖着走。人们如此匆忙,以至于他们没有时间停下来关注丰富的现在。这是一个家人没有时间一起坐在桌子周围紧密交流的境况,是一个政治家被迫从事一个又一个运动而没有时间反思他的活动的意义的境况。在这里,现代性已经失去了时间的一个维度,失去了时间的实在性。"现代性的危机是这样一种时间危机:在持续的转换和可转换过程中,只有完美化是真实的。因此,完美——原则上捍卫自身并且对抗任何形式的完美化的完美,却退到了边缘地带。"①

第三,共同的科学化本质。科西克认为,现代性观念是一个科学主义普遍盛行的观念,科学主义不仅横扫了当代资本主义社会,而且社会主义也未能幸免。在科学观念推动下,社会主义是一个科学地运行的社会,它的未来被联系在所谓的科学和技术革命上。科西克指出,"科学和技术的革命"这个词是一个神秘物,它掩盖了现代科学、现代技术和现代(社会主义)革命的真实问题。科学和技术的空想家们把社会主义同他们的未来观联系起来,这意味着,绝大多数公民都不得不忙碌于科学的劳动中。然而,他们没有想到,这种量的增长并不能导致辩证的跨越和新的质变,因为,这仅仅是现代科学变化的一种纯粹表现形式。现代科学不是智慧,而是精确的知识和控制。科学的本质已经发生改变,科学把它自身仅仅当作"科学的劳动"、"研究"和"宏大工程"等来对待,因此,掌握一定的基础知识和某些基本的操作方法成

---

① Karel Kosik, *The Crisis of Modernity*, Edited by James H. Satterwhite, Boston and London: Rowman & Littlefied Publishers, 1995, p.45.

为唯一必要。现代科学家成了技术专家，社会的构想奠基在方方面面的专家手里，他们只顾实验与检验，而不顾科学本身的反思。由此，当代社会深深地陷入了科学化的危机之中。

三 关于人类精神价值丧失的批判

科西克在对人类存在方式和当代社会现代性危机的本质进行批判和揭示的基础上，进一步将批判的目光转向整个人类精神价值层面的批判。在科西克看来，现代性已经越来越被单一化，现代性已经蜕化为物质主义。"现代性是物质主义，是因为所有的人——唯心主义的支持者和赞同者、社会主义者和资本主义者——都被卷入到一个宏大进程之中，在这个宏大的进程中，自然界被变成物质和原料，变成服务于人的似乎取之不竭的能源和原材料的武库。"① 然而，在这个转变过程中，人的精神也蜕变为无情的人工实在，蜕变为掩盖时代空无的辉煌展示。因此，现代生产力变革包括两个方面：生产与炫耀。在这个现代炼金术中，与传统不同，它不再是从铅中获得黄金，而是把"黄金"（即地球的财富）转变成垃圾和铅——"精神"（即人）也被转变，但，他的转变不是提升而是堕落。"精神蜕变为无灵魂的实在，在这个实在中，人们不得不像在自然世界中一样生活；精神蜕变为辉煌的炫耀，精神的作用就只在于使丑陋的实在变得更加舒适。精神的这种蜕变只是宣告了精神的消失和彻底的堕落。"② 精神的堕落经常表现为自然被简化为纯粹的物质和物质性，物质完全受贪婪和任性的精神所摆布。在这种情况下，已经堕落为物质价值的精神价值不再呼求前提批判，只是采取谦和式的反转。这种反转也就表现为精神和自然之间唯一的价值转换关系。但是，科西克认为，无论精神还是

---

① Karel Kosik, *The Crisis of Modernity*, Edited by James H. Satterwhite, Boston and London: Rowman & Littlefied Publishers, 1995, p.46.
② Karel Kosik, *The Crisis of Modernity*, Edited by James H. Satterwhite, Boston and London: Rowman & Littlefied Publishers, 1995, p.46.

自然——始源上，本质上，就它们存在的意义而言——都不是或者不可能是比例性的或者可交换性的关系，因而绝不能是价值关系。把一切都变成价值并把这些价值赋予一切事物之上，并不意味着事物因此而被提升、被纯化或者被抬高到一个更高的水准，反倒是精神被降低、被归结为一个维度，从而失去了它本质中估量和评价的独特属性。所以，科西克告诉人们："价值，就现代所使用的这个词的意义而言，意味着一切都可以转换到可交换的领域之中，但是，精神和自然是不能交换的，一方是不能被误解为另一方的。正是因为精神和自然都不是价值，因为它们外在于任何可交换性，它们才能够保持在自己的确定位置：精神保持在精神性之中，自然保持在自然性之中。一旦精神被打造成最高价值，自然被轻蔑为随意开发的原材料和能源的武库，通往恶劣嗜好、无耻行径和野蛮挑衅的大门就敞开了，并且通往制度战胜整个世界的大门也敞开了。"① 把精神转化成至高无上的价值，把自然转化成可计算和有利可图的价值，意味着剥夺了一切事物内在的本质的东西——尊严。因此，价值时代也就是缺乏尊严的时代，也就是充满闹剧和幻象的时代。幻象已经被升格为一个普遍被接受和被认可的生活方式。

在虚假的幻象生活方式中，现代人失去了与本质的联系，而不停地追逐非本质的东西，追逐琐事的累积。随着对非本质的疯狂追逐，人正在试图封闭并跨越无本质的空虚。科西克说，我们用以断定和描述这种枯竭、紧迫、本质堕落现象的哲学方式就是人们常说的"上帝死了"。这句话并不是一个教条的表述，它与上帝存在的争论和证明没有关系。这句话是一个哲学思想。它并不是说最高价值已经变得没有价值或者不再有效，也不是说它的地位还没有被新的价值所取代。而是说，它拥有更深刻更令人震惊的意义：本质的丧失。因为人类在历史性的赌注中放弃了本质而把它作为不必要的东西，并且疯狂地去追逐非本质的东西，人就失去了与本质的任何联系。"上帝死了"这句话和强调"上帝是最高价值"的观点是以不同的话语说出了同一件事情。

---

① Karel Kosik, *The Crisis of Modernity*, Edited by James H. Satterwhite, Boston and London: Rowman & Littlefied Publishers, 1995, p.47.

它们正在宣告一个非本质战胜本质的时代的到来。这使人感到焦虑，然而，人并没有勇气承认本质已丧失，人像逃避一个追逐者一样逃避本质，并且在偶然性和非本质中寻求缓解和躲藏。结果，在这种状态中，人发现他自身处在一个虚假和颠倒的世界中。"人逃离本质的丧失，追逐可获得的非本质的东西；他总是向前奔跑，但是，实际上是在后退。这两种相反运动的不协调性——向前的后退与向后的前进——是现代悲剧本质的根源。"①

由此，科西克指出，"现代是一个危机的时代，因为它的基础处在危机之中。基础的危机源于事物的真正基础正在变得越来越令人混淆不清，并且困惑和非真理性被置入到了现代的真正根基之中"。② 由于在这种困惑中踌躇不决，人变成了这样的一个人，他傲慢地声称有权过富裕的生活，无论付出什么代价。这意味着他将积极参与人们日复一日、年复一年地从自然界中攫取利益和产品的斗争，也就意味着人与自然关系的根基将会受到更大的破坏。同时，那些声称有权处置任何事物的人对于现存世界是不公正的，他正在走向权利之外，走向真理之外。所以，科西克认为，我们已经不是真理的守护者，真理也不再被给予我们。如果我们生活在真理在手的状态中，生活在能够篡改真理或者随意处置真理的假象之中，我们就会远离真理。只有当我们行进在开放的空间并被真理之光烛照时，我们才能接近真理，才能与真理同在。今天的危机不只是涉及某一地区或者某一方面的危机，而是涵盖整个基础的危机。单纯的校正与调整已经无济于事，真理要求我们彻底变革通往现存世界的方式，只有彻底的变革才能把人从危机中拯救出来。因此，科西克在《现代性的危机》一文的结尾处意味深长地说："生态学家宣称一切所需在于保护环境。哲学家则断言一切所需在于拯救世界。"③

---

① Karel Kosik, *The Crisis of Modernity*, Edited by James H. Satterwhite, Boston and London: Rowman & Littlefied Publishers, 1995, p.49.
② Karel Kosik, The Crisis of Modernity, Edited by James H. Satterwhite, Boston and London: Rowman & Littlefied Publishers, 1995, p.50.
③ Karel Kosik, *The Crisis of Modernity*, Edited by James H. Satterwhite, Boston and London: Rowman & Littlefied Publishers, 1995, p.41.

四 人道社会主义的诉求

如何拯救世界？科西克认为建构人道的社会主义是克服现代性危机的必由之路。当代社会，无论社会主义，还是资本主义，都面临着一个共同的现代性危机问题，这个危机具有普遍性和一致性。它的彻底解决也必须通过一种共同的强有力抵制才能完成，而这个任务和目标就是共同走向人道的社会主义。人道的社会主义既是对于虚假的社会主义自身的超越，也是对于当代资本主义的超越。科西克认为，在20世纪，现代社会主义的困难在于不能从理论上把握和调整它作为解放的历史作用。如果社会主义在变化的环境中迷失了自身的目的，它就不再发挥革命和解放的作用。正因为我们面临着许多至今还没有触及的本质问题，20世纪的人们才难免继续提出如下问题并寻找它的可能性答案：人是谁？真理是什么？存在是什么？时间是什么？科学和技术的本质是什么？革命的意义是什么？

科西克再一次指出，捷克斯洛伐克危机是整个欧洲危机的症结，欧洲危机就体现在捷克斯洛伐克危机之中，它特别具有概括性。同时这也指出了当今捷克斯洛伐克社会所担负的任务的重要性，这种重要性可以用"人道的社会主义"这个词来标示。实际上，这种危机的协调一致的解决表现出社会主义和革命的意义问题的澄清，表现出现代世界权利和政策的任务问题的澄清。在科西克看来，在欧洲，尽管存在着两种国家制度的巨大差异，但这些并不能掩盖它们共同的始源和基础，这种始源和基础间接而又内在地与西方资本主义世界紧密相连。所以，如果一种制度达到了危机的地步，不仅表明管理与控制的方法与形式出现了问题，而且，更重要的是，表明了关于人与历史、真理与本质的实践和设想的复杂关系出了问题。"换句话说，捷克斯洛伐克事件不是通常的政治或者一般的经济危机，而是当代关于实在与普遍操控制度的构想赖以存在的基础出现了危机。"① 从这个意义上说,一个国家和社会的危机展现并透露出了现代人的危机和现代欧洲社会得以奠立的基础的危机。

在科西克看来,正是在危机中,一切再一次在理论上被验证和分析,曾经似乎被解决的问题又呈现出问题性。也就是说,对于人类的一些生死攸关的问题必须永久而且经常地被验证和分析。社会主义概念本身就属于这样的基础性问题。于是,问题再一次出现:究竟什么是社会主义?这个问题并不仅仅暗指以社会主义的名义消除残酷的非人道的社会主义,而且是指社会主义的意义必须再次被检验。然而,由于社会主义面临的实践任务和现实困难,致使社会主义的历史意义被遮蔽了,以至于进一步掩盖了实践的理论效用,强行把社会主义的解放意义作为了反抗压迫、苦难、荒谬、不公正、专横、战争等人道的与革命的意义的替代物。所以,科西克告诫人们,在发展的每一阶段、每一历史形式中,社会主义对于解放的意义必须不断地做出解释和界定。这样,辩证法、革命品质、批判主义和人道主义才能变成社会主义的真正必不可少的内容。这样的社会主义就不再是简单的回应和从属于一般意义的社会主义,而是行进在批判的过程中的社会主义,行进在人道化的过程中的社会主义。人道的社会主义是用革命、人道和解放的制度来取代普遍操控的制度。为了建立这个制度,今天的捷克斯洛伐克人民一直在为之努力斗争。因此,我们应当理解,在捷克斯洛伐克事件中,人们所从事的社会主义斗争,绝不是要回到资本主义。而是说,"人道的社会主义既是对资本主义又是对斯大林主义的否定"。②

科西克试图告诉人们,应当把捷克斯洛伐克"布拉格之春"改革运动同时看作整个世界可能会发生的同样历史过程的重要组成部分。无论是东欧还是捷克斯洛伐克,这种变革都不能从作为一个整体的现代世界的"政治生活

---

① Karel Kosik, *The Crisis of Modernity*, Edited by James H. Satterwhite, Boston and London: Rowman & Littlefied Publishers, 1995, pp.54-55.
② Karel Kosik, *The Crisis of Modernity*, Edited by James H. Satterwhite, Boston and London: Rowman & Littlefied Publishers, 1995, pp.54-55.

危机"这个大背景中割裂出去，换句话说，也就是不能从人类整体的历史命运中脱离出去。科西克对捷克斯洛伐克危机的独特见解表明：东欧社会主义所面临的问题实际上和西方发达社会面临的是同一个问题——现代性危机。克服这个危机的道路不在于两种路线的斗争，也不在于某一制度内部问题的自我解决，这些都无济于事，要想彻底扭转当代人的存在命运必须推动整个人类走向人道的社会主义社会。这正是科西克超越当时东欧许多思想家的特殊之处，也可以说，是他的现代性批判思想的绝对高度。

论反确定性的生成逻辑*
——在现代性批判的视域内

蒋红雨 **

在知识分类学的意义上，确定性是物理学范畴、伦理学范畴、心理学范畴、社会学范畴，也是认识论范畴、形而上学范畴。从时代的文化精神角度审视确定性，确定性范畴则是一个具有历史性意味的理论范式。随着20世纪60年代"解构性"后现代主义思潮的兴起，几乎所有具有现代性意味的范式，如主体、真理、客观性、时间性等都遭到了理论解构。确定性作为现代性的一个标志性范畴也受到了具有解构性后现代主义色彩的不确定性范畴的反动。但是，正像解构性后现代主义对现代性的解构走上了一条虚无主义的不归路一样，不确定性对确定性的反动也没有体现理论批判的历史连续性，没有揭示确定性寻求的当代意味。

从历史性的角度探析现代性问题，后现代主义对现代性的批判并非对现代性的单一解构，它同时也建构了一种具有时代意味的"现代主义"，具有这一典型思想倾向的理论派别可以被称为建设性后现代主义。同样，后现代主义意义上对确定性范畴的反动也不应该仅仅是在解构性的意义上以不确定性取代确定性。后现代意义上对确定性的反动，既要消解现代性意义上确定性范畴的强逻辑上决定论和历史上进步论意味，倡导异质性、非连续性；又要保存确定性范畴某种程度上的决定论特质和进步论意蕴。这种确定性寻求的

---

* 本文发表于《学术交流》2014年第9期，收入本书时部分内容有改动。
** 蒋红雨，黑龙江大学哲学学院副教授，主要从事西方科学哲学研究。

要旨可以标示为"反确定性"。

以现代性与后现代思潮转换为理论背景，探究确定性范畴的意义转换，阐释"反确定性"范畴生成的理论逻辑及其理论内涵，将有助于在整体上掌握确定性范畴的内涵，有助于阐释确定性范畴的历史性特征。同时，对具有典范现代性特征"确定性"范畴的后现代意义的阐释，也有助于我们深入理解现代性与后现代之间的真实理论关联。

一 确定性寻求及其现代性意味

确定性寻求是人类的一种基本的认识倾向和行为目标。作为一种基本的认识倾向和行为目标，确定性寻求在西方古代世界中表现为认识上对对象世界有序性的探求，行动上逃避危险、寻求安全的一种努力。例如，在古希腊哲学中"自然"指事物的本性，"宇宙"指天地之间有序的事物的总和，两者都强调世界万物的有序性，由此，世界被看成一个按照符合事物本性的原则生成和运动的整体。在西方古代世界中，人们也尝试着在行动上寻求与自然和解和对自然控制的途径，如通过祈祷、献祭、礼仪和巫祀等活动与自然达成和解；或者通过建筑房屋、缝织衣裳、利用火烧等手段改造和利用自然。[①]

在西方古代世界中，人们用于探寻确定性的工具主要是形而上学。因为形而上学是对最高实在的认识，是理智地把握对象的形式。巴门尼德区分了真理和意见，认为真理是思维对存在的把握；柏拉图认为最高的存在就是理念，理念不仅是纯粹思维的东西，而且是实在，而一切学问和知识都在于灵魂在看到感性事物时对理念的回忆。亚里士多德则进一步提出了灵魂求真的五种方式：技艺、科学、明智、努斯和智慧。[②] 中世纪，确定性寻求的工具依然是形而上学，只不过上帝成为确定性的根据和保证，教父哲学家奥古斯丁就提出真理就是上帝的恩典，是认识确定性的根据。

[①] 〔美〕约翰·杜威:《确定性的寻求》，傅统先译，上海人民出版社，2005，第1页。
[②] 〔古希腊〕亚里士多德:《尼各马可伦理学》，廖申白译，商务印书馆，2008。

西方古代世界和中世纪的确定性探求有一个共同之处，那就是以灵魂或上帝这样的超自然的存在作为确定性的根据，以超自然的因素说明对象世界的统一性。但是，随着近代经验自然科学的兴起，对于自然世界和人的行为世界的确定性的探索采用了新的形式，其中一个重大的转变就是以人的主体性为前提，从事物自身出发去寻求其确定性，并且试图以经验的自然规律作为确定性寻求的唯一尺度，建立对象领域统一的理论模型。如美国哲学家杜威所言："十七世纪的科学革命引起了一次巨大的变化。科学本身，借助于数学，把证明性的知识体系带到了自然对象的领域中来了。自然界的'法则'也具有了在旧体系中间仅仅属于理性形式与理想形式所具有的固定特性。用一些机械论的术语所表达的关于自然界的这种数理科学，便自称为唯一正确的自然哲学。"①

这种理性的实证科学思潮也由经验自然科学领域向社会科学领域拓展，孔德按物理学的分类方法，把社会学分为社会动力学和社会静力学，认为：社会动力学是从社会变迁的连续阶段和相互关系的过程来研究社会发展和进步的规律；社会静力学旨在研究社会各个不同部分的结构关系，以及彼此间持久不断的相互作用和反作用，也就是研究个人生活、家庭生活和社会生活几个不同层次的结构和相互关系的各个方面。英国科学哲学家波普尔则将这种现象定性为亲自然主义的历史决定论，他认为"亲自然主义的历史决定论"的理论假设是"当我们把社会学相对的成功与物理学的成功相比较时，我们假定社会学的成功基本上在于对预测的确认。因此，某些方法（借助规律进行的预测，以及用观察来检验规律）对物理学和社会学必定都是一样的"。②

由此，确定性的寻求赢获了其现代性意义。时至今日，虽然现代性仍然是一个让人既感明晰又觉晦暗的观念，但是运用理性和进步主义作为现代性的基本维度已经成为学界的共识。美国学者斯蒂芬·贝斯特和道格拉斯·科

---

① 〔美〕约翰·杜威：《确定性的寻求》，傅统先译，上海人民出版社，2005，第20页。
② 〔英〕卡尔·波普尔：《历史决定论的贫困》，杜汝楫、邱仁宗译，上海人民出版社，2009，第28页。

尔纳提出:"尽管有学科的特殊性,一个包罗万象的现代范式仍出现于社会,其开始或许是15世纪,它强有力地延续到19世纪末,其建构围绕机械论的隐喻、决定论的逻辑、批判理性、个人主义与人道主义的理想、对普遍真理与价值的追求、建构综合的统一的知识模式之企图、还有对进步和指向一种人类解放状态的历史运动之乐观主义信念。"① 斯蒂芬·贝斯特和道格拉斯的观点可以概括为逻辑上的决定论和历史上的进步观。这种逻辑上的决定论和历史上的进步观既是现代性的基本内涵,也是确定性寻求的基本论旨。

作为确定性的基本论旨,逻辑上的决定性指的是始于牛顿并被拉普拉斯详细阐发的机械决定论。对此,科学哲学家卡尔纳普曾做了精彩的概括。他认为:"决定论乃是关于世界因果结构的特别论点,它是这样一个论点,这个论点坚持认为世界的因果结构是这样强,以至于给出世界在某一时刻的整个的完整描述,则在这些因果律的帮助之下,过去或将来的任意事件都能够被计算出来。"② 关于历史上的进步论,芬兰哲学家冯·赖特做了深入的论析。他认为法国哲学家孔多塞是现代意义上进步论观念的倡导者,孔多塞认为进步既包括知识上的进步,也包括道德上的进步。孔多赛思想的后继者之一是英国哲学家、社会学家斯宾塞,斯宾塞比照生物的进化过程构建了社会进化理论。在他看来描述生物进化的科学方法,也适用于对社会进化的描述,器官进步的规律就是所有进步的规律。

二 不确定性及其后现代意味

如果说在"逻辑上的决定论"和"历史上的进步论"意义上,人类的确定性意蕴在现代性的视域中得到了奠基、甄定和阐发,那么,随着后现代运动的兴起,以"逻辑上的非决定论"和"历史上的进化论终结"为内核的不

---

① 〔美〕斯蒂芬·贝斯特、道格拉斯·科尔纳:《后现代转向》,陈刚等译,南京大学出版社,2002,第20页。
② 〔美〕R.卡尔纳普:《科学哲学导论》,张华夏、李平译,中国人民大学出版社,2007,第216页。

确定性范式替代了现代性的确定性范式，成为确定性阐释的后现代话语。

一般而言，后现代主义是以解构之姿出现的，其核心是对西方传统的真理、客观性、实在性等范式的解构。使合理性观念取代真理观念，相对主义取代客观主义，多元论取代一元论。许多后现代学者，如福柯、德勒兹、德里达、利奥塔都被看作解构主义后现代主义的代表人物。可以说，福柯关于知识型之间的非连续的观点是对以笛卡尔为代表的体系与完整的知识构想的解构，吉尔·德勒兹的根茎式思维是对传统的根树思维的解构，德里达以延异和播散的观念对传统的追求同一性的形而上学思维进行了解构。利奥塔的解构主义思想则最具综合性，他认为启蒙运动关于人类解放的元叙事，唯心主义关于精神目的论的元叙事以及历史主义关于意义阐释学的元叙事已经不再具有普遍的约束力和合法性，以此对现代性意义上的真理、合法性和人性范畴进行了解构。

如果说后现代的核心精神是"解构"，那么对于后现代意义下确定性范畴的甄定也应该从"解构"入手，才能本质地把握其内涵。什么是"解构"呢？通过考察思想史可以发现，解构（deconstruction）是西方哲学家海德格尔首先使用的概念，在海德格尔的意义上，解构就是去除传统意义上对存在问题的各种理解和解释所造成的遮蔽，以便在西方思想的源头上重建对存在的理解。海德格尔之后，对解构概念做出专门阐释的首推法国学者德里达，德里达也是在反对传统形而上学的意义上使用解构概念的。不过他认为海德格尔对传统形而上学的解构不够彻底，主要原因在于海德格尔对传统形而上学的解构没有摆脱传统的逻辑中心主义和语音中心主义的思想方式，海德格尔还是逻辑中心主义者和语音中心主义者。海德格尔的哲学仍然摆脱不了存在与存在之间的逻辑同一性前提，仍然离不开语言符号和意义的二元对立统一结构。

在德里达看来，解构应该是去除同一性逻辑，去除中心-边缘二分思想，取而代之的是无中心的、无同一性前提预设的延异和播撒。延异可以被解释为"产生差异的差异"，它不同于传统意义上的二元对立的固定差异解构，而是具有自我差异化能力，并且自身不断增殖的差异化过程。① 以延异为基本出发点，德里达较海德格尔对于具有现代性意味的传统形而上学思想做了更加彻底的摧毁，延异也比去蔽更深入地诠释了后现代批评的意旨。

虽然德里达一直认为解构并不意味着摧毁，他强调说："解构不是拆毁或破坏，我不知道解构是否是某种东西，但如果它是某种东西，那它也是对于存在的一种思考，是对于形而上学的一种思考，因而表现为一种对存在的权威或本质的权威的讨论，而这样一种讨论或解释不可能简单地是一种否定性的破坏。认为解构就是否定，其实是在一个内在的形而上学过程中简单地重新铭写。"② 虽然德里达不是仅仅在反面和对立面的意义上诠释其延异概念的含义，但是，延异所传递的多种可能性含义确实可能引起人们对后现代性的误读，将后现代性理解为一种单纯的解构性后现代主义。

因为可能性在西方形而上学的视野中一直是作为标准的现实性和规则性的反面和对立面的意义而存在的。也恰恰是在此种意义上，人们一般认为后现代性是对现代性的替代，后现代主义精神就是现代性精神的对立面。顺理成章，不确定性就是确定性寻求在后现代意义下的确定性内涵，其基本特性就是逻辑上的非决定论和历史上进化论的终结。

较卡尔纳普对决定论的定义，芬兰学者冯·赖特对于决定论做了更加具体的阐发。他认为"在自然科学领域，决定论观念是与诸如普遍规律性、可重复性、以及实验控制等观念相联系的。而与人文科学直接联系的则是诸如动机和社会压力、目标指向和意向性等观念。在自然科学中，决定论在很大程度上用于前瞻性地寻找预言目标；而在人文科学中，相对来说决定论更强调回溯性解释，或者说强调对既成事实的理解"。③ 赖特的观点非常具体地阐明了在理论层面决定论发生作用的形式，而这两个领域的非决定论对决定论

---

① 高宣扬：《后现代论》，中国人民大学出版社，2005，第250~280页。
② 包亚明：《一种疯狂守护着思想——德里达访谈录》，上海人民出版社，1997，第18页。
③ 〔芬兰〕冯·赖特：《知识之树》，陈波、胡泽洪、周祯祥译，生活·读书·新知三联书店，2003，第249页。

的反动也集中地表现了以解构性后现代主义为旨向的确定性理论的不确定性特质。

自然科学领域的非决定论对决定论的反动在具体科学理论到一般方法论的不同层级都有典型的表达。在具体科学的层面，量子力学对于量子跃迁的概率性描述就对经典物理学下的质点之间的机械决定论关系形成了反对，以至于"大多数的物理学家和科学哲学家将它（量子力学）描写成非决定论的"。① 在一般的科学方法论层面，科学哲学中的历史主义和科学知识社会学研究整体上对于科学作为严格的具有规律性和客观性的科学进行了反动。如果说历史主义的核心在于否定了科学发展的连续性和决定性论断，那么科学知识社会学则将科学看作境遇化的、受各种宏观和微观社会因素影响的具有相对性的文化形式。

在人文科学中对于决定论的反动，也通过人文科学中的理解问题、心灵哲学中的还原问题等多种理论视角得到传达。理解的客观性问题是决定论在人文科学中的具体体现，而当代哲学解释学认为人文科学的理解所能达到的只能是效果历史意识。理解是文本与读者视域冲突中形成的一种相对性解释，不存在文本对于读者或者读者对于文本的决定关系。心与物的关系问题是哲学的基础问题，心灵哲学中的还原论主张将心理现象还原为生理-物理现象，但是如何将高级的复杂的心理现象还原为低级简单的生理现象一直是主张还原论的心灵哲学家无法给出科学解答的关键。而整体交互论以及其他的心物二元论倾向也正是在这个意义上形成了对心灵哲学中决定论论旨的反动。

与逻辑的决定论遭到普遍的理论反动相应，历史上的进步论倾向也遭到了解构性后现代主义者系统的理论反动。英国学者特里·伊格尔顿概括了解构性后现代主义历史观的一般特征，即历史被视为一个多元化的不连续的过程。他指出："后现代主义的一种倾向是把历史视为一件具有持续变动性、极为多样和开放的事物，一系列事态或者不连续体，只有使用某种理论暴力才

---

① 〔美〕R.卡尔纳普：《科学哲学导论》，张华夏、李平译，中国人民大学出版社，2007，第211页。

能将其捶打成为一个单一叙事的整体。"①在具体的理论批评中，反历史进步主义的解构主义历史观主要表现为各种历史终结论论说。历史终结论者或以科学技术的发展对人的自由的控制为论据，或以意识形态批评引发的社会历史形态的终结为主旨，对历史上的进步主义观念进行了解构。法国学者利奥塔在《非人》中就描绘了一种由计算机科学和技术的高度发展带来的人的思想程序化，无自由意识、无历史感的"非人"状态。在这种历史状况中，人能做的就是完成计算机的指令，失去了人类特有的偶然性和自由。利奥塔所描绘的历史终结的世界图景以人的本性丧失为基本内涵的历史境地，是对人类发展未来的悲观预见，是对历史进步论彻底的取消。

从意识形态批评的角度鲜明地表达历史终结论观点的代表性人物是美国学者弗朗西斯·福山。福山从为资本主义制度进行合法性辩护出发，以自然科学发展实现的财富积累和自由民主所实现的理性自由为理论论据论证资本主义制度的优越性。他批评以共产主义为指向的马克思主义的社会理论缺乏理性自由维度。得出了资本主义社会是最好的社会，历史将停留在资本主义社会的结论。当然，福山对于共产主义的批评具有意识形态的偏见，其合理性值得进一步探讨。不过，其社会历史批判理论却鲜明地否定了历史进步论的观点。福山的历史终结论虽然没有利奥塔历史终结论来得彻底，却也体现了对孔多塞以来的人类历史进步论意识的消解。

三 反确定性及其建设性后现代主义意蕴

以逻辑上的决定论和历史上的进步论为基本内涵的确定性范畴在解构性后现代主义思潮中遭到了彻底的解构。不确定性取代了确定性，逻辑上的非决定论和历史上的非进步论思想倾向取代了逻辑上的决定论和历史上的进步论的思想倾向。可是随着学界对于后现代思潮认识和反思的深入展开，一些

---

① 〔英〕特里·伊格尔顿:《后现代主义的幻象》，华明译，商务印书馆，2005，第56页。

学者发现"后现代"并不是现代性发展的断裂，后现代也不是对于现代性的彻底否定。后现代可以是对现代性的续写，可以是一种"我们的后现代的现代"。在这个意义上，后现代可以被理解为一种建设性后现代主义。

建设性后现代主义是一种认为后现代不仅是对现代性的解构，而且是在解构中伴随着对现代的重构的理论主张。在学界，鲜明提出建设性后现代主义的理论主张的是美国学者小约翰·科布和大卫·格里芬，如格里芬提出"迈向一个后现代世界而不是试图回归到前现代的生活方式以逃离现代性带来的恐惧的观念，意味着要吸收现代性的优点并克服它的缺点"。①

当然，这种观点并不是小约翰·科布和大卫·格里芬的专利，其他后现代主义的理论家在分析后现代对于现代性的解构性同时，也强调后现代精神与现代精神之间的连续性。特里·伊格尔顿认为："'后现代主义者'本身不只意味着你已经把现代主义决定性地留在了身后，而且意味着你已经从中开辟出一条道路，到达了一个仍然明确以它为标志的地方，这样还可能有一种前-后现代主义，它从后现代主义中开辟出一条道路，来到了大约是它出发的哪个地方，这种前-后现代主义绝不是根本没有变动的同一个东西。"②

即使是德法解构性后现代主义的代表人物德里达，在沃尔夫冈·韦尔施看来，他也强调历史连续性。他认为德里达对"世界末日"的解构本身就是一种建设性后现代主义的观点。因为对世界末日的解构意味着不存在大的、决定性的终结。即是说"并不排除谣传已经死亡的东西（das Totgesagte）很有可能死灰复燃。正确的做法应当是：承认过去的东西并没有失去意义，并没有结束，也就是说，过去的东西依然存在"。③

如果说后现代不仅仅意味着对现代的解构，那么解构性后现代主义就不能直接替代现代性成为时代性的标识。同样，如果确定性的后现代意旨不仅

---

① 〔美〕大卫·雷·格里芬：《后现代精神》，王成兵译，中央编译出版社，2011，第48~49页。
② 〔英〕特里·伊格尔顿：《后现代主义的幻象》，华明译，商务印书馆，2005，第3页。
③ 〔德〕沃尔夫冈·韦尔施：《我们的后现代的现代》，洪天富译，商务印书馆，2004，第225页。

仅意味着对确定性的解构，那么不确定性也不能替代确定性成为后现代理性的标识。然而，同样无法忽视的是现代性意味下的确定性内涵确实遭到了具有后现代意味的确定性探求的解构，确定性的现代性意旨部分遭到消解。相应地，建设性后现代主义意义下的确定性的内涵与称谓较现代性意义下的内涵与称谓应有所分别。

从建设性后现代主义的视角出发，"反确定性"比"不确定性"更适合标示现代之后人类确定性寻求的特征与内涵。因为反对确定性并不是否认确定性并且以不确定性取而代之，反确定性的实质是对现代性视域下以确定性为旨归的强理性纲领的普遍性霸权的反动。反确定性依然是一种确定性寻求，只不过这种确定性寻求是一种兼具多层次、多样化的具有统一性的确定性寻求。德国学者沃尔夫冈·韦尔施将其称为横向理性。

沃尔夫冈·韦尔施认为"现代主义者与后现代主义者的争论是一场关于理性的争论"，[①] 而争论的焦点则是在后现代主义对理性做多样性阐释的现实情况下是否有必要寻求理性的统一性。当然这种统一性不是取消多样性的统一性，而是包容多样性的统一性。如韦尔施所言"理性虽然与整体有关，但是仅仅以联系和过渡的方式。所以，这种以联系和过渡的方式和整体建立联系的理性就叫做横向理性"。[②]

横向理性的构想可以看作对现代主义和解构性后现代主义理性观所采取的一种折中态度。一方面，它反对现代主义的强纲领的理性统一性原则，拒斥现代主义的强的整体性要求，同时汲取了后现代主义对于理性所做的差异性的阐释，发现和增强差异是横向理性的应有之义。另一方面，横向理性也反对解构性后现代主义的绝对异质性的教条，主张交往。即是说"横向理性讲求联系，但不强求统一；它消除鸿沟，但不平整地形；它阐明多样性，但

---

① 〔德〕沃尔夫冈·韦尔施:《我们的后现代的现代》，洪天富译，商务印书馆，2004，第410页。
② 〔德〕沃尔夫冈·韦尔施:《我们的后现代的现代》，洪天富译，商务印书馆，2004，第442页。

不使一切变成碎片"。①

同样,从建设性后现代主义出发,反确定性既反对现代性意义上的以逻辑决定性和历史进步论为内涵的统一的绝对确定性要求,也反对解构性后现代主义逻辑上的非决定论和历史上以历史终结论为核心的非进步主义的不确定性论调。反确定性像横向理性一样,强调对象领域不同内容、不同层级之间确定性寻求的差异性,同时反确定性也强调不同内容、不同层级之间的联系与过渡。

从反确定性观点出发,在逻辑决定问题上,反确定性反对对对象世界的无反思的普遍因果解释。它不仅要求对自然科学与人文科学研究领域的规律性做出区分,而且对自然科学和人文科学中不同的领域和层级的合理性做出区分。它既不是以自然科学的经典方法论原则作为典范统一各种科学的唯科学主义,也不是以境遇化、情景化彻底消解对象世界的规律性和决定现象的完全相对主义。

从反确定性的观点出发,在历史认识上,反确定性主张反对宏大叙事,反对把历史整体做必胜主义的理解。但是,反确定性仍然承认历史的连续性,仍然抱有对特定历史发展中特定类型、特定领域进步论的信念。如特里·伊格尔顿所言:"如果历史的确是完全随机的和不连续的,那么我们怎么说明这一奇怪地持续着的连续性呢?它不是作为最极端的偶然赫然耸现在我们面前吗——按照某些人的看法只是万花筒无尽的随意翻滚的一部人类历史,应该一次又一次地将它的碎片组成了匮乏和压迫的型式吗?为什么它不会偶然间有和平与爱的时期?……"②

---

① 〔德〕沃尔夫冈·韦尔施:《我们的后现代的现代》,洪天富译,商务印书馆,2004,第472页。
② 〔英〕特里·伊格尔顿:《后现代主义的幻象》,华明译,商务印书馆,2005,第62页。

拒斥形而上学：后现代文化的发生*

赵海峰**

拒斥形而上学是后现代主义运动的出发点，也是现代西方哲学的出发点。怀特认为，任何现代西方哲学流派都是从反对黑格尔开始的。[①] 拒斥形而上学，不仅仅是实证主义的一个口号，而且是贯穿整个现代西方哲学的一条主线。也许有人会反对说：现代哲学由于内容分散、流派众多，本来没有主线，笔者则认为，现代哲学比较古代哲学和近代哲学而言，虽然主线不那么清晰，但是对形而上学的反动和重新建构，却构成现代西方哲学隐秘的动机。从开始的拒斥形而上学的口号，到后现代主义对经典形而上学理论的解构，形而上学构成了现代哲学家背景中的一个重要主题，不管哲学家对它的态度是赞成，还是反对。下面，笔者从历史的考察入手，梳理一下拒斥形而上学与后现代文化之间的种种关联。

一 实证主义和语言分析哲学：经验、逻辑和语言

现代哲学家为什么要拒斥形而上学？在这个问题上，实证主义的理由和

---

* 本文发表于《学术交流》2006年第11期，收入本书时部分内容有改动。
** 赵海峰，黑龙江大学哲学学院教授，主要从事西方哲学史、西方实践哲学与国外马克思主义领域的研究。
① 〔美〕怀特：《分析的时代》，杜任之译，商务印书馆，1980。

后现代主义的理由是不一样的。实证主义和分析哲学的理由是：形而上学命题不能证实，也不能证伪，其实质是语言的误用。实证主义的鼻祖孔德提出了精神发展的三阶段理论，认为精神的发展是按照神学、形而上学、实证科学的路径，而实证科学是精神的成熟形态。这种观点把形而上学看作不成熟的精神发展形态，这一思想在当时是前所未有的，但是，它的起因却是其来有自。

近代的认识论范式形成以后，形而上学的处境便有了一个大变化，这种变化的实质，就是"由万有论变为唯心论"。[①] 由以实体为中心的形而上学变为以主体为中心的形而上学，这就是近代形而上学的主要内容。以前的实体形而上学不是被取消了，而是换上了新的基础和前提，一切关于实体形而上学的论说都必须以主体的认识能力为基础，即以自我意识或精神为基础。

在17世纪，形而上学分为以笛卡尔为代表的理性主义派和以洛克为代表的经验主义派。两派争论的核心就在于如下问题：如果说形而上学的基础是主体、意识、精神，那么究竟是主体意识的哪一部分才是确定无疑的基础呢？是后天经验还是某种先天的认识能力？这个学说上的分裂是影响非常深远的一次大分裂。它直接导致了所谓大陆哲学和英国哲学（20世纪以来称为英美哲学）的区分，这个区分并不因为康德而结束。康德的批判哲学在理论上整合了经验主义和理性主义的成分，为新的主体形而上学提供了坚实的基础和论证。但是，在康德之后，英国哲学的经验主义并未彻底消失。

康德的哲学向来被称为折中主义，后人对康德融合两派哲学的解决方案多有不满。由费希特到黑格尔的哲学发展，不仅没有弥合经验主义和理性主义的分裂，反而造成了理性主义哲学的膨胀。我们惯常接受的思想是黑格尔解决了一切以往的哲学问题，成为欧洲哲学历史上的集大成者。但是这个集大成者的哲学在黑格尔去世以后迅速解体，造成整个欧洲哲学的更加严重的分裂。这就证明，德国古典哲学对17世纪形而上学问题的解决方案，也许不

[①] 陈康：《论希腊哲学》，商务印书馆，1990。

是最佳的。

黑格尔体系的解体，说明形而上学问题找不到一个大家都公认的解决办法。所有的形而上学体系都面临崩塌的命运。在这个背景下，实证主义者和分析哲学家提出了把形而上学开除出哲学的方案，似乎是一个釜底抽薪的办法。

实证主义的来源，就是英国的经验主义，尤其是休谟的经验主义。关于拒斥形而上学的口号和休谟哲学的关系，为人所熟知。19世纪实证主义出现并得以发展的条件，首先是对形而上学的失望，其次是近代以来科学技术飞速发展的结果。科学技术的发展是现代西方哲学的一个极其重要的背景。我们知道，近代哲学的发展，始终是和自然科学的发展相伴随的。但是近代科学发展最迅速的时期，不是在17世纪，而是从19世纪中后期开始的，这个时代既是马克思和恩格斯活动的时代，也是现代西方哲学诸多流派开始出现的时期。这个时期是人们对科学最有信心的时期，也是各种形式的激进主义盛行、对宗教批判最为猛烈的时期。

自然科学的发展和对形而上学的失望，使实证主义以科学的模式为样板来构造哲学。自孔德和斯宾塞之后，马赫在物理学领域向形而上学发难，提出了现象主义，自我概念和物自体概念都成为要素的复合体。[①]马赫的思想在哲学界影响甚大，与此大体同时，出现了阿芬那留斯的经验批判主义、冯特等人的心理主义、奥斯特瓦尔德的唯能论、舒佩的内在哲学、科利尼乌斯的经验主义等流派。[②]这些流派大多受马赫的影响。

随着心理学、物理学逐渐侵占哲学领地，形而上学被拒斥的命运进一步加剧。相对论和量子力学的提出、数理逻辑的出现，使实证主义思潮转向了逻辑实证主义和逻辑经验主义。马赫主义和逻辑经验主义对形而上学的态度有所区别，前者认为，形而上学是错误的，而后者认为，形而上学命题在传达知识上没有意义，仅仅具有激动情感的意义，它不应该属于哲学，而应该

---

① 〔奥地利〕马赫：《感觉的分析》，洪谦等译，商务印书馆，1997，第23页。
② 洪谦：《论逻辑经验主义》，商务印书馆，1999，第210页。

属于文学艺术。石里克说道:"形而上学学说所包含的,有时是科学,有时是诗文,但决没有什么形而上学。"① 逻辑经验主义者认为,实体、上帝、自由和必然这类问题"不是有其问题不能解决,而是实际上根本没有这样的问题"。② 由马赫主义向维也纳学派的逻辑经验主义的转变,反映了他们哲学观的不同。前者的哲学是以个人的经验观察为主,而后者的哲学以数学、逻辑和语言分析为主,他们把哲学问题转换为语言和逻辑问题,试图提出一种语言分析的解决方案。这样,形而上学命题在逻辑经验主义者眼里,就是误用语言的产物,解决形而上学问题的方法就是语言的逻辑分析。

随着逻辑实证主义的出现,语言分析哲学正式登上了历史舞台。维特根斯坦认为形而上学命题是神秘的,对之必须沉默,直到蒯因提出了本体论承诺的思想,形而上学命题才在分析哲学中找到其位置。蒯因提出了语义上行的方法,把关于实质差异的讨论转变为关于语词差异的讨论。其后的斯特劳森提出了自己的"描述性形而上学",在分析哲学范式内部处理形而上学问题。这样,形而上学最终以一种新的形式复活了。

实证主义和分析哲学拒斥形而上学的结果,是形而上学在分析哲学的框架里找到了新的形式和重新发展的空间,但是这种分析的形而上学并不是哲学的最后出路。而且,分析的形而上学作为反对传统形而上学的一种形式,其本身就具有某种"后现代"性质。后现代主义理论家基本不是在分析哲学的立场上来探讨形而上学(罗蒂的情况比较特殊,他从逻辑实用主义出发,试图对分析哲学和大陆哲学的区分提出某些挑战,从根本上改变分析哲学的范式。但这种努力并不为分析哲学所认可,也没有促使二者走向融合)。但是分析哲学开创了"语言学转向",从根本上扭转了形而上学的面貌,对传统形而上学的宏大叙事、本质主义依然有着很严格的批判,其研究方法和理论重点,对后现代主义哲学重视语言和文本的分析策略,不可避免地有所影响,在理论上,分析哲学是后现代哲学的一支同盟军,也是后现代文化发生的一个源头。

---

① 转引自洪谦《论逻辑经验主义》,商务印书馆,1999,第99页。
② 转引自洪谦《论逻辑经验主义》,商务印书馆,1999,第97页。

二 人本主义思潮：生命、直观和个体

人本主义思潮是现代西方哲学反思形而上学的另一条路径。在这条路径上对旧形而上学的反叛，是从叔本华开始的。叔本华用意志取代了黑格尔的绝对精神和康德的物自身，用生命冲动解释哲学。尼采随即对整个西方哲学的基础——柏拉图的形而上学范式和基督教伦理学进行了不留余地的批判。"上帝之死"是对基督教理论的全面质疑，超人哲学针对的是个人在形而上学的整体结构面前无能为力的局面。叔本华用生命意志来对抗绝对理性、尼采用超人来对抗黑格尔的整体性。大写的"人"即绝对理性的形象开始坍塌。与此同时，齐克果也揭示了个体在哲学中至关重要的地位。这样，一个个体至上、生命至上的哲学范式从此奠基。接下来，出现了柏格森的直觉主义、怀特海的有机哲学、狄尔泰的生命哲学等流派，都是这个范式的体现。他们的特点是：体系性不是特别明显，即便有体系（如怀特海等人），也达不到近代哲学那种体系的严密性，和黑格尔式的体系大异其趣。

尼采的学说在方法论上的一个贡献是所谓谱系学方法。这种方法起源于他的著作《论道德的谱系》，这部著作猛烈地攻击基督教的道德。认为基督教道德来自下等人对上等人的怨恨，由此用顺从的奴隶道德来反对强力的主人道德。用"良知"代替怨恨本身，使生命冲动转向压抑自我。这个论断也许没有历史学上足够强硬的根据，显得过于武断，但是其方法论上的特点却是具有创新意义的。这种谱系学方法的特点是用历史的分析取代了逻辑的设定，使同质化的逻辑变为异质化的历史演变。而且，这样的历史研究要求研究者占有大量细致的材料，用来取代那些简单化的、被逻辑歪曲了的历史。这种谱系学方法后来深刻地影响了福柯。福柯利用了谱系学方法来对抗形而上学，因为后者恰恰是用某种或显或隐的方式，通过逻辑化的叙事，从而遮蔽了历史本身。

20世纪人本主义的一个倾向是去除现象和本质的二分。这种二分法，是

传统形而上学范式的另一个核心特征。胡塞尔的现象学就代表了去除二分法的倾向。他认为人的一切认识都是来自"被给予物"（the given），所谓"现象"就是这个"被给予物"的同义语。一切哲学的内容，都离不开人的意识，离不开现象的被给予性（givenness）。而人的意识活动的基础结构就是意向性结构。他的哲学就是在意识领域内进行分析，试图发现现象在意识中进行构造的规则。他把形而上学变成了一种对意识结构进行严格、细密分析的哲学。现象学方法消解了传统形而上学划在现象和本质之间的鸿沟，认为对现象本身进行直观和还原的步骤，就能寻找到本质。传统形而上学的深度模式就此取消。现象学的直观方法取消了现象和本质的区分，这一方法为20世纪哲学领域带来了巨大变化。使现象学继尼采以后，成为后现代哲学的第二个直接来源。

在现象学的影响下，海德格尔的存在哲学出现了，他抓住了"存在"这个古典形而上学的核心概念加以全新的解释，把存在概念和个体生存结合起来。个体生存的哲学从齐克果之后，暂时没有和传统形而上学联系起来，海德格尔很好地处理了二者之间的关系。"存在"不是实体化的概念，而恰恰是非实体化的。这一点就使海氏和传统形而上学划清了界限。非实体化的"存在"要靠"此在"来显现和照亮，这一显现或者照亮正是建立个体性的基础。这个个体性的"此在"在世界之中，而不是在世界之外。"此在"在世界之中的生存结构正是海氏"基础存在论"的主要内容。他完全地把传统的超越现实世界的存在或者客体变为人的个体性生存。

依照个体性方式生存的人类，代表着一个看上去消极的图景。但是这个揭露人生灰暗的思想不是象征着绝望，而是真正的希望。传统形而上学的希望是使人成为神或者类神的存在，而海德格尔的希望恰恰是对整体救赎的绝望，对任何一种附属于实体或者形而上学意义的行动的绝望。只有绝望了，才能有真的希望。他用生存意义的问题取代了胡塞尔提出的"意识理论如何为科学奠基"的问题，扭转了现象学的方向。胡塞尔由此批评海德格尔把现象学变成了人类学，这一批评正是抓住了由现象学引出生存哲学的关键。海德格尔反对把他的学说称为存在主义，这也是有道理的。生存哲学比较贴切，而且是个体的生存哲学。正因为有了个体生存，存在的意义才能显现和照亮。整体意义的暗淡，带来的正是个体意义的凸显。海德格尔既是一个以个体为中心的形而上学家，也同时宣告了形而上学必须个体化，才能有出路。

海德格尔的解构思想对后现代主义有直接启发。他在《存在与时间》中提出了"解构形而上学"的任务，"这种解构工作也没有要摆脱存在论传统的消极意义。这种解构工作倒是要标明存在论传统的各种积极的可能性，而这意思总是要说：要标明存在论传统的限度……但这一解构工作并不想把过去埋葬在虚无之中，它有积极的目的，它的否定左右始终是隐而不露的，是间接的"。① 这种解构的意义类似于康德的批判，但是二者毕竟有两个时代的距离。首先，海氏要拆开传统形而上学的宏大叙事，促使形而上学自我进行革命，这种革命看起来是向前苏格拉底哲学的回归。其次，海氏的解构计划拯救了存在本身，拯救了那个非实体的存在，使被形而上学遮蔽了的整个意义领域凸显出来。这些是康德所不能做到的，归根结底，是康德的时代所不能提出的任务。现代性和形而上学的一体化态势，最终被海德格尔所打破。海德格尔的贡献是在尼采的基础上，将反对现代性的革命推向深入。

萨特继承了海德格尔的个体生存论，更加明确了个体生存的意义，人之生存的意义不能建立在整体的形而上学基础上，那种使个体意义服从整体意义的旧形而上学计划，被最终废除。萨特借用了多种文学作品的形式，包括小说、戏剧等揭示了用个体意义来承担形而上学的必要性。他的自由理论最为人所称道。自由是西方哲学史上的一个老问题。萨特所做的，就是把自由建立在个体选择的基础上，宣称人的本质来自个体的自由抉择。其实，"存在先于本质"这个命题中的"本质"概念和哲学上通常理解的本质概念不同，后者是一事物的根本规定性，它决定了此事物和彼事物最根本的差别。按照通常的看法，人是一种有智能的灵长类动物，会使用语言和其他符号体系来

---

① 〔德〕海德格尔：《存在与时间》，陈嘉映等译，生活·读书·新知三联书店，2006，第22页。

交流，会制作工具。而萨特所说的本质，完全是站在个体特性的角度上，讲的是一个个体的人的独特性。"我"作为一个个体，和所有人一样，共同具有一个生物学意义上的"人的本质"，但是人的个体性使他具有与众不同的特点。这样，萨特把"本质"确定为个体特性，这就和形而上学体系所讲的人的类的本质有着根本的区别。例如，近代哲学强调"人是理性的动物"，这样地规定了本质的人，只能作为一个类存在物，是一个整体的、大写的"人"，在现代哲学，这个大写的人隐入思维的背景中，哲学开始将视线集中在个体的人身上。萨特的出现，标志着这个个体人的哲学形象的最终完成。只有到了这个时候，存在主义才得到了它最高的声誉，成为符合时代呼唤的哲学的代表。

当存在主义把人的个体生存推到极致的时候，实际上对人的言说已经到了它的终点。个体的人是人本主义哲学的核心，也是它的最后的领地。当这种言说方式把所有的话都说尽了，哲学的后现代转折已经可以宣告完成了。

三　后现代文化：解构作为一种策略

当分析哲学以自己的方式终结了形而上学，并把后者同化，当大陆哲学走向个体生存之后，后现代哲学正式登场，为这场 20 世纪的背叛形而上学的运动做了一个总结。这种总结不是以同一种固定的面目出现的，而是以一系列充满了差异的策略行为所构成的，这些策略行为可以统称为解构。这一概念的内涵不仅仅是海德格尔所谈论的那样，而是更加彻底。

解构不仅仅是属于德里达自己的概念，但是他的说法最有代表性。德里达说："我并不认为解构有某种终极目的。从某种角度说它是无限定的、无止境的，它也不是相对主义，它在每一个不同的上下文脉络中移动和转型，但它没有终极目的。"[①] 他把解构彻底化，使之失去了人为设定的最终目的，而且

---

① 〔法〕德里达：《书写与差异》，张宁译，生活·读书·新知三联书店，2001，第 14 页。

拒绝所有"大写的""一般的"意义:"我不知道一般解构的一般兴趣是什么,但我想那种一般的解构是不存在的。只存在在既定文化、历史、政治情境下的解构姿态。"① 解构作为一种策略,是在文本层面来操作的,这种文本层面的策略,是从文学理论和语言学理论里面得到启发。德里达说的是文本,实际上讨论的是人的意识。任何哲学都可以视作文本,都必须用概念体系来表现。概念体系的结构和思想的结构是相互匹配的。传统形而上学的结构和现代性叙事的结构虽然有着差异,但是二者共享着一些固定的逻辑。这就是同质性的逻辑、本质主义的逻辑、基础主义的逻辑。

德里达举语言为例来说明异质性的无处不在:"哪里有一种语言以上的体验,哪里就存在着解构。世界上存在着一种以上的语言,而一种语言内部也存在着一种以上的语言。这种语言多样性正是解构所专注和关切的东西。"② 爱尔兰作家乔伊斯的小说《芬尼根的守灵》正是解构的代表,其中用了大量多意义的词语,隐含着整个爱尔兰的历史和西方文明的典故,乔伊斯试图令每个词汇都承担一种以上的意义,甚至不惜生造词汇、活用语法。德里达认为:"这同一部书中,词的统一体爆炸了、弥散了、繁衍了。因而人们不可能在一种语言中去翻译这种东西。必须设法保持这种语言的多样性特征。"③ 德里达用"书写"的概念来抵抗他所反对的语音中心主义的力量,因为书写本身也是具有异质性的,是带来解构的一种强大力量。

与德里达不同,福柯的解构策略是从历史叙事的领域来进行的。历史的叙事和哲学的叙事表面上不同,实际上有关联。福柯从历史叙事中寻找知识的建构。他利用谱系学方法,寻找历史叙事中的结构,建立了他的知识考古学和权力谱系学。他发现,人的知识体系的建构就是人对自身形象的建构。所有历史学建构和知识建构都是受着权力话语的支配。"话语"这一核心概念使福柯的分析和德里达的分析有了异曲同工的特性。话语的建构,也就是意

---

① 〔法〕德里达:《书写与差异》,张宁译,生活·读书·新知三联书店,2001,第14页。
② 〔法〕德里达:《书写与差异》,张宁译,生活·读书·新知三联书店,2001,第23页。
③ 〔法〕德里达:《书写与差异》,张宁译,生活·读书·新知三联书店,2001,第23页。

识形态的建构,它制约着人类的知识体系。从权力谱系学的角度看来,关于人的一切叙事都导致了话语权力对于个体的压制。个体就这样屈从于"大写"的关于人的叙事。所谓人的自由、平等、博爱等"大词"成为权力话语的幌子。正如尼采揭示了上帝概念仅仅是被构造的,真实的上帝已经被人杀死一样,福柯同样宣告了"人之死",他认为:"超人的允诺首先意味着人之死。"①个体的人不会死,死的是哲学和历史对"人"这一形象的建构。

　　后现代文化的另一位代表利奥塔提出了"向同一性开战,激活差异"的口号,他把自己的思路引向了"发展"观念。他在《非人》一书中说,人具有两个方向:一个是发展;另一个是书写和阅读。发展是面向未来的,但是其必然结果如同"快速浏览",只能面对当下,遗忘过去,这样的人,必然是单向度的人。书写和阅读不是快速的,而是缓慢的。②这里,利奥塔质疑了"发展"的迷思,这一迷思也是现代性和形而上学共有的。他反对"发展的形而上学",后者持有单线的历史观,认为随着时间推进,历史不断进步,历史的意义是在未来。"发展是现时的意识形态,它实现了形而上学的本质,它曾更多地是力量的而不是主体的思想。"③随着发展观的盛行,目的性随之失去,工具和手段本身取代了目的,而目的却消失了。"这种发展的形而上学中令人吃惊的是它不需要任何目的性。发展不像理性的解放和人类自由那样由某种理念磁化(aimante)而成,发展仅仅根据其内在原动力的加速和延展产生……除了宇宙偶然性外,它没有其他必然性。"④利奥塔在反对"宏大叙事"上面做得非常彻底。他提到"人的本义就是人本义的缺席,就是其虚无,或者是其超验性"。⑤这个命题似乎是按照福柯的逻辑而来,但是这本身同样也是一个宏大命题,依然需要解构。利奥塔接着说:"我不喜欢这种匆忙的结论。它所挤压,它所碾碎的,就是我事后发现被人以各种名称试图保留的如

---

① 〔法〕福柯:《词与物》,莫伟民译,上海三联书店,2001,第446页。
② 〔法〕利奥塔:《非人》,罗国祥译,商务印书馆,2001,第3页。
③ 〔法〕利奥塔:《非人》,罗国祥译,商务印书馆,2001,第6页。
④ 〔法〕利奥塔:《非人》,罗国祥译,商务印书馆,2001,第7页。
⑤ 〔法〕利奥塔:《非人》,罗国祥译,商务印书馆,2001,第4页。

工作、象征、异质、分歧、变故、事物：不一致性。"①因此，一切叙事都不能被固定、不能被形而上学化，也许这就是后现代文化的特性。

从实证主义提出"拒斥形而上学"的口号以来，西方哲学经历了百余年的发展。这些思想不能构成一个同质的系列，这里没有线性的、单一的发展史，有的只是问题不断变换、视线不断调整的论说史。这个论说史的背后，形而上学的命运，作为一个问题恒定地存在着。现代文化与哲学面临一个多世纪的自我批判之后，最后达到了自我批判的终点：后现代主义。后者是现代西方哲学旨趣的极端化。这一历史进程告诉我们：智慧向自身的不断追问虽然可能会走极端，但是不可能有终点。人类历史是一个极端尖锐的历史，各种互相抵消的冲动使这一历史时期的思想地图显得纷乱无比，这个整体本来就是一种"后现代情境"。这种情境的产生，或许要到形而上学的深处去寻找源头，但是形而上学引起的诸多问题，却是永远开放的。

---

① 〔法〕利奥塔：《非人》，罗国祥译，商务印书馆，2001，第4页。

后现代语境中的现代性批判与重建*
——布达佩斯学派现代性批判理论探析

杜红艳**

20世纪50~60年代,卢卡奇身边的一群具有激进思想的学生赫勒、费赫尔、马尔库什等人组成了布达佩斯学派,他们发展了西方马克思主义的社会批判理论,并融合了自己对苏联模式社会主义的独特体验,在与西方思想的交流碰撞中形成了对现代性的独特理解。在布达佩斯学派的思想中,贯穿核心的就是对现代性危机的批判与对现代性重建的思索。布达佩斯学派对现代性的思考反映了20世纪在理解现代性的彷徨期来自东欧学者的一种态度。

一 现代性问题的凸显

现代性问题随着启蒙步入了历史的舞台。然而现代性却又不能等同于理性和启蒙,哲学开始对现代性进行思索是认识到启蒙的恶果之后的事。正是对启蒙恶果的反思,使现代性问题正式进入哲学研究的视野。自此之后,哲学家们总是围绕着什么是现代性?现代性的危机是什么?人们该如何应对现代性的危机?现代性危机能够解除吗?现代与后现代的关系是什么?等一系列问题展开思索。对于这些问题,许多哲学家都提出了自己的理解,在这些理解中包含几种类型。首先,人们在精神文化层面从对启蒙的理解中抽出了

---

* 本文发表于《学术交流》2014年第6期,收入本书时部分内容有改动。
** 杜红艳,黑龙江大学马克思主义学院副教授,主要从事东欧新马克思主义研究。

现代性的本质。韦伯、哈贝马斯、福柯等人从康德将启蒙理解为人类脱离自己加之于自己的不成熟状态中得出了对现代性的理解。他们认为，一方面，从启蒙中分化出来的现代性是以理性化或合理化为特征的，在发展过程中丧失了价值或意义的维度转变为一种技术理性或工具理性；另一方面，启蒙并未使人脱离未成熟状态，"应该把现代性想象为一种态度而不是一个历史时期"。① 其次，从社会政治层面阐释现代性的理论。"现代性指社会生活或组织模式，大约十七世纪出现在欧洲，并且在后来的岁月里，程度不同地在世界范围内产生着影响。"② 最后，将现代性描述为一个复杂的多重建构过程，现代性不仅存在于思想领域，而且已经融入政治、经济、社会、文化各个领域，成为一种推动力量，正如霍尔所说："政治、经济、社会与文化进程是现代社会形成过程的一组'马达'。"③ 从以上分析中可以看出，存在着更多的关于现代性的理解，这些理解都似乎清晰明了地展示了现代性的内涵，然而，即使是这样，我们依旧不能确切地说出什么是现代性。"现代性问题依旧晦暗不明，根本没有真正露出其清晰的地平线，依旧是一个开放的、相互冲突的、相互关联又纠缠不清的'星丛'。"④ 尽管这些人的观点间往往存在着差异，他们对现代性的理解也不一致，然而不管这些研究者之间有什么样的差异，从什么样的立场、什么样的角度阐释问题，这些理论在实质上都是对现代性本身所进行的反思，对这个时代的危机所做的思考。这是因为这些思想家们遇到的问题是一致的，无论从哪个角度进行思索，产生什么样的分歧，最终要解决的问题都是一致的。

虽然现代性是不确切的、现代性问题是晦暗不明的，可其依然是20世纪哲学研究不能回避的问题。现代性是一种时空概念，同时也是一种文化理解方式、体验方式，进而构成了一种文化模式，标志现代这一时段的本质特征。

---

① 〔法〕福柯：《什么是启蒙？》，李康译，《世界哲学》1991年第4期。
② 〔英〕吉登斯：《现代性的后果》，田禾译，译林出版社，2000，第1页。
③ 〔英〕霍尔：《现代性的多重建构》，周宪主编《文化现代性》，中国人民大学出版社，2010，第44页。
④ 衣俊卿：《现代性的维度》，黑龙江大学出版社，2001，第2页。

现代性已经实质地渗透进社会生活的各个层面，并发挥着主导性作用，搭建着现代社会堡垒。然而，现代性在建构现代社会的同时也打碎了前现代社会赋予人的安全感和归属感，"一切坚固的东西都烟消云散了"。布达佩斯学派看到了现代性作为一种文化模式对人类社会生活的建构以及广泛运用现代性原则带来的一系列威胁人的生存的危机，现代性的列车并未像其当初允诺的那样载着乘客驶入幸福的终点站，反而驶向了奥斯维辛、古拉格群岛这样的车站。基于对现代性的这样一种理解，布达佩斯学派展开了对现代性的批判和重建。

二 后现代语境中的现代性批判

现代性批判是布达佩斯学派思想的一个重要方面，是布达佩斯学派文化批判理论的现实聚焦点。布达佩斯学派对现代性的批判最初就蕴含于对极权主义的批判中，在布达佩斯学派看来，苏联模式社会主义与法西斯主义一样，都表现出了极权主义的现代性模式，是对人的控制和压抑。在融入西方社会之后，布达佩斯学派看到了现代性原则及其产生的危机在西方社会淋漓尽致的表现，由此展开了对现代性的直接批判，并逐步融入后现代多元、宽容的主题。布达佩斯学派主要代表人物的现代性批判各具特色，虽然存在着视角和方法差异，但都表达了对现代社会人存在的价值与意义的失落、文化的多样性与丰富性的丧失的深刻关注，并展现了多元性、宽容性的维度。

首先，在价值层面，布达佩斯学派认为现代性以同质化和普遍化原则摧毁了一切文化的差异，碾碎了各个文化价值的独特性。赫勒把现代性比作压路机，"如果有什么可以迅速被输出的话，这就是技术；如果有什么给每一种生活方式都施加沉重的压力的话，这就是经济压路机。尽管现代性作为一个压路机远不同于资本主义经济，资本主义经济和经济全球化的结合却迅速推进。各种独特的文化必须牺牲它们绝大多数不能与这种经济相一致的东西"。[①]

---

① 〔匈〕阿格尼丝·赫勒：《现代性理论》，李瑞华译，商务印书馆，2005，第82页。

现代性的压路机采取同质化和普遍化的原则，特别是通过经济方式摧毁了一切差异，消除了一切与现代性不一致的事物，把一切统合到理性化的进程当中。现代化的历史进程中，理性取得了权威性的地位，使各个领域都走上同一化的历史道路，成为现代化进程的内在推动力量。但是同时"现代化的进程威胁并削弱了文化为人的生存提供意义和方向的传统作用，现代世界，即使是最高的价值观念——自由也不能够重新点亮希望"。[1] 现代性在推进社会发展的同时也使人存在的价值与意义丧失了，价值虚无主义成为主导性原则。现代性虽然削弱了文化的传统作用，但是文化是现代化进程中唯一可以传递意义和价值的载体，因而现代性的重建需要在文化的层面上进行。因为文化在现代社会中肩负的是意义的使命，一个人可以借助技术生产自身，然而，技术生产的人是缺乏意义和价值的人，给现代人提供一个世界的是文化，负载并传递指向技术想象之外的历史意识的也是文化。所以，现代社会文化是可以防止技术的滥用侵蚀人存在的意义与价值的唯一领域。

其次，从文化层面，现代文化呈现出来的是悖论性的特征，文化既强调普遍又强调差异，既是高级文化又是低级文化，造成了从反对绝对到走向绝对、从反对同一到走向同一。马尔库什提出了起源于启蒙的文化的两种概念，即关于人类学的文化概念和狭义-部分的、"价值标示的"文化概念，两种文化在现代社会都以悖论的方式存在着，这种悖论的根源正是现代性的历史和逻辑。但是，现代性在诱发了文化悖论的同时，也是推动现代性发展的动力因素，二者互为因果。"正如文化概念所表现出来的悖论张力一样，现代性的文化深处存在着多重悖论现象，它们彼此纠缠，并存并斗争着，这种现象是现代性最有代表性的特征，也是现代性文化的表现特征。"[2] 恰恰是文化悖论

---

[1] John Grumley, *Agnes Heller: A Moralist in the Vortex of History*, London: Pluto Press, 2005, p.244.
[2] 孙建茵:《文化悖论与现代性批判——马尔库什文化批判理论研究》，黑龙江大学出版社，2011，第65页。

中包含的矛盾性使批判和反思成为可能，推动了现代性的发展。所以，也正是文化悖论可以作为克服现代性危机的力量。马尔库什并不是主张抛弃文化悖论的存在方式，其文化批判是要对那些试图统一现代文化的做法进行批判，因为统一现代文化最终必然导致社会理性的极度膨胀和文化危机的普遍化。"启蒙运动的宏大哲学把理性视为人类个体的内在属性或内在能力，致力于在理性之中寻求一种同等可靠的基础，从而把意义和价值赋予我们的活动。它们试图用一种理性上统一的、可以找到的世俗'文化'（这个概念就是启蒙运动发明的）来取代宗教的意义创造功能以及因此而具备的社会整合功能，并将某种单一的人类完满方向强加给某个充满生机的社会中所发生的一切变化过程。"① 这种统一现代文化的做法才是应该批判的对象。能够打破现代文化同一性就能克服现代文化的危机，而打破同一性的力量是文化悖论，因为文化悖论的存在能够维护文化的多样性。

最后，从历史层面，法国大革命可以被看作现代性诞生的标志，大革命的失败也使现代性问题凸显出来。费赫尔认为，大革命是在政治层面实践着哲学的诺言，是现代性在实践中的表现。从总体上看，法国大革命"是关于在启蒙运动最终胜利的最初日子里理性化和世俗化的教条式风暴的寓言，是关于它必然失败的寓言，是关于过度狂热的理性化的反作用以及政治世俗化的限度的寓言"。② 这一历史事件可以作为思考现代性和后现代性的理论资源。法国大革命的失败引发了人们对理性化的反思："理性化并不是一个同质术语，而是一个包罗众多的词汇。在提倡教会内部改革的人的口中，这个词意指高效率，即现代化。在哲学家们及其政治继承者的解释中，这个词只不过意指理性的统一原则在整个社会中的运用，当然也含蓄地包括教会的事务。作为一种标语的'理性化'的同质性和统一性是一种革命前的启蒙运动所共

---

① 〔匈〕乔治·马尔库什：《语言与生产》，李大强、李斌玉译，黑龙江大学出版社，2011，"英文版前言"第 2 页。
② 〔匈〕费伦茨·费赫尔：《法国大革命与现代性的诞生》，罗跃军译，黑龙江大学出版社，2010，第 202~203 页。

有的但危险的幻觉。"① 在学者们对法国大革命的解释与反思中，一种"后历史"的解释模式正在生成，每个人都从自己的视角出发对大革命进行解释，不同解释实质反映的是人们对待现代性的态度。费赫尔反对就历史事件谈历史事件，提倡一种解释学意义上的社会解释方式，这种解释方式的转变恰恰反映了人们对现代性的反思和批判，人们从各个角度对这一历史事件的反思实质上批判的是以这种历史意识为根基的现代性。

布达佩斯学派从各个角度阐释了对现代性的理解与反思，表达了对现代性危机的忧虑，同时也表达了一种多元性的理论诉求，可见他们对现代性的反思和批判是在后现代的语境中进行的，融入了后现代的理论大潮。

三 后现代政治状况下重建现代性的努力

布达佩斯学派在对现代性的批判过程中，得出现代性的危机表现在两个方面：一是人存在的价值与意义维度的丧失；二是多样性的丧失。而文化具有保存价值维持多样的特点，所以现代性危机只有在文化当中才能够被克服。那么文化对现代性危机的克服是抛弃了现代性还是在对现代性进行重建呢？现代性犹如一枚硬币，有正反两面，人们怎样"看待"现代性就会怎样"对待"现代性，看到硬币的哪一面就会倾向于怎样对待现代性。有两种对待现代性的态度：一种态度是只看到现代性硬币的反面，坚持现代性已经终结；另一种态度看到了现代性硬币的两面，认为现代性尚未终结，只有在现代性中才能找到解决现代性危机的路径。布达佩斯学派持第二种态度，他们追求的是在现代性中克服现代性危机，他们肯定现代性的价值与意义，认为应该在现代性中发掘多元主义的潜力；同时他们又认为对现代性的克服应该结合后现代的政治状况，使之成为适应后现代政治状况的多元主义。所以，布达佩斯学派对现代性的批判不是要抛弃现代性而是要对现代性进行重建，是在

---

① 〔匈〕费伦茨·费赫尔：《法国大革命与现代性的诞生》，罗跃军译，黑龙江大学出版社，2010，第203页。

后现代政治状况中的重建。

　　现代化的历史进程也导致了历史条件的变化，逐渐演变为一种多元性、差异化的社会，布达佩斯学派将这一历史境遇称作后现代政治状况。在这种状况中，许多人对现代性的批判都走向了后现代的视域，他们通过多元、差异、相对、怀疑、解构等一系列与现代主义相对的范畴回应了现代主义。布达佩斯学派并未将后现代看作现代之后的一个历史时期，而是在现代性中孕育出来的，产生于对现代性的历史反思。"后现代性（包括后现代政治状况）不是一个的历史时期。后现代性从各个方面来说都是'寄生'在现代性之上的；它依靠从现代性的成就及困境中汲取养分而生存。在这一环境下的新情况是在后-历史中发展出来的新的历史意识；不断蔓延的我们永远进入现在，同时，又在它之后的感觉。以同样的姿态，我们已经比以往更深刻地占有了我们的现在，并从它那里发展出了一个批判的距离。那些从我们的政治视角出发、对这些批判距离仍然不满的人应该记住，对现在的绝对否定（不可否认比后现代性能提供还要多）很有可能最终陷入彻底丧失自由或彻底毁灭。这两个结局都要超出——或者更确切地说不同于——后现代。它们将是彻底的反现代派。"① 后现代不是现代性到来之后的一个阶段，而是现代性的延续，是对现代性的反思，是以苏格拉底认识自己的方式反思自己，它的理论核心就是反对现代性的宏大叙事，张扬生活方式的多元化。他们认为后现代的政治状况就是以文化的多元化和对话的多元性为理论前提的，所以现代性重建需要在后现代政治条件下进行。

　　布达佩斯学派对现代性问题的思索虽然已经步入了后现代主义的理论视域，但又不同于后现代主义，因为在他们看来后现代也存在着误区，一味地高扬后现代贬低现代，会导致一种极端相对主义的形成。布达佩斯学派认为，在重建现代性的过程中，既要避免现代性的宏大叙事，也要避免后现代极端的相对主义的误区，最好的办法就是找到一个连接点，在后现代政治状况允许的程度上重建现代性的统一。布达佩斯学派提出，"我们探索'后现代政治

---

① 〔匈〕阿格妮丝·赫勒、费伦茨·费赫尔：《后现代政治状况》，王海洋译，黑龙江大学出版社，2011，第13页。

状况'的主要推动力不仅在于登记现代性中呈现的新兴异质,一个几乎无法,或只能强制地,被继续存在的,满是缺陷的'宏大叙事'同化的异质。相反,我们开始着手寻找那个仍然能够把我们的世界联结在一起的纽带,寻找一个据我们猜测也许已经熬过分裂过程的思潮,一个能成为绝对相对主义的玩世不恭的解药的思潮。总之,我们试图弄清甚至在后现代政治状况中还有多少普世主义保持不变"。① 后现代政治状况不是一个新的政治时期,因为在后现代,宏大叙事解构了,没有能够作为普遍的、包罗万象的解释原则,文化是多元的,对话是这一时期的重要问题。在后现代政治状况下,重建现代性的统一才是重要的历史任务。

总之,布达佩斯学派的现代性批判的理论宗旨不是抛弃现代性,而是要进行现代性的重建,这种重建又不是回到现代,而是在后现代政治状况的全新历史条件下进行重建。在新的历史条件下,这种重建只能是在多元之中达成共识,他们认为民主政治原则和道德准则所体现的自由、正义、平等等概念都能够成为后现代政治状况的多元主义的共识。

---

① 〔匈〕阿格妮丝·赫勒、费伦茨·费赫尔:《后现代政治状况》,王海洋译,黑龙江大学出版社,2011,第14~15页。

现代性模式的反思与重建*

——以俄罗斯白银时代宗教哲学为研究视域

周来顺**

  基于人类社会在自身发展过程中所面临的空前时代性危机，自19世纪中期以来现代性问题日益成为学界所关注的核心问题。现代性问题虽发轫于西方，但随着全球化进程它已超越了民族国家的界限而成为一种世界现象。特别是自20世纪以来，以胡塞尔、韦伯、海德格尔、阿多诺、马尔库塞、哈贝马斯、赫勒、鲍曼、福柯、吉登斯、利奥塔、鲍德里亚等为代表的现代性与反现代性思想家，都从不同维度对现代性问题进行了探索。在对现代性问题进行多维探索的过程中，学者们并没有随着探索的日益深入而呈现趋同化、同质化倾向，而是呈现更大的差异性、弥散性特征。实则，在西方主流思想家对现代性问题进行探索与反思的同时，19世纪末20世纪初，以别尔嘉耶夫、布尔加科夫、弗兰克等为代表的俄罗斯白银时代宗教哲学家也同样对现代性问题进行了探索。白银时代宗教哲学家在对俄罗斯现代化出路的理论探索过程中，认知到无论是作为现代性主流话语与典范的西方现代性模式，还是作为现代性别种探索路径的苏联模式都存在着自身的限度。正是基于对这两种典型现代性模式限度的认知，白银时代宗教哲学家依托自身文化传统与多种现代思想资源，对现代性模式进行了不懈的探索。

---

 * 本文发表于《理论月刊》2013年第6期，收入本书时部分内容有改动。
 ** 周来顺，黑龙江大学哲学学院教授，主要从事俄罗斯哲学、文化哲学与国外马克思主义领域的研究。

一

在对现代性模式的探索与反思过程中，俄罗斯白银时代宗教哲学家立足于时代，首先对苏联现代性模式进行了反思。在此需指出的一个前提是，基于时代的限度，白银时代宗教哲学家简单地将斯大林模式等同于苏联现代性模式。正是在以这种等同为指认的前提下，白银时代宗教哲学家指出以马克思主义学说为蓝本所建构的苏联现代性模式并没有实现马克思主义学说的初衷，甚至抛弃与背离了马克思主义的基本精神。在苏联现代性模式中不仅存在着经济决定论与虚假乌托邦倾向，而且存在着官僚主义、集权主义等倾向，存在着对个体生命与精神价值的忽视与抹杀。由此，白银时代宗教哲学家指出现代化不仅仅是经济问题，也是文化问题、精神问题、信仰问题等。而以斯大林模式为代表的苏联现代性模式并没有很好地解决这些问题，反而破坏了原有的东正教文化传统，从而终将导致俄罗斯文化根基的断裂与虚无主义的盛行。

首先，俄罗斯白银时代宗教哲学家对苏联现代性模式之文化观质疑。白银时代宗教哲学家强调文化的重要性，认为文化是"在社会-历史生活中所实现的客观价值的总和"。①白银时代宗教哲学家认为以斯大林模式为代表的苏联现代性模式割裂了俄国原有文化传统，导致在"漫长的文化过程所缔造的范式正在消失……这是世界在液态化。再也没有固体了"。②一方面，白银时代宗教哲学家指出，由于斯大林模式片面地、形上地强调社会主义文化的纯洁性，从而"摧毁了20世纪初的文化复兴，打断了它的传统"。③而社会主义革命本身即是文化问题、自由问题、精神问题、信仰问题、良心问题，但在斯大林化的苏联现代化模式中并没有很好地解决这一问题，而是对传统文

---

① 〔俄〕弗兰克:《俄国知识人与精神偶像》，徐凤林译，学林出版社，1999，第55页。
② 〔俄〕别尔嘉耶夫:《俄罗斯灵魂》，陆肇明等译，学林出版社，1999，第173页。
③ 〔俄〕别尔嘉耶夫:《自我认知》，汪剑钊译，上海人民出版社，2007，第179页。

化特别是东正教文化采取了片面的否定态度，从而导致了俄罗斯文化根基的断裂。另一方面，认为以斯大林模式为代表的苏联文化观是以对文化进步主义的片面信仰为理论支撑的。这种文化进步主义相信文化是不断进步的，相信文化的直线性、上升性。在白银时代宗教哲学家看来，这种对文化进步主义的片面信仰最终将导致对虚假乌托邦承诺的认同，并进而使文化走向迷失，使"文化偶像的魅力也像革命偶像和政治偶像的魅力一样，在我们灵魂中黯然失色"。① 白银时代宗教哲学家认为以斯大林模式为代表的苏联现代性模式解决不了自由与文化的问题，甚至认为苏联与西方资本主义在对待文化的态度上是血肉相连的，"他们处于同一土壤、同一精神中，确切地说，它们否定精神，并以此为推动力"。② 在苏联现代性模式中，一切文化都服从于理性化原则、都是被安排好了的，人们被安置在各个领域甚至没有时间思考生活的意义。由此，白银时代宗教哲学家指出，几千年来"俄国灵魂的成长靠的是东正教信仰；而在19世纪，它的成长靠的是伟大的俄国文学：普希金、托尔斯泰、陀思妥耶夫斯基，靠的是这种文学的先知主义"，③ 而以斯大林模式为指导原则的苏联现代性模式却打破了这一传统。由此，白银时代宗教哲学家断言，苏联现代性模式在文化观建构中对文化进步主义和理性主义文化精神的过度信仰、对传统文化精神的过多否定，最终将导致虚无主义的产生，将会把丧失了自身文化传统与宗教根基的俄罗斯带入一个"群魔乱舞"的时代。

其次，俄罗斯白银时代宗教哲学家对苏联现代性模式之官僚主义批判。在白银时代宗教哲学家看来，官僚主义是伴随着国家的产生而产生的，任何国家都不可能完全克服。官僚主义不但腐蚀和危害以往的国家政体，在以斯大林主义为指导原则的苏联现代性模式中同样存在着作为特权阶层的官僚阶级。他们甚至认为，苏联作为当时世界上唯一实现了社会主义制度的国家，实则是最大的官僚主义国家。在他们看来，在斯大林模式下的苏联社会主

---

① 〔俄〕弗兰克:《俄国知识人与精神偶像》，徐凤林译，学林出版社，1999，第109页。
② Бердяев Н.А. Смысл творчества. Москва: ООО《Издательство ACT》, 2002, С.618-619.
③ 〔俄〕别尔嘉耶夫:《俄罗斯灵魂》，陆肇明等译，学林出版社，1999，第227页。

制度虽不存在着如资本主义制度那种明显的人剥削人、人压迫人的现象，但仍形成了新的特权阶级与官僚主义。他们指出，在斯大林模式下的苏联有的只是对权力的赤裸裸的服从，其官僚主义得到了最为充分的展现，"对科学地运用和操纵历史客观规律的信仰达到了顶点——它迅速蜕化成一种以指导政治行动的官僚主义公式为基础的新学说，用口令代替了理性和探索。他们的纲领是建立在这样一种观念上：掌握着准确洞察力的'群众领袖和导师'将领导俄国达到希望的彼岸。他们坚信自己的制度能开发落后的俄国，理性会毫无障碍地前进，把这片土地带向到社会进步的最前列"。① 在白银时代宗教哲学家看来，这种对社会主义的信仰，实则是背离马克思主义、列宁主义学说的本义的。

再次，俄罗斯白银时代宗教哲学家对苏联现代性模式之集权主义批判。在白银时代宗教哲学家看来，苏联现代性模式下的组织原则是一种专制性、集权性原则。在他们看来，斯大林模式下的苏联已变成了"似任何别的专制国家。它运用同一虚伪的与暴力的手段"。② 他们认为斯大林模式下的苏联无论是在政治、经济还是文化领域，依靠的并非自由与多样性，而仅仅是强力与专制，这是新的集权主义。一方面，这种斯大林式的集权主义并不是外来的，而是始终存在并融于俄罗斯民族的血液之中的；另一方面，这种集权主义的产生又依赖于俄国的现实，苏联的社会主义并"不是在富裕的土壤上，而是在不足和贫乏的土壤上展开的一种现象。在社会主义中，获得释放的人又重新依附于强行组织起来的和强行安排出来的生活"。③ 在这种集权主义的背后，既隐藏着俄罗斯的痛苦及其对完整性真理的探求，也隐藏着对西方世界、西方文明的拒斥，其期望通过集权的方式在瞬间实现理想的社会主义图景。这种斯大林模式的集权主义可怕之处在于，将会使苏联变成旧俄罗斯帝

---

① 〔美〕刘易斯·科塞：《理念人——一项社会学的考察》，郭方等译，中央编译出版社，2001，第182页。
② Бердяев Н.А. Истоки и смысл русского коммунизма.Москва: ЗАО《Сварог и К》, 1997, С.357.
③ 〔俄〕别尔嘉耶夫：《历史的意义》，张雅平译，学林出版社，2002，第135页。

国的新形式，其将"控制着人民的全部生活，不仅仅是肉体，而且还包括精神，这和伊凡恐怖者的传统以及诸沙皇的统治相符合"。①

最后，俄罗斯白银时代宗教哲学家对苏联现代性模式之机械性批判。在白银时代宗教哲学家看来，在当时以斯大林模式为代表的苏联现代性模式，在社会组织模式上存在着机械性倾向。自俄国十月革命胜利以后，苏联开始在马克思主义体制下"全面地探索一种工业化的、非资本主义和非西方的社会制度的可能性"。②但在白银时代宗教哲学家看来，苏联特别是以斯大林模式为代表的现代性模式，不仅在经济生活中存在着组织结构机械化，一切都是按计划的、步调一致的去组织生产，而且在精神领域中也存在着机械化倾向。他们认为在苏联现代性模式中，"强迫性地和机械地组织社会，在这样的社会里没有任何精神上的共性"。③在斯大林模式中，人的使命是悲剧性的，"人的全部生命（甚至包括人的肉体需要及其经济的满足）都服从于严格的、抽象的、统一的道德公正原则的理想"。④在整个社会评价体系中，作为个体的人是不在场的，人不再作为丰富性的人而存在，而成为丧失自由与创造性的"抽象公式"，存在的只是集体的人、符号的人、观念的人、抽象的人。正是由于这种机械性模式及其对"抽象公式"的信仰，人被原子化、抽象化、符号化了，由此导致蔑视、伪善、残暴与道德麻木。

由此可见，俄罗斯白银时代宗教哲学家在对以斯大林模式为代表的苏联现代性模式的认知与反思中虽存在着种种误读，一方面，这种误读的产生源于他们对马克思主义的错误理解，如武断地认为马克思主义本身存在着经济决定论与虚假乌托邦色彩；另一方面，则源于他们的理论立场，他们更多的是从特有的宗教（特别是东正教）视域出发，将其作为评价与审视一切模式的尺度与标准。但与此同时，我们也应看到白银时代宗教哲学家在对以斯大

---

① Бердяев Н.А. Истоки и смысл русского коммунизма. Москва: ЗАО《Сварог и К》, 1997, С.369.
② 〔英〕汤因比：《历史研究》，刘北成等译，上海人民出版社，2005，第356页。
③ 〔俄〕别尔嘉耶夫：《论人的使命》，张百春译，上海人民出版社，2007，第226页。
④ 〔俄〕弗兰克：《俄国知识人与精神偶像》，徐凤林译，学林出版社，1999，第125页。

林模式为指导的苏联现代性模式的批判过程中，如对文化观建构、官僚主义、集权主义等的批判确实是具有一定合理性的，而且这些问题恰恰成为日后苏联走向衰亡与解体的重要原因。正是基于对以斯大林模式为指导的苏联现代性模式限度的认知，白银时代宗教哲学家开始将目光转向对西方现代性模式的探索。

二

俄罗斯白银时代宗教哲学家在对以斯大林模式为指导的苏联现代性模式提出批判之后，并没有停止对现代性模式的理论探索，而是将探索的目光转向西方。他们本希望在这种转向中找寻现代性模式的真实根基，却同样以失望而告终。在对西方现代性模式的探索过程中，他们认为西方社会及其现代性模式所面临的最为深层的危机便是文化危机，而这种文化危机的深层原因及其理论实质则源于理性主义文化精神的过分膨胀，认为正是由于理性主义文化精神的过分膨胀将导致西方资本主义社会信仰主义的衰微与虚无主义的盛行。由此，白银时代宗教哲学家从俄罗斯哲学所特有的理论视域出发，对以理性主义为核心支撑的西方现代性模式展开了多主题的理论批判。

首先，俄罗斯白银时代宗教哲学家在对西方现代性模式的反思过程中，直指现代西方文明建构的社会根基。在白银时代宗教哲学家看来，社会产生的基础是神话与象征，并由此将社会划分为三种类型：以类与血缘为特征的"有机共同体"，以机械和原子为特征的"机械共同体"，和以自由与精神为特征的"精神共同体"。他们认为现代西方文明建立的社会基础是以机械性与原子性为特征的机械共同体，这一共同体强调的是机械性、整体性与普遍性原则，缺乏神圣性、超越性与精神性的维度。在这一社会建构原则的支配下，人们将像蚂蚁一样生活在千篇一律的街道、封闭狭小的楼阁之中。但问题在于，一方面，正如陀思妥耶夫斯基所指出的那样，"人不是蚂蚁，人的社会性也不是蚂蚁窝。最终建立蚂蚁窝的理想永不复返地破灭了"。① 另一方面，在白银时代宗教哲学家看来，社会生活本质上是"一种精神生活，具有某种'界'的外部客观存在的性质，这种'界'类似物质世界存在于我们周围，并对我们强制性地施加影响，同时，这种强制性在我们的意识中不单单是我们对其他人的主观心理力量的依赖性，而正是客观的、超心理的、超人的实在的作用"。② 由此，白银时代宗教哲学家从其特有的东正教视域出发，认为真正的社会根基不应如西方现代性模式那样建立在物质的、原子的、机械的基础之上，而应建立在精神共同体基础之上，否则人类社会的命运仍将是悲剧性的。而作为一种精神的共同体社会，其将是物质与精神、尘世与神圣的完整统一。

其次，俄罗斯白银时代宗教哲学家在对西方现代性模式的反思过程中，对作为现代西方文明之载体的资产阶级进行了批判。在白银时代宗教哲学家看来，现代西方文明就其属性而言是资本主义的，其载体是资产阶级。可以说在对资本主义制度及其载体的批判上，白银时代宗教哲学家深受马克思的影响，并与马克思保持着高度的一致，他们"毫无保留地接受马克思对资本主义的批判"，③ 并且认为马克思主义学说的"真理在于对资本主义的批判"。④ 白银时代宗教哲学家指出支配资本主义社会的逻辑是资本的逻辑，而作为资本主义社会载体的资产阶级则是奴隶的象征，他们是财产、金钱、地位、舆论、生活的奴隶，甚至连同其所建立的王国也一并是受虚假的资本所支配的奴隶王国。在这个以资本为逻辑的虚假王国中，"瓦解真正现实的世界。资产者建立的是金钱王国，这个王国是最虚假的，最不现实的，在自己的非现实性方面是最令人厌恶的。在这个金钱王国里一切现实的实质都消失了，但是这个金钱王国拥有可怕的强力，对人的生活的可怕的统治力量；它能扶持和

---

① 〔俄〕别尔嘉耶夫:《俄罗斯的命运》，汪剑钊译，云南人民出版社，1999，第124页。
② 〔俄〕弗兰克:《社会的精神基础》，王永译，生活·读书·新知三联出版社，2003，第108~109页。
③ 〔俄〕别尔嘉耶夫:《自我认知》，汪剑钊译，上海人民出版社，2007，第92页。
④ Булгаков С.Н. Христианский Социализм. Иэдательство Новосибирск《Наука》СибирскоеОтделение, 1991, С. 225.

推翻政府，发动战争，奴役工人群众，导致失业和贫困，使在这个王国里走运的人的生活成为越来越虚幻的。……金钱的王国是无个性的极限，它也使财产自身成为虚幻的"。① 在这个虚假的资本王国中，没有独立的主体性存在，有的只是资本、钞票、黄金、数字、账本，在这里人们"已经搞不清楚，谁是所有者，是对什么的所有者。人越来越从现实的王国转向虚幻的王国"。②

再次，俄罗斯白银时代宗教哲学家在对西方现代性模式的反思过程中，还对西方技术理性进行了批判。在对技术理性的认知过程中，白银时代哲学家与20世纪诸多的思想家一样，都看到了科学技术的发展与进步给人们生活所带来的巨大改变与进步，并进而指出"技术的不可思议的力量使人类的整个生活革命化了"。③ 科学技术的进步意味着"大地时代的结束"，意味着人运用理性力量的增加，意味着人日益摆脱自然的束缚。但与此同时白银时代宗教哲学家也看到，正是由于理性的片面发展，导致技术理性变成了一种宰治性力量，导致"理性已不是抽象的理性，而是实用的理性"。④ 理性在改变人类生活的同时，也使人类的生活"变得越来越技术化"。⑤ 以机器大工业为代表的技术理性的片面发展，不但使其丧失了原有的解放与进步功能，改变了人的生活方式与生活节奏，而且还成为一种有效的、隐藏的统治性意识形态。技术理性实现了从社会到个体，从肉体到心灵的全面统治，"技术在人类社会生活中不断增长的统治是对人的生存的越来越严重的客体化，它伤害人的灵魂，压迫人的生命。人越来越被向外抛，越来越外化，越来越丧失自己的精神中心和完整性。人的生命不再是有机的，而是成为组织的、被理性化和机械化了。人将脱离适合自然生命的节奏，越来越远离自然界，其情感的心灵生活将受到损害。技术进步的辩证法在于，机器是人的造物，而它又指

---

① 〔俄〕别尔嘉耶夫:《论人的奴役与自由》，张百春译，中国城市出版社，2002，第218页。
② 〔俄〕别尔嘉耶夫:《论人的奴役与自由》，张百春译，中国城市出版社，2002，第220页。
③ 〔俄〕别尔嘉耶夫:《精神王国与恺撒王国》，安启念等译，浙江人民出版社，2000，第26页。
④ 〔俄〕别尔嘉耶夫:《历史的意义》，张雅平译，学林出版社，2002，第175页。
⑤ 〔俄〕别尔嘉耶夫:《历史的意义》，张雅平译，学林出版社，2002，第176页。

向反对人，机器是精神的产物，它却奴役精神。……在文明的顶峰，技术的作用将成为主导的，技术将支配人类的全部生活"。①技术理性的片面发展将"把机器的形象和样式加在人的身上"，②将弱化人、奴役人，将使人的生活机械化。不但如此，由于技术理性的片面发展，将会使人的机体的速度无法适应与追赶机器的速度，从而导致"任何一个瞬间都没有自身的价值，它只是下一个瞬间的工具。……人的精神的能动性被削弱了。人被从功利主义的角度加以评价，按他的生产能力加以评价。这是人的本质的异化和人的毁灭"。③而这一切将最终导致人自身的分裂与崩溃，将最终导致人的完整形象的瓦解。

最后，俄罗斯白银时代宗教哲学家还对作为西方现代性模式中重要组成部分的进步观念、文化传统、宗教基础等进行了批判，认为在其中包含着毒素与谎言。实则透过白银时代宗教哲学家对西方现代性模式的多维批判，我们能够清楚地看到这种批判是有其内在的理论基点的，即对西方理性主义文化精神的批判，认为这种文化精神构成了西方现代性模式的理论基点与价值核心。正是基于对西方现代性模式的认知与批判，在白银时代宗教哲学家看来，依托西方现代性模式所欲建构的"巴比伦文明之塔将不会建成。我们在世界大战中看到，欧洲文明衰落，工业体系崩溃，'资产阶级'世界赖以生存的幻影分崩离析。历史命运悲剧性的辩证法就是如此。文化摆脱不了这种辩证法，文明也同样摆脱不了这种辩证法"。④

三

在对现代性模式的探索过程中，俄罗斯白银时代宗教哲学家看到了以斯大林模式为指导原则的苏联现代性模式与西方现代性模式所存在的限度。正

---

① 〔俄〕别尔嘉耶夫：《末世论形而上学》，张百春译，中国城市出版社，2003，第231~232页。
② 〔俄〕别尔嘉耶夫：《论人的使命》，张百春译，上海人民出版社，2007，第295页。
③ 〔俄〕别尔嘉耶夫：《精神王国与恺撒王国》，安启念等译，浙江人民出版社，2000，第28页。
④ 〔俄〕别尔嘉耶夫：《历史的意义》，张雅平译，学林出版社，2002，第179页。

是基于对这种限度的认知，白银时代宗教哲学家力图通过将自身文化传统（特别是东正教文化传统）与现代西方文明相结合的方式来重构现代性。在对现代性的构建过程中，他们从不同角度强调了人的独特价值与精神价值，强调神人性、末世论，强调教会之间的联合与共融等思想。

首先，在现代性模式的体系构建中，俄罗斯白银时代宗教哲学家肯定人的独特内涵与精神价值。第一，重视和强调创造的独特内涵。白银时代宗教哲学家意在通过对创造内涵的强调来展示人的能动性。他们认为创造行为本身是具有神性的，创造是从无、从非存在中的创造，创造意味着解放与超越，意味着新事物的产生。第二，重视自由的观念。白银时代宗教哲学家在对自由的理解上，深受德国神秘主义者波墨和艾克哈特的影响，认为"自由是前世界的，非被造的，自由同时也是善与恶之间选择的无限可能性"。① 他们认为自由是原初的、非理性的，认为自由先于存在，自由既不受存在的决定，也不受理性的决定，即使是上帝也不能决定自由，"上帝从虚无创造世界，也可以说上帝是从自由中创造世界。作为创造基础的无底的自由，它在创世之前即已存在于虚无之中，没有它，上帝也不需要创造"。② 他们意在通过对自由的先在性与绝对性的强调，从而凸显出人的内在价值。第三，重视精神的作用。白银时代宗教哲学家在对现代性模式的建构探索中重视精神的作用，并且赋予了精神以独特的内涵。他们认为精神如物质一般是"客观存在"的，但这种"客观存在"又不同于物质，而是另一种意义上的现实。他们认为精神自身即是本体，精神不服从于任何外在因素，精神"不是存在，不是本质，而是存在者，是存在着的东西，拥有真正的生存，精神不服从任何存在的决定。精神不是原则，而是个性，即是生存的最高形式"。③ 总之，白银时代宗教哲学家在对现代性模式的重构中，力图通过对自由、精神与创造等人的独

---

① 〔俄〕舍斯托夫：《思辨与启示》，方珊等译，上海人民出版社，2005，第69~70页。
② Бердяев, Н.А. Философия свободного духа. Москва: Иедательство "Республика"，1993，С.115.
③ 〔俄〕别尔嘉耶夫：《末世论形而上学》，张百春译，中国城市出版社，2003，第107页。

特内涵的强调,来唤醒人的内在生命与主体性,并进而克服人被异化的命运。

其次,在现代性模式的体系构建中,俄罗斯白银时代宗教哲学家强调末世论因素。末世论(Eschatology)在传统学说中探讨的是有关终结和结束的事情,它是由两个希腊字"eschaton"(终末)和"logos"(言语、学说)组成。基督教中的末世论"包含着对全部地上的苦难和询问的回答",[1]它所讨论的主要问题是关于"上帝的国"的降临和世界的终结问题。白银时代宗教哲学家在对现代性模式的探索与建构中,重视末世论因素。一方面,这种重视源于俄罗斯的东正教传统,在东正教学说中特别重视末世论主题,并且将末世论赋予了与天主教与新教不同的内容。另一方面,源于民族性,可以说在俄罗斯民族精神世界的深层结构中,有着极强的末世论情结。我们看到,无论是在俄罗斯文学、艺术、哲学、宗教,还是普通人的日常生活领域,都呈现出极强的末世论色彩。就此点,别尔嘉耶夫甚至认为俄罗斯思想在本质上就是一种"末世论思想"。此外,白银时代宗教哲学家对末世论的重视,还源于对其所处时代历史状况的切身感受。面对着世纪之交社会的动荡、精神的危机、虚无主义的盛行,白银时代宗教哲学家希翼通过末世论来克服和终结一系列的恶,进而实现对人与世界的最终救赎。

再次,在现代性模式的体系构建中,俄罗斯白银时代宗教哲学家强调神人性原则。在俄罗斯宗教哲学中,神人是指基督耶稣,神人类是指未来的理想人类,神人性则强调人是神性与人性的结合。神人性是俄罗斯宗教哲学传统中的重要理论主题,白银时代宗教哲学家强调和重视神人性思想,意在强调人身上的神性维度。在对神人性的理解上,一方面,白银时代宗教哲学家强调人身上的神性因素;另一方面,则强调神人之间的双向运动,认为"人的根本思想是关于上帝的思想。上帝的基本思想是关于人的基本思想。上帝是人的主题,人也是上帝的主题"。[2] 白银时代宗教哲学家指出,真正的真理

---

[1] 〔俄〕布尔加科夫:《东正教——教会学说概要》,徐凤林译,商务印书馆,2001,第231页。
[2] Бердяев, Н.А.Философия свободного духа. Москва: Иэдательство "Республика", 1993, С.134.

是神人性的真理，这一真理是对人的信仰与神的信仰的彻底贯通，是对二者真理的有机结合。在白银时代宗教哲学家看来，最终的救赎是神人共同的事业。总之，白银时代宗教哲学家在对神人关系的理解上，始终强调人身上的神性因素、强调神人性原则。白银时代宗教哲学家力图通过这种强调来彰显人的独特内涵与精神价值，彰显人之主体性、创造性、精神性的内涵。这种彰显既是与白银时代宗教哲学家对人的意义与价值的强调有关，也是与白银时代宗教哲学家对现代性模式的理想构境相一致。

最后，在现代性模式的体系构建中，俄罗斯白银时代宗教哲学家强调宗教间的联合与共融。在构建自身的理论学说中，强调和注重综合性是俄罗斯哲学的特点，无论是斯拉夫派、西方派，还是在索洛维约夫学说那里，对于综合性特征的强调都有明显的体现。白银时代宗教哲学家在对现代性模式的探索与构建中，之所以强调宗教间的联合与共融是与其所处的时代命运密切相关的。他们在其所处的时代巨变中看到了传统宗教的无力与社会现实的危机，认识到无论是作为传统根基的宗教还是各种现代理论学说都无法克服这一危机，而唯有通过某种综合才能克服这一危机。他们认为，面对空前的社会动荡与时代危机，应"在全世界，在整个基督教人类中，应该开始所有正面精神的、基督教的力量的联合，以反抗反基督教的、毁灭性的力量"。[①] 白银时代宗教哲学家意欲建构的现代性模式不仅仅强调不同宗教，而且还强调不同宗教与不同哲学、文化等的有机综合，通过这种综合来吸收其合理性因素。白银时代宗教哲学家认为人类自身救赎的实现就在于走向综合，而"真正的历史综合，与其说存在于对过去的解释之中，不如说存在于创造性地实现未来之中"。[②]

总之，俄罗斯白银时代宗教哲学家在对俄罗斯现代化出路的理论探索过程中，对以苏联及西方为代表的典型现代性模式进行了反思，并在此基础上

---

① 〔俄〕别尔嘉耶夫：《自我认知》，汪剑钊译，上海人民出版社，2007，第271页。
② 〔俄〕弗洛罗夫斯基：《俄罗斯宗教哲学之路》，吴安迪等译，上海人民出版社，2006，第592页。

建构了一种新型的现代性模式。白银时代宗教哲学家在对现代性模式的探索过程中，始终强调自身文化传统与人的独特内涵，强调自由、精神与价值等的重要性，以防止文化根基的断裂与虚无主义的盛行，这是具有积极意义的。但就现实遭遇而言，白银时代宗教哲学家对现代性模式的构想最终是以失败而告终的。就其根本原因则在于其所构建的现代性模式与俄国现实的脱节，就整体而言他们更多的是在思想与头脑中完成了对俄国"现实"的革命和现代性模式建构。但问题在于，思想的超越不同于现实的超越，思想的革命也不同于现实的革命。正如马克思、恩格斯在《神圣家族》中对黑格尔及其青年黑格尔派所进行的批判中指出的那样，"当我只是扬弃了这个世界的想像存在，即它作为范畴或观点的存在的时候，也就是当我改变了我自己的主观意识而并没有用真正实物的方式改变实物的现实，即并没有改变我自己的实物现实和别人的实物现实的时候，这个世界居然还像往昔一样继续存在"。[1] 但与此同时，我们也应看到白银时代宗教哲学家对现代性模式反思与重建的积极性意义，这种积极性意义既表现他们在对现代性模式的探索过程中始终强调人的独特内涵与精神价值、强调自身的文化传统，以防止文化根基的断裂与虚无主义的盛行；还表现为，他们在对现代性模式的探索中提出了一条不同于西方主流话语的现代性模式，尽管这种模式带有某种虚幻的乌托邦色彩。

---

[1] 《马克思恩格斯全集》第 2 卷，人民出版社，1957，第 245 页。

文化危机与双重救赎*
——齐美尔视域中的现代性危机理论研究

周来顺**

自20世纪80年代以来,欧美学界掀起了齐美尔(又译西美尔)研究热潮,伴随这一热潮,近年来我国学界对齐美尔的关注与研究也不断升温。但在对这种热潮关注与升温的同时,我们也奇异地发觉,尽管齐美尔逝世已有百年,但对其学术定位不但没有随着他的逝世而"盖棺论定",反而随着争论的日益持久化、深入化而呈现出更大的差异化、离散化。这种对齐美尔的争论,就总体而言,既包括划归学科的定位问题,也包含对其学术影响的评价问题。我们看到,在对齐美尔学术思想的评价上,不仅仅在排斥他的主流学界评价不一,如有的学者甚至认为"西美尔的本事不过是'切割空气,然后再把它重新组合起来'",① 即便是在最为熟知他思想的子嗣中同样褒贬不一,如卢卡奇、克拉考尔、本雅明等更多地从正面肯定了他的学术成就,而同样作为其子嗣的布洛赫则对其更多持批判、否定态度,认为"在所有同代人中,西美尔的心灵最为细致。然而,他过于茫然,除了真理无所不欲。他喜欢在真理周围堆积种种观点,却既无意又无能获得真理本身。而且,西美尔的思

---

* 本文发表于《学海》2013年第2期,收入本书时部分内容有改动。
** 周来顺,黑龙江大学哲学学院教授,主要从事俄罗斯哲学、文化哲学与国外马克思主义领域的研究。
① 〔德〕西美尔:《金钱、性别、现代生活风格》,刘小枫编,顾仁明译,学林出版社,2000,第201页。

想精细入微，又不乏坚实的内在信念的人手上变得过于贫乏"。①

　　实则，正是从这种对齐美尔差异性极大的理解与争论中，更凸显了其学术价值及其难解性。就总体而言，齐美尔学术思想的艰深难解及其长期以来遭受的冷遇排挤，一方面，源于其随笔与小品文式的表达风格，及其跳跃与类比的思维方式，以至于其在写博士论文期间他的导师也对此大为不满；另一方面，源于其在不同学科之间的漫步与游走。齐美尔一生发表了20多部著作、200多篇文章，涉及哲学、社会学、历史学、美学、政治学、经济学，甚至饮食学、建筑学等多个领域，他不断地从一个领域跳到另一个领域，以至于有人形象地将他比喻为"跳跃的松鼠"。虽齐美尔才华横溢，他在每一领域都不是蜻蜓点水、浅尝辄止，而是在诸多领域都有所建树，但这却不为当时的学术传统所容，墨守成规的学者认为他的研究不合规范、不成系统，甚至不够专业。而与上述两个原因相比，更为深层的原因则与齐美尔生为犹太人所必然面临与无法逃脱的生存境遇相关。当时在德国学界有十分普遍的反犹倾向，以至于在当时虽齐美尔已取得了很大的学术成就，而且韦伯等著名学者也认为他是"当时德国最重要的哲学家"，并一再地为其争取教授职位，但每次都以失败告终，以至于包姆加登说在此事过去的几年后，"韦伯始终不能原谅狄尔泰、李凯尔特、文德尔班一致阻挠西美尔为教授，他们的唯一理由就是，西美尔是犹太人"。② 可以说，齐美尔在当时德国学术界，始终充当着学院中漂泊的"旁观者"、"边际人"与"局外人"角色。实则，无论对齐美尔就学科划分与学术定位有着怎样的争论，但有一点是确证无疑的，那就是他对现代社会的微观分析及其对现代性危机的认知与消解，即便在今天看来仍有着十分深远的意义与影响。

---

① 〔德〕西美尔:《金钱、性别、现代生活风格》，刘小枫编，顾仁明译，学林出版社，2000，第222页。
② 〔德〕西美尔:《金钱、性别、现代生活风格》，刘小枫编，顾仁明译，学林出版社，2000，第201页。

一 现代性危机的理论实质——时代体现的文化危机

自法国现代派诗人、象征派诗歌先驱波德莱尔将现代性这一概念引入人们的理论视野，近一个多世纪以来，现代性问题始终是学界所关注的热点问题之一，以韦伯、海德格尔、克拉考夫、本雅明、阿多诺、马尔库塞、哈贝马斯、赫勒、鲍曼、福柯、吉登斯等为代表的学界巨擘，都对现代性问题进行了卓有成效的探索。而与这些思想家的探索相比，齐美尔在19世纪末20世纪初以对柏林都市生活的体验与感受为背景，同样对现代性问题进行了不懈的探索。可以说，齐美尔对现代性分析的切入点是不同于同时代的大多数思想家的。在他看来，如果说以往社会科学更多的是通过宏观的、外在的方式来把握现代性、把握对现存世界的转变，那么他则力图透过日常的、微观的个体生存经历与内心生存体验来捕捉现代性，认为应"更加确切与深刻地关注研究对象的现实状况，而不是仅仅着眼于那些大型的、绝对超个人的整体结构"。① 在齐美尔看来，与通过那种客观的、宏大的、外在的"真实的世界"相比，通过个体的、内在的心理体验与感受更能认知"世界的真实"。正是基于对此的基本定位，齐美尔认为现代性的本质是心理主义，是一种根据我们内在生活的反应来体验和解释世界，是固定内容在易变的心灵成分中的消解。在这种消解中，一切实质性的东西都被心灵滤掉，而心灵形式只不过是变动的形式而已。现代性作为一种特殊生存体验，"不仅被归纳为我们对于它的内在反应，而且被归纳为我们内在生活对它的接纳。外在世界变成我们内心世界的一部分。外在世界的实质成分又能被化约为永不休止之流，而其飞逝、碎片化和矛盾的时刻都被吸纳进我们的内心生活"。②

面对着工业革命以来席卷整个欧洲的现代化进程，齐美尔不仅仅看到了现代性所取得的前所未有的成就，更看到了由此所导致的人的异化与整个资

---

① 〔德〕西美尔：《时尚的哲学》，费勇等译，文化艺术出版社，2001，第2~3页。
② 〔英〕戴维·弗里斯比：《现代性的碎片》，卢晖临等译，商务印书馆，2003，第62页。

本主义社会所面临的潜在危机。在齐美尔看来，现代资本主义生活与以往时代相比充满着偶然性、流动性、碎片性、非固定性，充满着无聊感、空虚感、腻烦感，现代生活使我们"周遭充斥种种琐事，受外来琐事压抑的感觉不仅仅是它的作为自治的客体与我们针锋相对的后果，而且也是其原因。……现代的人被纯粹无个人特色的东西所包围，因此，他必须越来越感觉到一种总的来说是反个人的生活秩序；诚然，与此相对立的观念也在贴近他"。① 由此，资本主义社会已陷入了前所未有的危机之中，一切神圣的东西都被瓦解了、撕裂了、烟消云散了。正如马克思在《共产党宣言》中所指出的那样："生产的不断变革，一切社会状况不停的动荡，永远的不安定和变动，这就是资产阶级时代不同于过去一切时代的地方。一切固定的僵化的关系以及与之相适应的素被尊崇的观念和见解都被消除了，一切新形成的关系等不到固定下来就陈旧了。一切等级的和固定的东西都烟消云散了，一切神圣的东西都被亵渎了。人们终于不得不用冷静的眼光来看他们的生活地位、他们的相互关系。"②

那么是什么原因导致了现代性危机，导致了一切固定的东西都烟消云散了呢？齐美尔通过对文化的分析，给予了深刻的时代性解答。齐美尔重视文化的作用，齐美尔对文化的理解是较为宽泛的，在他看来文化是"生活的精致化形式、生活的精神化形式、内在劳动和外在劳动在生活身上的成果"。③ 在他看来，一方面，文化的本义就是培养、栽培，文化是对人原初自然本能的超越，是对人文明化的塑造；另一方面，文化对个体而言是一种教化和"灵魂的改进"，与个体灵魂的智慧、德性、美和幸福相关。正是基于对文化本身的重视和对现代性实质的分析，齐美尔认为当今社会所面临的危机实质上是一种文化危机，这种危机一方面表现为核心文化观念的丧失。在齐美尔

---

① 〔德〕齐美尔:《社会是如何可能的》，林荣远译，广西师范大学出版社，2002，第124页。
② 《马克思恩格斯选集》第1卷，人民出版社，1995，第275页。
③ 〔德〕西美尔:《金钱、性别、现代生活风格》，刘小枫编，顾仁明译，学林出版社，2000，第41页。

看来,"在每一个重要的文化时代,人们都可以发现一种精神由之发生并与之相适应的核心观念。每一种核心观念都会无休止地被修改、被搅乱和受到反对。然而它却始终代表着这个时代的'神秘的存在'。在每一个时代,凡是在实在的最完美的存在、最绝对最超验的状态,与最高价值以及对我们和世界所提出的最绝对的要求相联系之外,都有核心观念"。① 而核心文化观念的解体与丧失将意味着新、旧文化间的碰撞与对抗,意味着一个新的时代的来临。齐美尔指出,如果说古希腊古典时代的核心文化观念是"存在",中世纪基督教时期取代"存在"的是全善全知全能的"上帝",文艺复兴时期是"自然",近代是伴随着自然法则建立与主体性原则强调的"自我",这种"自我"不仅是绝对的道德要求,而且也是形而上学的最终目的,那么自19世纪以来则形成了以"生命"为核心的文化观念。在齐美尔看来,自19世纪初形成以"生命"为核心的文化观念以后,现代资本主义社会则不再具有居于主导地位的核心文化观念与文化类型。现代社会的危机源于核心文化观念的丧失,现代社会不再是用一种核心文化观念代替另一种文化观念,从而推动社会的发展与进步。支配现代文化发展的内在逻辑是一种否定性冲动力,现代文化所奉行的原则是形式反抗形式、生命反抗形式。

与之相对应,现代性危机的另一方面则源于主观文化与客观文化的对立和冲突。齐美尔对主观文化与客观文化有着独到的理解,在他看来所谓主观文化是"内文化",是由生命的形式冲动本身所构成,这种文化不因吸收了外在的、具体的和僵化的形式而被冲淡,其是动态的、变化的,主观文化强调的是文化的教化作用直接触及"个体"灵魂。而客观文化则是"外文化",与内文化相比,它具有相对的凝固性,表现为生命在一定阶段的稳定态。客观文化既包括人类所创造的物质产品,如生产、生活资料等,也包括人类所创造的精神产品,如语言、法律、制度等。与主观文化相比,客观文化"具有它自己的逻辑。它的种种产物固然都是从个人最固有最内在的自发性中产生

---

① 〔德〕西美尔:《现代人与宗教》,曹卫东等译,中国人民大学出版社,2003,第26页。

出来的，但一旦产生出来它们就在自己的道路上独立行进"。① 齐美尔通过历史的考察，指出长期以来主观文化与客观文化是协调发展、互相弥补的，甚至在希腊人那里"直接将大量客观文化应用于自己的主观文化建设，使主客观文化同时得以和谐发展，但因现代的主客观文化之间相互独立化，这种和谐已经破碎"，② 并进而导致了文化的悲剧与文化的异化，导致了现代性危机。在齐美尔看来，客观文化对主观文化所构成的优势、强制、对抗与分裂自19世纪开始逐步形成，而且两者之间的分裂与对抗不但没有随着时代的发展而止步，而且随着现代化进程的不断展开而得到强化。在100年后的今天，客观文化仍在急剧地增加与扩张，与之相对应的主观文化则急剧萎缩，而且这种趋势还在加剧，"客观上已经形成的文化和主观的文化之间的这种不一致似乎总是在扩大。前者的宝库每天都从各方面增加，然而，个人的精神扩大自己形成的形式和内容，仿佛只能遥隔万里，尾随在它的后面，步履蹒跚，而且追赶速度的提高只能微乎其微"。③ 由此导致了文化危机，导致了主观文化与作为文化产品的客观文化之间、"灵魂与精神之间不可消除的对立性。……这种对立性就是文化的真正悲剧"。④

在齐美尔看来，"一个共同体的生活的整个风格取决于变成为客体的文化与各个主观文化的关系"，⑤ 而在现代社会中客观文化的片面发展将导致一系列恶果。第一，客观文化的片面化发展将导致手段目的化。客观文化本应是一种彰显人类文化成就与促进人类文明的手段，但由于客观文化的片面发展导致"手段被当成终极目标，把内在与外在的理性秩序搅成一团乱麻；客观的文化发展到一定程度，其发展速度之快，已经把独立赋予对象物以重要性的主观文化远远抛在了后面；文化的不同分支各自为政，互不理睬；作为整

---

① 〔匈〕卢卡奇:《理性的毁灭》，王玖兴、程志民、谢地坤等译，江苏教育出版社，2005，第284页。
② 〔德〕齐美尔:《桥与门》，涯鸿、宇声等译，上海三联书店，1991，第96页。
③ 〔德〕齐美尔:《社会是如何可能的》，林荣远译，广西师范大学出版社，2002，第107页。
④ 〔匈〕卢卡奇:《理性的毁灭》，王玖兴、程志民、谢地坤等译，江苏教育出版社，2005，第285页。
⑤ 〔德〕齐美尔:《社会是如何可能的》，林荣远译，广西师范大学出版社，2002，第113页。

体的文化实际上已经难逃巴比塔的厄运，因为其最深刻的价值正存在于各部分的集合之中，而这种价值现在似乎岌岌可危：所有这些都是文化演进不可或缺的悖论。它们逻辑上的最终后果将会是文化一直持续发展到灭亡的地步，除非它们反复受到文化正面力量的反抗，或者发生社会动荡来暂时挽救逐渐走向解体的文化生活"。① 这也就是说，如果无法遏制客观文化的片面发展，人类最终将难逃建构巴比塔的厄运，最终将导致文化自身的消亡。第二，客观文化的片面发展将导致文化间的陌生化。虽然从表面上看，作为客观文化重要体现的文化产品的日益丰富促进了文化间的增长与交流。而就深层而言，实则作为客观文化重要体现的文化产品却越来越少地触及主观心灵，越来越多地与主观文化相分离，"文化内容的客观化过程促使在主体与其创造物之间形成一种日益增长的陌生性"。② 作为客观文化产物的文化产品服从于纯粹的客观原则，游离于主体之外，并进而形成一个由客观文化占据主导地位的封闭王国，"文化客体越来越多地形成一个相互关联的封闭世界，这个世界越来越少地指向具有自己愿望和情感的主体灵魂"。③ 而且这种陌生感不仅仅体现在纯粹文化领域之中，最终将渗透与沉淀到日常生活之中。第三，客观文化的片面发展将导致个性精神的丧失。在齐美尔看来，客观文化即便再完美无缺，但是其缺少真正的个性价值，这种缺少将造成"个性残缺不全、非理性、短暂特性的所有意识"。④ 第四，客观文化的片面发展将导致文化的平面化、停滞化。客观文化的片面化、急剧化发展，将导致文化的无差别化、同一化、趋同化，导致对极具"个性化"特征的主观文化的排斥与压迫，从而最终导致世界的平面化和人类精神生长空间的丧失。

总之，齐美尔强调文化的重要性，认为"只有人才是文化的真正对象，

---

① 〔德〕西美尔：《时尚的哲学》，费勇等译，文化艺术出版社，2001，第 183~184 页。
② 〔德〕齐美尔：《社会是如何可能的》，林荣远译，广西师范大学出版社，2002，第 123 页。
③ 〔德〕西美尔：《金钱、性别、现代生活风格》，刘小枫编，顾仁明译，学林出版社，2000，第 59 页。
④ 〔德〕西美尔：《金钱、性别、现代生活风格》，刘小枫编，顾仁明译，学林出版社，2000，第 69 页。

因为人是我们自己唯一熟悉的、从一开始就要求完善的对象"。① 人类文化的重大功能在于引导人走向自我完善,"文化构成引导着每个人在现实和理想领域走向自我完善,这并不是一个纯意识内的完善过程,而是在主客观之间的唯一平衡和目的意图的交织过程之中进行"。② 在齐美尔看来,现代性危机的实质是文化危机、是文化的悲剧,正是由于这一危机导致了"时代动荡不安、物欲横流,对人们不加掩饰、肆无忌惮地追求快感"。③ 齐美尔并不否定客观文化的作用,认为没有客观文化就没有主观文化,而且正是基于主观文化与客观文化之间的分离与对抗才促进了当今人类文明的急剧发展与进步。但问题在于,客观文化的发展不等同于主观文化的发展,"永远不会等同于主观生命之目标与途径"。④ 另外,客观文化与主观文化二者之间的对立在当今已达到了前所未有的程度,已超出了两者张力的极限,并进而导致了文化的衰竭、导致了人类社会的深层危机。在齐美尔看来,人类文化的未来及其现代性危机的克服,将在很大程度上取决于"客观化的文化和主观文化之间的关系",⑤ 取决于客观文化与主观文化的协调发展,取决于人类能否重新找寻到一种新的核心文化价值理念。

二 现代性危机的表现形态——都市生活的碎片化景观

正如前文所指出的那样,齐美尔认为现代性危机的实质是文化危机,一方面,这种危机源于核心文化观念的丧失;另一方面,则源于主观文化与客观文化的对立与冲突。如果说马克思更多的是从总体性高度对现代社会所面临的危机展开分析与批判,与之相比,齐美尔则更多地通过对饮食、交际、

---

① 〔德〕齐美尔:《桥与门》,涯鸿、宇声等译,上海三联书店,1991,第86页。
② 〔德〕齐美尔:《桥与门》,涯鸿、宇声等译,上海三联书店,1991,第88页。
③ 〔德〕西美尔:《时尚的哲学》,费勇等译,文化艺术出版社,2001,第173页。
④ 〔德〕卡西尔:《人文科学的逻辑》,关子尹译,上海译文出版社,2004,第167页。
⑤ 〔德〕西美尔:《金钱、性别、现代生活风格》,刘小枫编,顾仁明译,学林出版社,2000,第51页。

时尚、货币、女性等都市生活中碎片化景观现象的微观描写,通过日常生活的透视指认出现代性危机的深入性与广泛性,并进而展开对现代性危机的分析与资本主义社会的深层批判。在齐美尔那里,现代性危机如透过棱镜所形成的影像般,呈现与折射出多个微观层面。就此,戴维·弗里斯比也同样非常明确地指出齐美尔是通过对现代都市生活中细枝末节的考察来分析现代性,其"起点不是社会总体,而是'现实的偶然性碎片'。换言之,当代现代性分析的关键不是去考察社会系统或者社会制度,而在于社会现实的'看不见的线索',在于那些被看作永恒的现代社会生活的形形色色的'瞬间图像'或者说是'快照'。不过,这样的做法并不排除通向社会总体的可能性"。①

在对现代性危机分析的过程中,齐美尔通过货币这一"微观世界"展开分析。在齐美尔看来,货币作为一种一般等价物虽古已有之,但在资本主义社会,货币已超出了作为一般等价物的存在方式,已不仅仅是一种经济现象,货币"以表现最表层的、最实际的、最偶然的现象与存在最理想的潜力之间的关联,表现个体生命与历史的最深刻的潮流之间的关联"。② 在货币中体现了时代精神,体现了资本主义社会所存在的危机。货币作为一般等价物日益呈现出客观化、非人格化、无色彩化、无特性化等特征,而且这种特征随着资本主义社会的发展而不断得到强化。正是基于这些特征,货币为现代社会提供了一个通用的价值标准、衡量尺度与公分母,其将一切价值连接到一个平面上,进而促进了个体独立性的生成,从而使人获得了马克思所言的"以物的依赖性为基础的人的独立性"。但与此同时,货币也导致了生活的平面化、精确化、计算化、量化,货币挖空与夷平了所有事物的核心、特性、价值,"事物都以相同的比重在滚滚向前的货币洪流中漂流,全都处于同一个水平,仅仅是一个个的大小不同"。③ 这种夷平化与平面化导致了内在生活完全被外在形式所操纵,导致生活意义的丧失,以至于齐美尔感叹道:"生活的核

---

① 〔英〕戴维·弗里斯比:《现代性的碎片》,卢晖临等译,商务印书馆,2003,第11页。
② 〔德〕西美尔:《货币哲学》,陈戎女等译,华夏出版社,2007,第3页。
③ 〔德〕齐美尔:《桥与门》,涯鸿、宇声等译,上海三联书店,1991,第266页。

心和意义总是一再从我们手边滑落，我们越来越少获得确定无疑的满足，所有的操劳最终毫无价值可言。"① 不但如此，货币还进一步导致了人与人之间关系的冷漠化甚至异化，货币不再仅仅担负着"纯粹手段的性质"，而且获得了中心地位与神奇的魔力，成为人们追求的不受任何条件限制的唯一目的和最终目标，货币成为我们时代"世俗中的上帝"。货币导致了现代生活的异化，导致了以手段代替目的和人的被奴役地位，"由于诸多事物被货币不断地拆离，失去了给我们指明方向的意义，因此在我们与事物关系的这一变动中就出现了一种实际的反作用。……种种个人价值被出卖，被连根拔起"。② 在此需强调指出的是，齐美尔并不否认货币在现代社会中的作用，但问题在于货币仅仅是通往最终目的的桥梁，而人是无法栖居于桥梁上的。

现代性危机的另一重要表现形式则集中体现于男性文化对女性文化的压迫。齐美尔之所以探讨男性与女性文化的问题，源于在其看来，女性文化更多地倾向于主观文化，而男性文化则倾向于客观文化。男性与女性文化的非协调发展与对抗，在更深层面上实则是现代性问题。在齐美尔看来，男性文化对女性文化的压迫长期以来就已存在，但只有在现代生活中才达到了前所未有的程度，现代社会已将男性对女性的心理优势上升为逻辑优势、文化优势，并进而使男性文化获得了支配性的地位。在现代社会中，"男性的东西绝对化为客观的和实质的权威标准，也就是说，不仅属于男性的经验性既定事实，而且来自男性的、为了男性而提出的观念和理想要求，都成为超性别的绝对"。③ 男性及其文化最终成为衡量一切的客观标准，并进而将这种标准加诸女性身上。面对男性文化对女性文化的压迫，女性运动更多的是从经济角度谋求自身的解放。这种解放仍仅仅是从形下的、具体的层面展开的，其并没有从形上、合法性维度来指出女性文化的合法性及其"超社会的文化价

---

① 〔德〕西美尔:《金钱、性别、现代生活风格》，刘小枫编，顾仁明译，学林出版社，2000，第8页。
② 〔德〕西美尔:《货币哲学》，陈戎女等译，华夏出版社，2007，第321~322页。
③ 〔德〕西美尔:《金钱、性别、现代生活风格》，刘小枫编，顾仁明译，学林出版社，2000，第173页。

值"。正如齐美尔所指出的那样,"女性运动总是只涉及个人的财富,希望这些财富也能具有新的尊严和新的义务。对具体的人(可能有几百万)而言,这里并不是为了那些本身超越所有具体的和个人的东西而进行争夺。即使当这一运动强调社会整体的利益,声称一旦女人有完整的精神教育和经济独立,将深化和完美婚姻和孩子的教育,并通过增加竞争者的数量使各个领域能够更严格地挑选最有才能的人,但我仍然没有发现这类说法涉及这场运动具有哪些超个人的和超社会的文化价值,哪些是这个运动真正创造性的、使精神价值的库存得以增多的能量"。[①] 这也就是说,女性运动所寻求的平等更多的是从形下维度、从"量"上来获得某种平等。而在齐美尔看来,面对男性文化对女性文化的压迫,或是仅仅通过对历史上被遗忘的女性成就的挖掘与考察,或是仅仅通过对女性与男性"量"上的平等,从而期望由此获得女性的尊严与最终解放是不可能的、是虚假的。源于人类文化并不是没有性别的,"绝对不存在超越男人和女人的纯粹客观性的文化。相反,除了极少数的领域,我们的文化是完全男性的。男人创造了工业和艺术、科学和贸易、国家管理和宗教,因此它们不只具有男人的特征,而且在不断重复的施行过程中特别需要男人的力量"。[②] 也就是说,就客观条件而言,这种量上的不平等是由男女之间的生理差异所决定的,在这种意义上寻求平等是不可能的。即便能够实现男女之间在这种"量"上的平等,也不是真正意义上的平等,其仅仅是将女性男性化,其仍是对女性的异化。真正意义上的平等在于"质"上、在于形上维度的平等,即寻求女性文化的独特性。在齐美尔看来,女性文化的独特性在于女性的本质是"意向的创造",这不同于男性的手段化的意向化过程,"女人的性别特性恰恰是其内在的所造,无条件地、直接地构成女人原本的存在,因而,女性的性别特性不可能在针对男人的意向化过程中获得

[①] 〔德〕西美尔:《金钱、性别、现代生活风格》,刘小枫编,顾仁明译,学林出版社,2000,第139页。

[②] 〔德〕西美尔:《金钱、性别、现代生活风格》,刘小枫编,顾仁明译,学林出版社,2000,第141页。

自己的本质，或者把这种意向化过程看作自己的本质"。① 不但如此，与男性相比，女性一直保持着完整的精神世界，女性从根本上超越了男性二元性思维方式、超越了男性手段目的化思维方式。这种超越克服了由男性文化的二元性思维方式与手段目的化支配方式所导致的主观文化与客观文化的分裂与对抗，以及进而所导致的现代性危机。与男性文化相比，女性文化本质上就具有一种内在超验性、统一性，女性更多地"是从自己本身的根据中活出来的"，② 更为接近存在的本真、接近灵魂。由此，齐美尔才认为不仅仅是克服男性文化自身的问题，甚至人类文化的未来及其现代性危机的最终出路，都很可能取决于女性文化这一"最终环节"。

正如日本学者北川东子所指出的那样，"哲学家齐美尔立足于大都会来观察20世纪。伴随着产业化而出现的家庭、村落共同体的解体和巨大城市的出现等社会现象是当时的时代背景"。③ 都市生活既是齐美尔社会体验的焦点，也是其透视现代性危机的重要维度。在齐美尔看来，作为资本主义商品经济的中心，现代大都市生活已完全不同于古典时代的乡村生活，已失去了那种原有的缓慢、平淡、情感、恒定与宁静。现代大都市生活充满着瞬间性、偶然性、流动性，充满着喧嚣、紧张、烦躁、刺激，在都市生活中没有一种恒定的东西，有的"只是个体人格的碎片……无穷无尽的印象带来的感官轰击，无名个体的永不休止的并置，产生了加重的神经过敏——它需要各种形式的向内退隐和社会距离来加以缓解——甚至还导致了一种完全正确冷漠的状况"。④ 如果说在碎片化与流动化的现代都市生活中还有一种恒定的东西，那便是货币，货币经济支配着城市。对生活于都市中的人而言，虽然职业、地位等差异较大，但货币却成为他们的唯一目的，"除了赚钱，根本没有什么确

---

① 〔德〕西美尔：《金钱、性别、现代生活风格》，刘小枫编，顾仁明译，学林出版社，2000，第178页。
② 〔德〕西美尔：《金钱、性别、现代生活风格》，刘小枫编，顾仁明译，学林出版社，2000，第192页。
③ 〔日〕北川东子：《齐美尔：生存形式》，赵玉婷译，河北教育出版社，2002，第49页。
④ 〔英〕戴维·弗里斯比：《现代性的碎片》，卢晖临等译，商务印书馆，2003，第355页。

切说明的内容。金钱，这个绝对不固定的东西，是他们的固定点，他们的行动以无限制的幅度围着它摆动"。① 不但如此，都市生活的流动性导致生活节奏的加快，并给人带来了前所未有的紧张感，甚至患上了只有现代人才有的"广场恐怖症"。人们对任何对象的靠近都感到敏感，任何直接或有力的干扰都会带来恐慌与痛苦。一方面，这导致了个体间的距离化，从而增强了主体性意识；另一方面，也导致了人与人之间的日趋冷漠。受理性主义普遍性原则及其货币经济普遍性原则支配的都市生活，构成了一张无个性的、平面化的牢笼之网。在这张巨网之中，分工日益精细化，生活日益无色彩化，个性日益丧失化，"这种情况发展到极点时，往往就使作整体的人的某种个性丧失殆尽，至少也是越来越无法跟客观文明的蓬勃发展相媲美。人被贬低到微不足道的地步，在雇佣和权力组织面前成了一粒小小的灰尘"。② 从都市生活中被异化了的人的生存状况，进而透视出了资本主义社会所面临的现代性危机。齐美尔看到了现代大都市生活对人所构成的异化，但他对于这种历史化进程更多地表达出一种无奈与无声的抗议，正如他所指出的那样："在精神生活的形成中大城市具有唯一的极其重要的地位，它们是一种伟大的历史产物，围绕着生活的各种对立的思潮都有同样的权利在这里汇集和发展。但是，大城市的各种现象可能使我们有好感，也可能使我们反感，因此，它们完全有权在我们面前摆出一副法官的架势，这样的权力深深地渗透到整个历史生活的每一个枝节，而我们作为细胞的短暂的存在是属于这整个历史生活的，我们的任务不是谴责和原谅，而仅仅是理解。"③

总之，齐美尔通过上述分析，进一步指出了现代资本主义社会的全面异化，指出了从生理特征（男性文化与女性文化的冲突与对抗）到交换媒介（货币成为世俗中的上帝）再到生存环境（都市生活的碎片化）"三位一体"

---

① 〔德〕西美尔：《金钱、性别、现代生活风格》，刘小枫编，顾仁明译，学林出版社，2000，第23页。
② 〔德〕齐美尔：《桥与门》，涯鸿、宇声等译，上海三联书店，1991，第276页。
③ 〔德〕齐美尔：《桥与门》，涯鸿、宇声等译，上海三联书店，1991，第278~279页。

的全面异化。通过这种对资本主义社会现象的日常生活与微观领域的透视，指出现代资本主义社会所面临的危机与全面异化。此外，齐美尔还对作为现代性危机重要表现形式的技术、交往、感觉、空间、卖淫等异化现象进行了分析。例如，在对技术问题的分析中，他指出技术的飞速发展是当今时代的重要特征，其飞速发展日益"形成一张手段之网，而我们深陷其中。从手段到手段，愈益增多的中介阶段蒙蔽了我们的视线，使我们看不清自己真正终极的目标"。[①] 通过对现代性危机诸表现形式的分析，齐美尔力图指出资本主义社会所带来的现代性危机已渗透到日常生活中的各个领域，而且种种迹象暗示这种危机即将全面爆发，而爆发的最终结果将导致"我们的时代动荡不安、物欲横流，对人们不加掩饰、肆无忌惮地追求快感"。[②] 幸运的是现实被齐美尔言中了，齐美尔的预言不久之后在欧洲大陆甚至整个世界范围内成为现实；不幸的是在此之后，人类经历了两次世界大战、经历了奥斯维辛所带来的前所未有的巨大灾难与心灵创伤。

三 现代性危机的消解方案——宗教与审美的双重救赎

我们看到，表面看来齐美尔对现代资本主义都市日常生活与微观视域的分析是无关紧要的，是充满着冷漠的陈述与无奈的指认。实则，透过这种微观与日常化的分析更能清晰而深刻地呈现出现代资本主义社会所面临的危机，其是对现代社会存在根基的深层爆破。面对现代社会所存在的问题及现代性危机，齐美尔力图通过宗教与审美的双重救赎与双重变奏予以克服。

可以说，西方文明是在古希腊理性文化与基督教文化的共同熏染下形成的，宗教在西方文明的形成过程中起到了重大的作用，其是西方文化的潜在根基与底色。面对资本主义社会的现代性危机，齐美尔首先将视野转向传统、转向宗教，力图通过信仰的回归来克服这一危机。在齐美尔所处的时代，伴

---

① 〔德〕西美尔：《时尚的哲学》，费勇等译，文化艺术出版社，2001，第172页。
② 〔德〕西美尔：《时尚的哲学》，费勇等译，文化艺术出版社，2001，第173页。

随着现代社会的发展与理性化进程，一切传统的价值观念都被不断解构，宗教的作用也日渐衰微，其突出表现为"对于灵魂而言的重要性的衰落。这种重要性在于基督教提供了生活的终极目标"。① 由此，尼采声嘶力竭地发出了"上帝死了"这一口号，以这一口号在欧洲的上空徘徊为标志，一个充盈着虚无主义、充盈着现代性危机的时代已然来临。面对着虚无主义的肆意笼罩，面对着现代性危机的不断深入，齐美尔认为西方世界唯有回归到自身的宗教文化传统才能最终克服这一危机。在齐美尔看来，作为一种客观存在的宗教，其源于在社会关系中所产生的宗教情感，这种宗教情感是"人在相互接触的过程中，在纯粹精神层面上的相互作用过程中奠定了某种基调，该基调一步步地提高，直到脱颖而出，发展成为独立的客观存在，而这就是宗教"。② 以怕或爱、祖先崇拜或情感依附等为代表的宗教情感虽是形成宗教的重要条件，但这些还不足以形成真正的宗教，而只有进入"超验范围，并使其自身本质成为其客体，而看上去又能自己从中抽身出来，那么，它们便发展成了宗教"。③ 宗教并不是外在于人的，而是从人的内在生命中生发出来的，是人的天性。作为客观存在物与人之本性体现的宗教，其是建立在对传统社会价值、情感、关系的超拔基础之上的。正是基于宗教所体现出的人之本性及其超越性，齐美尔认为唯有通过对宗教传统的重新唤醒，方能克服当前所面临的现代性危机。

在齐美尔看来，宗教是一种"活生生的整个的生命自身"，④ 面对着现代社会给人所带来的精神焦虑与时代危机，人类应回归内在生命之中，应回归宗教传统之中。但这种回归并非意味着简单的回复，实则是一种新的建构，一种从原有宗教形态向内在生命的宗教形态的转变，从而建构一种后宗教。这种后宗教建构将使宗教"重新回到特殊的、直接的生活之中，而不是飘逸

---

① 〔德〕西美尔：《宗教社会学》，李放春译，上海人民出版社，2003，第192~193页。
② 〔德〕西美尔：《现代人与宗教》，曹卫东等译，中国人民大学出版社，2003，第4页。
③ 〔德〕西美尔：《宗教社会学》，李放春译，上海人民出版社，2003，第73页。
④ 〔匈〕卢卡奇：《理性的毁灭》，王玖兴、程志民、谢地坤等译，江苏教育出版社，2005，第280页。

于来自自身的、超验的想象世界"。① 简而言之，这种后宗教是个体性的内在宗教，其不再把宗教当成外在形式而是将其看成一种个体的内在行动。后宗教首先体现在从宗教到宗教性的转变上，如果说传统宗教更多的是强调教义、教礼、教堂等外在建制，那么后宗教则强调宗教性，强调内在的活力与创造性。宗教性是活的宗教的内在体现，其不再是通过外在形式而是通过内在信仰去体验上帝。而且，被宗教性所充盈的个性将"不分内外，永远身怀上帝……内在的宗教虔诚牢不可摧，而且气势磅礴，以至于不厌其烦地塑造整个生命，其生命的形式超越了其所能一切内容，成为一种超生命，它的充盈和激昂是宗教存在所不能独自承担得了的，为此，它把自己放到了无限之中，以便让无限接过去，因为它不认为自己能够主宰自己的广度和深度、极乐和绝望"。② 不但如此，与传统宗教相比，这种后宗教还具有极强的整合性，从而克服由现代社会分工和现代性危机所导致的碎片化趋向，克服由此所导致的对人的完整性的肢解。后宗教"不允许对它作任何一种彻底的分化"，③ 这种整合最终将摆脱单纯由社会整合性所存在的限度，并进而完成核心文化观念的重构，完成主观文化与客观文化从激烈的对抗走向互补的融合。总之，齐美尔认为与传统宗教相比，后宗教强调灵魂的自救，是个体性的内在宗教。后宗教并非一种固定的形态或凝固的形式，而是永远在生成的路上，"它不是成为一种越来越完善的宗教，而是不断完善，最终成了宗教"。④ 齐美尔力图通过后宗教对宗教性与整合性的强调，进而克服现代社会由于理性等的过度膨胀所导致的信仰危机与虚无主义盛行，克服主观文化与客观文化的激烈对抗，从而最终克服现代性危机，克服现代人所面临的生存危机、信仰危机。

齐美尔不但通过后宗教建构来克服现代性危机，与此同时还力图通过对

---

① 〔德〕齐美尔：《桥与门》，涯鸿、宇声等译，上海三联书店，1991，第129页。
② 〔德〕西美尔：《现代人与宗教》，曹卫东等译，中国人民大学出版社，2003，第56~57页。
③ 〔德〕西美尔：《宗教社会学》，李放春译，上海人民出版社，2003，第139页。
④ 〔德〕西美尔：《现代人与宗教》，曹卫东等译，中国人民大学出版社，2003，第155页。

审美的强调来克服现代性危机。可以说，审美构成了齐美尔观察现代生活与解决现代性危机的重要维度，以至于弗里斯比认为正是由于审美之维使齐美尔的现代性理论成为可能。齐美尔对审美救赎论的认同，在很大程度上源于对叔本华与尼采艺术救赎论与审美生活化的继承。在尼采看来，"艺术是生命的最高使命和生命本来的形而上活动"，^① 认为"只有作为审美现象，生存和世界才是永远有充分理由的"。^② 而齐美尔也如重视作为西方文化根基的宗教一样，同样重视作为一种生存方式与救赎功能的审美。这种对审美的重视，第一，源于在他看来审美内容体现了"现象典型的和普遍的特征，由此唤起在我们这里同样典型的心灵激动"。^③ 第二，则源于通过对审美生成机制的分析，指出在审美中包含着对现实生活诱惑与奴役的解脱。正如齐美尔所指出的那样，"为了使事物具有理念、意识、和谐，我们首先必须使它们对称，使整体的各部分互相平衡，围绕着一个中心点匀称地排列，这样，人对单纯自然形态的偶然性和杂乱无章状态的成形能力就得以最快捷、最明显和最直接的具体体现。审美的第一步就是这样跨越了对事物的无意识的一味容忍而达到对称的，直到后来，更仔细更深入的审美又在新的不规则、新的不对称上产生了审美的强烈诱惑。……只要整个生活是本能的、直觉的、非理性的，美学就永远会以如此理性的形式从生活中获得解脱"。^④ 第三，则源于审美具有同宗教一样的功能，"宗教对于我们现实的双重性，艺术同样具备。艺术是生活的另一种东西，它是生活的解脱，通过生活的对立面，生活得到了解脱"。^⑤ 审美所具有的这种流动性、否定性、对抗性、批判性与超越性等特征，可以使人类"从它的实践中，它的偶然性，它那时光的流逝，它那没完没了

---

① 〔德〕尼采:《悲剧的诞生》，周国平译，生活·读书·新知三联书店，1986，第 2 页。
② 〔德〕尼采:《悲剧的诞生》，周国平译，生活·读书·新知三联书店，1986，第 21 页。
③ 〔德〕西美尔:《金钱、性别、现代生活风格》，刘小枫编，顾仁明译，学林出版社，2000，第 37 页。
④ 〔德〕齐美尔:《桥与门》，涯鸿、宇声等译，上海三联书店，1991，第 217 页。
⑤ 〔德〕齐美尔:《桥与门》，涯鸿、宇声等译，上海三联书店，1991，第 141 页。

的一连串目的手段中获得拯救"。①

齐美尔之所以提出审美救赎，源于在他看来人的本性既在于其超越性，而审美的特征恰恰在于其超越性，通过这种超越性可克服由现代性文化的状况所构成的现代性危机。实则，齐美尔在《1870年以来德国生活与思想的趋向》一文中，就已经表达了审美救赎论思想，指出审美将人从"现实生活的碎片与痛苦"中解脱与拯救出来的可能性。审美的这种救赎性在很大程度上源于审美与现实之间所保持的那种间距特征，"艺术使刺激的具体性消退，在我们与艺术刺激之间拉起了一层纱，仿佛笼罩在远山上淡蓝色的细细薄雾"。②这种将人与现实拉近和疏远的间距特征与张力意识，使之能更为清楚地认知现实，认知现代性危机，并进而克服之。不但如此，审美还具有同宗教一样强大的整合功能，并进而克服由现代性危机所导致的碎片化。审美的这种整合功能能够"修复部分与整体，进而实现客体与主体之间有机统一的重要手段。简而言之，一方面，现实碎片的美学维度是对碎片化现实的观照方式；另一方面，也是对现代社会中的碎片化现实进行整合的一种有效途径"。③通过审美所特有的间距特征与整合功能，进而使审美为生活提供意义，使人们逃离现代性危机所带来的生存困境。齐美尔同马尔库塞一样，相信审美的实践性力量，相信"审美就是反抗"，相信通过审美将会"让物化了的世界讲话、唱歌甚或起舞，来同物化作斗争"。④审美最终会成为一种摧毁与解放性的力量，会走向和实现实践救赎，从而"用同样的物质在现实世界之外建立起一个能够与之相媲美的崭新世界"。⑤在此需强调指出的是，实则齐美尔通过对当时柏林娱乐机构的墙上所镌刻的"危险即将来临"这一标语，已感知和体验到了在现代性危机特别是在理性主义原则的侵袭下审美功能的削弱及其所面临的危机。在一个理性化原则与物质性欲求占主导的现代社会，严肃

---

① 〔德〕西美尔：《生命直观》，刁承俊译，人民出版社，2003，第69页。
② 〔德〕西美尔：《货币哲学》，陈戎女等译，华夏出版社，2007，第384页。
③ 杨向荣：《现代性和距离》，社会科学文献出版社，2009，第43~44页。
④ 〔美〕马尔库塞：《审美之维》，李小兵译，广西师范大学出版社，2001，第237页。
⑤ 〔德〕西美尔：《现代人与宗教》，曹卫东等译，中国人民大学出版社，2003，第83页。

的审美与艺术已无任何隐匿之处。但尽管如此，齐美尔仍对审美救赎之出路的可能性充满期待。

总之，作为一个现代都市生活中"忧郁的栖居者"，齐美尔所忧郁的不仅仅是个人的人生境遇，更是人类所面临的空前危机与不定未来。他对现代性问题的研究影响极为深远，"现代哲学的巨人们在年轻的时代都从齐美尔那里获得了开启哲学圣殿的钥匙"，① 甚至有学者认为他的"文化现代化理论要优于哈贝马斯"，② 可以说无论是卢卡奇、本雅明、布洛赫、阿多诺、布伯、海德格尔还是马尔库塞等，都不同程度上受到了齐美尔的影响，以至于卢卡奇说："那个时期，无论时间长短，没有人不对齐美尔思想着魔。"我们看到，在对现代性危机的诊治过程中，齐美尔重视宗教与审美的作用，他试图通过宗教与审美的双重救赎与双重变奏来克服现代性危机。如果说宗教的回归更多的是从信仰的神圣之维，那么审美则更多的是从感官的现实之维来克服现代性危机。齐美尔对现代性危机的这种克服与救赎方式是具有范式意义的，我们看到宗教与审美救赎论构成了20世纪以来众多思想家回应与克服现代性危机的重要维度。但与此同时，我们也应看到这种对现代性危机的克服与出路充满着虚假性、狭隘性，其缺乏对现实世界的观照与批判性力量，其笼罩着浓重的虚幻乌托邦色彩。从某种意义上可以说，齐美尔更多的是在思想中完成了对资本主义现实的批判和对现代性危机的出路探寻。在这种"完成"与"探寻"之中，既包含着思想家对现实世界的无奈，也呈现出个人境遇的理论悲情。

---

① 〔日〕北川东子：《齐美尔：生存形式》，赵玉婷译，河北教育出版社，2002，第11页。
② 〔英〕费瑟斯通：《消费文化与后现代主义》，刘精明译，译林出版社，2000，第109页。

历史："如实直书"抑或"主观创造"？*
——沙夫对实证主义和现代主义的批判

张笑夷**

亚当·沙夫（Adam Schaff，1913~2006）是波兰著名马克思主义哲学家，东欧新马克思主义的重要代表人物。在其整个学术生涯中，沙夫一直致力于马克思主义知识论和马克思主义关于人和社会的哲学研究，对马克思主义进行人道主义解释。20世纪60年代，在波兰乃至整个东欧的社会科学界出现了这样一种态势：许多社会学家和历史学家质疑马克思主义的科学性，认为马克思主义具有相对主义和主观主义的特征。由此导致了苏联、波兰和东德的一些马克思主义者以实证主义的方式解释历史唯物主义，强调马克思主义真理的客观性，甚至把马克思主义等同于自然科学。在这一形势下，沙夫积极对这种教条主义马克思主义展开批判，努力消除对马克思主义的实证主义解释，并试图进一步重申和阐释马克思主义哲学和方法论的具体特征。在1970年出版的《历史与真理》一书中，沙夫就历史知识的客观性问题进行了深入的探讨，批判了实证主义和现代主义两种历史观，在此基础上进一步阐释和确立了马克思主义关于历史知识的认识论前提和真理观念。

---

* 本文发表于《苏州大学学报》（哲学社会科学版）2014年第6期，收入本书时部分内容有改动。
** 张笑夷，黑龙江大学马克思主义学院副教授，从事高等教育管理和校园文化等方面的研究。

一 实证主义和现代主义历史观及其认识论前提批判

从19世纪至今，实证主义和现代主义一直是关于历史认识的反思领域中两个重要的思想流派。它们对于历史认识和真理问题的理解在历史学乃至整个社会科学领域有着广泛而深远的影响。利奥波德·冯·兰克（Leopold van Ranke）创立的兰克学派无疑是实证主义流派的代表。就历史研究而言，该学派倡导"如实直书"，即历史学家的任务是按照事物真实发生的情况来"如实地"反映和呈现事实发生的真相。为了做到这一点，兰克认为，历史学家必须对史料进行批判检验，并且只有依靠历史事实目击者的文字记载才能达到"如实直书"的历史研究和历史写作的原则和目标，由此历史学才能跻身科学之列。兰克在19世纪30年代所形成的"如实直书"观念与自然科学在19世纪的空前发展是分不开的。在当时，自然科学的巨大成就极大地鼓舞和激发了社会科学家和人文科学家希望通过观察和实验获得关于社会事物的科学认识的兴趣和愿望。他们希望历史学也能像自然科学一样成为一门严肃的实验科学，从而使其摆脱哲学和神学的控制，并与文学、艺术分道扬镳。因此，兰克的"如实直书"观念一经提出即产生了深远的影响，支配西方史学界长达一个世纪之久，兰克也因此被尊为"近代史学之父"。E.H.卡尔对此曾这样描述道，"19世纪是一个注重事实的伟大时代。……19世纪30年代，当兰克合理地反对把历史当作说教时，他认为历史学家的任务是'仅仅如实地说明历史而已'（wie es eigentlich gewesen），这并不怎么深刻的格言却获得了惊人的成功。德国、英国甚至法国的三代历史学家都像念咒语似地吟唱具有魔力般的'如实地说明历史'的词语向历史这一战场进发"。①

然而，在实证主义历史观独步天下的四十年后，现代主义逐渐成为反对实证主义最为尖锐的理论流派。"对于现在一代人来说绝对地、毫无条件地

---

① 〔英〕E.H.卡尔：《历史是什么？》，陈恒译，商务印书馆，2007，第89页。

接受历史事实的卓越性、接受历史事实所带来的恩典这一信仰,是不再可能了……我们对历史事实的研究,我们对我们所发现的历史事实进行鉴定必定是以指导研究的信仰和预设来决定的"。① 现代主义强烈批判历史学家应该而且能够"无恶无好"地如实反映历史事实的立场,他们认为,击败实证主义历史观的正是它自身的前提假设。兰克学派追求一种完全基于文献研究的"客观的""实证的""无党派性"的立场,然而实际上却怀有一种特殊的"泛神论",认为历史是"上帝的显现""神在世界的过渡"。美国历史学家查尔斯·比尔德(Charles A. Beard)还专门列举过兰克在定期出版的《历史政治》杂志中表达的观点的党派性,并评价说:"顽固地忽视历史中的社会和经济利益,成功地避免了任何历史著作违反欧洲保守派利益的兰克,可以被视为19世纪产出的最具'党派性的'历史学家之一。"② 美国历史学家尼尔斯·里德(Conyers Read)对现代主义和实证主义这两种历史观之间的论争描述如下:"一些历史学家把过去视为可以通过勤奋和公正的评价按照其实际发生而描述出来的客观现实,还有一些历史学家仅仅把过去视为现在的观念和利益投射于积累起来的记忆经验之上的结果。前者把过去设想为已完成的、完备的并且不会变化的东西;后者把过去视为类似透过一个暗镜得到的光,有色眼镜既是半透明的同时也是反光的,从其中通过的光线和被反射回去的光线不能很清晰地被区分开。"③ 对于实证主义流派来说,历史研究和历史书写的充要条件是把已完成的、不变的事实收集起来,历史自会从中自行呈现。现代主义的历史学家认为,这种把历史视为完全结构化的现实存在的历史观念是神秘的形而上学。现代主义主张,历史不是客观的事件,历史是历史学家创造的客体,它是精神的产物,是历史学家在自己心灵中重新再经历的一种经验,而历史学家在创造历史的过程中对于史料的选择必然是而且也只能是带

---

① 〔英〕E.H.卡尔:《历史是什么?》,陈恒译,商务印书馆,2007,第5页。
② The American Historical Review, No.1, 1935, p.78.
③ C. Read, "The Social Responsibilities of the Historian", *the American Historical Review*, Vol. LV, No.2, 1950.

有阶级立场和感情色彩的。因此，历史是现代的利益和需要投射于过去的结果。也就是说，"现时代的社会利益和需要制约着理解过去的方式、事实的选择，因而也制约着所形成的过去的映像"。①

面对实证主义和现代主义的持久争论，沙夫认为，对历史学中的理论和方法论问题的反思是哲学家不可推卸的责任，自觉的和批判的哲学反思是解决该问题不可或缺的前提，"无论历史学家是否像其他学科的专家那样意识到这一事实，无论他们是否承认哲学在他们研究中的作用，他们对认识过程的看法以及由此带来的真理问题都源自于哲学。不仅如此，我们认为，历史学家的观点被强加上在这个领域占主导地位的哲学观念，并且哲学首先要对它们负责。"② 沙夫指出，把历史区分为"事迹"（res gestae）和"对事迹的描述"（rerum gestarum）才导致了各种历史观所根植于其中的认识论前提的差别。这种区分实际上设定了这样一种哲学前提，即外在于任何认识心灵并独立于它而存在的客观实在有别于关于这样一种实在的认识。

由此，沙夫从认识过程中"主体"、"客体"和"知识"三要素的关系出发区分了这两种历史观的认识模式。就实证主义的历史观来说，首先，认识主体，即对事迹进行描述的历史学家与认识客体，即历史（"事迹"）是完全分离和相互独立的。"事迹"是客观的、已完成的和不变的客观存在。其次，认识主体在认识关系中是一个被动的、直观感受的要素，它只是一个记录外部刺激的工具，机械地对认识客体进行复制。最后，作为认识主体的历史学家在对历史事件的评价中能够做到公正、"无恶无好"，并能消除和克服主体的一切社会制约。现代主义的历史观则根植于完全相反的认识模式。首先，历史认识的主体和客体是一个有机的整体，它们之间相互影响、相互作用。没有已完成和不变的客观历史事实，历史学家的研究活动不是被动地、机械地观察、收集客观材料，而是在心灵中重新再创造过去。就历史是为人所认识的来说，它是客观的，就人重新再创造过去而言，它又是主观的。其

---

① Adam Schaff, *History and Truth*, New York: Pergamon Press, 1976, p.111.
② Adam Schaff, *History and Truth*, New York: Pergamon Press, 1976, p.47.

次，也正因如此，在现代主义的认识关系中，认识主体从来就不是被动直观的，而是能动的。最后，因为主体在历史认识中发挥能动作用，所以历史学家的认识和"介入"无法做到不偏不倚，始终是受社会条件制约和带有党派色彩的。

沙夫坚决反对实证主义的立场，因为在他看来，实证主义的历史观实际上是以机械的反映论的认识关系模式及其被动直观的主体观为基础的。这一点恰恰也是现代主义对实证主义"反叛"的原因所在。沙夫认为，对实证主义的批判已经由现代主义完成了，现代主义正确地指出了实证主义的错误，他无须赘述。尽管他基本赞同现代主义对实证主义所做的批判，然而，这不等于说他同意现代主义的观点。相反，沙夫明确表示反对现代主义的立场，他批判现代主义把主观主义和相对主义作为认识论的基础，认为现代主义历史观所依据的认识论前提实际上是唯心主义的能动主义的认识关系模式。为了阐明现代主义历史观的主观主义和相对主义，沙夫详细分析了现代主义流派的观点及其形成和发展。

二 现代主义的主观主义和相对主义

在沙夫看来，要洞悉现代主义的特质还要从黑格尔的观念谈起，因为现代主义只有以"精神哲学"为背景才能得到理解。沙夫认为，在黑格尔的思想中能够发现现代主义的先兆。就历史认识而言，黑格尔也坚决反对机械反映的和被动直观的实证主义历史观，他认为历史学家的思想的运用不是被动的，他总是以他的范畴为中介对历史事实进行观察、整理，"进行工作的人用了他自己的精神来从事这种整理工作，他这一种精神和材料内容的精神不同。因此，那位作家在叙述各种行动和事变的意义和动机时，他所依据的若干原则，以及决定他的叙事方式的若干原则，是特别重要的"。[①] 黑格尔还谈到了"反省的历

---

① 〔德〕黑格尔：《历史哲学》，王造时译，上海世纪出版集团，2006，第4页。

史",他认为这种历史研究是把现在投射于过去,一方面,历史学家的精神活动使过去变成了现在;另一方面,历史学家总把自己的精神视为他所描述的那个时代的精神,于是,历史成了现在向过去的投射,就像法国人那样"使往昔的时代重新复活,使过去和现状发生联系"。①沙夫认为,黑格尔的这些论述中包含着与实证主义截然相反的现代主义的重要观点的雏形,他因对历史认识的特征和历史认识中的主观因素等问题的反思而成为现代主义的真正的先驱。

沙夫指出,现代主义的真正开端应归于克罗齐,因为黑格尔思想中的现代主义雏形被克罗齐系统地发展成了一种唯心主义的能动反映论。并且,克罗齐明确提出,"一切历史都是当代史",这是现代主义的首要的和基本的观点,即历史是当代思想投射于过去。按照克罗齐的精神哲学,精神是唯一的现实存在,是活动、自由和生命的永恒创造者。在精神领域中不仅有理论活动还有实践活动,而理论活动又分为概念的理论活动和直觉的理论活动,历史学家的活动不是概念领域的活动,而是"纯直觉"。也就是说,历史是靠历史学家的直觉经验到的,直觉是存在的基础并创造它的客体。这么说来,历史便是精神的造物,没有客观确定的过去,只有在永恒变化的现在被精神创造的事实。史料永远无法克服其来源或证据的外部性,"因为它们总是保留着'他们说'或'他们写道'这样的根本特点,而永远不会成为我们的真理"。②并且,这种精神是基于现代利益和需要来创造历史的。"历史评价基于实践的需要,它使历史具有'当代史'的特性,因为——无论事实按时间顺序是距今多么遥远的过去——它总是要考虑当代的需要以及这些事实所进入的当代的状况。"③由此,我们可以看到,一方面,克罗齐批判实证主义关于历史是对"客观的""已完成的"过去的忠实的反映,强调当代性是一切历史的内在特征;另一方面,他坚决否定历史学家可以而且应该是客观的和非介入性的观念,他认为,历史总是对某种需要的回答,在这个意义上,历史的真理性

---

① 〔德〕黑格尔:《历史哲学》,王造时译,上海世纪出版集团,2006,第6页。
② B. Croce, Die Geschichte als Gedanke und als Tat.Bern, 1944, p.37.
③ B. Croce, Zur Theorie und Geschichte der Historiographie, Tübingen, 1915, p.100.

取决于创造它的主体，只要符合使其产生的利益和需要，历史就具有真理性。也正因如此，历史学家的角色总是介入性的。

像柯林伍德这样的思辨哲学家也拥护克罗齐的观点。他认为历史学家的研究活动不是观察壮观的景象，而是他必须在自己的心灵中重新再经历的一种经验。也就是说，历史学家在他自己的知识背景中重造过去。进而，柯林伍德将克罗齐的观点发展为"一切历史都是思想史"。在沙夫看来，柯林伍德的观点不具原创性，但他对克罗齐的现代主义在英语世界的传播和推广起到了决定性的作用。美国的现代主义就是来自克罗齐和柯林伍德，是被杜威移植到美国的环境中的。杜威的实用主义与现代主义一脉相承，他提出，"一切历史建构都必须是有所选择的……。不仅如此，如果选定的事实被认为是首要的和基本的，一切历史还必须基于当代的立场去写，并且，不可避免地，我们不仅得承认一切历史都是当代史，还得承认从当代意义上选择的历史对于现时代来说是重要的"。① 到了20世纪30年代和40年代，现代主义已经不再是哲学家的思辨，而是以比尔德等为代表的美国历史学家们在历史写作中采取的一般立场。

比尔德遵循克罗齐的观念，把历史理解为"关于过去的当代思想"。② 他认为，历史是对过去的思考，而书写历史始终是作者自身的活动，也即历史学家按照他自己的想法来选择和整理历史材料。他甚至断言，历史认识的特征是"一种信仰的行为"，"书写历史的历史学家有意无意地根据秩序和活动来履行信仰的行为，对他而言，这种秩序和活动无疑被他所关注的现实性的知识所否定……他的信仰至少使他确信那些历史活动是真实可知的，而他的确信是一个主观决定，并非一个纯粹的客观发现"。③ 卡尔·贝克尔（C. Becker）是比尔德的追随者之一，被沙夫称为最生动形象地阐述现代主义的

---

① J. Dewey, *Logic; The Theory of Inquiry*, New York, 1949, p.235.
② Charles A. Beard, "Written History as an Act of Faith", *the American Historical Review*, No.2, 1934, p.219.
③ Charles A. Beard, "Written History as an Act of Faith", *the American Historical Review*, No.2, 1934, p.226.

作者。在贝克尔看来，历史是受历史学家的具体呈现制约的一种主观产品。每个时代的历史学家对历史进行再解释，"过去类似屏幕，每个时代把对未来的看法投射其上，并且，只要希望活跃于人类的心中，'新的历史'就会是一个循环往复的现象"。① 到了 20 世纪 40 年代，以里德为代表的美国现代主义不仅继承了比尔德等人的观点，而且试图证明其现代主义立场的社会基础。里德在其任美国历史协会主席期间的一篇题为"历史学家的社会责任"的演讲中提醒历史学家要铭记自己的社会责任，"面对像墨索里尼和希特勒这样的自由主义的替代者，以及最近斯大林强加给我们的一切，如果我们想要生存，我们必须明确地采取一种激进的态度。对抗有害的学说的手段是采取更好的学说，而不是中立的智识。我们必须坚持我们自己的目的，阐述我们自己的观点，建立我们自己的标准并组织我们社会的一切力量来支持它们"。② 可见，里德所谓的历史学家的社会责任是捍卫并采取现代主义立场，反对法西斯主义和共产主义，为资产阶级的阶级斗争服务。

通过对现代主义的形成、发展和主要观点的考察，我们可以看出，无论现代主义在其形成和发展过程中观点经历怎样的变化，现代主义者大抵都是从以下三个方面否定实证主义历史观的。首先，现代主义否定在历史过程中认识主体和客体是相互分离并彼此独立的观念，也就是说，它坚决反对机械反映的认识关系模式和被动直观的认识主体观，而这正是实证主义学说赖以存在的基础。其次，现代主义认为，历史绝不是已完成的和不变的，它总是随着新的事实被发现和历史学家对历史过程的理解的变化而不停地发生变化并被重新改写。正像马克思提出人体解剖是猴体解剖的钥匙，随着某些过去事件影响的揭示，历史发展的较高阶段开启了理解历史过程和它的趋势的视野。因此，历史总是历史学家关于同时代的问题的一种回答。最后，现代主

---

① C. Becker, "Mr. Wells and the New History, Everyman His Own Historian", *History and Politics*, 1935, pp.168-170.
② C. Read, "The Social Responsibilities of the Historian", *the American Historical Review*, Vol. LV, No.2, 1950, p.283.

义也坚决反对实证主义对历史学家角色的界定。在他们看来，历史学家不可能成为"公正的""非介入"的事实观察者，因为历史是投射于过去之中的当代，它只能是"介入的""党派性的"历史，因此，作为创造历史的历史学家无法避免必然是"介入的"和"带有党派色彩的"。

尽管现代主义在抨击实证主义观念过程中正确地提出了历史认识主体和历史认识的客观性的问题，但是在沙夫看来，现代主义并没有正确地解决问题，而是走向了一种主观主义和相对主义的立场。沙夫指出，一方面，现代主义使我们必须承认历史过程不是唯一的而是多样的，存在多少"创造"这一历史的心灵就存在多少种历史，"不仅每一个时代、每一个民族和每一个社会阶级，而且，事实上，每一个历史学家甚至每一个思想着的个体都拥有他自己的关于历史的具体映像"；另一方面，如果"可能评价这些多种多样的且必然可变的历史的唯一标准是它们与需要、关注点和要求相符合的程度。那么，与谁的需要、关注点和要求相符合？"① 是否有多少"谁"，有多少"需要、关注点和要求"便相应地有多少历史评价？沙夫认为，正是现代主义的主观主义和相对主义的认识论特征使现代主义历史观的哲学基础危如累卵，对历史学来说同样也产生了灾难性的后果。沙夫正是从主观主义和相对主义两方面来批判现代主义的。

首先，沙夫明确反对现代主义的主观主义特征。如前所述，现代主义反对实证主义将认识主体和客体相对立的观点，然而，在现代主义者那里，历史不是历史认识的对象，而是历史认识本身。他们否定历史过程的客观性，导致的结果是没有客观实在的历史，只有关于历史的思想。换句话说，现代主义否定客观的历史过程，片面强调主观因素在历史中的作用。显然，这是一种典型的唯心主义的能动主义反映模式。其次，沙夫认为，与主观主义密不可分，现代主义必然具有相对主义特征。"随着我们的历史认识应与之相关的客观历史进程的消失，我们在主观主义的荒原上也就丧失了认识的客观性和客观真理。"②

---

① Adam Schaff, *History and Truth*, New York: Pergamon Press, 1976, p.86.
② Adam Schaff, *History and Truth*, New York: Pergamon Press, 1976, p.103.

现代主义的历史观认为历史是历史学家的思想创造出来的，并且历史学家的视野受制于现代利益和需要，那么必然存在多种多样甚至相互矛盾的历史，历史必然也必须不断地被重新改写。相应地，判断历史认识的客观性和客观真理的标准就是一种"有用即真理"的实用主义真理观，具体来说，符合特定利益和需要的就是真理。于是，客观真理也就丧失了它的地位和意义。因此，现代主义的历史认识和真理必然是相对主义的。这就从根本上剥夺了历史作为一门科学的资格。而在沙夫看来，历史认识和历史真理自有其客观性，因而历史当是一门科学，也应成为一门科学，这一点是不应加以怀疑的。

三 基于马克思主义立场的历史真理论

通过对两种历史观尤其是现代主义的分析、评判和拒斥，沙夫就历史认识的特征、历史认识和真理的客观性问题进一步阐明了正确对待此类问题的基本立场，即马克思主义的立场。沙夫认为，要解决认识客观性问题首要的是确立马克思主义的方法论地位。在他看来，马克思主义的认识论既区别于机械反映论，又不同于主观唯心主义的能动反映论，是一种"客观能动主义"的认识关系模式。这种认识模式强调主体和客体都是客观的和真实的存在。那么，当我们承认这种客观实在性后，认识过程在很大程度上就取决于我们如何理解认识主体。也就是说，认识主体成了我们理解认识过程和认识客观性的关键。基于此，沙夫回到马克思《关于费尔巴哈的提纲》，他认为其中已经包含了关于认识和认识主体的两个革命性思想。一是马克思把人视为"一切社会关系的总和"。沙夫指出，只有以一种具体的社会的方式理解人，"只有被理解为一个具体的个体，既受自然条件制约又受社会条件制约，人才能在认识关系中成为一个具体的主体"。[①] 而这样一种理解方式使主体在认识关系中总是能动的，认识过程才会具有"否定的-客观的"特征。二是马克

---

① Adam Schaff, *History and Truth*, New York: Pergamon Press, 1976, pp.56-57.

思关于人类认识中实践范畴的阐述。"从前的一切唯物主义（包括费尔巴哈的唯物主义）的主要缺点是：对对象、现实、感性，只是从客体的或者直观的形式去理解，而不是把它们当做感性的人的活动，当做实践去理解，不是从主体方面去理解。因此，和唯物主义相反，唯心主义却把能动的方面抽象地发展了，当然，唯心主义是不知道现实的、感性的活动本身的。"①在沙夫看来，这一论述以及所表现出来的实践观中包含着"客观能动主义"的认识关系模式的第二个规定性，即主体不是被动直观的记录器，而是具有能动作用，但主体的能动作用总是受社会条件制约，主体和客体的相互作用发生在主体的社会实践中，主体在其实践活动中承认客体的存在并能动地反映客体。由此可见，沙夫是从主客体的辩证关系出发来解释马克思主义的认识关系模式的。在马克思主义认识论中，认识主体、客体及其形成的知识是相互作用相互制约的整体，任何一个要素在认识过程中都不具有绝对优先性。其中，认识主体是"一切社会关系的总和"；认识是认识主体的实践活动，即感性的人的活动；认识是力求通过相对真理的积累而接近绝对真理的无限的过程。因此，按照马克思主义认识论的立场，一方面，历史认识的特征表现为历史是客观过程，具有客观实在性；另一方面，在此基础上，历史认识不是机械被动的直观，也不是主体的精神创造，而是主体在认识过程中对客观历史过程的能动的反映。

现代主义已经意识到了历史认识依赖于主观因素，而认识主体总是受社会条件制约，但是现代主义片面夸大认识主体的能动作用从而使历史认识和真理的客观性成了问题。那么，认识的客观性问题如何在马克思主义的观念中表现自身？既然马克思主义承认主体在认识过程中的能动作用，那么，我们就必须承认人不可避免地会把主观因素引入认识中，于是，"客观性"就不能代表所有人的共同价值，因而也就不能意味着我们能够获得绝对真理。因此，沙夫认为，认识的"客观性"总是相对的，"科学认识过程及其结果总是具有一种客观的主观特征。说它是客观的，不仅是由于它指向在认识中以特

---

① 《马克思恩格斯文集》第1卷，人民出版社，2009，第499页。

定的方式被反映的客体，而且因为这种认识价值的相对普遍性和感情色彩的相对消除。说它是主观的，是由于从最普遍的意义上来说，主体在认识过程中具有能动作用"。① 另外，"客观性"的相对性还表现在客观性总是处于生成之中，认识始终是一个过程而不是一个完备的和已完成的最终状态。因此，作为"正确的认识"的真理在这个意义上也是一个无限的过程。"认识是一个无限的过程，只是人类在其历史发展的特定阶段所达到的部分真理不断累积的过程……在这个意义上，真理是一个类过程性的（process-like）现象：通过部分真理的积聚，认识积累知识，在一个无限的过程中力求趋近充分、彻底的认识，在这个意义上也就是绝对真理。"②

综上所述，一方面，沙夫反对兰克学派的实证主义立场，拒斥形而上学的客观主义；另一方面，也坚决反对现代主义立场，拒斥唯心主义的主观主义和相对主义。他主张站在马克思主义的立场上反思历史认识的客观性和历史中的真理问题，并就主体在历史认识中的地位和作用进一步阐释了马克思主义的哲学观点。虽然沙夫的阐释在现在看来并不具有多大程度的理论原创性和深刻性，但在其所处时代的理论和现实背景中却是较为具有代表性的反对教条主义的马克思主义的理论主张。并且，沙夫的相关著述一经推出，在当时的马克思主义者之间就引发了关于认识客观性和真理问题的广泛讨论。当时实证主义的马克思主义的代表人物，波兹南大学（现为密茨凯维奇大学）的 Jerzy Topolski 教授还就沙夫的观点与其展开了激烈的交锋。因此，我们可以看出，沙夫是在东欧乃至西方马克思主义理论界普遍存在用自然科学的普遍化范式取舍丰富的人类历史进程的缺陷的背景下，积极进行马克思主义的重新理解和进一步阐释的，他通过强调和分析社会历史进程中现实地展开的主客体相互作用的结构，正确地重释了马克思主义的认识论和历史观，澄清了被教条的马克思主义遮蔽的马克思的思想，对波兰乃至东欧学界正确理解和发展马克思主义做出了卓越的努力和贡献。

---

① Adam Schaff, *History and Truth*, New York: Pergamon Press, 1976, p.65.
② Adam Schaff, *History and Truth*, New York: Pergamon Press, 1976, p.56.

现代性研究的方法论选择*
——从哈贝马斯的现代性理论出发

付洪泉**

虽然现代性问题已成为中国学术界的热点,但是,近年来此方面的研究并没有取得突破性的进展。现代性问题作为背景存在于许多学术问题的提出和解答之中,但对于现代性本身的讨论似乎无从展开。其原因在于"现代性"是一个无所不包以至于无法定义的概念,似乎只有综合经济学、社会学、政治学、哲学、史学、法学、文学等所有知识形式才能对现代性做出全面的、准确的把握。与此相反,本文将指出,现代性的多维度性恰恰要求现代性研究既不能采取"本质主义"的方法,试图一劳永逸地把握现代社会的"本质";也不能采取"多元主义"的方法,试图综合对现代社会所有层面的反思;而只能采取"视角主义"的方法,固守在现代性观察的某一个维度上,保持话语的连贯性,只有这样,对现代性的反思才能得出具有建设性意义的结论。

一 "现代性"与"现代化"

既然"现代性"概念无法精确定义,我们不妨从与"现代化"概念的比较入手清理其语义学踪迹。程美东在《现代化之路》一书中列举了若干对于

---

* 本文发表于《求是学刊》2007年第5期,收入本书时部分内容有改动。
** 付洪泉,黑龙江大学哲学与公共管理学院博士研究生,文化哲学研究中心人员,从事文化哲学、现代性研究。

"现代化"概念的定义,其中较具代表性的有:"我们把现代化视作各社会在科学技术革命的冲击下,业已经历或正在进行的转变过程。业已实现现代化的社会,其经验表明,最好把现代化看作涉及社会各个层面的一种过程";"现代化是一个多层面的进程,它涉及人类思想和行为所有领域里的变革";"'现代化'可以定义为:反映着人类控制环境的知识亘古未有的增长,伴随着科学革命的发生……从历史上发展而来的各种体制适应迅速变化的各种功能的过程……只有一种无所不包的定义才更适于描述这个过程的复杂性及其各个方面的相互联系"。① 哈贝马斯对现代化的概括是:"现代化概念涉及一系列既相互累积,又相互转化的过程,诸如资本的积累和资源的利用;生产力的发展和劳动生产率的提高;政治中心权力的贯彻和民族同一性的塑造;政治参与权、城市生活方式、正规学校教育的普及;以及价值和规范的世俗化等等。"② 从这些定义、描述中可以看出,现代化是社会结构在多重维度上展开的、复杂的转型过程,这种多维度性使现代社会随着观察角度的变化具有不同的面貌。

在"现代性"和"现代化"两个概念的语义区分上,国内学者一般认为,"现代化"是一个历史过程,"现代性"则是对现代社会的一种质性分析。较为普遍的观点是:作为动词的"现代化"(modernize)是指传统社会向现代社会的转变过程;作为名词的"现代化"(modernization)是对这一转变过程及其结果,也即现代社会的描述,是一种经济学、社会学、政治学、史学等描述,因此停留在现代社会的表层特征;而"现代性"(modernity)则是一个哲学范畴,它从哲学的高度抽象出现代社会的本质,从思想观念上把握现代社会的属性。以上反映了如下观点:在现代社会的现实层面之下有一个更根本的文化层面,这个层面,人们称之为"现代性";现代性理论是对现代社会表面特征的哲学上的抽象把握和深层次的文化剖析;现代化指向现代性的现实层面,现代性则指向现代性的精神层面。尽管人们没有采取文化决定论立场,但在其表述中,"时代意识与精神"往往被认为是为现实层面的现代化提供了

---

① 程美东:《现代化之路》,首都师范大学出版社,2003,第4~5页。
② Habermas, *Philosophical Discourses on Modernity*, Cambridge, Mass. MIT Press, 1987, p.2.

可能，而不是后者的反映或结果，二者之间是一种先验的逻辑关系，凭借这种关系，人们就可以从现实层面跨越到观念世界，试图在哲学的抽象中把握住现代社会的本质。可见，把现代性理解为对现代社会的深层揭示和本质把握，这种语义学使用具有本质主义和基础主义的逻辑结构，它事先假设了现实的社会状况具有一个精神性的前提。

在此，我们接触了物质第一性还是精神第一性这个曾经制造无数麻烦的问题。如果把现代性解释为西方社会现代化的内在动力，无疑是一种文化决定论的观点；如果仅仅把现代性理解为现代化的文化资源，认为它和许许多多其他方面的历史条件一起促成了现代化进程，虽然避免了决定论的尴尬，却要面对现代性研究的合法性问题：为什么要从文化出发，而不是从经济、政治等出发？对此，卢曼的观点是："现代性概念的流行归功于（现代化理论的——引者注）中心从经济向文化的转变，而这种转变本身尚未被解释。"[①]也就是说，在卢曼看来，"现代性"概念的提出仅仅意味着现代社会自我观察、自我理解的方式发生了从物质角度向文化角度的视角转换。这是一种视角主义的立场。视角主义认为：任何一种观察都要选取某个视角；每种视角的选择都意味着其他视角的放弃，所以没有一种观察能够从所有的视角出发，观察总是片面的。[②]现代性作为一个观察对象同样如此，没有哪一种观察能够达到总体的把握。

卢曼进一步指出，由于现代社会的结构变化迅速，对其进行的观察和描述所使用的语言也必然处于变化之中。[③]随着现代社会的变动而变化的语言使用，使"现代性"被不断地赋予新的含义，这正是"现代性"概念含义尚不确定的原因。因此，现代性的语义学不是要确定"现代性"概念的含义，而是要追踪它在不同的使用中所留下的含义踪迹。

---

① Luhman, *Observation on Modernity*, California: Stanford University Press, 1998, p.2.
② 许茨：《社会实在问题》，华夏出版社，2001，第29~31页。
③ Luhman, *Observation on Modernity*, California: Stanford University Press, 1998, p.5.

二 现代性话语的多种形式

由于现代化是在不同维度上展开的，对于现代性的反思自然以不同的话语形式进行。作为现代性的坚定捍卫者，哈贝马斯不是对"后现代主义"一概而论地加以批判，而是区别了对现代性的两种反对：一种是"新保守主义"的社会学话语；另一种是激进主义的美学话语。

所谓"新保守主义"指的是从社会进化论出发得出的一种"后现代主义"立场。"事实上，正是现代化研究促进了'后现代'概念在社会科学家中的出现。"① 哈贝马斯所说的"现代化研究"指的是社会进化论，它关注的是经济生产方式、社会组织形式上的演进，对于现代社会所特有的文化精神则视而不见。这种理论把社会发展理解为自足的进化过程，人类历史从前现代到现代的发展是"社会有机体"进化的结果，社会是一个自组织的系统，可以自我调节，主动适应环境。尤其是在现代西方国家，社会功能高度分化，各子系统既相互独立又相互配合，使社会表现出很强的自我调节能力。对于已经进入自足进化过程的现代性来说，作为最初推动力量的启蒙精神已经失去了意义。启蒙精神的所有可能内涵都已经发挥殆尽，从启蒙运动中流淌出来的观念系列已经走到尽头，剩下的只是高效运转的物质机器的庞然大物。哈贝马斯把这种进化论的观点称为"新保守主义"，它用现代性的社会学话语取代了对现代性的文化的理解，用理论的、技术的科学取代了批判性反思的力量。正是在此意义上，哈贝马斯批评卢曼的系统论是一种意识形态，客观上教导人们服从于系统的协调功能，对系统的运作不加干预，把社会前途交给系统的自指性。

在这种理论中，批判意识已经没有任何位置。进化论社会学的缺点在于失去了现代性的文化维度，而美学现代性则在强调文化的重要性时走向了另

---

① Habermas, *Philosophical Discourses on Modernity*, Cambridge, Mass.: MIT Press, 1987, p.2.

一个极端。"与'新保守主义'相对的是美学现代性的激进主义。福柯并不认为现代是理性主义精神的统治，相反，他揭示了理性主义背后的极端的权力欲望。现代性本质上是权力的无孔不入的控制力量。因此，激进的后现代主义试图以解放了的身体具有的审美力量反抗权力的暴政。与'新保守主义'反对文化现代性，信奉社会现代性不同，激进主义是整体上拒斥现代性。对于后现代激进主义来说，文化的现代性结束时，来自其中的社会的现代性也不能幸免。"①

哈贝马斯评价尼采是试图在启蒙之外克服启蒙的第一人。尼采诉诸理性的他者，求助先锋艺术，开创了现代性的美学话语。尼采认为，现代性意味着神话的丧失，但他并不主张复古，而是试图通过现代艺术把远古和未来连接起来；艺术之所以具有这样的能力，是由于在审美体验中，主体从日常生活的实证性经验中脱离出来，为偶然性所震惊，达到忘我的境界，沉浸于审美领域之中。哈贝马斯写道：尼采所说的"审美现象"存在于摆脱了日常感觉和行动的非中心性的主体性的自我纯化之中。只有当主体失去自我，当它避开时间和空间中的实用主义经验，当它为突然事件所震惊，当它关注于"对真正在场的渴望"的满足，并且忘记自我，被这瞬间所放逐；只有当智力的行动和思考被扰乱，日常生活的规范被打破，习以为常的规范性崩溃——只有这时，不可预见的、绝对惊人的世界，也即审美幻觉的王国才会敞开大门，它既不隐藏也不揭示，既非现象，也非本质，除了外表以外，它什么都是。②

在现代意识宣扬主体性的自觉时，尼采却专注于自我意识的丧失，虽然这种忘我境界只是暂时的，但却弥足珍贵。这种反其道而行如何得到社会层面的制度保障呢？尼采的回答是：根本不需要任何保障，我们需要的是一个新的神话时代，除此之外别无其他。"只要尼采把一切存在物或应在物还原成审美维度，他就会把这种思想塑造为一种'艺术家的形而上学'。既不允许

---

① Habermas, *Philosophical Discourses on Modernity*, Cambridge, Mass.: MIT Press, 1987, p.4.
② Habermas, *Philosophical Discourses on Modernity*, Cambridge, Mass.: MIT Press, 1987, pp.93-94.

存在本体现象，也不可以存在道德现象。"① 美学现代性不仅用追求极限体验的激情冒险冲击理性主义的社会规范，而且用感性的身体对抗任何形式的社会规范，这在哈贝马斯看来必然会对社会秩序构成严重的挑战。

哈贝马斯关于两种现代性话语的区分对现代性的多维度性给予了充分的重视，因此他能够揭示，同为对现代性的反动，社会学话语和美学话语具有不同的逻辑基础。把社会进化论的观点和美学现代性理论不加区分地作为"后现代主义"对现代性的"颠覆"，认为它们从不同的角度证明了现代性已经"过时"，这种做法并不能加强对"现代性"的反思。对"现代性"的反思必须保持视角的连贯性才能具有建设意义，在此意义上，"多元主义"的"后现代主义"必然是缺少建设性的。

三 哈贝马斯对现代社会特有之规范性的挽救

哈贝马斯之所以与"后现代主义"针锋相对地捍卫现代性，原因在于他对现代性的规范成就的钟爱，在这一点上，他受到了韦伯统治类型理论的影响。"一种仅仅出于目的和理性动机才被人遵守的秩序，比起那种仅仅根据习俗、由于行为之习惯而产生的秩序取向（也就是最常见的那种内在态度）来说，要不稳定得多。但后面这种秩序，比起那种带着示范性或约束性——我们所谓'合法性'——的声望而出现的秩序来，又要不稳定得多。"② 就统治的稳定性来说，首先，处于最低水平的是仅仅出于功利考虑的统治；其次，是依赖于习惯的统治。现代统治的高明之处在于外在规范的"内化"，统治秩序为人们所认可并被自觉地服从。由于现代社会的合法性建立在"内心之中的规范性共识"之上，而不是宗教世界观或形而上学之上，现代社会的秩序是最为稳固的。当然，现代社会的合法性也是建立在启蒙以来"自由""平

---

① Habermas, *Philosophical Discourses on Modernity*, Cambridge, Mass.: MIT Press, 1987, p.94.
② 〔德〕哈贝马斯：《在事实与规范之间》，童世骏译，生活·读书·新知三联书店，2003，第 83 页。

等""权利""正义"等一整套话语之上的,这些话语为人们勾画了理性的社会图景。而规范的"内化"过程必须借助康德的自我同一的实践主体。现代社会必须把自己建立在主体理性的基础之上,只有这样它才能对个体进行社会性整合。

哈贝马斯承认,规范的内化是自我压制的过程,他写道:"替行动之价值取向创造出动机基础的那个内在化过程,照例不是一个无压制性的过程。"① 这种内在化过程甚至可以说是一种"更深刻的压制",因为它包含了对人格的塑造。"关于有德生活的示范性说教、对成功生活经历典范的模仿,被代之以这样一种越来越高的抽象的要求,即自觉的和自我批判的探索,有责任地把握各自具有个体性、不可替代性和偶然不定性的生活历史。激进化了的内在性被责以一种自我理解的任务,在这种自我理解中,自我认识和生存状态决定交错在一起。"② 哈贝马斯对现代社会中的个体承担道德责任的方式的认识和福柯几乎没什么区别。

福柯认为,现代社会发明了与中世纪完全不同的"自我技术",也即从中世纪的"自我弃绝"变成现代的"自我塑造"。"从18世纪开始到现在,(自我的)话语技术被人文科学嵌入了一个不同的语境之中,不是为了弃绝自我,而是在积极地构造一个新的自我。使用这些技术而不弃绝自我造成了一个决定性的断裂。"③ 在中世纪,禁欲主义是日常生活,人们相信,只有忘记自我,忽视肉体存在,才能达到灵魂的净化,才能侍奉上帝。而在现代社会,宗教失去了对日常生活的控制,现代人不再是有意识地忽视自我,而是通过把自我嵌入科学的话语之中进行"自我塑造"。现代社会的规训不是通过暴力的压迫,而是通过知识的灌输,使人们自觉地按照"科学"所教导的原则塑造

---

① 〔德〕哈贝马斯:《在事实与规范之间》,童世骏译,生活·读书·新知三联书店,2003,第82页。
② 〔德〕哈贝马斯:《在事实与规范之间》,童世骏译,生活·读书·新知三联书店,2003,第119页。
③ Foucault, *Technologies of the Self*, Amherst, MA.: University of Massachusetts Press, 1988, p.49.

自我。在福柯看来，这种人格塑造不仅是对自我的压制，同时也使人文科学成为无孔不入的知识-权力。

如前所述，哈贝马斯并非没有意识到主体理性对人格的塑造所具有的压制性特征，但是，要保住现代社会的规范性就必须捍卫主体理性。因此，虽然看到了主体性在带来现代规范形式的同时，也带来了现代社会的压抑形式，哈贝马斯并不认为有必要通过美学式生存中和现代社会特有的规范性所造成的日常生活的呆板化，他仅仅在规范性的内部解决规范性的问题，就像他在主体性内部解决主体性问题一样。他认为，现代规范性的问题在于"人权"和"人民主权"，或者说自由主义和共和主义之间的价值冲突，前者强调个人权利的至上性，后者强调公共伦理的优先性。哈贝马斯认为两方面冲突的根源在于二者都试图把对方作为实现自身价值的工具，而解决此冲突的出路在于沟通的扩大化。"私人自主和公共自主的同源性，只有在用商谈论来澄清自我立法这个意象之含义的时候才得到澄清，根据这个意象，法律的承受者同时也是这些法律的创制者。一方面，人民主权在商谈性意见形成和意志形成过程中获得法律形式；另一方面，人权的实质就在于这种过程得以法律建制化的形式条件之中。"① 哈贝马斯相信，只要在规范性内部解决个人自由问题，就不再有个体存在与社会规制之间的矛盾。

事实上，在《现代性的哲学话语》中，哈贝马斯已经明确了他的立场：现代性受到来自社会学话语和美学话语两方面的攻击，而他要在二者的夹击中维护现代性的哲学话语，也即现代性与主体理性之间自黑格尔到韦伯以来不言自明的内在联系，现代性只有在主体理性的概念系统中才能得到正确的表述。

尽管主体性和理性主义受到了"后现代主义"的猛烈攻击，哈贝马斯认为，只要主体性哲学摆脱意识哲学的形式，通过向主体间性和交往理性的转换，以沟通而非反思的方式重建理性，那么现代性的设计方案仍然是可以修

---

① 〔德〕哈贝马斯：《在事实与规范之间》，童世骏译，生活·读书·新知三联书店，2003，第128页。

正的。为此，他对意识哲学范式进行了深入、细致的批判。众所周知，近代认识论哲学是以心灵 - 物质二元对立为基本模式的，所谓认识也就是"意识"对外在世界的反映，不论是洛克的感觉主义，还是康德的先验主义，都在主体之内寻找认识世界的机制。所谓哲学的"语言学转向"就是用"语言"取代"意识"在认知行为中的核心地位，语言哲学不再从意识的功能而是从语法结构中解释知识论问题。①哈贝马斯更进一步提出，所谓认知共识不是在语法结构中，而是在语言的使用中，因此哲学的问题应该还原成语用学问题，他的整个体系都建构在这种与"交往理性"相勾连的"语用学转向"之中。意识哲学把认知行为作为主体性的核心内容，交往理论则把基于语言使用的沟通活动作为主体性的核心内容，而这个主体性也不再是意识哲学的单子式的个体，而是处于交往活动之中的交互主体性。如此，近代以来通过反思获得的规范性，就可以通过主体间的商谈加以扩展和深化，交流的扩大化也就保证了规范共识的普遍性。

正如福柯所说，规范性并不能解决微观权力的控制。"纪律的实施方式，它所调动的机制，一群人受到另一群人的不可逆的支配，永远属于一方的'过剩'权力，在共同的规章面前不同的'合作者'的不平等地位，这一切都使纪律联系区别于契约联系，并且使契约联系从具有一种纪律的内容之时起就可能受到系统的扭曲。"②虽然规范性的扩大并不能彻底解决现代社会的问题，但是哈贝马斯基于对"现代性"的多义性和多维性的认识得出的方法论却值得重视。

哈贝马斯至少区分了现代性的三种话语形式：社会学现代性、美学现代性、哲学现代性，这三种话语对"现代性"概念的使用赋予了其不同的含义。此外，哈贝马斯把其现代性研究严格地限定在从主体理性观察现代社会的维度上。在这一维度上，他首先明确了现代社会特有的规范性是不可取代的这

---

① 〔德〕哈贝马斯：《后形而上学思想》，曹卫东译，译林出版社，2001，第13页。
② 〔法〕福柯：《规训与惩罚》，刘北成、杨远婴译，生活·读书·新知三联书店，2003，第249页。

一立场,并指出"美学式的生存"必然威胁社会的规范性;然后,从主体理性内部出发针对现代性的危机提出解救的方案。虽然现代性具有多维度性,但哈贝马斯始终固守在其中的一个维度上,其对"现代性"概念的使用在语义上也是连贯的。如果说,哈贝马斯对现代性的探讨是"片面的",那么这正好印证了我们的观点:对某个视角的选择同时意味着对其他视角的放弃;并且只有固着在某一维度上,才能够遵循某种连续的现代性的话语方式,对现代社会的反思才能具有建设性意义。相反,在"多元主义"的旗帜下,"后现代主义"具有一种无所不包的倾向。"多元主义的后现代主义"昭示着:聚集从不同层面展开的对现代社会的反思,发起对现代性的围攻。但是,这种"多元主义"的"后现代主义"只能是"乌合之众",它们甚至在"如何理解社会存在"这一根本问题上处于尖锐的对立之中。对现代性具有建设意义的反思只能固着在某一维度上,固守在某一种语义学使用中。忽略了"现代性"的多维度性正是"本质主义"和"多元主义"不能提供建设性方案的原因。

为"他者"与主体的责任*

——勒维纳斯"他者"理论的伦理诉求

孙庆斌**

德国哲学家托尼逊在《他人》一书中指出,他人问题是20世纪第一哲学的主题。的确,从20世纪下半叶以来,西方乃至全世界范围内的思想和文化领域有一个强音符为各方所关注,这就是他者问题。他者问题最早源于现象学的构想,后来在心理学、分析哲学、后现代主义等理论中进一步丰富深化。弗洛伊德的精神分析指出,精神病患者通过向分析者的言说来疏通自己已经"患病"的心路,分析者处于不在场的状态提供给病人一个无人的情境,让被意识压抑的无意识来言说,这个不在场的分析者就是在拉康学说中所说的在言说结构中的另外一个认知者,也就是他者,"通过他者,你可以被听到,也可以被认知"。[①] 英美分析哲学在关于言说的阐释中也涉及他者问题,他们主要关心的是他人之心的认知问题,也就是我们怎样知道除我们自己之外存在着具有思想、感情和其他心理属性的人的问题。后现代主义者福柯通过批判反思现代性而揭示了理性的各种他者的命运,不管是他人的他性还是文化的他性,都表现为对趋同化倾向的突破,并且力主向多样化、异质性开放。循着福柯的权利谱系学,赛义德揭露了近现代西方知识体系在西方帝国主义者使非西方世界从属于自己的长期历史过程中所发挥的帮凶作用,西方世界使

---

* 本文发表于《江海学刊》2009年第4期,收入本书时部分内容有改动。

** 孙庆斌,黑龙江大学哲学学院教授,从事马克思主义哲学与文化哲学研究。

[①] 〔英〕达瑞安·里德:《拉康》,黄然译,文化艺术出版社,2003,第58页。

用西方中心论的权利话语制造出来一个从属性的他者——东方世界。综观西方现代语境下的他者话语，一个基本的趋势就是对被各种权力中心所边缘化的他者的同情与张扬，勒维纳斯是其中走得更远的一个。勒维纳斯继承现象学的传统，指出了他者在西方传统本体论哲学中的同一性命运，在批判本体论哲学之际建构了形上伦理学，其最终指向的还是哲学的重要论题——主体性问题，勒维纳斯通过他者阐明了为他者负责是主体应具有的伦理精神。

一 "他者"与"非同一性"

勒维纳斯的理论建树离不开师从胡塞尔、海德格尔的求学经历，现象学中的他人思想（现象学的意向性分析主要指向是"自我"意识的可能性问题，与"自我"相对照的是"他我"，这个"他我"后来演化为现象学的"他人"），是其理论的奠基之处。在现象学中，他人问题最早开始于胡塞尔思考的他人意识如何呈现的问题，后来逐渐发展为海德格尔的自我与他人如何共在，以及梅洛·庞蒂的他人的此在在世问题和身心关系问题，德里达"他者"的耳朵和听觉问题。胡塞尔曾说："现象学可以说是一切近代哲学隐秘的憧憬。"[①]这正反映了现象学对当代哲学研究所做的突出贡献，勒维纳斯恰恰是吸取了现象学的他人思想成就了自己的他者理论。当然也正如勒维纳斯所讲的"一种哲学思想是在先于哲学的经验之上建立起来的"[②]一样，他的亲身经历从另一方面成就了他者理论。他从不讳言他的哲学思想与其"希伯来"思想的一致之处，那就是他对犹太精神的体认，对邻人、对他者强烈的伦理观照；同时，作为与20世纪同时代的人，他亲身见证了20世纪的重大的悲剧性事件，这种以不同名义出现的极权主义在他看来就是同一性哲学在政治领域对"他者"暴政的体现。勒维纳斯以"他者"为核心的伦理学其实就是对第二次世界大战中所经历的痛苦事实的表述与反思。

---

① 〔奥〕胡塞尔:《纯粹现象学通论》，李幼蒸译，商务印书馆，1992，第160页。
② 杜小真:《遥远的目光》，生活·读书·新知三联书店，2003，第80页。

以他者的"非同一性"为逻辑起点，勒维纳斯展开了他者理论。"非同一性"最早可追溯到古希腊哲学智者派提到的差异性思想，柏拉图著作中的"一"与"多"之间的辩证关系中的"多"也就是差异性。黑格尔就十分重视差异性，强调"同中有异"，但他更注重的则是"一致性和谐和性"，所以，黑格尔哲学仍然属于"同一哲学"的范围。强调"非同一性"也即"差异性"最为彻底的是法兰克福学派的阿多尔诺，在其《否定的辩证法》一书中，阿多尔诺阐述了非同一性思想。当代法国哲学思潮所倡导的尊重"差异"的传统更为直接地影响着勒维纳斯，勒维纳斯注意到法国哲学自19世纪以来在社会和宗教思想中出现的这种异质性理路，人们越来越认识到只有承认和尊重差异，这个世界才能更好地相互理解，世界前景才能越来越美好。可以说，勒维纳斯对他者"非同一性"的追寻离不开法国近现代哲学的差异性传统。

勒维纳斯借助"面对面"（face to face）关系的分析阐释了他者的"非同一性"。面貌（face）是勒维纳斯的一个重要概念，面貌表现的是整个一个人，是指代他者的一种隐喻。面貌不仅仅是指我们所看到的他人的表情，而特别是那不可见的东西。因为面貌的不可见性与非同一性，面貌不能成为认识的根据，也不是被看见的形象，它是一种外在的无限，是他者的全部，我与他者的面对面关系即是我与他人的真实关系。一方面，在面对面关系中，面貌的意义只属于他者自己，你就是你，纯粹的你，"他人用以表现自己的方式超出了'我之中的他人'的观念，我称之为面貌。这种方式不在于把我注视的他人显示为主题，也不在于去陈列构成形象的特性总体。他人的面貌随时摧毁并摆脱他给我们留下的可塑的形象（image plastique）"。[1] 勒维纳斯要强调的是，他者的面貌是独特的，是不能为我所左右的，是不属于我只属于他的，因此也就是不能为我所同一的。另一方面，勒维纳斯指出了面貌的"非同一性"。面貌是一种高度，是我无法达到的至高无上的高度，是我与他者的差

---

[1] E. Levinas, *Totality and Infinity*, translated by Alphonso Lingis, Pittsburgh: Duquesne University Press, 1979, p.21.

别所在，也是他者的差异性所在。他者是完全相异于我的，他者在我的世界之外，是在我之外的另一个（other）。

首先，"非同一性"的他者是非经验性的。勒维纳斯指出"面貌"具有"可见性"和"不可见性"的双重性。关于"可见性"比较好理解，通过注视呈现给我们的眼、鼻、额等经验形象。勒维纳斯对面貌的形而上学分析强调的却是"面貌"的"不可见性"，勒维纳斯说："面貌不能被还原为鼻、眼、额、颏等。"① 它更多地包含那些超越经验层面的不可见的东西，这些东西不在这个世界上，而存在于整体之外。面貌不能被视觉也不能被触觉所把握，"这一切的发生，表现为它不能被看到也不能被触及，因为在看与触的感知中，我的同一性成为我的一个内容"。②

其次，"非同一性"的他者是不可认识的。"面貌"是他者的非实体化的出场（Disincarnate Presence），也就是说，"面貌"不呈现为我们的对象，因此，它不是一种视觉、不是表象，它不是知识的对象。勒维纳斯的意思是说，面貌是不能被还原到知觉中，更不可能被认识论所把握，因此，同样这张面貌是不可被同一占有，也不可被认识主体所客体化。也就是说，当我们看见他人之"面貌"后，却不能把"面貌"当作认知的对象，面貌拒绝被认知。因为在一切知识、认识和理解中，总带有抓取、包容、吞噬、占有，把某物变成我的等因素，即总体化的因素。

最后，"非同一性"的他者是无限的。勒维纳斯通过对笛卡尔"自我"、"有限"与"无限"的分析，指出了"无限性不是沉思的对象，与思考它的思想是不相称的。无限性的观念是一种思想，在每一个环节上思想都超过对它的思想"。③ 勒维纳斯借用了笛卡尔对于无限者观念分析的形式结构来说明他者的面貌，他者的面貌是不可包容的，他者性不能包容在我关于他的观念之

---

① E. Levinas, *Ethics and Infinity*, translated by Richard A. Cohen, Dequesne University Press, 1985, p.86.
② E. Levinas, *God, Death and Time*, Trans. Bettina Bergo, Stanford University Press, 2000, p.199.
③ E. Levinas, *Collected Philosophical Paper*, The Hague: Martinus Nijhoff, 1987, p.56.

中，他者的面貌永远超过我对它形成的观念，由此不仅使他者摆脱了整体性的束缚，走向无限，而且也把我带入外在性的无限中，使我最终摆脱了总体性存在的缠绕，逃避整体性之深渊，走向无限超越。

总之，他者不能被我所同一，也无法被我规划。但是勒维纳斯注意到，这个不可同一的他者在西方传统本体论哲学之中失去了"非同一性"，被彻底同化了。因此，他要对同一他者的本体论进行批判并明确伦理学的首要性。

二　从本体论走向伦理学

按照亚里士多德的解释，本体论就是寻找"万物始所从来，与其终所从入者，其属性变化不已，而本体常如"①的东西。在西方哲学史上有各种各样的本体论，柏拉图的理念论、亚里士多德的实体论、康德的物自体学说、黑格尔的逻辑学、海德格尔的基础本体论等。在《总体与无限》中，勒维纳斯把从巴门尼德到海德格尔的西方哲学都称之为"同一"或"本体论"的哲学。"同一性"起源于一个经院哲学晚期的拉丁词 Identitas，其意为不因时间的流变性所改变的"同一"（the same）和不为空间的多重性所改变的"一"（the one）。对于"同一性"而言，不存在差异性的"他者"，"同一性"的这个特点迎合了本体论哲学的兴奋点，共同营造哲学的同一性主旋律。其结果正如勒维纳斯所说，那就是"西方哲学最为经常的是一种本体论：通过中介或中项的介入把他者还原为同一以保证存在的包融性"，②勒维纳斯认为这种同一性的传统一直在继续着，即使到了近代，从笛卡尔到黑格尔和海德格尔，他们所代表的哲学强调的都是"同一性"。勒维纳斯勾画并批判了这个同一性

---

① 〔古希腊〕亚里士多德：《形而上学》，吴寿彭译，商务印书馆，1959，第 7 页。
② E. Levinas, *Totality and Infinity*, translated by Alphonso Lingis, Pittsburgh: Duquesne University Press, 1979, p.43.

哲学为"消化性的哲学"①、存在的"坩埚"、炼丹术、对他者进行转变的场所。把西方哲学的历史概括为本体论"同一性"哲学的历史，是勒维纳斯的常识性判断，也是他批判哲学奠基性的一步。

其实，对本体论的批判早在德国古典哲学时期即已开始，由费尔巴哈经尼采再经胡塞尔、海德格尔等人一直都在进行着本体论的解构与重构工作。胡塞尔认为欧洲的科学和文化已经陷入了全面的危机，必须重新为科学和人类文化寻找新的基础，他的现象学批判针对的就是传统同一性的本体论哲学所造成的唯我论后果。海德格尔认为本体论没有进入生活之中，漠视人的生活世界，本体论对"存在的意义"追问方式遮蔽了存在的本真意义。因此，要走出西方哲学所面临的困难，就必须从克服本体论做起，只有摆脱了本体论对思维的限制，才能从根本上克服西方哲学的危机。同样，马克思、恩格斯开创的现代唯物主义哲学对本体论的批判是以黑格尔为对象展开的，"只要我们对西方哲学史上的本体论有所了解，那么，我们会毫不迟疑地说，马克思主义哲学创始人对黑格尔哲学的批判不仅是而且主要是对本体论的批判"，②他们把黑格尔的本体论哲学形容为"唯心主义""思辨哲学""哲学体系"。"实证主义"哲学认为，一切知识都必须通过经验的严格检验，不能被经验证实的知识都是没有意义的，"本体"的问题不能通过经验加以验证，是没有意义的伪问题。德里达把历史上对本体论哲学的批判形象地比喻为："哲学自身一直在宣告或实现它自己的终结，……是一种奇妙的葬礼时刻。"③

在勒维纳斯看来，西方文化的危机，西方社会对金钱的追求，殖民主义、帝国主义、资本主义中所体现的那种单一的权力意志都是希腊逻各斯在现实社会中的投射，从总的根源上看是哲学立场观点和方法的危机，即本体论所造成的同一性思维方式的危机。勒维纳斯在更深层意义上指出了本体论哲学

---

① E. Levinas, *Totality and Infinity*, translated by Alphonso Lingis, Pittsburgh: Duquesne University Press, 1979, p.115.
② 俞宣孟：《本体论研究》，上海人民出版社，2005，第137页。
③〔法〕德里达：《马克思的幽灵：债务国家、哀悼活动和新国际》，何一译，中国人民大学出版社，1999，第51~52页。

传统将导致一种消灭他者的强力和非正义的哲学——"本体论是一种权力哲学"。① 权力哲学最极端的表现形式就是战争,战争并不仅仅是"军事冲突",还有"各种隐蔽的战争,各种利己主义彼此之间会突然发生不流血的战争,这就是商业领域里的战争"。② 战争的严重后果就是给人类带来一种无法逃避的秩序——专制,"战争为生活带来一种任何人也无法逃脱的秩序。这种秩序'支配'每一个人和每一样事物,它指派给每一个人和每种事物在它的系统中的地位"。③ 在权力哲学的支配下,"'我思'变成了'我可以'——一种对是什么的占有,一种对实在的剥削"。④ 勒维纳斯认为西方本体论哲学醉心于权力要求,它的自我之学就是自我授权,我们同他者的关系自始至终都带着暴力结构的烙印,暴力贯穿于整个西方哲学的历史中。

勒维纳斯呼吁从希腊逻各斯思想中脱位,脱离本体论的思维方式,他说:"在知识的分支中本体论的首要性难道是最明显确证的吗?"⑤ 勒维纳斯认为作为第一哲学的本体论使伦理学成为附庸,伦理观点只是存在关系的引申,而非真正的伦理关系。勒维纳斯指出伦理意义是在认知意义之外,也是在世界之外,"伦理学并非从自然本体论中推导出来,恰恰是与之对立的东西"。⑥ 勒维纳斯要改变这种状态,对本体论的克服,意味着哲学新的可能性,也就是建立作为第一哲学的伦理学。

勒维纳斯明确了伦理学的优先性。"道德不是哲学的分支,而是第一哲

---

① E. Levinas, *Totality and Infinity*, translated by Alphonso Lingis, Pittsburgh: Duquesne University Press, 1979, p.46.
② 〔美〕赫伯特·施皮格伯格:《现象学运动》,王炳文、张金言译,商务印书馆,1995,第839页。
③ 〔美〕赫伯特·施皮格伯格:《现象学运动》,王炳文、张金言译,商务印书馆,1995,第839页。
④ E. Levinas, *Totality and Infinity*, translated by Alphonso Lingis, Pittsburgh: Duquesne University Press, 1979, p.46.
⑤ E. Levinas, *Basic Philosophical Writtings Bloomington*, Indiana: Indiana University Press, 1996, p.2.
⑥ Richard A. Cohen (ed.), *Face to Face with Levinas*, State University of New York Press, 1986, p.25.

学",这是勒维纳斯的一个纲领性命题。他一再表示伦理学优先于本体论,"那在存在问题之外的、不是什么真理——而只是善的问题"。① 传统伦理学以自我的自主性为出发点,并以此界定自己的行为准则和与他人的关系。勒维纳斯把他人置于首位,并认为他人对于自我的限制才是伦理的真正起源,勒维纳斯对于伦理的界定是:"我们把这种由他人的在场而对我的自发性提出质疑称之为伦理学。"② 他对柏拉图"善超越存在"③的观点极为赞赏;对康德的"人的意义不再根据本体论衡量,而始终应由伦理学衡量"的这一思想也推崇备至。在勒维纳斯那里,伦理绝不是哲学的某种分支、某种特殊的视野,伦理学比存在论更"源始",他提出以伦理的首要性代替本体论的首要性。

勒维纳斯进一步明确了自我与他者伦理关系的优先性。勒维纳斯认为,人在世界中的存在是一种道德存在,我们和他人的关系先于一切认识关系。勒维纳斯的伦理观点试图提供一种既没有传统的原则做基础又不以普遍性为指向的伦理,伦理是人与人之间的基本生存条件,伦理关系优先于其他任何关系。存在论哲学是在存在的视域中理解存在者,但是"对一般存在的理解不能支配同他人(the other)的关系"。④ 不仅同他人的关系不能在对一般存在的视域中进行,更重要的是如果没有同他人的关系,存在论哲学就是不可能的,这就是说,同他人的关系是存在论哲学的条件。

三 主体的责任

勒维纳斯指出,传统思维模式的主体是占有和同一的主体,主体是一个

---

① E. Levinas, *Existence and Existents*, translated by Alphonso Lingis, The Hague: Martinus Nijhoff, 1978, p.23.
② E. Levinas, *Totality and Infinity*, translated by Alphonso Lingis, Pittsburgh: Duquesne University Press, 1979, p.43.
③ Robert Bernasconi and David Wood, *The Provocation of Levinas: Rethinking the Other*, London: Routedge, 1998, p.80.
④ E. Levinas, *Totality and Infinity*, translated by Alphonso Lingis, Pittsburgh: Duquesne University Press, 1979, p.47.

总体（totality），具有总体化一切的趋势；其目标是同化一切自身以外的客体（他者），改造和征服自然，同化和压抑他人；其典型特征就是把外在于我的一切都纳入我的意向性框架，为我所用；其主要做法是，主体采取主动出击的方法，猎获一切，暴力是最典型的一种手段；其效果是，主体追求着自身的快乐和幸福，建构一个属于主体的霸权。海德格尔把这种主体的自我中心主义描述为，"人把自身建立为一切尺度的尺度，即人们据以测度和测量（计算）什么能被看作确定的——也即真实的或存在着的——东西的那一切尺度的尺度"。① 在此影响之下，人追求自身利益最大化，围绕着自我中心主义确立了我的霸权世界，在这个世界里我快乐着我的快乐，我通过我的强权获得了所谓的幸福，也确定了我的主体性，这样的活动被勒维纳斯称为家政（economy），而"家政首先是自我主义的运动"。②

正如有些学者指出的，对他者的诠释实际上直接揭开了人们对自我理解的角度和深度。③ 勒维纳斯从他者出发，实际上明确了为他者的责任是自我的伦理精神，真正的伦理关系承认我与他者关系是一种不对等关系，我始终是为了他者，我是为他者服务的，而我不求获得任何回报，这实际是一种奉献而非占有的关系。

勒维纳斯认为，"人类在他们的终极本质上不仅是'为己者'，而且是'为他者'，并且这种'为他者'必须敏锐地进行反思"。④ 勒维纳斯分析到，他者的面貌呈现之际，我必须做出回应，就意味着我马上对他负有责任，我与他人的主体间关系就是责任关系。勒维纳斯指出"回应"（response）和"责任"（responsibility）的词根是相同的，"责任"一词从词源上是由"回应"一词演变而来的，因此"回应"这个词本身就蕴含着"责任"的意思。呈现给我面貌的人就是向我说话的人，他就是我必须回答话语的人，我因此就对

---

① 《海德格尔选集》（下卷），孙周兴选编，上海三联书店，1996，第 920 页。
② E. Levinas, *Totality and Infinity*, translated by Alphonso Lingis, Pittsburgh: Duquesne University Press, 1995, p.157.
③ 王恒：《列维纳斯的他者：法国哲学的异质性理路》，《江苏社会科学》2004 年第 3 期。
④ 〔法〕勒维纳斯：《塔木德四讲》，关宝艳译，商务印书馆，2002，第 121 页。

他负有了债责，这就是责任的根本所在。这样，勒维纳斯通过"面对面"相遇的分析指出了自我与他者的责任关系。这样，呈现于我的他者面孔，从一种命令行为转化为我实实在在的责任，这一面对面的关系赋予主体以伦理的内涵。勒维纳斯经常援引陀思妥耶夫斯基在《卡拉马佐夫兄弟》一书中的一段话："我们每个人在每个人面前要负起责任，而我要比其他人负得更多……我永远负着责任，每一个我都是不可交换的。我做的事情，没有任何人能够代替我的位置，特殊性的核心就是责任。都在我的位置上代劳。"① 这段话正是勒维纳斯赋予主体一种伦理思想的生动体现，通过他者的召唤，勒维纳斯将对他者的责任赋予了主体，勒维纳斯对西方哲学传统的兜底置换是一种思维方式的变革，也是对于自文艺复兴以来西方社会过分追求自由解放的个体性至上精神的猛烈抨击。勒维纳斯说："我的任务不是要建构伦理学；我只是想努力发现伦理的意义。"② 与其他对主体的解构不同的是，勒维纳斯不但诊断出了主体性的病症，而且开出了对症下药的良方，以为他者的精神呼唤了主体的伦理责任。

主体性涵盖着全部人性，这种作为主体性的人性，就是现实文化生活塑造的充满生机的有机体。我们知道，主体的英文是 subject，本身就有服从（subject to）的含义，从词义上讲，主体（subject）就是服从（subject to），就要为他者负责。服从的主体也就是承担责任的主体，为他者承担责任，主体在他者的责任面前具有了被动的性质，也正因为如此，主体才称之为主体。勒维纳斯说："正是就他者与我的关系不是互惠的而言，我服从于（subject to）他者；也正是在这个意义上，我成为本质上的主体（subject）。"③ 在我与他者的"面对面"关系中，他者的召唤赋予我以伦理的责任，在我承担责任的过程中，我的主体性才得以生成，由此作为责任的主体性观念确立起来了。因

---

① 杜小真：《"他者"的哲学家》，《跨文化对话》（第6辑），上海文艺出版社，2001。
② E. Levinas, *Ethics and Infinity*, translated by Richard A. Cohen, Dequesne University Press, 1985, p.90.
③ E. Levinas, *Ethics and Infinity*, translated by Richard A. Cohen, Dequesne University Press, 1985, p.98.

此，在勒维纳斯看来，关于我的真实的主体观念不是基于我自己，更不是基于我对他者的同一与整合；真正的主体依赖于他者，这个他者完全相异于我，他者的他性（alterity）构成了主体性概念的前提。这样，勒维纳斯的主体已经不是近代哲学所言说的主客体对立关系中的主体，而是承担责任的主体。勒维纳斯提倡为他者的精神，但是并没有否定主体的存在，而且，在为"他者"的伦理境遇下，更强调主体存在的伦理意义与价值。他认为应该加以批判的是同一的暴力的主体，而不是伦理的主体。勒维纳斯通过强调他者实际上是赋予主体以伦理性，是在建构一个伦理的主体。在西方学术思想界，这个由勒维纳斯主导的冲击波正在改变着西方社会的极端个人主义主调：让他者永远作为他者存在下去，他者呼唤着为主体他人的伦理责任。

综上所述，传统的同一性本体论哲学存在着重大缺陷，在理论上和实践上产生了致命的危害。在勒维纳斯看来，摆脱传统本体论哲学影响的关键是构建作为第一哲学的伦理学，这种伦理学以"他者"为前提，以主体的伦理责任为目标，唯有如此，哲学才成之为哲学。

海外译文

"雅各宾主义"

在当代人这里，雅各宾主义现象是在一种宽泛的含有分歧和情绪化的层面上来被关注的。对于同情者而言，雅各宾是"自由的狂热战士"，甚或是"真正的共和"，而对于批评者而言，雅各宾则代表了"一种最危险的破坏因素"。①

关于雅各宾主义结构性理解的出现，一部分源于同时代人的一些看法，

---

① 所有搜集到的文件的研究都有力证明了各种各样关于雅各宾主义模糊矛盾观念的存在，这些文件主要来自受法国大革命事件直接影响的地区（意大利、德意志联邦、哈布斯堡君主王朝）。由 Delio Cantimori 主编的两卷本的 *Giacobini Italiani*（Bari: Laterza, 1956~1964），揭示了在激进的意大利政治参与者当中普遍的"卢梭主义"，但是这些参与者对"雅各宾想象"内在动力的构成这个理论问题并没有给予特别的强调，这个问题我将会阐释。一个明显受到关注的问题是，"国家问题"出现在意大利雅各宾派政治幻想中最重要的地方，这个迹象印证了教皇国与法兰西共和国之间的关系。就奥地利雅各宾主义而言，Leslie Bodi 在 *Tauwetter in Wien: Zur Prose der österreichischtn Aufklärung, 1781-1795*（Frankfurt: S. Fischer, 1977）里写道："只有 Andreas von Riedel（追随着 A. Korner，他是在德国第一个使用'共产主义'的人）和 Franz Hebenstreit 认真地从事大革命问题的研究，并且 Hebenstreit 已经非常明确地提出，社会问题和私有财产问题是现代社会的核心。然而，这个表述基本的意思似乎显示出，对于大多数维也纳雅各宾派来说，比起那些对国家真正有危险的阴谋者来说，它可能更是一种不满的挑衅者和谣言散播者群体政治上无害的反对意见。"（pp.413-414）在匈牙利这个真正封建主义的国家里，农民是真正意义上的农奴，在秘密文件中宣称自己是"雅各宾派"的那群人就产生自革命风暴的最初十年里（1780~1790）。在那段时期，大多数匈牙利贵族激烈地反对约瑟夫二世的改革，其改革的目标是，同时实现社会现代化和帝国文化语言上的统一。大多数匈牙利的"雅各宾派"也是"约瑟夫派"，原因在于，他们支持约瑟夫二世的改革（尽管他们其中的一部分也是热情的匈牙利爱国者）。他们的文件记录（作为他们审讯的证据）透露出，他们那时计划实施的改革措施与法国共和历里的制宪会议是一样的。尽管从理论政治意义上而（转下页注

另一部分则源于后来的、占统治地位的观点，即将法国大革命看成一种连续、完整的过程。正如布林顿（Brinton）详细研究所证明的，尽管同时会有误导还原倾向，但是这样的理解还是促进了对革命运动进行极其详尽、客观认真的解读。

正如所有结构的解释确实应该做的那样，布林顿也是从俱乐部前革命时期的发展壮大作为出发点的。在他看来，"俱乐部"是 18 世纪法国内生的。布林顿区分了两种类型的俱乐部："文学社"[科钦称之为"思想公司"（les sociétés de pensée）]和秘密的、主要是共济会的社团。① 和所有对大革命的这个重要制度进行记录的编年史家一样，布林顿也密切关注着布列塔尼俱乐部（Club Breton），这个名不见经传的"激进代表的核心小组"在立宪会议召开的头几个月里演变成一个全国性的当地"宪法之友社团"的网络。② 他也正确地注意到，最初被俱乐部或是社团采取的程序，稍做修改，是遵照英国议会

接上页注①）言，那些领导人与雅各宾运动完全没有关系，但是在 1795 年的断头台上，他们作为雅各宾派被处死。但是在弗朗西斯一世统治的黑暗时期里，所有持反对意见的参与者都被认为是"雅各宾派"。关于匈牙利雅各宾主义的最好分析，可以参加 Kálmán Benda, *Magyar Jakobinusok*[匈牙利雅各宾派]，（Budapest: publishing House of the Hungarian Academy, 1968）。德国的雅各宾主义则呈现出不同的叙事版本。在大革命期间，以及在其随后的数十年间，德国是欧洲哲学的世界中心，其主要的文化特征表现出对大革命关键事件，特别是雅各宾主义的独特视角。德国哲学对大革命的反应是如此的复杂，以至于这里连一个基本的大概轮廓都提供不了。我只想说，尽管德国唯心主义和文学最重要的代表人物（康德、黑格尔、谢林、歌德和席勒）完全拒绝雅各宾政治，但是来自这个时期的教训以及他们理论上对此进行的苦心经营，一直是以后数十年间德国哲学和文化的核心。此外，我试图去说明，黑格尔著名的历史辩证法在几个重要的方面，都可以追溯至雅各宾的革命。但是，在德国对雅各宾主义文化反应的主要趋势之外，也有两个值得关注的特例。费希特，至少在短时期内，是一个雅各宾派分子。下面我会仔细审视，费希特在他的 *Der geschlossene Handelsstaat* 里，怎样从他的历史原型模仿和类似未来社会实验预期两个方面，把雅各宾体系精心设计成一种普遍的哲学模式。但是，乔治·福斯特是唯一的理论和实践上的参与者，他具有深刻真正的雅各宾派特征，在某种意义上而言，他对古希腊遗物的坚定崇拜具有同样的说教特征，这些特征也可以在罗伯斯庇尔和圣－茹斯特那里找到。最后，这里也应该提一下，被同时代法国敌人当作具有典型雅各宾主义的看法的 Abbé Baruel 那本著名漫谈著作。作为雅各宾主义的一个单纯叙述，它是没有价值的；作为同时代认知的一个证明，它是无价之宝。

① Brinton, *The Jacobins*, pp.10-11.
② Brinton, *The Jacobins*, pp.18-19.

的做法。① 由此，布林顿转到了俱乐部会员组成的调查分析。他的结论很明显。当最初高额会员费保证了俱乐部中产阶级的特性，而随着革命进程的加速化和激进化，会费被减少，这样"低等阶级"的成员就被逐步允许进入俱乐部当中。地方俱乐部在巴黎总部社团严厉的意识形态和政治控制下逐步增加。② 在有效的人口普查数据和会员名单的基础上，布林顿估计，大约有 2.2%（男性）的民众参加了（或者作为成员被登记）雅各宾俱乐部。③ 按照这样一个比例，可以大约推算出，在恐怖统治那段时期，雅各宾俱乐部有 50 万的实际会员。④ 布林顿接着分析了俱乐部的社会构成，利用一个相当传统的并且经常带有一些模糊性的阶层理论，这个理论作为一项原则，就会把职业团体等同于社会阶级。他的结论是，在俱乐部里资产阶级已经占据多数，但是为了证明这个结论，他把不同的城市职业人士以及各种数量不等的财产所有者（这些人几乎无一例外地都不富裕）都归为资产阶级之列。⑤ 我们唯一可以肯定的事实是，贵族和"工人阶级"（在当时条件下，无论是从什么意义上去界定后者）都是占少数的，贵族在会员名单上几乎是不存在的。但是，更为重要的是，布林顿发现俱乐部内部凝聚力，并不属于任何"普通意义上的阶级情感"。⑥ 这里引起我们注意的，不是诸如雅各宾派是否"构成一个阶级"这样幼稚的问题。而是，我们正在面临第一章里已经提到的一个问题，就是"阶级语言"对理解革命是否有用。

布林顿对俱乐部运行（modus operandi）的结构分析进行了大量研究。由总部社团所发出的通函，对指导当地俱乐部成员起着至关重要的作用。⑦ 通过通函、小册子以及类似东西的充分利用，雅各宾派在 1793 年之前就成为一

---

① Brinton, *The Jacobins*, pp.31-32.
② Brinton, *The Jacobins*, p.36.
③ Brinton, *The Jacobins*, pp.40-41.
④ Brinton, *The Jacobins*, p.42.
⑤ Brinton, *The Jacobins*, pp.50-51.
⑥ Brinton, *The Jacobins*, p.71.
⑦ Brinton, *The Jacobins*, p.77.

个强大的选举机器。① 但是，更为重要的是，各个俱乐部开始被总部社团利用，成为一个战争机器去影响政治的接管者：他们把自己的会议公开（public-session）原则施加给地方法官，一旦政治决策开始成为公开的，这些精心组织起来的少数人就会逐步把它的主张偷偷放入地方机构当中。② 这些曾经一度强大的（尽管不是万能的），当然也曾喧嚣一时的地方压力集团，一直预示着独裁统治的到来，然而，在 1793 年之后，他们却变成了独裁机器中的"纯粹被动的齿轮"。③ 布林顿对独裁时期各个俱乐部的功能进行了简明准确的描述："他们是辅助的行政机关。他们提供一个可以产生新官员的智囊库。在雅各宾正统的范围内，他们有两个作用：一个是输出一般的雅各宾派的观点，另一个是对官僚主义进行或多或少的民主限制，他们为新的雅各宾宗教的仪式提供了中心。"④ 布林顿试图阐明"雅各宾的世界观"这个综合体的内涵，最重要的成分是政府共和形式的坚持，它的基础是人民主权论原则。⑤ 根据布林顿的观点，就普选权而言，雅各宾是一个政治民主派，接着，布林顿又以一种极具辩论性的口吻补充说，雅各宾保留着一种孟德斯鸠本人的性格。这种说法几乎立即与理想型的雅各宾理论面相学上的另一个特征相矛盾，这个特征就是他倾向中央集权，并且拒绝各式各样的联邦主义。⑥ 此外，布林顿理论中的雅各宾是爱国者，因为雅各宾共和国与民族国家相等同，⑦ 雅各宾的社会目

---

① Brinton, *The Jacobins*, p.86.
② Brinton, *The Jacobins*, p.98.
③ Brinton, *The Jacobins*, p.115.
④ Brinton, *The Jacobins*, p.51.
⑤ Brinton, *The Jacobins*, pp.141-142. 在这一点上，有必要注意一下布林顿，他的形态学遭遇着归纳方法这种典型自欺欺人方法论的诟病。他相信他的形态学是"平均雅各宾派"归纳调查的结果，这项任务非常困难，即使是现在的参与者都难以完成，更不用说是在两个世纪之前，那时我们的信息来源必然是不完整的。事实上，他实现的是主要意识形态模式"理想模型"的建立，这些模式，不论正确与否，都是来自领导者的典型解释。后者被布林顿简单归结为"平均雅各宾派"。在所有研究法国大革命的学者当中，利用这个问题方法的，布林顿不是唯一。同样的方法在 R. Cobb 那里也可以找到，"Mentalité révoluitionnaire", in *Terreuret subsistances (1793-1795)*, Paris: Librairie Clavreuil, 1965.
⑥ Brinton, *The Jacobins*, pp.145-146.
⑦ Brinton, *The Jacobins*, p.148.

标可以用"平等"这个词加以概括。① 他进一步分析了雅各宾派的财产概念固有的各种矛盾。② 接着布林顿对雅各宾经济进行概略的描述，布林顿将这种经济看成一种通过战争措施来加以补充的、从根本上来说十分简单的 19 世纪的"个人主义"[即自由放任的（laissez-faire）]经济。③ 关于什么是布林顿所称谓的"雅各宾仪式"详细、生动和全面的描述，与形态学紧密相关。

我如此详细介绍布林顿的立场不是要对某本书进行批评，而是证明所有对雅各宾主义进行非哲学（aphilosophical）处理方法上的不足。关于雅各宾主义，任何缺乏哲学基础的纯粹结构性理解，在几个极其关键问题的回答上，无能为力。任何寻求雅各宾间奏曲的本质和含义的分析必须回答以下问题：雅各宾主义，这个激进主义的化身，是怎样在布列塔尼俱乐部里从果敢然而社会地位不怎么凸显的代表群体中崛起的呢？为什么正是这个系统，这一班人马，在"党"最危急的时刻或是极端激进被需要？例如，为什么不是吉伦特派？尽管其结构形态的呈现无疑是与雅各宾派认同的方式几乎完全相同。如果存在雅各宾派的意识形态，甚至是一个雅各宾派的宗教，那么在何种程度上它背离了继承启蒙主流思想的大革命的一般哲学？如果雅各宾派不过是来自布列塔尼结构形态中所呈现出来的样子，那么它为什么会独自成为形成一个世纪革命传统的这个国际神话的绝对主角？对于这些问题，现有分析几乎令人尴尬的沉默可以归结为三个原因。首先，"雅各宾主义"的显著特征（在一定程度上，我们完全可以把它看成是一个完整的运动）恰好它不能成为后来的自由主义-议会党派的选举机构的典范，而是一个完全不同的未来政治力量的先驱，尽管如此，所有从结构上对雅各宾派的描述所呈现的是一

---

① Brinton, *The Jacobins*, p.155. 当然，大革命的每一个学者都熟悉这样一个事实，在革命期间的政治词汇里，"平等"的意义是何等的丰富。因此，把雅各宾派描绘成平等的冠军，本质上完全没有意义。

② Brinton, *The Jacobins*, p.160.

③ Brinton, *The Jacobins*, p.165.

个以 19 世纪大陆议会政治的方式出现的，处于萌芽时期的，或者说初期的政治党派的形象。其次，无论是阶级理论还是阶层理论都不能说明这一独特革命趋势的出现（尽管这两方面在解释它的某些方面都有一点作用）。正如我们所看到的，法国在大革命爆发的时候不是一个阶级社会。这种趋势最好可以以相反的方式来描述：在法国社会，除了雅各宾派，大多数的政治力量促成了阶级构成。但是，即使考虑到雅各宾主义是个明显的例外，阶级和阶层分析的方法至少是适用于它的。最后，革命的进程脱离了这种结构主义的框框。然而，如果有一个因素使雅各宾派从 1789 年具有相同思想的人中"脱颖而出"的话（这些人至少起初不管是在社会上还是在政治上并不特别激进，而且这些也有助于形成他们的信念），那就是他们坚持将革命过程看成是新的专制。因此，以上提出的问题只能通过哲学的扎根理论来回答，这必须考虑到两个对雅各宾主义出现很关键的主要问题：启蒙运动的危机和现代民主理论基础的复杂问题。正是在阐明这些问题的过程中，雅各宾革命从 1789 年主流自由主义分离出来（这个自由主义与英国的自由主义是不同的类型），并且走上了孕育一场革命风暴的独立过程。

恩格斯曾诙谐地这样概括：由于资产阶级革命，"理性的王国"结果变成了"资产阶级王国"，这种概括是对历史的重大转折的不切实际的描述。尽管如此，但毫无疑问的是：某种自封的革命者对这种转变是十分清楚的，而且这种人坚决不让"理性的进程"脱离轨道，这种人同样坚决地"要实现哲学的诺言"，正如罗伯斯庇尔在独裁的意识形态的盛行时期所说过的那样。关于特定政治类型参与者的形成过程，卢梭对某种政治派别的形成具有巨大的影响，这种理论对实践的影响只有一个多世纪之后的马克思才能超越，这种影响对于雅各宾派的思维方式来说既是"原因"又是"结果"。很明显，需要这样一种自我解释，因为理性已经失去了清白。对于人的行动而言，那条著名的"理性第一原则"显然越来越不能作为一个自由理性社会的基础。然而，同时卢梭哲学也有另外一个影响。卢梭这种独特的话语理论对它的接受者的需要和内在痛苦有敏锐的感受性，所以，他的哲学不仅影响了他的接受者，而且也被后者根据自己的需求不断加以修正和重新解读。由于卢梭的历史悲观主义，所以他的理论是一种现实的哲学，而在卢梭生命的最后一段日子里，具有象征意义年轻的、被人们广泛引用的马克西米尼安·罗伯斯庇尔对埃默农维尔（Ermenonville）的访问，就足以证实他的理论的现实特征。①

　　卢梭是启蒙的卡桑德拉（Cassandra）预言家。尽管他成为作品最畅销的作家，但他的卡桑德拉预言警告明显是说给后来形成雅各宾主义核心并接受卢梭反对启蒙结论情感训练的少数分子听的。他的预言很简单：不要相信所谓的理性胜利凯旋。不要相信在奢华财富的"人造文明"、被宠坏的心灵和变态需要等方面的进步。不要相信利己主义，它一直为从孟德维尔（Mandeville）到爱尔维修（Helvetius）、霍尔巴赫（Holbach）这些无数（唯物主义）思想家们作为公益事业的"自然承载"所崇拜。不要相信会有一些自信的药方，它是有助于建立一个自由和理性社会的简单方法。即使这个方案是完全可行的话，那也是无比复杂的，比由现代世界中骗人的哲学家们专为轻信的人类所设计的方案复杂得多的。历史悲观主义，这种道德说教者的痛苦性情，而且尤其是在政治上对所有那些误导性的乐观主义的虚假预言家的怀疑，所有这些在卢梭的危言耸听的警示语中所固有的东西，为未来雅各宾派的产生提供了智力素材。卢梭的哲学肯定不是法国大革命产生的"原因"，至少不会比整个启蒙运动的作用大。但是对他的卡桑德拉警告不了解，就不能把握一个特定参与者的本质。这个特定演员在被"寄予厚望"的相当普遍乐观主义和热情的气氛中，从一开始，不仅对他的敌人，而且对他的同伴都表现出怀疑、爱挑刺、质问和多疑。

　　在一般的乐观主义的观察者看来似乎是一次极具诱惑力的胜利进军，对于这个特别的、把自己看成一个哲学的革命者的参与者来说，就是一次政治

---

① 因为关于卢梭的文献实在太多太繁复了，我在 Iring Fetscher's *Rousseaus politische Philosophie* (Luchterhand: Neuwied, 1960) 这本书里简要地从对我的分析重要的方面概述了这种哲学。

的僵局。① 在法国大革命的前夕,根深蒂固在王权里的暴政似乎比以前更深刻。即使考虑到戈德肖非常可疑的"大西洋革命"理论,实际上,前革命时期民众社会(constellation)证实了卢梭的悲观情绪,而不是一种早期的启蒙乐观主义。在"系统"中,只是边陲地带似乎能孕育革命(对"哲学革命"的美国来说,也是边陲地带)。中心仍在君主的控制下攻而不破。在不断自我退化的经济恶性循环面前,众所周知且众望所归的"自上而下式的革命"只得无可奈何地在启蒙运动的伟人与所谓的"开明专制君主"(尤其是弗雷德里克和凯瑟琳)之间寻找折中点。当代的共和政体,是自由社会的潜在模式,进入(如威尼斯、荷兰和瑞士)似乎是他们的贵族退化的最后阶段,而不是以他们为榜样,给人类予以指导。②

哲学的革命者并不能因为有正在酝酿的暴动以及许多国家都曾出现过的五花八门的抗议运动这些无可否认的证据而感到满足。罗伯斯庇尔关于布拉

---

① "哲学的革命"这个术语需要进一步澄清。所有那些人,以这样或那样的方式,用他们的哲学理论深深影响着法国大革命,无论在他们之前还是从他们以后那些社会改革者们,这种方式都没有用过。在他们当中,除了几个真正的哲学家以外,所有的参与者都是这场运动(les lumières)狂热分子。他们在采取决定之前参考他们的哲学著作,并且在贯彻这些决定时,频频向哲学权威分子进行暗示。在这方面,罗伯斯庇尔和圣-茹斯特都不是特例,Abensour 在这些细节方面分析了后者非凡的哲学敏感性,它们在许多意想不到的场合喷发出来。同时,与大革命时期真正的理论杰出大家相比,比如孔多赛和锡耶斯,他们二人都不能被看成纯正的思想家。但是"哲学的"革命者——领导人和普通的激进分子,与普通大众相比,有两个特征。首先,他不是简单的"用哲学获知",因为,他想实现一种特殊的哲学,正确或是错误哲学的标准恰恰是这种特殊的哲学能否转化成政治的媒介。其次,在整个 19 世纪占据主导地位的所有历史哲学自信和先知立场都伴有"哲学的革命"。他们带着坚定的信念,他们的时代是第一个也是唯一的历史时刻,在其中,既存的正确哲学可以被实现,如此这样,如果错过这样的恰当的时刻,所有都会失去了。最终轻视雅各宾政治的那些伟大的历史哲学家们还是成了这个历史参与者的继承人。

② 所有这些论述建立在我们在戈德肖 *France and the Atlantic Revolution, 1770-1799* 里发现的一些概念的重新解释上。戈德肖在开头部分描述了前革命时期的情形:"在 1763 年伟大的社会运动时代已经过去了。自从 16 世纪晚期和 17 世纪早期德国宗教战争、1640~1648 年和 1688~1699 年英格兰战争以及法国 1648~1652 年投石党叛乱和 18 世纪早期卡米撒(Camisards)起义以来,连续几十年,都没有大的内战。混乱最终以'国君'权威的整合而告终……此后,人们在君主、国王和共和国的统治下平静顺从地生活,似乎对社会运动复兴没有任何期望。"(p.1)对戈德肖来说,1770 年似乎是一个转折点。在这一年及随后时间里,或多或少的革命"群众"开始出场(pp.2-3)。他正是从这方面分析了在爱尔兰(pp.124-125)、低地国家(pp.127-128)、瑞士尤其是在日内瓦(p.128)的动乱。但是, (转下页注

班特省（Brabant）运动的透彻分析，对于早期和醒悟的雅各宾洞察力（clear-sightedness）而言，本应该成为革命前夕欧洲反对保皇党冒险的一种模型。他警告吉伦特派说，在布拉班特省，他们力图成为自由的传教士是自欺欺人。酝酿的冲突集中在对财产和天主教的抱怨和请求，民族主义者和外国侵占者之间紧张关系以及对比法国大革命现在和过去的所有事情上。①

但是，对于哲学革命主流希望的致命一击（Coup de grâce）来自英国的发展，或者至少来自雅各宾派对后者观点的接受。当然，根据最近来自英国对法国的羞辱观点来看，他们对后来雅各宾派的判断与关于法国自由主义主流的判断都是有偏见的。但是，通常在罗伯斯庇尔看来，国民大会1793年5月10日会议的破裂，它所传达的内容不仅仅是沙文主义的漫骂。这种暗示也许是"形式"和"内容"民主政党代言人之间第一次历史性、不祥的对抗：我们自身的堕落使我们赞美所有那些给我们留下了虚弱的自由印象的外国制度的时候，最时尚的事情似乎就是我们必须对我们的邻国致以敬意。然而，只要稍微反思一下，就能很容易地识别出这种自由只能是一种怪物或者是一种折磨，如果它不是必然导致反人民的相互竞争的力量联合的话，那么它将意味着政府的彻底失效……看一下英格兰，那里君主的金钱和权力不断地向一边倾斜加重，甚至反对派，似乎与它所反对的大多数是一致的，也时不时掩盖具体改革只是为了推迟进行；政府这个怪异形式，它的公德仅仅是可耻的作秀，在其中，自由的阴影掩盖了其本身，法律让位于专政，人民的权力被公开交易，贪污变得鲜廉寡耻。②

接上页注②）对于未来的法国革命者来说，在这些事件中，以及在他们后来形成的岁月里，所看到的正是，这些运动统统失败了。这必定加深了他们的卢梭悲观主义。

① 罗伯斯庇尔（M. Robespierre），关于1792年1月2日和11日的战争 [On the War (2 and 11, January, 1792)], in *The Principal Speeches of the Statesmen and Orators of the French Revolution, 1789-1795*, ed. with intro. by H. Morse Stephens, Oxford: Clarendon Press, 1892, Vol.2, pp.313-314。

② *Oeuvres de Maximilien Robespierre*, Vol.9, p.499. (italics added). 读着这些漫骂，就很好地解释了接受 Abensour 分析的原因。在他看来，康斯坦特在"古代"自由与"现代"（当然，康斯坦特同意现代的优越性观点，也就是自由）自由之间著名的比较产生自由雅各宾派提出的自由"古代"概念的经验（参见 *la philosophie politique de Saint—Just*, p.36）。在激烈地反对英国的虚假自由时，雅各宾主义回到了属于古代的那种粗陋的自由概念。

随着由开明君主实施并由哲学家进行监督的"自上而下的革命"这种模式的被抛弃，随着共和国中贵族的退化堕落，随着在英国这个曾经代表这个时代的自由的模范国家里，自由已经退化为自由主义者的虚假的自由，启蒙运动的政治危机似乎已经画上了一个圆满的句号。卢梭的卡桑德拉警告显然是正确的：理性的胜利进军显然是一无所得。当然，哲学革命否定了卢梭最后的结论：他不仅仅把革命视为可能的，而且他也去实施。然而，从一开始，他的行动特点就是对理性的怀疑，对他的盟友和敌人都产生质疑，尤其是意识到这是一项空前的艰巨任务，人类整个将来与之相连，所以他认为有必要采取"非常措施"。

启蒙的政治危机也在后来雅各宾成员那里引发了人类学危机。这里，卢梭的哲学又被作为素材和典型。革命政治的人类学悖论在卢梭这里表现为两个方面。第一，他挑战了基督教的人类学，抛弃了"人的原罪"论，认为它的仁慈特征与他关于无法逾越的"人造文明"的悲观预测背道而驰，因为这个文明产生了它自身的退化，但是，在本体论上往往仍然受制于历史主义观点。第二，公意（Volonté générale）著名的辩证法在政治方面也重复着同样的人类学困境。众所周知，公意并不等于个别意愿的总和，它更是共同构成人民（le peuple）每个公民的"共和国的意志"。在这个意义上，人类作为公民，作为道德人和集体（êtres moraux et collectifs），有着不可让渡的自由法则的能力。而且，一旦建立起来，公意就不能被破坏。但是，参与这个集体意志的个体成员可以成群结队地被毁灭，从卢梭关于当代文明的悲观论出发，他认为这种情况是极其可能发生的。①

这一系列充满了双重危机的人类学事物不再有望为所设计的未来社会的所有成员提供"确定的和谐"，面对这些，此时哲学的革命者能做些什么呢？他有两种补救措施。他关于公开教义和"神秘"教义的划分，由此

---

① 关于这个问题的精妙的、简要的分析，可以参见 Fetscher 的 *Rousseaus politische Philosophie*, pp.111-127。

带来的额外困难是，为了避免虚伪的马基雅维利主义，①他不得不拥护两种观点和立场。公开学说是人的完善性的论述。至少从理论的有效性而言，它的主要观点认为，通过"革命过程"或者由于共和机构的援助（如圣·鞠斯特乌托邦所设计的），每个人都可以被提高到这样的道德水平，即全体意志（Volonté de tous）和公意之间的沟壑被填补，共和政体里大量冲突被消除。②

当然，关于"神秘教义"论述更少，只是有人在法国大革命解释中频繁地使用"读心症"这个令人质疑的解释手法。然而，我们坚持相信：带有卢梭人类学悲观主义情绪的罗伯斯庇尔本人，认为美德只有在少数人那里是永久的，不断地突破他关于"善和正直"人性的虚假论断。但是，如果公开和神秘教义之间的差距不能凭借纯粹的伪善连接起来的话，那么它就完全成为专横的教育者，一如萨拉斯特罗，作为道德上的少数派，站在了公意的立场上——但是，实际上，（这种立场）"只在革命的过程中存在"！的确，这里涉及的内在的或可能甚至明确的替代主义（"道德少数"的意愿替换"公意"，即共和的意愿）与卢梭原初的构想背道而驰。下面费切尔（Fetscher）的评论完全是合理的：德·茹弗内尔（De Jouvenel）描述了一个原则，根据这个原则，依据个体的或者一组人的意愿作为群体的意愿，作为"所有独裁或是雅各宾专政原则"这与卢梭没有任何关系，因为每一个政权当中，人民服从（subjects itself）一个人或是一个政党，并且相信这个人或政党"体现"共同意志，这种观点按照社会契约论（contrat social）来说是不合理的。③

---

① 在《论革命》里，阿伦特把马基雅维利看作整个革命现代理论的先驱。在这个意义上，她认为，马基雅维利对法国革命产生了重要的或许是潜在的影响，事实可能是这样的。但是不可否认的是，罗伯斯庇尔藐视马基雅维利，把他视为一种不应该实行政治的缩影。

② Zwi Batscha 强调，"人类可完善性"是一个明显的雅各宾派的观念，他在关于费希特的分析中说道：在 1798 年《道德学说》（*Sittenlehre*）中显示，费希特支持雅各宾派，把他们看成民众意愿的合法代表，这主要是因为作为他们哲学核心的一种观念，刺痛了对革命持保守主义观点的批评者们。这就是对人的完善性的信仰，所谓的道德（vertue'）（参见 Zwi Batscha, *Gesellschaft und Staat in der politischen Philosophie Fichtes*, Frankfurt: Europäische Verlagsanstalt, 1970, pp.117-118）。

③ Fetscher, *Rousseaus politische Philosophie*, p.112.

然而，费切尔论述从文本的观点来说是无可指责的，但是，雅各宾派关于卢梭思想的翻译就不仅仅是歪曲那么简单了。所有哲学的特点都具有实用的倾向性和内在的模糊性，这是它们共同的宿命。原文永远不会完全与来自这种翻译的危险实际结果毫无关系，但是多多少少它们或许是来自作者的意图。

第二个补救出现在政治教化方面，它的对立面是道德的政治化。这个伟大的尝试在哲学史中，把雅各宾革命放在康德和黑格尔之间的某个位置。事实上，雅各宾派想要达到的目标是，为了一个"正确"的共和政治打破恶性循环，这种共和政治可以用现实和完整的形式达到公意，前提是所有参与者在道德上都是善的。同时，在一个腐朽文明当中道德的善只能通过一个正确的共和政治来获得。雅各宾派坚信，他们是通过宣称道德政治和政治道德来达到目标的。

康德，这个雅各宾道德政治实践的具有代表性的"旁观者"，在这个问题上的观点是十分矛盾的。有时，由于他低声下气（humiliating）地依赖于君主的意志，所以他几乎总是迂回地处理革命的道德实践的问题，并不得不做一些小的言词的让步。然而，在大体上来说，从国王受到审判时候起，他就由于道义的原因，遭到大革命的"罪恶"和这个的深切痛恨。根据康德的观点，政治中道德原则的存在，只能有一种解释：公正体制的创生，不能妨碍，而是促进人类现象（homo phenomenon）世界道德善的行为，因为，政治体制恰恰是属于人类现象世界的，而不是属于人类本体世界的。这就足够说明为什么康德把雅各宾派的政治教化看作犯罪。同时，他可能永远无法完全抑制住对雅各宾道德实践的钦佩。让我举一个关于这个（小心隐藏的）钦佩的例子："因此，经常发生这样情况，道德家们行为专断，缺少实践性，他们可能通过匆忙所采纳的或是被推荐的方式，反复违反治国之道，但是，凭借这样违反本性得到的经验一定使他们慢慢地走向正轨。"[1] 那些"专制的装腔作势的道

---

[1] I. Kant, Zum ewigen Frieden, in Werke in zwölf Bänden, Vol.11, Frankfurt: Suhrkamp, 1964, pp.234-235.

德家们"(其政治认同谁也说不清)吸引康德的是,对人类完美性的公共信仰,康德这个信仰与雅各宾的"公共教义"相似。① 就黑格尔而言,约阿希姆·里特尔(Joachim Ritter)简明卓越研究的伟大功绩是②:我们现在可以明白黑格尔对大革命内在复杂性的态度,这是他哲学的核心问题。里特尔的分析表明,没有其不同阶段的具体说明的整体革命,是如何成为自由形而上学的核心问题——宗教形而上学,而这个问题从古希腊衰败之后一直是处于真空地带。毫无疑问,只要黑格尔涉及雅各宾主义,他只能把它视为"自由的过度",也就是说,看作一个普遍本质的具体畸变。但是,同样无可否认的是,对于黑格尔来说,整个的自由辩证法只能从吸取雅各宾教训当中出现。自由和需要体系(目前为止,后者只允许一个"消极自由")之间的矛盾恰恰来自雅各宾自由政治的"社会化",来自黑格尔的"社会问题的主位化"(thematizing),这被阿伦特视为重大的雅各宾遗产。这个冲突正是大革命雅各宾阶段的特征,而且,仅限于此期间。这个矛盾的不可解决性,连同赋予国家在调节特殊、至关重要的矛盾的道德功能(后者一直反映在黑格尔的著作当中,直到《法哲学原理》)都证明了雅各宾的实验隐秘地、直接影响了黑格尔的哲学。

现代民主的建立,是希腊,尤其是罗马共和国城邦的再造,雅各宾派革命者把它看成应对"启蒙运动危机"的对策。按照康斯坦特和马克思的著名论文的观点,尽管雅各宾派的事业是披着希腊罗马的外衣,但是其具有精心打造的现代特点,这似乎是毫无疑问的。这一论点的证据是,雅各宾主义当中对卢梭传统的敏锐意识,不断地克服现代性的问题,例如,他们关于一种新型民主的蓝图设想。不过,他们也是建立在那些革命早期先驱们努力的基础之上。民族作为"主要"的社会现象(主要,即"最重要"、"首要的"和"优先的")在锡耶斯(Sieyès)的"国民形而上学"中已经呈

---

① 赫勒在 *Beyond Justice* (Oxford: Basil Blackwell, 1986) 中已经指出,在康德的哲学中至少存在一种"积极的"倾向,这种转向支撑他的"人类学转向"和人类完善性的观点。
② J. Ritter, *Hegel and the French Revolution*, trans. with intro.by Richard Winfield, Cambridge, Mass.: MIT Press, 1982.

现。国民的"权利"（这是一个值得商榷的概念，它把形而上学的实体转换成一个造物主和一个至高无上的立法者）是不容置疑的；它们是"第一原则"。因此，没有什么可以限制制宪意志（volonté constituante），这种共同的、制度化的意愿，毫无疑问，它代表的是对被长期压抑的前存在实体——国民——首要地位明确的授权。正是因为制宪意志这种不受约束的特征，通常被后人看作自由主义化身的第一次大会，被许多解释者理解为一种专政。此外，一些研究者认为，在法国大革命时期，制宪意志不只是民主的"初始风景"。在这些分析者看来，这似乎是最高层意见的制度化形式，每当基本的原则需要重新商榷时，他们的不受约束的权利就得重新恢复。这正如索布尔所认为的：当从事国王审判的议会开始时，它再次成为一种制宪意志。①

尽管有重大的修改，雅各宾派想象（imaginaire）还是利用了国民（nation）和制宪意志的形而上学。对于锡耶斯和雅各宾派而言，一个关键的区分是，国民是个核心的范畴、主要现象。"国民"是一个形式的，而非内容性的范畴。然而，对于雅各宾派的目的来说，需要更多内容上的界定。新的术语是"共和国"，它与先前一套具体设计的体制是不同的。我们都知道，罗伯斯庇尔对他所谓的政府形式漠不关心。（在这一点上，他与锡耶斯的态度是一样的。）在雅各宾派的解释中，"共和国"包含两个实质性要素。首先，从与个人野心、贪婪和利己主义相比，它被看作"社会"时空扩展和集体意志。其次，与所有革命中的政治敌人相比，它被看作美德的体现和协商，而这些政治敌人在教化的政治和政治化的道德中呈现出"腐败"和"邪恶"。因此，虽然，对于锡耶斯（Sieyès）和罗伯斯庇尔而言，国家是共同意志（Volonté générale）的化身，在独裁政权之下，这个词却具有新的含义。在这个新的解释中，共同意志确实是道德的。在雅各宾派看来，这个概念产生了一个可以判断"正确"政治的标准，通过这个标准，可以确定区分出作为共和国国民的朋友和敌人。

---

① Soboul, *La Première République: naissance et mort*, pp.10-11.

与国民的至高无上的观念不同，凭借"美德共和国"的共同意志（Volonté générale）从来不是一个充分的基础原则。显而易见，国民作为一个政治概念，允许从中推导出相应的政治制度，而"美德共和国"是一个需要一种绝对道德基础的道德术语。但是"美德"是一个非绝对的中性词。因此，哲学的革命冒着这样一个风险，即设计一个新的政治秩序去回答"人造文明"的困境和启蒙危机的所有问题，从那时起，最高存在的崇拜成为可能。不管是对发明者有着个人虔诚还是其他什么东西，①对最高存在的崇拜是"美德共和国"不可缺少的基础原则。但是，毫无疑问，基于最高崇拜基础上的共和是从启蒙运动的主导信息出发的：政治的世俗化。②毫无疑问，超越启蒙运动危机的尝试以反启蒙结束。1793年雅各宾派宪法就可以证实这种描述的真相，或者，更确切地说，是体现在1793年4月24日由罗伯斯庇尔提出的"人类公民权利宣言计划"中。

这个"计划"与大革命初始阶段密切关联。它的主要价值——自由和生命（"存在"）——是对宣言（Déclaration）中这些东西的认同。平等仍然是支持自由和生命的从属原则，而不是敌对的价值理念。自由、生命和平等不但具有悠久的传统，而且其"本质"是一成不变的。但是，与原初的宣言的区别又是显而易见的。罗伯斯庇尔的"计划"，人权和公民权宣言是按照下面一种方式来制定的："公民"被理解为共和国的国民，而不是被视为拥有政治权

---

① 经过仔细分析，得出的事实是：在国民大会和最高机构里，尤其是在公共安全委员会里，一些最为极端的雅各宾派领导人，是鄙视罗伯斯庇尔"祭祀精神"的无神论者。主要的历史学家，如 Michelet，也在这种厌恶中追随着他们。Abensour 认为，就共和法律的神圣基础而言，即使是圣 - 茹斯特也与他的朋友联盟之间存在一种（隐蔽）的冲突（参见 *La Philosophie politique de Saint-Just*, p.39）。

② 同时，新的崇拜不是一种真正的宗教。新出现的狂热崇拜所造成的内部矛盾进一步证明，"欧洲天才们"根本没有能力创造具有世界影响力的宗教。一方面，新的崇拜对于真正广泛的公众意见而言太理性主义了。许多著名的关于最高存在的颂扬（最具有代表性的是 Michelet 在 *Histoire de la Révolution française*, Paris: Gallimard, 1952, Vol.2, Book18, Chapter1 中的观点）其实是无生命的理性，欢庆"几何精神"的干涸，其预示了空洞的、无灵魂和一种未来极权主义民众聚集的操控。被迫欢呼没有机会成为一个新的 *bilia pauperorum* 的民主接受了这个抽象原则。另一方面，在这种新的崇拜中，道德和理性的终极基础代表着对坚持启蒙重要遗产的那些人的一种愤怒。由于深陷这种争端，被革命者承诺提出新的上帝已经失去，并且永远不会再度获得。

利,又因为这种资格而成为公民的"人",而这种资格预先决定了只有人权才属于其中的特殊的社会组织类型。这种双重性是整个"计划"的特征。一方面,它的民主特征比宣言和宪法里的更具有持续发展性。在民主权利的发展历史中,权利的形成代表了一个决定性的突破:普选权。它保障基本人权和公民权,包括集会和言论自由,这也意味着出版言论的自由(包含两个自由,即新闻自由和政治宣传、煽动自由)。它规定了主权在民,甚至规定了最高统治者那部分人的主权和竞选公职的平等机会[也就是说,甚至由保守的伯克(Burke)所进行马克钱(marc d'argent)的废除,是如此地受鄙视]。它宣告法律面前人人平等,甚至反抗压迫也是一种基本的权利。此外,就如经常被强调的,1793 年的宣言是一种"社会民主",原因在于,它宣布了所有权是一种社会制度。在一个抽象的意义上而言,宣布所有权是一种社会制度不是基本政治体制成立的标志。在规定一个社会体系的基本原则时,奠基性文件首要任务是要说明,人的生命和人的活动应该宣称私人和公共的各自范围。此外,宪法通过将人们生活的一些方面(比如,意见的保留)归入个人的以及私人的领域,来慷慨地为自由提供保证,同时,通过宣布其他方面属于社会领域,它为每个人的幸福提供集体主义的保证。那么,到此为止,雅各宾派正朝现代民主的方向迈进。①

但是,宣言也存在着原教旨主义特征的明显信号。② 首先,该文件是在"宇宙伟大立法者"面前所做出的一个"严正声明",因此,它更是一个宣誓,而不是代表公民意向的宣言。但是,誓言,特别是一种宗教的或是准宗教性

---

① 但是,不论在罗伯斯庇尔的"规划"里,还是建立在其基础之上的宪法,都没有任何对直接民主的认可,这一点是争辩中孔多塞计划表现出的主要特点。孔多塞计划或者被解释者以沉默的方式加以掩盖,或者是被完全忽视,并且被标以"吉伦特派宪法"。这一点 E. Biré 在 *La Légende des Girondins*, Paris: Pierre et Cie, 1896, pp.232-242 中清晰地进行了论述。关于孔多塞计划是否具有吉伦特派特征,很具有争议。同样具有争议的还有这个方案实施的可行性,其本来设想把巨大的共和国转变为民众的永远联盟和全民公决。可是,就民主价值而言,它超越了雅各宾的视野,后者坚持行动的唯一准则。

② 我关于罗伯斯庇尔"计划"的分析的基础是他题为"所有权,人权的一种预计宣言"(1793 年 4 月 24 日)演讲,参见 Stephens (ed.), *The Principle Speeches of the Statesmen and Orators of the French Revolution, 1789-1795*, Vol.2, pp. 336-373。

的誓言，有不可改变的特征。对它不服从就是异端，而对它进行改变则是亵渎。正是雅各宾派"美德共和国"奠基性文件的这个形式，呈现出它自身偏狭的、原教旨主义倾向的明显特征。同时，因为它明确定义了所有权在什么意义上是一种社会制度，因此它展示了一种政治纲领和随之而来立法的特征。按照雅各宾派的宪法，确保穷人的生存和幸福是富人的责任。当然，我不反对累进税制，罗伯斯庇尔"计划"中的那些规定，具有可行性解释的恰恰是累进税制。但是，对基础文件里一般原则的超越，几乎就是等同于落入残暴的基础主义的陷阱里。后者的迹象在"计划"里更加明显，因为它宣称了"非法和非道德"所有权的某些类型。此外，文件的结论就是，要找出进行打击的总体目标：他们是（其他国家和）国王、贵族和"暴君"。这类人群是"反抗地球上的最高统治者的奴隶"，后者由于是一种权威，必然被排除在一个国家及其公民的权利宣言之外，排除在不是世界共和国的奠基性文件的宣言之外。

不论是自由的新秩序被称为"民主"还是"共和"，在现今看来，甚至某种程度上在法国大革命时代，似乎都是理论上吹毛求疵的小问题。[①]但是，关于自由新观点的实质性问题大部分都隐藏在这个术语选择背后。毫无疑问，如果一个自由的社会要成为"民主"的，这就要求主权在民，因此要对"主权"的内涵进行解释。然而，从锡耶斯到阿伦特，一直存在着悠久的传统，那就是，理论家们明确敌视使用这个术语。对他们来说，一旦专制的君主统治结束（"主权"一词合法拥有者）这个概念不仅失去所有的意义，而且也会带来危险的含义。虽然在主要观点上，我不同意这个说法，但我不能

---

① 在瓦雷纳危机期间，锡耶斯解释了他为什么对"君主制或是共和制"都漠不关心。他说，他对自称是"共和的"政治态度，并没有敌对情绪，事实恰恰相反。但是，真正问题所在不是执行者的形式（在君主制和共和制之间的区分是，前者的执行者是一个人，后者是一个可以变化的主体）。锡耶斯认为，问题的关键是，这个统治系统是一个寡头政治还是一个多元政治（后者因为多多少少带有政治体制基础，显然被认为更接近自由）。由于多种原因，相比共和制而言，锡耶斯更倾向于君主管理制。因为寡头政治是君主制的天生竞争对手，后者就支持"多数人"的权力参与，反对"少数人"的权力参与，因此，它会促进自由的进程。参见 M. Reinhard, *La Chute de la royauté*, Paris: Gallimard, 1969, p.126。

否认这些保留意见与反对意见之间的关联。他们主要关注的，而且法国大革命的历史也确证的，并非毫无根据的事实是民主，作为人民主权论，它表现出了早期专制统治的各种残暴特征。首先，也是因为人民不得不被其他人统治，否则，这个词是没有意义的。这个"其他人"，大概是一些以前享有特权的人员，或者，更普遍而言，是指那些持不同政见者，因此成为人民主权论压迫力量的集体目标，在特定的社会里这将减少而不是增加自由量。① 其次，"主权"的概念表明著名的政治三权分立的统一。把民主作为人民主权论的大部分评论家一直认为，人民（即整个民众）不可能行使所有的三个功能，也许，这三个功能不可能以一种直接方式被实施。如果确是这种情况，人民主权论变成一个隐喻。但是，如果人民，或者是人民的精英，能实践这些权力，那他们就得如同统治者那样去做，也就是说，不是分别的，而是把三个权力合在一起去实践。这恰好就是为什么汉娜·阿伦特确信，大众主权又会使法律政治化，使政治变得无法无天，就像专制君主统治时期那样。的确，这就是出现在雅各宾派的解释以及作为大众主权的民主实践中的事情。在他们那里，人民主权论成为鼓舞人心的权力机器。从合法政治活动的唯一轨迹（locus）来看，国家本身的发展就是受到质疑的，国家开始成为一般的教育家，甚至成为所有社会关系、"市民社会"自身的创造者。

此外，被认为实现了的共同意志法则的共和国统治体系，会让人联想到古代的民众（demos）统治。它对意愿的同质化情有独钟（在雅各宾派统治下，共同意志没有竞争，没有忍耐性）。至于下面要讨论的具体原因，也是因为与相对的社会同质化而言，有一个相类似的倾向。一般说来，在试图模仿古代的现代民主的机构里，少数人运气不佳：政治精英没有时间给外国

---

① 具有讽刺意味的是，锡耶斯作为"人民主权论"观点的反对者，恰恰是集体排斥前贵族主张的主要倡导者。参见 Higonnet's 在 *Class, Ideology and the Rights of Nobles* 里的论述。但是，新君主（或是不如说在这种名义下统治的权力精英）的愤怒在恐怖统治期间是最明显的。

人、持异见者和不守规则者。如果说在塔尔蒙（Talmon）奇怪术语里有什么内容的话，"极权主义民主"就是它背后的本质。如果从这个角度来看，我们就能理解雅各宾革命者所穿的希腊罗马的服装的作用了，这种理解比马克思将其理解为"自我欺骗"更加符合实际。无论他们解释的历史真相是什么，雅各宾派把希腊雅典（Athens）、斯巴达（Sparta）和罗马共和国视为同一个意愿（une volonté une）的家园，即同质化习俗法则和统一的政治意愿。

正是这种"美德共和国"带来了现代政治最重要的原则：自由的辩证法。它是雅各宾派重要的创新，以马拉（Marat）和罗伯斯庇尔"自由的暴政"而著称。有人主张，有必要实行暴政，只要这种暴政是为了自由就行。和仇恨相比，这种观点对其他人似乎极具迷惑性。几乎所有的革命者在紧急情况下都不得不接受了罗马式的临时独裁政治，尽管他们对于罗马共和国的做法持不同的观点。[①] 然而，那些人在一定程度上掌握统治权，并实行罗马独裁官们都难以得到的集权，乍一看，人们对那些人的痛恨有些令人费解。对于他们而言，它也不完全是一种伪善的信号。因为他们清楚，君主立宪制是出类拔萃（par excellence）统治的制度，个人统治是人身依附的正面一方；此外，理想的情况是，在君主立宪制里，国王的身体是唯一的，肯定也是至高无上的国家。难怪，一个个人统治的建立，即使是暂时的、受限制的和名义上的共和，这种建立对于所有形形色色的革命者而言也都是禁忌。当大革命不再是禁忌的时候，大革命也就接近终点了。即使这种终结只是名义上的。克伦威尔（Cromwell）的经验、对渡过卢比孔河的那个人（凯撒）的记忆，使他把自己提升到护国公的地位。然而，他当独裁者只是出于实用的目的，这就激起了他们的恐惧和怀疑。雾月之前的所有法国革命有一个独一无二的特点，那就是缺少一些由个别人物所占据的具有人格化的职位。议会设有专门的议

---

① 当然，在不同时间和不同情境下，马拉和圣-茹斯特因为倡导这样一种独裁者的理念而闻名。这个理念被他们的同行义愤地加以拒绝。罗伯斯庇尔显然更为直接，他总是为自己辩护，反对说自己追求独裁者正式立场的指控。

长，委员会实行集体管理，即使实际上有一个人来统治他们，也是如此，于是，俱乐部也是以大会为模板建立的。在热月之前，对个人独裁的需要几乎是无法抵挡的，当然，这又是另一回事了。但是，个人独裁仅仅是众多"自由暴政"可利用形式中的一种。

为什么是自由（freedom）的暴政？为什么没有以直接的马基雅维利方式显现出来的纯洁且简单的"武装先知"统治？在这个辩证的构想背后有一个非常重要的原因：那就是与倡导自由和绝对价值的启蒙运动有着密切的联系，这种联系是任何自称是革命者的政权难以割断的。这不仅仅限于外表所呈现出来的情形。很长一段时间内，对于政治参与者内在的良知而言，与启蒙运动的这种关系是禁忌的。因此，有必要实行暴政。然而，这种社会实验必然结果是，作为最高价值的自由，具有双重意义上的相对性。一方面，其他人现有的自由是受限制的，缺乏基础的和误用的自由，如果仍然是自由的一种，那必定是所宣称的"假自由"（如罗伯斯庇尔抨击英国的假自由）。另一方面，自由本身，就它转化成暴政而言（一段时间内，在某些方面对于某些民众团体等）是从一个绝对的价值转换成一个相对的价值。

为什么会有自由的暴政（tyranny）？那些紧急措施可能是受限制的和强制性的，特别是在战争的情况下，但是它们没有构成暴政的体制。此外，嫉妒他们的自由的国家在给予他们战时政府过多的权力之前，通常都是经过了深思熟虑的，但后来又往往对此懊悔不已。在最初的雅各宾自由辩证的观点中，存在一个危险的含糊性。一方面，根据他们的言论，防范"暴君"蓝图已经规划出来。换句话说，设计的应急措施制度不能被证明是一个极端的词汇。然而，同样出现了另外一种解释，首先与罗伯斯庇尔有关。根据他的理论，恐怖不是正义的对立面，而是促进了正义。[①] 如果是这样，相对于非道义的多数派来说，道义"在本体上"是站在少数派一边的话，那么就很容易看

[①] Abensour 认为，对于圣-茹斯特来说，至少在理论上，恐怖的原则和实践只与革命政府相关联。一旦稳固下来，共和国的机构就不再需要恐怖了（参见 *La Philosophie politique de Saint-Just*, p. 27）。

出，为什么"仓促组建起来的司法机构"变成了自由的暴政制度。这就是所有情况，更何况雅各宾派的实践自由不是每个人享有权力的总体，也不是每个人为实现这些权力享有的活动空间。它也不是一个自我纠正的过程，在其中，每一个先前阶段的限制都可以通过实现新的自由而被超越。自由与"道德共和国"的建立是同时同延（coeval and coextensive）的，后者为自由所能达到的程度设置了限度。因此，那些想要额外自由的人，透露出他们非善道德的本性，这时就需要有一种"迅速司法"出现。因此，在雅各宾派的计划中，暴政不是特殊情形下一种应急措施；它恰恰被写入这个方案文本中。

　　谁是雅各宾派的革命者？正如之前探讨过的，除了相关的阶层理论，目前对这个问题还没有相关的答案。这不仅仅是因为阶级（或是阶层）的观念仅仅是在萌芽（in statu nascendi）的状态。① 更为重要的是，正是革命过程本身创造了雅各宾革命者，或是革命者创造了自身。圣-茹斯特（Saint-Just）的事例经常被引用，这个事例被用来清楚地描述（aperçus）革命过程，这一过程引导参与者做出他们以前做梦都想到过的决定。这个事例适用于雅各宾派革命者的自我创建。应该承认，众多的同样思维简单的激进分子，不管他们是否出名，要从他们中进行选择和自我选择，都不是随随便便的决定。首先，应对启蒙的危机以及共和国或者新的民主制创立过程中所涉及的理论问题，需要一种敏感性。此外，要成为雅各宾派类型的革命者有两种偏好是必

---

① 关于雅各宾派的认同问题是否可以按照专业概念去理解，还应该提及另一个主要争论。这里著名的是由伯克建立起来的传统（参见 *Reflections on the Revolution in France*, pp.40-41），他把典型的革命分子定位在律师职业成员当中（甚至在狭义意义上雅各宾派革命分子出现以前）。如果这是真的，就部分解释了诉讼的精神，为了"赢得案件"这个唯一目的，使用诡辩，打破常规，全然不顾及司法公正，这当然是雅各宾派革命的主要精神。很明显，它是在革命势头激进化过程中不断增长的一种精神。但是，这种智谋理论的有效性似乎也受到很大怀疑。莱茵哈德（Reinhard）（*La Chute de la royauté*, p.200）对此提出了两点异议。首先，他认为，从统计学而言，这个论点是不真实的：在立法议会里，不超过20%的代表从事律师职业。其次，伯克对整个革命过程（至少是部分的）的猜测是通过愤怒律师感受来实现的：那些律师，由于其社会的劣势地位，反对过时的（同时也反对传统的保守主义）议会和其成员组成的体系，这种观点是站不住脚的。在莱茵哈德看来，到了大革命的时候，律师已经获得了广泛的、良好的声誉。

不可少的：受卢梭的激发而产生的对穷人苦难的无限同情心，以及永远地只生活在革命中的意愿。① 在我看来，与阿伦特观点形成鲜明比照的是，这种同情的能力是一张杰那斯（Janus）两面神的脸。一方面，它包含必不可少的情感（和智力）准备，对于别人的痛苦遭遇感到惊愕，强烈要求减缓或者取消这种痛苦，超越人造文明的"正常的"利己主义。对于现代性的情感和道德文化而言，这是哲学革命的伟大道德贡献。另一方面，由于救赎性专制主义（redemptive-absolutist）（特征），它呈现出一种危险的形式。哲学革命者把他自己视为绝对善的储存库，一个人们可以提取任何东西的宝库，只要他是沿着革命的方向前进的，这个方向预示着所有人类痛苦的消除。对抗制宪会议反对死刑的罗伯斯庇尔与恐怖系统重要头目的罗伯斯庇尔之间没有差别：两个人是同一个人。哲学的革命者有一种甚至对罪犯生命都抱有同情的巨大敏感性。但是这种巨大的、对所有类型苦难的敏感，在凡人之间罕见的一种倾向，使他成为绝对善的化身，成为能解决所有人类问题的灵丹妙药的发明者。因此，在自由辩证法新的旋转轴（pirouette）上，他自由地做任何事情。第二个倾向更是受到质疑，因为它使革命成为一种职业（métier），一种生活方式。职业的革命家，他的既得利益是革命进程的延长，他只有在革命的风暴中才感到有归属感，而其他的生活方式是陈腐乏味的，这与雅各宾派的激进哲学是相伴的。

　　这样一种假设是有道理的：社会蓄水池中那些对那个时代最深刻的问题具有如此特别洞察力（如果是在非常不同的智力水平上），并且具有如此高度敏感性的人可以被列为所谓的知识分子。阿伦特在《文坛共和国》（république des lettres）杂志上找到了他们的出生地，最新的关于知识分子渴望阶级权力的理论旨在他们中寻找早期的原型。要在大革命的几乎所有阶段，尤其是雅各宾派独裁阶段实行阶级统治，这种（有意识或半意识的）要求无论如何都存在根本的障碍：社会同质性的终极目标，即一个一直处于慢慢瓦

---

① 遵循阿伦特的观点，在文章《贱民和公民》（The Pariah and the Citizen）里，我已经分析了革命的同情所存在的问题。

解状态的终极目标（telos）。

恰恰就是这个同质目标（telos），使对雅各宾主义作为一个政党（a party）的说明问题重重。正如布林顿的观点所表明的，雅各宾社团网络所有意图和目的，都是把自身当作政党机器来运行的。然而，作为一个政党所具有的意识以及政党该怎样行动，不仅在他们身上没有体现出来，反而对他们来说还是禁忌。[①] 当然，公意的精神和共和国的意志，不能忍受"派系"的存在。国家必须是一个完整不可分割的整体。《人民报》（Le peuple）并不意味着具有绝对同一性，因为那将等同于绝对的平等，对于罗伯斯庇尔和几乎所有的雅各宾派成员来说，那是一种妄想。然而，它也不是完全异质的，它也没有被分成由不同党派所代表的不同的阶级。但是，在至关重要的问题上，整个共和国还必须得是同质的：这表现在维护共和国的道德上，这种共和国的道德是由至高无上的力量来保证的，并由具有德性的少数人进行监督。所有这一切就阻碍了政党的形成。热月9日这一天，雅各宾派为他们的同质性教条感到懊悔了。

（选自〔匈牙利〕费伦茨·费赫尔：《被冻结的革命》，刘振怡、曹丽新译，黑龙江大学出版社，2014）

[①] 这种情况不仅仅在雅各宾派这里存在。同样的情形也发生在英国修正主义历史学家西德纳姆（Sydenham）那里。在其著作 *The Girondins,* London: Athlone Press, 1961 中，他否认了吉伦特派的政党特征。西德纳姆认为这是有着不同想法和行动的政客偶然聚在一起的群体。出于某些神秘的原因，为了相信西德纳姆，就不得不承认，他们也是一个偶然的民众狂怒的集体目标。这当然是夸大其词，但是了解西德纳姆的详细分析以后，我们就不再认同拉马丁（Lamartine）那种尽管是诗意的，但却是错误的统一吉伦特派政党的观念。

为什么今天的中国需要研究欧洲中世纪哲学? *

约翰·马仁邦　罗跃军 译 **

"欧洲中世纪哲学"是指欧洲中世纪,即从大约 500 年或更早一些时候至 1500 年左右,源于古希腊思想的哲学传统。虽然我个人认为这些限定太过狭隘,但为了这次演讲,我仍然遵循通常的界定。① 从地理位置和语言上来看,这一哲学传统是非常宽泛的,包括拜占庭帝国的希腊语文本,西欧的拉丁语文本(偶尔还有一些方言文本),穆斯林、犹太教和基督教学者用阿拉伯语传统向东已经延伸到中世纪最著名的评注者之一阿维森纳的出生地——今天的乌兹别克斯坦,但很明显它和中国的哲学传统是不同的。因此,本文标题所提出的问题并不是一个像"为什么当代需要研究中世纪哲学?"一样简单的问题。后一个问题固然需要回答,但我还要提出第二个问题,即为什么中国人应当考虑研究这种不仅属于遥远的过去,而且与自己的文化完全不同的中世纪哲学?我将在本次演讲的最后一部分中回答这个问题。

---

* 本文发表于《理论探讨》2015 年第 1 期,收入本书时部分内容有改动。

** 约翰·马仁邦,剑桥大学三一学院教授,从事中世纪哲学史研究;罗跃军,黑龙江大学哲学学院院长、教授,从事中世纪哲学史与现代基督教哲学思想研究。

① 我相信,有充分理由支持把从普罗提诺时代(公元后 3 世纪)至 1700 年整合为一个单一而长久的中世纪这种年代上的划分;我在我的题为《何时是中世纪哲学?》(When was Medieval Philosophy?)一文(剑桥大学荣誉教授任职演讲)中提出这一问题,这篇文章可以在如下两个网址中获得:http://www.dspace.cam.ac.uk/handle/1810/240658 或 http://www.sms.cam.ac.uk/media/1191806。

一

就研究中世纪哲学本身的价值来说，这个首要的、一般性问题的答案取决于对一个甚至更一般性问题的回答："为什么今天要研究过去的哲学？"我们必须要从这一个问题开始。非常奇怪的是，这是一个很少被明确提出的问题。在欧洲大陆，通常研究哲学的主要方式就是通过阅读过去伟大哲学家们的著作，而且常常没有理由地想当然认为理应如此。相比较而言，在英语世界的分析哲学传统中——这是我主要关心的——关注的焦点则是当代的哲学问题。哲学确实是按照自然科学的模式来思考的，因而，除了关于一个最近问题的历史之外的任何知识都是从创新研究中派生出来的。然而，几乎在所有分析传统的哲学系中，哲学史都占有一席之地——或许是一小块地方（通常提供一个被剪裁很多、漫画式的历史），但依然占有一席之地。分析传统的哲学家们似乎也感觉到他们的主题与自然科学并不完全相似，并且认为学生们至少应当用一点时间来掌握哲学的历史。但他们通常并不停下来反思这样做的原因。即使当他们进行反思并提出各种各样的原因时，但没有一个原因是完全令人信服的。①

所给出的、最平常的原因就是过去哲学中的论证与观点直接有助于促进当代的讨论。事实上，由于对过去论证与观点的直接研究几乎并没有在实质上促进今天的讨论，所以这一答案是不充分的。虽然提及过去可以为某个主题提供一个十分吸引人的导论，或者是给出另一个令人感兴趣的主题，但这与实际上有助于促进问题的解决是不同的。我并不是在否认，哲学在某种程度上是累积的，以至于每位过去的哲学家都做出了可以被其后的哲学家所继

---

① 在这里，我已经按照某些相似的逻辑讨论过研究哲学史的各种一般原因，更为详细的讨论参见《为什么研究中世纪哲学》一文，载于 M. van Ackeren, T. Kobusch and J. Müller 编辑的 Warumnoch Philosophie.Historische, systematis cheundgesell-schaftliche Positionen, Berlin and Boston: DeGruyter, 2011, pp.65-78。

承的永久性贡献。但这些贡献恰恰就是被充分吸收到这一哲学传统中的东西，以至于学生们要了解这些永久性的贡献并不需要研读那些过去最初形成的文本。不可否认，这就像物理学家们仍然依赖于牛顿的工作及其成果，但很少阅读他的《自然哲学的数学原理》一样。例如，有一些当代哲学家们无耻地宣称自己是康德主义者，或者是彻头彻尾的托马斯主义者，但这些哲学家们只是一般性地继承了他们所认为的康德或阿奎那的观点，并用来指导他们参加当代的讨论，而实际上他们并没有从事对过去哲学进行认真研究的工作。

某些对过去哲学有着浓厚兴趣的、重要的分析哲学家们已经意识到，通过提及哲学史直接有助于促进目前的讨论来证明哲学史研究的合理性是不充分的。有两位哲学家已经提出他们各自不同的合理性证明。在安东尼·肯尼看来，为了"对付"哲学，我们需要明白一个哲学体系整体开始的方式，并追踪每一个简单论证的各种后果。但建构这样一个复杂的体系则是全部哲学史中非常少数的伟大思想家才能完成的任务。因此，如果我们想要评判这些伟大的思想家们，那么我们就有义务研究过去的哲学家们。即使承认肯尼关于那些伟大思想家们的观点是正确的，但他所证明的是研究某些过去哲学家们的合理性，而不是研究通常意义上的哲学史的合理性。理解过去的哲学要求不仅仅只聚焦于这一位或那一位孤立的伟大思想家。但根据肯尼的观点，只聚焦于那些伟大的、对于现在的我们来说最容易理解的哲学家们，并且应当忽略过去的许多时期（当然包括中世纪），才是明智的做法。

伯纳德·威廉姆斯提出一种不同的合理性证明。他看到哲学史所起的作用："使熟悉的变成陌生的。"威廉姆斯认为"为了证明其存在的合理性"，哲学史"必须要和现在保持着历史距离，而且为了维持其作为哲学的身份，必须如此。只有达到这种程度，它才能真正是有用的，因为正是达到这种程度，它才能帮助我们去运用过去的思想来理解我们自己的思想"。威廉姆斯的看法十分具有吸引力，但是就他所遗留的未完成的形式而言，它是无法令人满意的。仅仅向当代哲学家们展示各种论证与思想观点，而不研究它们，几乎不可能对它们产生深刻影响。

既然这两种来自分析哲学传统内部的合理性证明都令人十分不满意，那就应当考虑分析哲学家们不可能提出来的其他证明。哲学的历史完全可以被当作一种类型的历史来对待，而且像其他各种类型的历史一样来论证其合理性。我们天然就对过去感兴趣，而且那时被书写下来的哲学是过去的一个组成部分。通常，这种合理性证明都会引出这个学科应当如何被研究的问题。如果哲学的历史被作为历史而得到证明，那就需要我们像研究其他类型的历史一样来研究它，并阐述其因果关系。这种因果关系将不得不充分考虑可以解释这些发展的所有原因——政治和经济的变化、文化变迁和教育变革。不幸的是，当按照这种像思想史的方式来研究哲学的历史时，那些过去哲学家们的伟大著作通常都佚失了。从哲学的角度来说，这些论证令人费解。为了使哲学家们适应一个更广泛的文化、经济和政治历史模式，纯粹的结论与其处境不得不被分离开来。

然而，这种反驳暗示着，有一种方式可以把这种合理性证明修改为充分的合理性证明。当像思想史一样来研究过去的哲学，而没有注意其细节和论证时，这一失败不是哲学的失败，而是历史的失败。即使从一种纯粹的历史观点来看，过去的哲学也需要被理解为哲学——也就是说，理解为论证的结构：若没有说服力和逻辑性，这种论证的结构是很难被理解的。完全有理由把对过去文本的谨慎而恰当的哲学分析与对更广泛处境的适当描述结合起来，并把它放置在一种因果关系之中，正如评价其他类型的历史一样去评价它。然而，考虑到专业性的程度以及对它所要求的问题的研究，这种哲学历史的读者主要限于哲学家们（或那些对这个学科有着浓厚兴趣的人）。

那么，这是否意味着对哲学的历史感兴趣仅仅对于那些恰好对历史也有兴趣的哲学家们来说才是合理的呢？答案是否定的，因为有理由可以解释这一点。即使当代的哲学家对历史没有专门的兴趣，但他们也应当研究哲学的历史，因为通过这样做，他们将使他们自己成为更好的哲学家。哲学家们的日常工作就是要提出和解决各种哲学问题。然而，对一个主要问题的收集不同于对其他问题的收集，因为它包含着二阶而不是一阶的问题：对哲学家最初活动的反思。这种对问题的收集是由一个简单的问题提出来的，即何谓哲学？这个问题进而还包括其他的问题，诸如：哪种问题是哲学问题？如何回答这些问题？如果有目的的话，通过研究它们要达到什么目的？以及这种研究是如何与其他思想的、文化的、社会的、经济的和政治的活动联系起来的？掌握哲学的历史对于理解和解决这些问题是必不可少的，因为它提供了所需要的经验证据。这些问题都不是通过概念分析所能解决的。因为哲学不是自然的物种，哲学是人类的实践，确切地说，是人类实践的家族相似，所以，理解它是什么——不只是它恰好此时是什么——取决于它在历史中是如何被实践的（我将在后面从地理的角度进行解释）、（在对它的理解中）什么已经成为它的常识，在不同的社会文化环境中还会出现何种变化的理解。

二

鉴于这种为研究过去的哲学而做出的一般性证明，似乎没有必要为研究中世纪哲学而做出特殊的合理性证明。然而，看一看在英语世界的大学中讲授何种哲学的历史将很快发现得出这一结论是多么的草率。大多数学生不得不或至少被允许去学习古希腊哲学和从 17~20 世纪的欧洲哲学。相比较而言，中世纪哲学的学习经常完全被忽略，或者被非专家们迅速地一带而过。对于这种忽略通常也没有明确的合理性的证明。一个未被明言的理由或许是觉得，把 17 世纪哲学，特别是 18~19 世纪哲学整合到当代讨论之中比较容易，因为一种论证常常能够从现在追溯到那时。一旦承认过去的哲学文本的价值不在于它们直接为哲学问题的解决做出了一阶贡献，而在于为反思那种活动提供了二阶方式，那么就没有理由把中世纪哲学排除在外。

但是，我怀疑，忽视中世纪哲学更强烈的原因是与此完全不同的。中世纪哲学被认为是以一种限定或削弱其作为哲学价值的方式而与宗教混合在一起。对这种态度的一个反应就是指出，古代和近代早期的哲学也和宗教交织在一起。另一个反应则是注意到中世纪哲学的广阔领域，包括以一种审慎地把哲学家们与其宗教信仰分离开来的方式进行研究的领域：在西方拉丁语世界，从1200年左右开始，所有大学艺学院的著作和整个逻辑传统；阿拉伯语世界中的许多哲学传统（falsafa）；拜占庭世界中评注亚里士多德的传统。然而，中世纪许多最著名的哲学理论仍与宗教问题有着非常密切的关联，这一点确切无疑。例如，想一想从13~15世纪的阿奎那、司各脱、奥康和其他许多哲学家们对作为神学标准教科书的彼得·伦巴德（Peterthe Lombard）《箴言录》所做的评注；或者想一想阿尔加扎里（al-Ghazal）和阿威罗伊（Averroes）关于伊斯兰教与亚里士多德哲学之间关系的争论；或者想一想迈蒙尼德（Maimonides）的《迷途指津》。中世纪哲学史家们没有必要为这些关联而辩解。正像我刚才所说的，哲学是人类实践的家族相似，而不是一个容易适于某种基本定义的自然物种。很明显，从其历史上看，哲学与宗教的讨论，确切地说是实践，在大多数时候和许多地方已经相互交织在一起。的确，通常哲学中一个核心的主题就是其与宗教的关系。因此，没有理由因为大部分中世纪哲学都包含来自启示性宗教的前提，或者因为大部分中世纪哲学仅仅由信仰赞同的教义所限定而否定它们。相反，哲学家们应当认识到，正是通过研究这些特征，将有助于帮助他们更好地理解他们此时正在研究的内容，不管宗教问题在他们所说的当代议程中所占的比重多么微小。

忽视中世纪哲学还有最后一个理由，这是很难被否定的。中世纪哲学，至少大部分中世纪哲学是令人非常难解的。它常常是非常专门化的，许多最伟大的著作都是专家写给专家看的，很少注意简洁性和读者的接受性。一位当代的哲学家能够接受我截至目前所做的论证，并且同意，为了成为一名更好的哲学家，他或她应当研究过去的哲学，但然后就会接着说："尽管如此，但我会撇开中世纪哲学，选择某一段比较容易的时期作为我的那一段历史。"然而，这一回答并不能说明问题。如果哲学家们应当研究他们的学科的过去有一个特殊的原因，即了解哲学的本性，那么他们不应当对过去的领域挑三拣四：他们需要把握整个传统的发展脉络。若仍像通常哲学史课程那样，从亚里士多德跳到笛卡尔，那就是不理会西方哲学传统的大多数，就是把2500

年长的欧洲大陆简化为一个几百年的小岛和另一个稍微大一点的 400 年长的岛屿。的确,所忽略的那个时代恰恰是哲学非常受尊敬、应用非常广泛,并达到了只是在最近才已经返回的水平非常高级的时代。但糟糕的是——如果我们的目的是要了解哲学的本性,而通过抓住一个小的、不具有代表性的部分,并把它看作整体,那么证据就将遭到歪曲,结论就会变得不可靠。尽管中世纪哲学令人难以理解,但如果哲学家们要从历史中了解他们的学科本性,那忽略中世纪哲学就是一种不明智的做法。

三

由于这些原因,分析哲学传统下的哲学系应该给予哲学的历史比通常实际情况更多的空间,而且鉴于中世纪哲学传统时间上的长度和地理位置上的宽度以及解释的复杂性,也应当给其一席之地。但中国应当怎么办?为什么中国的学生和学者应当研究许多世纪以前用拉丁文、希腊文、阿拉伯文或希伯来文撰写的哲学文本?当然,中国的哲学家完全有理由仅仅专修中国哲学。如果是那样的话,那我对哲学的历史价值所做的一般性评论就仍然是有效的。虽然根据有限的知识,我认为中国哲学没有忘记过去的危险,但恰恰有一个反面的问题。那些致力于中国哲学传统的学者认为他们自己是传统的一部分,以至于他们根本没有倾向于从历史的角度来看待传统。从某些方面来说,虽然这种态度是令人钦佩和羡慕的,但也意味着对历史研究所引起的哲学本性的专门性二阶反思的缺失。然而,通过研究从地域上来说不同于自己的各种哲学传统也能激发这些二阶反思,无论这些传统从历史的角度来说是否十分久远。因此,那些正在中国哲学传统内部进行研究的学者也能通过研究欧洲哲学来帮助他们自己思考哲学的本性。他们也许希望选择研究当代欧洲哲学,但是——既然他们自己的研究路径是如此地根植于历史之中——为什么不从历史的角度去研究欧洲哲学呢?中国哲学传统中的许多哲学家的的确确研究了欧洲哲学历史中某一非常有限的领域——康德、黑格尔,似乎还对海德格尔特别有兴趣。但是，从欧洲哲学这样一个狭小的碎片中获得的对历史的理解是微乎其微的，而且，同从古代晚期直到17世纪末期宏伟博大的哲学传统相比，这些哲学家所代表的传统也是非常狭隘的、缺乏专业能力的和乏味的。

尽管如此，但许多中国的学生和学者已经决定研究广博的西方传统哲学。他们之所以应当研究中世纪哲学的原因恰恰和欧美哲学家们之所以应当研究中世纪哲学是一样的。如果我已经证明，如同一些学者所做的那样，中世纪哲学是一个非常有趣的边缘领域，或者只对某些主题（例如，宗教哲学）特别感兴趣，或仅仅对于某些团体（例如，当代的基督徒、穆斯林和犹太人）来说非常有兴趣，那你就可以断言，在中国这里不应当研究中世纪哲学就有了充分的理由。但我已经证明，为了理解哲学学科的本性，哲学家们需要研究他们哲学传统的历史，而且，如果他们要想对证据有一个公正的看法，他们就需要看看那一历史的全貌，即包含中世纪在内更大的部分。所以，即使在西方传统哲学的基础课程中，中世纪哲学也应当起重要作用。

中国大学的哲学系现在适应变化和发展，或许能够避免英语国家中许多分析传统的哲学系所犯的错误，在那里哲学的历史已经被贬到边缘地位，中世纪哲学被推离中心地位甚至更远，直至它常常完全处于边缘之外。此外，在中国研究中世纪哲学有两个重要的有利条件。正是中国完全不同的宗教传统提供了一个可能以不带偏见的、学者的方式去理解的视角，这对于那些出生在亚伯拉罕诸教（Abrahamic faiths）所支配的文化中的学者来说是很难做到的，因为亚伯拉罕诸教是在哲学与启示性宗教相交织时期复杂而多样的情境下产生出来的。同时，中国的学术传统使中国学者比许多西方学者更精通从古代晚期直到17世纪的哲学，因为它以版本考据和评注为基础的特征。因此，我希望，中国大学哲学系关于中世纪哲学的研究在未来的若干年中将会繁荣昌盛。

图书在版编目(CIP)数据

现代性与全球化问题研究 / 丁立群主编. -- 北京：社会科学文献出版社，2019.12
（黑龙江大学文化哲学研究丛书）
ISBN 978-7-5201-5080-4

Ⅰ.①现… Ⅱ.①丁… Ⅲ.①全球化－研究 Ⅳ.①C913

中国版本图书馆CIP数据核字（2019）第129279号

·黑龙江大学文化哲学研究丛书·
现代性与全球化问题研究

主　　编 / 丁立群
副 主 编 / 周来顺

出 版 人 / 谢寿光
组稿编辑 / 周　丽　王玉山
责任编辑 / 王玉山
文稿编辑 / 谢　拢

出　　版 / 社会科学文献出版社·经济与管理分社（010）59367226
　　　　　 地址：北京市北三环中路甲29号院华龙大厦　邮编：100029
　　　　　 网址：www.ssap.com.cn
发　　行 / 市场营销中心（010）59367081　59367083
印　　装 / 三河市尚艺印装有限公司

规　　格 / 开　本：787mm×1092mm　1/16
　　　　　 印　张：24.25　字　数：352千字
版　　次 / 2019年12月第1版　2019年12月第1次印刷
书　　号 / ISBN 978-7-5201-5080-4
定　　价 / 168.00元

本书如有印装质量问题，请与读者服务中心（010-59367028）联系

▲ 版权所有 翻印必究